지혜의 바다에 닿으면 이 괴로움에서 벗어날 수 있을까

쉐우민 위빠사나

쉐우민 위빠사나
지혜의 바다에 닿으면 이 괴로움에서 벗어날 수 있을까

초판 발행일   2020년 12월 30일

지은이   김용관
펴낸이   유현조
편집장   강주한
편 집   온현정
인쇄·제본   영신사
종 이   한서지업사

펴낸곳   소나무
등록   1987년 12월 12일 제2013-000063호
주소   경기도 고양시 덕양구 대덕로 86번길 85(현천동 121-6)
전화   02-375-5784
팩스   02-375-5789
전자우편   sonamoopub@empas.com
전자집   blog.naver.com/sonamoopub1

ISBN 978-89-7139-103-7   03220

지혜의 바다에 닿으면 이 괴로움에서 벗어날 수 있을까

쉐우민 위빠사나

김용관

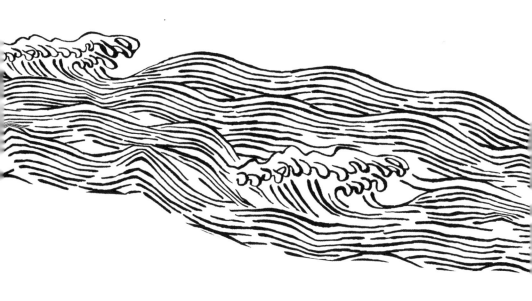

미얀마 첫날의 기억

　최근 들어 세계적으로 명상 붐이 일고 있다고 한다. 세계가 좁아질수록 인간의 삶이 복잡하고, 팍팍하고, 변화무쌍해져서 삶의 좌표를 잃어버리는 사람이 많은 탓일 게다. 생활이 번다하면 번다할수록 각자의 삶을 돌아볼 기회는 점점 줄어든다. 나 역시 그랬다. 잃어버린 삶의 좌표를 찾고 싶었다.

　'나는 누구인가?'

　'나는 무엇 때문에 사는가?'

　'나는 과연 잘 살고 있는가?'

　이런 내면의 질문들이 늘 머릿속에서 맴돌았다. 꽤 오랫동안 내 나름대로 참선 수행을 해 왔지만 확실한 것은 아무것도 없었다. '고양이가 쥐를 잡기 위해 쥐구멍 앞에 앉듯', 마음을 하나로 모아 열심히 화두를 들다가 시절 인연이 닿으면 언젠가는 '확철대오廓撤大悟' 하리라는 믿음을 참 오랫동안 지니고 있었다. 그런 믿음에 회의가 일어날 즈음이면 묘하게도 한 번씩 수행의 체험이 얻어졌다. 형언할 수 없는 마음의 평화나 기쁨 같은 심리적 상태가 되기도 했다.

　그러나 그런 체험조차도 확실한 것이 아니었다. 일시적으로 일어나는 경계였고, 해석되지 않는 우연일 뿐이었다. 조사의 어록이나 선사들의 설법은 그저 '열심히 화두를 참구하라'는 말뿐이었다. 시원하게 가르침을 주는 스승을 만나지 못한 건 본인이 박복한 탓이었을 게다. 수년 전 열반한 스승이 못내 그리웠다.

그럴 때 나는 위빠사나 명상과 만났다. '쉐우민 심념처', 위빠사나 명상 중에서도 내게 인연으로 다가온 수행법이었다. 쉐우민 센터에서 수행법을 배워 온 한국 스님들과 우연히 만나 그 법에 대해 들었다. 법공양판 쉐우민 법문집을 탐독하며 독학으로 수행법을 이해하려고 노력했다. 그리고 내 나름대로 결론을 내렸다. "해 봄 직하다"고. 위빠사나에는 인간의 마음에 대한 깊은 이해가 있었고, 무엇보다 깨달음으로 가는 '수행의 로드맵'이 있었다. 본격적으로 해 보고 싶었다.

벼르고 별러 쉐우민 센터를 찾은 건 2015년 1월이었다. 그리고 연속 여섯 번의 겨울을 미얀마에서 보냈다. 미얀마의 겨울은 선선하다. 혹독한 한국의 겨울을 피해 갈 수 있다는 건 수행이 주는 최고의 보너스였다. 수행처에서 만나는 세계 각국 요기들(미얀마의 수행처에서는 수행자들을 요기Yogi라고 부른다)과 만나는 재미 역시 쏠쏠했다. 이제 그 6년의 기억을 되살려 보려고 한다.

차 례

제4부 쉐우민의 가르침 108

제1부

미얀마 쉐우민에서 명상과 만나다

아 유 헝그리?

한겨울 한밤중 서울을 출발해 1박 2일 만에 도착한 여름 나라 미얀마. 양곤 공항의 첫 인상은 20여 년 전 개혁개방 직후의 베이징 공항과 흡사했다. 맨 처음 한 일은 환전. 찢어지거나, 구겨지거나, 접히거나, 도장 찍히거나, 낙서가 돼 있는 돈은 일체 받지 않는다는 주의 사항에 겁먹고 준비해 온 빳빳한 백 달러짜리 한 장을 내고 10만 3천 짯(미얀마 화폐의 환율은 당시 우리 돈과 거의 같았다. 그래서 짯은 원으로 이해해도 무방했다)을 받았다. 천 짯짜리 백 장 뭉치가 생소했지만, '천 짯 지폐가 가장 쓰임새가 많아서겠지…'라고 내 나름대로 이해한다(공감능력이 너무 흘러넘쳐서 내 인생은 늘 피곤하다).

다음 순서, 택시를 타야지. 공항 출입문을 나서자마자 택시기사들의 호객 행위가 반갑다. 그렇지. 택시비를 흥정해야 한다지?

"쉐우민!"

외쳤더니 바로 응답이 온다.

"에잇 싸우셴!"

'응? 아~ 8천 원. 듣던 것보다 싸네?'

"오케이 렛츠고."

공항에서 벗어나는 길은 공사 중. 먼지가 풀풀 날리는 비포장 길을 따라 시가지로 들어선다. 30~40분을 갔을까. 도착했다는데, 웬걸 시내 한복판 아파트단지 같은 곳이다. 열대 밀림의 숲속 한적한 사찰을 연상하고 있던 내 마음이 잠시 산란해진다. 내심 '아하~ 그럴 수도 있겠구나. 미얀마는 불교 국가이니 생활이 곧 불교라서 승속이 이렇게 명실공히 함께 섞여 있나 보네.' 그쯤으로 그렇게 생각한다.

기사에게 명상센터 오피스를 찾으라고 했더니, 한참을 오락가락하며 이리 묻고 저리 헤맨다. 가리키는 손가락을 따라 단지를 몇 바퀴를 돌고 나서야, 내게 말한다. "양곤에는 두 곳의 쉐우민이 있다고 한다." 황당하다. 정신이 멍하고 멍해진다.

그래도 뭐 별 수 있나? 택시에서 내리는 순간 국제 미아가 되고 말텐데. 그래 가자. 다른 한 곳의 쉐우민으로. 택시기사는 설명한다. 이곳에서 한 시간 남짓 더 가야 한다. 그래, 얼마 주면 되니. 2만 짯? 가자! 줄게.

기사는 열심히 어디론가 운전해 간다. 나는 느긋하게 눈에 펼쳐지는 광경을 즐긴다. 사람, 차, 거리 …. 생소한 만큼 눈이 즐겁다. 우연히 주어진 시간이 여유롭다.

기사 양반이 생뚱맞게 내게 묻는다.

"아 유 헝그리?"

"노 프로브럼."

나는 대답한다.

이제 가까이 왔음 직한데…. 묻고, 묻고 또 묻고 그렇게 어렵사리 도착한 쉐우민 국제명상센터. 서툴게 2만 짯을 헤아려 내밀며 수고했다고 말하는 내게 기사가 힘들었다는 표정을 지으며 말한다.

"아 임 베리 헝그리."

아차! '아 유 헝그리?'는 나를 배려해 던진 질문이 아니었구나. 자신이 점심도 못 먹었다는 말이었는데, 명쾌한 내 대답이 얼마나 야속했을까? 어차피 정해진 시간도 계획도 없는데, 초면이지만 함께 점심 먹을 수도 있었는데…. 그래서 커뮤니케이션은 어렵다. 말뿐 아니라 정황과 인격까지 고려돼야 하는 것이기에.

그렇게 나는 쉐우민 숲속 명상센터에 왔다. (돌아갈 때 명상센터에서 공항 가는 택시를 불러 탔는데, 택시비는 7천 짯이었다. 그래도 묘하게 억울하거나 괘씸한 마음은 들지 않았다.)

유니폼 치마

미얀마의 보통 사람들은 남녀 할 것 없이 '론지'라는 치마를 입는다. 론지는 아마 지구상 존재하는 치마들 가운데 가장 단순한 형태가 아닐까 싶다. 론지는 그냥 두 겹의 통짜 천조각일 뿐이다. 디자인도, 사이즈도, 허리춤을 조이는 고무줄도 아랑곳없다. 하반신을 이 천 가운데 끼우고 허리 한 쪽을 고정시킨 뒤 다른 쪽을 조이고, 반대쪽도 마찬가지로 조인 뒤 양쪽에서 남은 천을 교차시켜 돌돌 말아서 괴춤에 우겨 넣으면 끝. 나중에 안 사실이지만, 남자는 정면 배 쪽에, 여자는 측면 허리 쪽에 매듭을 짓는다.

나의 쉐우민 생활은 바로 이 치마, 론지로부터 시작됐다. 요기들은 론지를 입어야 한다. 바지가 속세의 표징인 셈이다. 그러고 보니 지리의 동서와 인종의 피부색에 관계없이 요기들 모두 치마 차림이다. 패스포트를 저당 잡혀 등록을 한 뒤 개인 보급품을 받았다. 침대 시트와 베개 커버, 그리고 모스키토 네트(모기장). 론지는 오피스에서 구입하는데 윗도리 하얀 티셔츠 포함 9천 5백 짯. 갈아입어야 하니 2장씩 만 9천 짯. 차암~ 싸다. 판매하는 론지는 시기별로 색깔과 무늬가 달라서 입고 있는 치마 색깔만으로 그 요기가 수행처에 온 지 얼마나 됐는지 점칠 수 있다.

나와 같은 시기에 온 요기들은 모두 짙은 갈색 론지를 입고 있다. 염색 기술이 열악한 듯, 세탁할 때마다 붉은 물이 엄청나게 빠져서 색깔이 옅어지는데, 그래서 고참일수록 빛바랜 론지를 입는다. 갈색이 아닌 녹색 계열의 론지를 입은 요기들은 왕고참들이다. 이 왕고참들이 론지를 입는 모습은 현지인 못지않아서 그야말로 예술의 경지다. 현지인 요기들은 집에서 가져온 론지를 입기 때문에 색깔과 무늬가 각양각색이어서 이방인들과 쉽게 구분

된다.

난생 처음 치마를 입어 본다. 도무지 적응이 안 된다. 허리띠도 고무줄도 없이…. 오피스 여직원들이 그런 나를 보고 깔깔거리며 재밌어한다. 보다 못해 거들어 주다가 급기야 노끈을 갖다 준다. 허리에 노끈을 묶고 오피스를 나서는 모습이 영락없이 영구다.

룸메이트

2인 1실. 대학의 기숙사 같은 분위기. 내가 머물 처소다. 몽크가 아닌 남성 요기들이 지내는 건물은 A와 B 두 개 동이다. 여직원이 B-12라고 표기된 열쇠를 건네주면서 처소가 오피스 바로 옆 동의 2층이라고 알려 준다. 열쇠를 열고 들어가니 양쪽으로 침대가 두 개. 비어 있는 침대가 내 몫일 터. 룸메이트의 침대를 본능적으로 살핀다. 침구 위에 단정하게 접힌 티셔츠, 각 잡힌 책들….

"앗! 강적이다. 자칫 피곤하겠구먼."

불현듯 그런 생각이 든다. 지난밤 지친 몸을 빈 침대에 싣고 두세 시간. 비몽사몽간에 드디어 룸메(룸메이트의 약어)가 나타난다. 약간 작은 체구에 짙은 눈썹, 커다란 눈, 그리고 콧수염을 길렀다. 인사를 나누자마자 그가 말한다.

"유 머스트 비 코리안."

나도 화답한다.

"유~ 제패니스, 안 츄?"

고수는 고수를 알아본다. 한국과 일본은 서로를 너무 잘 안다.

룸메와 나는 그렇게 처음 만났다. 룸메의 고향은 몇 해 전 원전 사고가 났던 후쿠시마 부근 소도시, 쉰이 갓 넘은 총각, 직업은 카투니스트. 주로 명상을 주제로 만화를 그린다. 그동안 낸 카툰집은 모두 7권, 일본에서는 안 팔리고 홍콩에선 좀 팔린다고.

명상에 관한 한 단연 고수. 14년 전 처음 미얀마에 명상하러 왔고, 그동안 미얀마의 명상센터 이곳저곳을 모조리 섭렵했다. 마하시, 참메, 빠디따라마, 고엔까… 쉐우민에는 이번이 다섯 번째. 지난해 9월 와서 올 7월까지 머물 예정이라고.

그와 나의 공용어는 브로큰 잉글리시. 문법도 어순도 따질 것 없다. 단어의 나열만으로 의사소통 100퍼센트, 그야말로 '염화시중의 영어'라고나 할까? 간 사람과 온 사람의 면면, 센터 행사, 대중공양의 메뉴, 그 밖에도 나의 궁금증을 푸는 많은 정보들이 그 언어로 소통된다.

그는 하루 두 차례 법당에 공양물을 올리는 소임을 맡고 있다. 왕고참들이 하는 일. 식사를 위해 길게 늘어선 줄을 거슬러, 오랜 기간 센터에서 수행해 야윈 용모의 서양 요기가 앞서고 그 뒤를 콧수염을 기른 룸메가 각각 공양물을 받쳐 들고 지나가면 식사 개시를 알리는 커다란 목탁이 울린다. 그는 여성 수행자 한 사람이 새로 올 때까지 센터 유일의 일본인이었다. 이런 현상에 대해 그는 분개하듯 말한다.

"일본 사람들은 수행에 관심이 없다. 일본의 절들은 비즈니스일 뿐이다."

선을 서양에 처음으로 소개했던 스즈키 다이세츠의 나라, 백 년 전 팔리어 경전을 자국어로 번역했던 나라, 일본에서 온 그가 하는 말이다. 혹시 한국도 일본처럼 되는 건 아니겠지?

좌선과 경행의 쳇바퀴

센터의 하루

센터의 수행 스케줄은 단순하다. 기상 새벽 3시 반, 4시부터 취침하는 10시까지 한 시간 좌선, 한 시간 경행經行을 되풀이하도록 짜여 있다. 그 중간중간 식사와 청소가 끼어 있다. 센터 측은 "수면 6시간을 제외한 18시간이 모조리 수행 시간"이라고 강조해 이방인을 질리게 만든다. 하지만 며칠 지내다 보면 이내 익숙해진다.

센터에서의 첫 밤을 지내고 새벽 3시 반 일어나 모기장과 침구를 정돈한 뒤 얼굴을 씻고 나니 종이 울린다. 4시 좌선을 준비하라고 15분쯤 전에 울리는 종이란다. 룸메의 안내를 받아 메디테이션 홀(선방)로 가는 긴 낭하의 마루를 걸으면서 첫날 일정이 시작됐다.

방석 1장, 보조방석 1장, 그리고 앉은 공간을 감싸는 모기장과 그것을 걸어 두는 틀이 지급된다. 센터를 떠날 때까지 나는 그 물건들을 소유한다. 그리고 그 모기장 속에서 고치 속의 번데기처럼 우화羽化를 꿈꾼다.

5시까지 한 시간 좌선. 그 후 선방 청소. 새벽 청소는 걸레질은 하지 않고 비질만 한다. 5시 반이면 아침공양을 알리는 목탁이 운다. 몽크들과 요기들은 낭하에 길게 줄을 선다. 몽크, 요기, 띨라신(미얀마에는 맥이 끊겨 비구니는 없단다. 계를 지키는 독신 여성 수행자를 이렇게 부르는데, 사실상 비구니라고 보면 된다), 여신도 순으로 식당에 입장한다.

식사가 끝나는 대로 숙소 청소. 7시 좌선, 8시 경행, 9시 좌선이 이어지고 10시 반 점심 식사. 1시부터 좌선, 경행이 이어진다. 4시에는 선방 물걸레

청소, 그리고 주스 타임…. 오후에 먹는 유일한 음식물이다. 저녁 식사는 하지 않기 때문에 허기는 지지만 저녁 시간이 한가롭다. 저녁 7시 좌선 타임이 있고 10시까지 경행이다.

처음 오는 요기들은 이런 빡빡한 스케줄을 고지식하게 소화하느라 처음에는 무척 고단하게 생활한다. 나도 그랬다. 손톱 깎고 빨래하고 책 읽고 글 쓰는 시간이 좀체 나지 않겠다고 생각했다. 숙소 게시판에는 "좌선 시간을 엄격히 지켜라. 안 그러면 쫓아낸다"는 경구가 붙어 있다. 그런데 경행 시간에 대해서는 별 말이 없다. 고참 요기들의 생활을 참조하면서 경행 시간을 자율적으로 비교적 자유롭게 활용할 수 있다는 걸 알았다.

내 룸메는 7시 좌선 타임이 끝나면 론지를 도복으로 갈아입고 가라테를 수련한다. 1시 타임이 끝나면 영어 공부를 한다. 일본인인 그가 사야도(큰스님)와 인터뷰를 하려면 영어를 사용해야 하기 때문이다. 이렇게 그는 경행 시간을 공부하고 운동하고 이따금 누군가 가져다주는 신문을 보는 시간 등으로 활용한다. 쉐우민은 미얀마의 수행센터 가운데 가장 자유스러운 곳으로 알려져 있다. 다른 센터들이 엄격한 규율과 묵언을 강조하는 데 반해, 쉐우민은 속닥거림과 경행 중 휴식 등 가벼운 일탈은 모른 체한다. 그래서 요기들은 경행 시간에 슬쩍 나가서 시장 구경도 하고 이발도 한다. 수행자들에게도 규칙을 깨는 일은 퍽 매력적이다.

몽크들

이곳에서도 승과 속은 분명하게 구분되는 두 계급이다. 요기는 치마(론지)를 입지만 몽크는 가사를 입는다. 이곳에 오는 승가는 인터내셔널 몽크 그룹이다. 미얀마 스님들은 오른쪽 어깨를 드러내는 짙은 갈색의 승복을 입는다. 미얀마뿐만 아니라 태국, 베트남, 캄보디아, 라오스 등에 퍼져 있는 테라바다 불교(우리가 소승이라고 부르는 상좌부 불교)의 전통이다. 스리랑카 스님들은 같은 색깔의 톤에 약간 변형된 모양의 승복을 입는다. 테라바다 승가에 출가한 서양 몽크들 역시 이 옷을 입는다. 세계 각지에서 모여든 몽크들의 승복은 모양과 색깔이 사뭇 다르다.

타이완, 홍콩, 마카오에서 온 몽크들이 적잖은데 그들은 한국과 마찬가지로 회색 톤의 승복을 입는다. 하지만 디자인은 조금씩 다르다. 당시에는 중국 대륙에서 온 몽크는 못 봤는데 일본에서 온 몽크 역시 한 사람도 없었다. 그에 비해 한국 스님은 10명 가까이 되었다. 입고 있는 가사만 봐도 어디에서 온 몽크인지 금방 안다. 하지만 공통점이 딱 한 가지 있으니 조지훈 시인의 표현대로 '파르라니 깎은 머리'가 그것이다.

불전에 예배하는 양상도 서로 사뭇 다르다. 테라바다 전통에서는 무릎을 꿇고 앉아 완전히 일어나지 않은 상태에서 삼배한다. 동북아시아 대승불교 전통에서 예배의 동작은 비교적 크다. 서서 일단 반배하고 합장한 채로 무릎을 꿇고 이마를 땅에 닿도록 절하고 다시 무릎을 꿇고 합장한 채 완전히 일어나는 동작을 반복한다. 홍콩이나 마카오 쪽에서 온 것으로 보이는 스님들은 선 상태에서 두 손을 앞으로 내어 뒤까지 구르는 동작을 한 차례 한다. 마치 중·고교 시절 멀리뛰기를 할 때 도움동작을 하듯.

스리랑카에서 온 듯싶은 스님들은 삼배 후 자기들끼리 옹기옹기 모여 쭈그려 앉아서 한참 동안 주문을 왼다. 제일 선임자인 것 같은 몽크가 선창하고 다른 몽크들이 문답하듯 받는다. 천주교 미사 때 사제와 신자들이 서로 주고받듯. 매일 새벽 좌선이 끝나면 곧 청소시간인데 빗자루질 하는 중에 한편에선 이 의식이 치러져 당혹스러웠다. 이렇듯 부처님께 예배하는 방식도 문화와 전통에 따라 다양하다. 그러나 공통점이 있다. 삼배 즉 세 번 절하기.

몽크들은 이렇게 각자 나름대로의 전통을 공들여 지켜 나간다. 하지만 일단 선방에 들어서는 순간 승속의 구분은 사라진다. 넓은 선방 공간에서 각자에게 주어진 50×50센티미터의 면적 위에서 각자 자신과의 전쟁을 치른다. 각각은 하나의 세계이고 우주가 된다. 이 우주들이 스케줄에 따라 한데 모이고 또 흩어진다.

오후 불식

이빨로 씹어서 목으로 넘기는 일은 해가 머리 위에 오기 전에 끝낸다. 센터의 규정이 아니라 부처님 당시부터 엄격하게 지켜 온 테라바다 불교의 오랜 전통이다. 센터의 식사는 새벽 5시 반과 오전 10시 반 두 차례 제공된다. 오후에는 4시에 주스 한 잔, 그것으로 끝이다. 세 끼 식사를 하던 사람들의 수행처 행을 가로막는 최대 걸림돌이다. 그래서 상당수의 요기들이 은밀하게 미숫가루 등 비상식량(?)을 준비해 온다. 실은 나 역시 미숫가루와 물을 부으면 바로 먹을 수 있는 인스턴트 된장국을 준비했지만 먹지 않았다. 허기를 즐기겠다는 다짐으로 오후 불식계不食戒를 지켜내 아직도 뿌듯하다.

250명가량의 대중이 하는 한 끼 식사는 가히 대행사가 아닐 수 없다. 공양 시간이 되기 전 요기들은 긴 낭하에 줄을 서기 시작한다. 공양을 알리는 목탁 소리가 나면 비구들은 식당 2층, 요기들과 띨라신·여신도는 1층으로 입장한다. 아침 공양은 보통 죽이나 국수 등 비교적 간단히 먹는다. 거기에 파파야나 바나나 등 과일, 과자, 요구르트, 주스, 케이크 등 사이드 디시가 곁들여진다. 점심은 대개 밥과 반찬·국으로 푸짐한 정식 식사가 제공된다.

비구들은 발우 공양, 나머지는 뷔페식으로 식사한다. 동그란 스테인리스 트레이는 4등분 돼 있다. 가장 큰 쪽에 안남미로 지은 밥을 푸고, 주 반찬, 부반찬을 적당히 알아서 먹을 만큼 뜬다. 절대 남겨서는 안 되지만, 서양 요기들 가운데는 남은 밥과 반찬을 잔반통에 버리는 이도 있다. 그러나 모두 적당히 못 본 체한다.

테라바다에는 육식을 금하는 계율이 없다. 센터의 메뉴 중에는 그래서 닭

고기·돼지고기 요리가 있다. 특히 닭요리는 자주 나온다. 대승의 계를 지키는 몽크와 서양의 베지테리언을 위한 배식대도 따로 마련돼 있다.

한국 사람들에게 미얀마 음식은 크게 거부감이 없는 듯하다. 우선 미얀마 된장이 우리 된장과 비슷하고 오이, 풋고추, 상추, 배추 등 채소도 풍성하다. 소고기나 닭고기를 넣어 끓인 뭇국도 있다. 백 수십 명 모두가 식탁에 앉기까지 20분 정도, 공양 개시에 앞서 주문을 합송하는 데 3~4분 걸린다.

"어떼 자쟈 베 요가 도 꼬마 마깟 빠리얏닌 빠띠빳예…(생명을 유지하고 나쁜 병에 걸리지 않으며 공부와 수행을 위해…)"

끼니때마다 '그저 좋은 뜻이겠지'라고 생각하면서 눈을 감고 듣다 보니 지금도 그 가락이 귓가에 맴돈다.

공양을 마치면 각자 사용했던 식기는 각자 설거지를 해서 식기 건조대에 엎어 놓는다. 오후 4시면 기분 좋을 정도로 허기가 진다. 주스 타임에 마시는 주스 한 잔의 한계효용은 최대치에 수렴한다. 다음 날 아침까지 아무것도 못 먹는다고 생각하면 그 한 잔이 소중하기 그지없다. 밤이 깊어 가면서 허기 역시 깊어진다. 처음 며칠을 의지로 견디고 나면 그다음 제법 익숙해진다. 10시 취침 즈음에는 몸도 마음도 편안해진다. 지금은 그때 그 허기가 몹시 그립다. 안 먹는 즐거움은 먹는 즐거움 못지않은 것 같다.

수행의 개괄적 원리

마음과 대상

불교의 명상을 수행하는 사람들이라면 일반적으로 받아들이는 철학적 원리가 있다. '나'와 '세계'가 무엇이냐 하는 문제에 대한 견해가 그것이다. 결론부터 얘기하자면 '나'도 없고 '세계'도 없다. 그것들은 실체가 없고 다만 있는 것처럼 보일 뿐이다. '있는 것처럼 보일 뿐'인 그것들은 사실은 주체인 마음과 객체인 대상 사이에 성립하는 관계에 지나지 않는다. 그래서 세상에 존재하는 것은 마음과 그 마음에 드러나는 대상 두 가지로 모두 설명할 수 있다.

이런 세계관은 일반적 상식과는 너무 동떨어진 것 같다. 물리적 세계는 나와 무관하게 존재하는 것처럼 보인다. 그것이 상식이다. 이런 상식적 입장을 철학에서는 '외부 세계에 대한 실재론realism'이라고 부른다. 하지만 우리가 보고, 듣고, 냄새 맡고, 맛보고, 만질 수 있는 외부 세계를 양자물리학적으로 따져 보면 그저 소립자들의 배열이고, 파동이고, 에너지의 응축 현상일 뿐이다.

현대 물리학은 상식적인 리얼리즘이 철학적이 아니라 상식적일 뿐이라는 사실을 알려 준다. 세계가 마음이거나 마음에 의존한다는 철학적 입장을 서양 철학에서는 '관념론'이라고 부른다. 이런 분류를 따른다면 불교의 세계관은 모든 존재는 마음과 마음에 의존하는 대상일 뿐이니 관념론이라고 불러 마땅하다.

수행자들은 이런 논의를 즐기지 않는다. 모든 철학적 판단을 유보한 채 마음과 대상을 명상을 통해 구체적으로 살핀다. 명상의 목적은 이 '마음'을 아는 것이다. 그래서 마음을 한 대상에 모으기도 하고(집중), 마음이 무엇을 하는지도 살핀다(통찰). 미얀마의 대부분 수행처에서는 마음이 무엇을 하는지를 살피는 방식의 명상을 수련한다. 마음이 무엇을 보는가, 듣는가, 느끼는가, 생각하는가 하는 것들을 살핀다. 풍경, 소리, 감촉, 몸의 감각, 느낌… 이런 것들은 모두 마음의 대상이다. 이 대상들이 마음에 알려지는 바로 그때 마음의 상태를 살핀다.

마음의 작용을 알아차리는 것을 사띠Sati(알아차림, 한문으로는 염念으로 번역)라고 하는데, 바로 이 사띠가 이 명상의 키워드다. 사띠에 대해 이해해야 비로소 수행에 입문했다고 일컬을 수 있다. 쉐우민의 명상 수행을 그래서 사띠빠따나satipatthana(알아차림 확립)라고 부른다.

명상을 하는 방식은 이렇다. "마음을 활짝 열고 마음에 들어오는 대상을 알아차려라. 들어오는 대로, 알아지는 대로, 대상에 대해 알고, 또 알고… 아는 마음을 알고… 아는 마음이 아는 마음을 알고… 사띠의 힘을 키워라. 사띠의 힘이 커지면 힘들이지 않아도 사띠가 스스로 일하게 된다. 그리하여 마음에 대해서 알게 되고 지혜가 자라나리라. 지혜가 마음 깊숙이 도사린 어리석음과 탐욕과 분노를 몰아내 주리라. 마치 한 줄기 빛이 어둠을 몰아내듯…"

어려울 수도 있겠다. 아무튼 원리는 그렇다. 그렇지만 수행법을 아는 가장 좋은 방법은 뭐니 뭐니 해도 직접 수행해 보는 것이 되겠다.

사마타와 위빠사나

사람 사는 곳에 명상 없는 곳은 없다. 모든 문화권에는 제 나름대로의 명상법이 존재한다. 종교적 전통이 명상을 떠나 성립하는 법은 없다. 기독교의 묵상, 회교의 수피즘, 힌두교의 요가 등은 종교 명상의 대표적 전통이다.

모헨조다로 하라파의 유적에서 발굴된 기원전 2500년경의 인장(도장) 유물에는 가부좌를 하고 명상하는 사람의 형상이 새겨져 있다. 이 다양한 명상의 전통을 두 가지 원리로 요약해 낸 종교적 천재가 있었다. 스리랑카의 수행승이었던 부다고사佛音는 『비슈디마가(청정도론)』라는 책을 썼는데, 그는 "모든 명상은 사마타거나 위빠사나"라는 주장을 내놓았다. 그의 이런 주장에 적극적으로 토를 다는 학자는 없는 듯하다.

'사마타'는 집중 명상이다. 하나의 대상에 마음을 집중하는 명상 방법이다. 사마디三昧를 얻는 것이 이 명상의 목적이다. 부다고사는 수행이 익어감에 따라 깊어지는 사마디를 네 단계로 분류하고 마음에 일어나는 상태의 변화를 설명한다. 기쁨, 즐거움, 평안함 등이 차례로 나타나고 사라지는데, 네 번째 단계에 가면 육체의 호흡까지 사라진다고 『비슈디마가』에 쓰고 있다. (우리가 사는 이 시대에도 실제로 이런 사례들이 있다.) 마음의 번뇌를 끊기 위해 필요한 수행이지만, 지혜를 얻어 해탈하기 위해서는 결국 위빠사나 수행으로 돌아와야 한다고 부다고사는 말한다.

'위빠사나'는 통찰 명상이다. 마음의 작용에 대한 통찰을 통해 지혜를 얻는 것이 목적이다. 어원으로 본 의미는 '나누어 보다'인데, 마음과 대상을 나눠서 본다는 뜻이 함축돼 있다. 일상의 정신작용은 대상에 마음이 들러붙는 양상인데, 마음이 대상에 들러붙지 않고 '마음은 마음, 대상은 대상'으로 보는 작용이 바로 사띠의 작용이다. 그래서 '위빠사나 한다'는 말은 곧 '사띠가 작용한다'는 말이 된다. 참고로 사띠를 영어로는 'awareness', 'mindfulness'로 번역한다.

마음은 보이지도 않고 드러나지도 않지만 사띠가 작용할 때는 대상과 분리돼 스스로를 드러낸다. 위빠사나 수행은 곧 사띠를 정립하는 수행이며, 사띠의 힘을 키워 마음의 정체를 드러내는 수행이다. 사마타와 위빠사나는 명상이라는 수레를 이루는 두 바퀴의 축에 보통 비유된다. 둘은 상보적 관계로 다른 하나가 결여될 경우 원만한 수행이 이뤄질 수 없다. 이 둘의 관계가 일도양단의 배타적 범주가 아니라 서로의 요소를 어느 정도 나눠 갖고 있다는 견해도 있다.

미얀마의 수행센터들은 보통 사마타를 별도로 수행하지 않고 바로 위빠사나 수행으로 들어간다. 이런 방식을 '순수 위빠사나'라고 부른다. 순수 위빠사나에서 사마디는 사마타를 통해서만 얻어지는 것이 아니라 위빠사나 수행을 통해서도 얻을 수 있다고 가르친다. 그것을 '위빠사나 사마디'라고 개념화한다.

최근 들어 이와 관련해 사마타와 위빠사나는 분리할 수 없다는 견해가 힘을 얻고 있다. 5부 니까야 어디에도 그 둘을 따로따로 개념화해 설법하는 장면이 없다는 것이다. 따라서 '사마타 수행'·'위빠사나 수행'이라는 개념은 수행자를 잘못 인도한다고 주장한다. 다시 말하면 사마타 있는 곳에 위빠사나 있고, 위빠사나 있는 곳에 사마타가 있다는 견해다.

사마타를 먼저 수행해 사마디를 얻고 그것을 바탕으로 위빠사나 수행에 들어가야 한다고 가르치는 미얀마의 수행처가 있다. 파옥 사야도의 수행처다. 미얀마 수도 양곤에서 북쪽으로 10여 시간 버스를 타고 가야 하는 곳인데도 세계 각지에서 많은 수행자들이 찾는다.

미얀마의 수행처들

양곤은 가히 테라바다 부디즘의 수도라고 일컬음 직하다. 꺼져 가던 위빠사나 명상의 불씨를 되살려 낸 곳이기 때문이다. 미얀마는 1945년 영국으로부터 독립했는데, 그즈음 테라바다의 불씨도 되살아났다. 그 주역은 마하시 사야도인데, 사야도는 우리말로 '큰스님' 정도의 뜻이다. 수행으로 평생을 산 그는 독립 미얀마 정부의 지원을 받아 6차 결집(함께 모여 경전을 정리하고 증거證據하는 일)을 주도했고, 자신의 명상법을 확립해 제자들을 키웠다.

미얀마뿐만 아니라 태국, 라오스, 캄보디아, 베트남 등에서 명상을 가르치는 분들 대부분이 그의 제자이거나 제자의 제자다.

마하시 센터는 1947년 설립된 미얀마 양곤의 대표적 수행처다. 마하시 사야도는 1982년 입적했고 지금은 그의 제자들이 센터를 이끌고 있으며, 양곤 시내 한복판에 널찍한 공간을 차지하고 있다. 마하시 수행의 한 경험자는, 그 지역이 미얀마의 특권층이 살고 있는 곳이어서 센터 숙소 2층에서 이들의 사는 모습이 다 내려다보이는데, 집집마다 보통 고급 승용차가 2대 있고 저녁마다 파티를 연다고 말한다.

미얀마 전역에 3백여 곳의 마하시 분원이 있다. 양곤의 찬메, 빤디따라마, 쉐우민 등의 수행처들 역시 그의 제자들이 설립한 곳으로, 마하시 사야도의 '순수 위빠사나'를 계승하고 있다. 전통의 큰 줄기는 같다고 하지만, 그러나 수행센터마다 수행방식은 많이 다르다. 마하시 센터에서는 호흡과 호흡에 따르는 아랫배의 움직임을 집중해서 알아차릴 것을 강조한다. 경행 시에는 발의 감각과 느낌을 알아차릴 수 있도록 천천히 걸으라고 가르친다. 하루 일상이 모두 알아차림이 되도록 수행하는데, 마하시에서 한 달 정도 수행하면 몸무게가 6~7킬로그램 정도 빠진다고 한다.

센터마다 경행방식에서 외견상 차이가 가장 두드러지는데, 빤디따라마와 찬메 센터에서는 경행과 일상생활의 동작을 매우 천천히 하라고 가르친다. 찬메는 '천천히'를 가장 강조하는데, 그곳에서는 발을 들어서 내리고 다른 발을 들 때까지의 동작을 6개 동작으로 나눠서 구분하고(마치 군대에서 총검술 16개 동작을 익히듯) 한 동작 한 동작을 모두 알아차리도록 수련한다. 저녁 산책을 하는데, 숲속에서 느닷없이 사람이 나오더니 너무 빨리 걷는다고 지적하더라는 경험담도 있다. 밥도 되도록 천천히 먹어야 한다. 아침을 먹고 발우를 씻고 있는데, 점심 공양을 알리는 목탁 소리가 들리더라는 조크도 있다.

마하시 전통에 속하지는 않지만 세계적으로 널리 퍼져 있는 수행 전통도 있다. 고엔까 센터는 미얀마뿐만 아니라 인도에 많은 분원을 두고 있고, 세계적으로 가장 널리 알려진 수행센터이기도 하다. 그곳에서는 호흡을 통한 위빠사나 명상('아나빠나 사띠'로 불리는데, 가장 쉽고 기초적인 수행법으로 알려져 있다)과 바디 스캔(몸의 감각을 순차적으로 알아차리는 수행)을 가르친다.

모곡 센터는 미얀마 사람들에게 가장 많은 지지를 받는 수행처로 미얀마 곳곳에 분원을 두고 있다. 12연기에 대한 깊은 이해를 바탕으로 하는 수행법으로 알려져 있다.

파옥 사야도는 마하시 사야도의 제자이지만, '순수 위파사나'의 전통에서 벗어나 사마타 수행을 강조한다. 파옥 사야도는 부다고사의 『비슈디마가』를 바탕으로 해서 나름대로 수행의 체계를 세웠다고 한다. 파옥 센터는 양곤 북쪽 수백 킬로미터 떨어진 삔우린 지역의 숲속에 있고, 천 명 정도의 수행자가 수행하고 있는 큰 규모의 명상센터다. 수행이 엄격하고 매일 인터뷰를 통해 수행을 점검받아야 하는 부담이 크다.

쉐우민은 미얀마의 센터들 중 가장 자유롭고 지내기 좋은 곳이다. 센터를 세운 꼬살라 사야도는 마하시 사야도의 제자들 중 가장 연장이다. 현재는 꼬살라 사야도의 법제자 떼자니아 사야도가 이끌고 있다. 좌선도 경행도 비교적 자유롭고 자율적인 방식으로 수행한다. 좌선 시에도 졸리거나 몸이 견디지 못하면 일어나 경행할 것을 권장한다. 경행도 평소 걸음걸이처럼 자연스럽게 하라고 가르친다.

쉐우민은 되도록 많은 대상에 사띠를 두고, 대상을 알아차리는 마음에도 함께 사띠를 둘 것을 강조한다. 이 점이 쉐우민 가르침의 고유하고 특징적인 부분이다. "앉아서만 할 수 있는 것이 수행이라면, 일상생활은 어떻게 할 것인가? 좌선과 경행은 일상의 수행을 위한 밑바탕이 돼야 한다." 이렇게 가르친다.

버릴 것 하나, 지닐 것 하나

모스키토 캐처

'지닐 것 하나'에 대한 얘기부터 먼저. 쉐우민의 숙소는 2인 1실이 기본이다. 룸메가 가고 채워지지 않은 방에서 혼자 지내는 경우는 있지만, 원칙은 승속을 가리지 않는다. 그래서 방에는 2개의 침대가 양쪽으로 배치돼 있다. 침대 머리맡과 발치의 천장 쪽으로 모기장을 치는 데 쓰는 긴 철봉이 있다. 상식적이고 루틴한 풍경인데, 여기에 퍽 이질적인 물건이 방마다 하나씩 꼭 있다. 모양은 어릴 적에 들고 들판을 쏘다니던 잠자리채인데, 자루가 테니스 라켓 정도로 짧다. 쉐우민에 처음 온 사람이라면 누구나 이 물건의 용도를 궁금해 한다. 혼자서는 이 수수께끼를 풀기 어렵다.

나도 그랬다. 궁금증을 견디지 못하고 룸메에게 물었더니, '모스키토 캐처'란다. 불살생의 계를 지키기 위해 모기를 체포(?)해서 추방하는 물건이다. 처음엔 '과장이 지나치다'는 생각이 들었는데, 이 물건으로 모기를 체포하는 장면을 몇 차례 목격한 뒤론 생각을 바꿨다. 남방의 스님들은 모기를 쫓을 뿐 손바닥으로 내리치지 않는다. 사람에게 모기에 대한 적개심은 가히 천부적이다. 모기에 대한 공격성의 발로는 거의 반사적이고 기계적이다. 한국의 불교 신도들 가운데 모기에게까지 불살생계를 지키는 경우는 거의 못 봤다. 아무튼 모스키토 캐처는 모기가 눈에 띄면 반사적으로 두 손바닥을 조준해서 박수칠 준비(?)를 하던 내 습관을 반성하는 계기가 된 물건이다.

사람의 마음속에 기본적으로 욕심과 분노, 어리석음이 도사리고 있다. 붓다의 통찰이다. 이 세 가지를 '삼독'이라고도 하고 '번뇌'라고 부르기도 한다. 평소 번뇌는 사람의 마음속에 아주 작은 불씨로 있다가 한순간에 '모두'가 되고 '전부'가 되는 괴물이다.

수행의 목표는 번뇌의 퇴치다. 번뇌의 불씨를 키우지 않으려면 계율을 지켜야 한다. 계율의 첫 번째가 곧 불살생계이니, 모기라 할지라도 곱게 모셔 밖으로 내보내 드려야 한다. 아주 작은 미움의 불씨도 커지면 홀로코스트가 된다. 생각이 다르면 미워지고, 미움이 증폭되면 죽이고까지 싶어지는 것이 사람이다. 사람은 자신의 생각 속에 모든 것을 넣고 싶어 한다. 생각, 지적 용어로는 사상이라고 한다. 자신의 생각대로 돼야 한다는 강박증을 사람은 갖고 있다. 그래서 생각이 같은 사람끼리 모인다. 새가 깃털에 따라 모이듯. 생각이 같은 사람 속에 다른 생각을 가진 사람은 금방 눈에 띈다. 그리고 따돌림 당한다. 인간의 잔인성은 여기서 어김없이 발휘된다. 나치의 홀로코스트는 유대인에 대한 사소한 미움에서 시작됐다.

인간의 내면은 삐질삐질 밖으로 스며져 나온다. 자신만이 그것을 모른다. 그것이 바로 사람의 냄새다. 인간의 심연 속에 감춰진 잔혹함·기만성·폭력성은 표정에서 행동거지에서 심지어 걸음걸이에서도 드러난다. 그래서 사람은 치장을 한다. 멋지게 서고 멋지게 걷고 멋지게 말하고, 그도 잘 안 될 땐 무언가를 몸에 걸친다.

그렇다면 너는? 얼마 전 비로소 맡았다. 내게서 풍기는 냄새, 내게서 드러나는 잔인성·폭력성을. 나의 내면에서 스며져 나오는 번뇌의 악취를. 그래서 지니기로 했다. 업장이 두터워 실천이 쉽지 않겠지만 그 정신만큼은. 모스키토 캐처. 그 불살생의 자비정신을.

프리덤 프롬 모바일

다음은 '버릴 것 하나'에 대한 얘기다. 누구나 센터에 들어가는 즉시 여권과 통신기기를 맡겨야 한다고 들었다. 출국 전 공항에서 휴대폰을 정지시

컸다. 센터에 도착하니 여권은 맡기라는데 휴대폰 얘기는 없다. 요즘 휴대폰 기능이 다양해서 여러 모로 쓸모가 있으니 법문 녹음 등에 사용하라는 센터 측 배려로 여겼다. 전원을 꺼서 한동안 가방 속에 넣어 두었다. 휴대폰으로부터의 해방, 프리덤 프롬 모바일.

이렇게 마음이 편할 줄이야. 잊고, 털고, 버리는 일은 어렵지만, 일단 행하고 나면 그렇게 편할 수 없다. 평생 '무소유'를 외치다 입적한 법정 스님 생각이 났다. 그런데 서울과 연락할 일이 생겼다. 무단이탈을 고민하다가 룸메에게 도움을 청하자 방안을 알려 준다. 오피스에 가서 사정을 얘기하면 국제전화를 쓸 수 있다고 했다. 1분에 4천 원. 비싸기도 하지만 번거로워 그만두었다.

센터 생활에 익숙한 다른 수행자들에게 물었다. 그러면서 새로운 사실 하나를 알게 되었다. 센터 안에 와이파이가 터지는 곳이 있다는 것. 와이파이가 되면 카톡도 된다는 얘기. 인터뷰 시 사야도의 모바일 서치 장면이 떠올랐다. 사야도의 오피스 맞은편 선방 2층 베란다에서 와이파이 검색을 시도했다. '앗! 잡힌다.' '쳇! 암호 입력.' 실망. 하지만 심기일전. 고참 수행자들을 통해 결국 암호를 알아냈다. 베란다에서 잡히는 와이파이 신호는 매우 미약했다. 인터넷 검색은 거의 불가하고 카톡도 되다 말다, 어떤 땐 완전불통. 하지만 서울과의 급한 소통 문제는 해소됐다.

어느 날 고참 수행자가 알려 준다. 와이파이 잘 터지는 장소가 있다고. 사야도 오피스 외벽 아래가 바로 그곳. 그랬다. 팡팡 터졌다. 입소문은 빠르다. 사람들이 모여들기 시작했다. 경행 시간이면 그곳에 3~4명은 꼭 모인다. 서양과 한국의 수행자가 주 고객이다. 서양 요기들은 커다란 아이패드를 갖고 온다. 한국에서 온 젊은 스님 한 분도 단골이었다. 어느덧 그곳은 쉐우민의 인터넷 카페가 됐다.

어느 날이었다. 카톡이 급해 인터넷 카페를 찾았더니 고객이 한 사람도 없다. 와이파이가 아예 뜨질 않았다. 정보통 고참 수행자에게 물으니 사야도께서 휴식 차 며칠 동안 어디론가 가셨다고. 인터넷 카페의 단골고객들이 각자의 언어로 한 마디씩 한다. 파롤은 다른데 랑그는 같다. "허전하다"였다. 다행히 휴업은 길지 않았다. 사야도께서 돌아오시자 다시 와이파이가 팡팡 터졌다.

모바일은 인간의 삶과 생각을 뿌리까지 바꿔 놓았다. 기존의 기초주의·중심주의는 해체되고 다핵주의로 대체됐다. 더 이상 사람 사는 세상은 계란처럼 노른자와 주변을 둘러싼 흰자위와 껍질의 구조로 이해되지 않는다. 세상은 그물이고 개인은 그물코다. 인간 이해의 키워드는 '관계'가 됐다. 그런 사회에서 소통은 욕구이면서 생존 그 자체다. 하지만 소통을 포기했을 때의 편안함을 새겨 봤다. 소통은 욕구이면서 욕구의 충족이지만, 외부와의 소통은 내부를 빈약하게 하는 부작용이 있다. 수행은 철저히 내부에 관심을 갖는 일이다. 적어도 수행처에서 지나친 소통은 그래서 유보 내지는 '버릴 것 하나'가 된다.

사야도

아신 떼자니아 사야도

센터의 수행자는 승속을 불문하고 인터뷰를 해야 한다. 그것은 선택이 아니라 의무다. 자신의 수행 경험을 이야기하고 의문 나는 점에 대해 물어야 한다. 가고 있는 길이 잘 가고 있는 길인지를 정기적으로 점검해야 한다. 인터뷰 소임을 맡고 있는 이가 바로 사야도로 법에 관한 한 센터의 대장이다.

쉐우민 센터의 인터뷰는 아신 떼자니아 사야도가 맡고 있다. 사야도의 집무실에는 확대한 사진들이 여기저기 많이 걸려 있다. 거의 다 자신의 모습을 찍은 것이다. 스승인 꼬살라 사야도와 찍은 사진, 젊은 시절의 사진(그 시절엔 지금처럼 뚱뚱하지 않았던 것 같다), 제법 나이 들어 찍은 사진, 뜻 있는 장소를 방문한 사진 등등.

'세상에는 집착할 만한 것이 아무것도 없다'고 가르치는 사람이 웬 사진 찍기를 그리 좋아할까 하는 생각이 들기도 했다. 한 번은 한국의 나이든 아저씨들끼리 핸드폰으로 기념사진을 찍는데 사야도가 나타났고, 사진 같이 찍자는 제의를 흔쾌히 수락했다. 이후 사진 찍기를 좋아한다기보다 권위의식이 없다는 쪽으로 생각을 고쳤다.

떼자니아 사야도는 센터의 설립자인 꼬살라 사야도의 법제자로 올해 쉰여덟 살이다. 그는 열세 살 때 처음 쉐우민에 왔다고 한다. 꼬살라 사야도 밑에서 사띠빳다나 수행을 배웠는데, 그때 이미 '마음'에 대해 알고 있었다고 한다. 세속에 나가 결혼을 해 가정을 꾸리다가 서른일곱 살 때 뒤늦게 꼬살라 사야도에게 이끌려 다시 센터에 들어와 정식 비구가 되었다. 꼬살라 사야도께는 몇 명의 제자가 있었지만 떼자니아를 그는 법제자로 지명했다.

센터의 인터뷰는 일대일이 아닌 그룹별로 진행된다. 워낙 대중이 많아서 어쩔 수 없다. 그룹은 보통 나라별로 나뉘어 영어로 진행한다. 사야도의 영어는 쉽고 명쾌하다. 통역자가 있는 나라는 자국 말을 미얀마 말로, 사야도의 미얀마 말을 자국 말로 통역해 진행하는데, 한국과 베트남 그룹이 대표적이었다. 코리안 그룹의 통역자는 청현 비구니 스님인데, 20년쯤 미얀마에서 살아 미얀마 말을 유창하게 구사한다.

떼자니아 사야도에 대한 첫인상은 무척 독특했다. 첫 인터뷰가 있던 날 사야도를 처음 대면했는데 모두들 숙연하게 무릎을 꿇거나 정좌를 하고 그를 기다렸다. 오후 6시 반이 인터뷰 시간인데, 거구의 스님은 10분쯤 늦게 나타났고 모두들 자리에서 일어나 삼배를 하는 바람에 "아, 이 분이 사야도구나" 하고 생각했다.

절을 하든 말든 사야도는 입구 책상의자에 앉았고, 간호사로 보이는 신도가 그의 혈압을 쟀다. 그런 다음 커다란 책상 앞의 회전의자에 편안하게 앉는다. 이내 휴대폰을 꺼내들더니 들여다본다. 인터뷰가 시작된다. 수행자가 한국말로 질문하는 동안 사야도의 인터넷 검색은 계속된다. 청현 스님의 미얀마 통역이 시작되고 사야도는 한편으로 질문에 대답하면서 다른 한편으론 검색을 계속한다. '뭐, 저런 사람이 있나? 설사 말이 통하지 않아도 눈과 눈을 마주치면 마음이 통하는 법인데, 무슨 큰스님이 저럴까?" 하고 나는 마음속으로 생각했다.

그러나 그런 사야도의 태도에 왈가왈부하는 사람은 아무도 없었다. 이상한 분위기였다. 인터뷰는 그룹별로 보통 5일에서 7일에 한 번 치러진다. 한 번 두 번 인터뷰가 진행되면서 이상스럽게도 그런 사야도의 태도가 내게도 자연스럽게 느껴졌다.

수행자들의 질문에 대한 사야도의 대답은 첫 산행을 인도하는 베테랑의 길안내처럼 거침이 없었다. 법륜 스님의 '즉문즉설' 같았다. 주제가 '수행'이었다는 점이 다를 뿐. 그런 그에게서 한국 큰스님에게서 느껴지는 권위와는 전혀 다른 권위마저 느껴진다.

사야도는 히말라야를 오르는 등반대를 안내하는 셀파와 같은 존재다. 셀파는 이미 오르는 길을 알고 날씨의 변화를 경험으로 안다. 수행자가 산 어디쯤을 오르고 있는지, 바른 길을 가고 있는지, 엉뚱한 길을 가고 있는 건 아닌지를 인터뷰를 통해 점검한다.

그래서 수행자는 정직해야 한다. 그룹 인터뷰라서 내가 하는 보고와 질문 모두를 모두가 듣는다. 밑천이 드러나는 거다. 그렇지만 '정직은 최선의 정책'이다. 가지 않은 길을 간 것처럼 얘기하는 수행자를 사야도는 정확히 감별해 낸다.

분노는 두고 가라

이제 떼자니아 사야도의 일화 하나를 소개하려고 한다. 어느 나라인지는 밝힐 수 없지만, 다른 나라에서 온 비구니 스님 한 분과 관련된 이야기다. 이 비구니 스님이 퍽 왈가닥이셨던가 보다. 커다란 삿갓을 쓰고 센터 안에서 자전거를 타고 다녔다고 한다. 센터 한가운데로 난 시멘트 길은 2차선 정도의 폭에 길이도 500미터는 족히 된다. 수행자들은 나무마루로 된 경행대뿐 아니라 이 도로에서도 경행을 한다.

보다 못한 미얀마 신도 누군가가 이 스님을 제지했다. 센터 안에서 자전거를 타는 것은 규정에 위배된다고. 이 사건은 스님의 마음속 도사Dosa(분노)의 불씨에 기름을 부었고, 스님은 불같이 화를 냈다.

인터뷰 시간, 사야도에게 "미얀마의 신도들은 도대체 비구니를 뭘로 보고 예의 없이 구느냐. 승속이 분명한데 속인이 감히 스님을 가르치려 드느냐'고 따졌다. 당장 비행기 타고 자국으로 돌아가겠다고 펄펄 뛰었다. (참고로 앞서 언급한 대로 미얀마에는 '비구니'가 없다. 비구니의 맥이 끊겨 어느 누구도 비구니계를 줄 수 없기 때문이다. 다만 '띨라신'이 있을 뿐이다. 띨라신은 '계를 지키는 여성'이라는 뜻으로, 계를 받지 않았지만 스스로 삭발하고 승복을 입고 계를 지키며 생활한다.)

떼자니아 사야도는 이런 난감한 상황에 어떻게 대처했을까? 떼자니아 사야도는 이렇게 말했다고 한다. "그래, 그렇다면 가야지. 네가 돌아가는 걸 어찌 말릴 수 있겠는가? 하지만 그 도사(분노)는 미얀마 것이니 두고 가시게. 도사라는 것이 똥보다 더럽고 냄새나는 것인데, 아무리 꽁꽁 싸고 포장을 잘 해도 주위에 냄새를 풍기지 않을 수 없는 것 아닌가?"

그 비구니 스님도 보통 사람은 아니었던 것 같다. 사야도의 이 말에 당장 무릎을 꿇고 사죄하며 눈물을 흘렸다고. 분노는 보통 불에 비유된다. 한 번 타오르기 시작하면 걷잡을 수 없이 삽시간에 번진다. 이에 비해 탐욕이나 어리석음은 비교적 가리기 쉽다. 그러나 분노만은 절대 가릴 수 없다. 분노는 금방 표정으로 드러난다. 마음속 화를 숨기고 태연할 수 있는 사람은 '한 소식 한' 사람이거나 무서운 사람이거나 둘 중 하나다.

최근의 뇌과학에 따르면 뇌 속 '아미그달라'라는 부분이 있는데, 이곳에 빨간불이 켜지면 화가 난다고. 그러나 화난 마음을 차분하게 지켜보면 화낸 상태는 90초를 넘기지 않는다고 한다. 분노에 대처하는 가장 좋은 방법, "늘 네 마음을 지켜보라."

불심은 이렇게 자란다

동승들

제법 위용을 갖춘 이십대 비구가 동승을 손짓해 부른다. 마치 큰형이 막냇동생을 부르듯. 그리고 뭔가를 건네준다. 관심을 갖고 지켜보니 한국산 땅콩사탕 봉지다. 사탕이 여남은 개 남아 있다. 동승의 얼굴에 웃음이 번진다. 그리고 비구는 가던 길을 간다. 쉐우민 센터 일상 속의 한 장면이다.

미얀마에는 동승들이 참 많다. 센터뿐만 아니라 탁발의 행렬이나 거리에서도 쉽게 눈에 띈다. 그들의 숫자가 얼마나 되는지 정확히는 모르지만 어디에나 늘 있는 것처럼 보인다. 이런 풍경이 미얀마가 불교 국가라는 사실을 입증한다고 조금 과장해서 얘기할 수 있다. 동승들의 나이는 초등학교 5~6학년, 많아도 중학생 나이 정도다. 한국에서라면 집에서 응석부리고, 고집피우고, 방과 후 학원 순례나 할 나이이다. 하지만 미얀마의 애기 스님들은 의젓하고 의연하다.

이 해 쉐우민 센터에는 20명 정도의 동승이 있었는데, 가장 어린 스님이 열한 살이었다. 동승들의 하루 일과 역시 새벽 4시면 어김없이 시작된다. 내가 머무는 2층 숙소 1층이 동승들의 숙소였는데, 기상 시간 즈음해 동승들을 깨우려고 방문을 두드리는 소리가 제법 요란했다. 동승들은 하루 종일 배우고 일하고 공부한다.

경행대를 지날 때 들여다보이는 법당에는 동승들이 무릎을 꿇고 열을 지어 앉아서 법문을 듣는 풍경이 많았다. 꿇은 무릎 뒤로 드러나는 작은 맨발들이 왠지 찡했다. 매일 아침 6시 반이면 시작되는 탁발의식에 동승들은 빠짐없이 참석한다. 어깨에는 커다란 발우를 메고, 한 시간 남짓 맨발로 탁발을 돈다. 한낮에는 심부름을 하거나 어딘가 바삐 가는 동승들도 자주 만난다. 이따금 시간 여유가 생길 땐 숙소 복도에서 천 조각 등을 뭉쳐서 축구를 한다. 이 스님들도 어린아이임에 틀림없다.

동승들의 공부는 배운 내용의 암송이다. 숙소 옆 오피스 2층이 이들의 공부 장소였는데, 마치 물 찬 논에 개구리 우는 풍경과 같았다. 소리 내어 외는 소리가 자글자글 시끄러울 법한데, 소음이라는 생각은 들지 않았다. 이런 풍경은 저녁 시간에서 취침 때까지 매일 서너 시간 계속된다. 어느 날 저녁 외는 소리가 들리지 않아 물으니 단체로 춤추러 갔단다. 미얀마 사람들은 중국 서민들의 요양거(길거리에서 모여 추는 단체 춤)처럼 단체 춤을 즐긴다고 룸메가 설명해 준다. 저녁 늦게까지 톱니바퀴처럼 돌아가는 일상이지만 힘든 기색을 하는 동승은 없다. 오후 불식의 계율은 동승들에게도 예외 없지만 표정이 늘 평온하다.

테라바다 전통에서 경전의 전래는 기록보다는 암송에 의존해 왔다고 한다. 웬만한 스님들은 주요 니까야(경전)와 아비담마(논서)의 내용을 술술 암송한다. 어린 시절부터 익힌 내공이 없이는 불가능한 일이다.

미얀마에서 승려는 존경받는 직업(?)이다. 양곤대학 불교학과나 테라바다 불교대학은 양곤 법대나 상대보다 들어가기 힘들다고 한다. 승려들을 대상으로 치러지는 국가고시는 패스가 매우 어렵다. 이 고시에 합격해야 사찰을 설립하고 운영할 자격이 주어진다. 경經·율律·논論 삼장을 모두 암송하고 해석해 고시에 합격하면 '삼장법사'라는 칭호가 주어지는데, 미얀마에서도 손가락으로 셀 정도로 그 수가 적다. 동승들의 웃음 띤 얼굴과 니까야 외는 목소리가 지금도 눈과 귀에 선하다. 20년이 지나고 30년이 지나면 이들 가운데서도 사야도가 나오고 삼장법사가 나올 것이다.

사탕과 불심

탁발 행렬을 따라가 보면 어린아이들이 유난히 많이 눈에 띈다. 할머니나 어머니를 따라 나온 아이, 부모를 대신해 밥그릇을 들고 나온 남매, 자기들끼리 탁발 행렬을 구경나온 조무래기들. 탁발이 시작되는 센터 입구에 매일 아침 머리를 조아리고 있는 다섯 살짜리쯤 되는 꼬마가 있다. 보는 사람의 신심이 절로 나는 광경이다.

도대체 무엇이 이른 아침마다 이 꼬마를 이곳으로 불러오는 것일까? 꼬마가 부처를 알까? 언제부턴가 꼬마는 할머니나 어머니를 따라 이곳에 왔을 게다. 그렇지만 매일 아침 꼬마를 부르는 파토스, 잠이 덜 깬 눈을 비비며 일어나 이곳에 무릎을 꿇게 하는 힘, 그것이 도대체 무엇일까?

그것은 바로 사탕의 힘이었다. 탁발 대열의 위계는 가시적이고 일목요연하다. 물리적으로는 신장身長 순이고 심리적으로는 법랍法臘 순일 게다. 탁발 대열의 뒤로 갈수록 더 어리고 키 작은 동승들이다. 행렬의 맨 끝쯤에는 초등학교 5~6학년 정도 나이의 동승들이 따라간다. 꼬마를 불러내는 건 바로 이 동승들이다.

어느 날 아침 탁발 행렬의 끝을 따라가다 목격했다. 꼬마의 조아린 머리맡에 조용하게, 마치 성탄 이브 굴뚝을 통해 들어온 산타클로스가 트리에 걸린 양말 속에 선물을 집어넣어 주듯 은밀하게, 사탕 몇 개가 놓이는 것을.

사탕이나 비스킷, 젤리, 초코파이… 이것들은 신도들이 불전에 올리고, 그런 다음 대개는 동승들의 차지가 된다. 탁발 행렬의 동승들은 그것들을 아껴 두었다가 길바닥에 꿇어 앉아 있는, 자신들보다 훨씬 어린아이들에게 살그머니 떨궈 준다.

사람은 혼자 살지 못한다. 그것이 중생의 특징이다. 무엇엔가 의지해야만 산다. 심지어 귀신도 중생인 한 그들도 그렇다. 산신은 산에 의지하고 목신은 나무에 의지해 존재한다. 사람과 사람 사이에서도 그렇게 오가는 정을 확인하면서 살지 않으면 안 된다.

동승이 쥐어 주고 가는 사탕 몇 개가 잠꾸러기 꼬마를 불러내고, 그것이 신앙의 씨앗이 된다. 꼬마는 자라서 기억할 것이다. 그때 그 사탕의 달콤함과 더불어 따뜻함을. 그리고 깨닫게 될 것이다. 나눔과 보시와 자비의 의미를. 이것이 불교 국가 미얀마의 한 모습이다.

수행자들

센터의 멋쟁이들

인간의 심연에는 동류의식 못지않게 인간 혐오의 감정이 자리 잡고 있다. "타인은 나의 지옥이다"라는 사르트르의 말을 나는 그렇게 이해한다. 자비라는 미덕의 대척점에는 타인에 대한 원인 모를 혐오와 분노가 있다. 인간은 한데 섞여 살아야 하지만 가끔은 서로를 떠날 필요가 있다. 혐오와 분노를 더 키우지 않기 위해.

떠나온 사람들. 자신들 각자에게만 골몰하는 센터 생활에서 각각의 개인이 더 잘 드러나 보인다는 사실은 참으로 역설이다. 센터 생활이 일주일쯤 지나다 보면 사람 하나하나가 두드러져 보인다. 서로가 서로에게 투명한 수족관처럼. 그들 가운데 특별히 두드러져 보이던 몇 사람 이야기를 해 보려고 한다.

푸른 눈의 몽크들. 대체로 잘생긴 용모에 갈색 가사를 걸치고 하얀 오른쪽 어깨를 드러낸다. (블랙맨 몽크는 한 사람도 없었다는 사실은 아직도 수수께끼다.) 금강경 첫 머리를 연상케 한다. "수보리 존자가…오른쪽 어깨를 드러내고 오른쪽 무릎을 꿇고 부처님께 말씀드리기를(須菩提…偏袒右肩 右膝着地 而白佛言)." 그들 중 젊은 시절의 찰턴 헤스턴처럼 생긴 몽크가 있었다. 경행 시간, 길 한편에서 동료 몽크와 담소하며 웃는 모습이 일품이었다.

동남아 어딘가에서 온 듯한 스님. 일흔은 족히 넘었을 법한 나이, 수행의 기품을 몸에 지니고 있는 노장이었다. 깡마른 체구에 큰 키, 형형한 눈빛. 그는 좀처럼 선방을 비우지 않았다. 선방 안을 경행할 때 멋스러움은 더 드러난다. 흐느적흐느적 천천히. 지금 나는 그 걸음걸이의 이미지는 기억하지만 흉내는 낼 수 없다. 중국의 경극 평론가들은 경극 배우 가운데 서 있는 자세가 가장 멋진 배우도 꼽는다지? 경행의 그 멋진 걸음도 한평생의 수행에서 나올 수 있었겠지? 수십 년 법랍을 거쳐 치른 자신과의 전투의 역사가 그에게서 엿보였다. 이 노장은 한 열흘 수행하다 홀연 모습이 보이지 않았다.

선방 맨 앞에 앉아 꿈쩍도 않고 좌선하던 젊은 미얀마 몽크. 4시 선방 청소 시간이면 물걸레를 도맡았다. 그는 선방에 입장할 땐 보무당당한 걸음걸이가 눈에 띄었다. 탁발 시에는 맨 앞에서 탁발 행렬을 이끌었다. 맨발의 그가 형형한 안광을 쏟으며 탁발을 도는 모습을 보면 신심이 절로 났다.

머리를 깎지 않고 수행하는 서양의 요기 가운데는 머리를 길러 뒤에 쪽을 지고 청색 머리끈으로 멋들어지게 묶어 멋을 부린 이도 있었다. 잘생긴 용모에 큰 키의 그는 미얀마 치마, 론지가 묶은 머리와 잘 어울려 '한 소식 한' 도사처럼 보였다.

내 바로 앞에서 정진하던 미국인 요기. 가부좌가 어려운 듯 그는 무릎을 꿇고 엉덩이와 종아리 사이에 작은 받침대를 받쳐 넣고 좌선했다. 내게는 신기하게만 여겨졌던 그 자세가 그의 몸에 착 붙은 것처럼 자연스러웠다. 그는 그 자세로 자신의 세계를 스스로 만들어 가고 있는 듯했다.

빨간 플라스틱 의자에 앉아 좌선하던 오십대. 동양계이면서 영어를 유창하게 구사하던 그를 나는 미국 이민 3세쯤으로 여겼다. 밤 시간 모기장 속 의자에 앉은 그는 마치 로댕의 조각 같은 분위기를 풍겼다. 어느 날 새벽 그가 혼자 숙소 청소를 다했다. 숙소 지역별로 당번이 정해져 있는데도, 혼자서 복도·화장실·계단을 쓸고 닦고, 슬리퍼들을 모아 비누칠해 씻고…. 그리고 그날 그는 떠나갔다. 나중에 룸메는 그가 페낭 사는 말레이시아 화교라고 알려 주었다.

이들에 대한 기억이 내게 아직 여운처럼 남아 있다. 그리고 이 기억은 내 마음 깊숙이 자리 잡고 있을 인간에 대한 혐오의 감정을 앞으로도 얼마간 씻어 줄 거다.

생생 정보통

그는 10년째 대학을 다니고 있는 서른 살 청년이다. 그 10년 세월 중 상당 기간을 미얀마에서 보냈다고 한다. 미얀마에서 수행하고 동남아 각지를 여행하며 삶을 배워 가고 있다. 쉐우민에는 처음 왔다는데, 마하시·참메 등 다른 수행처에서 많은 시간을 보냈다. 미얀마에 대해 모르는 게 있으면 그에게 가서 물으면 정답이 나온다.

수행을 마친 뒤 여행 계획을 짜는 데도 그의 경험을 적잖이 빌렸다. 조언대로 나는 양곤과 바간과 인레를 여행했다. 여행지의 개요, 숙박과 교통 사정, 택시요금 흥정하는 법, 물건 값 깎는 법, 꼭 사야 할 특산물 등을 꼼꼼하게 가르쳐 주었다. 양곤의 쉐다곤은 무조건 가장 먼저 가야 할 곳, 차욱탓지 와불과 깐도지 호수는 시간 있으면 들를 곳, 인야 호수는 너무 커서 구경 포인트 잡기 어려운 곳, 양곤대학은 외국인의 출입을 통제하는 곳 등등의 정보를 쏟아냈고 하나하나 내게 도움이 되었다.

물가, 지리, 통신사정뿐만 아니라 다른 수행처의 규율과 수행법에 대해서도 그는 많은 것을 경험을 통해 안다. 특히 미얀마에 처음 온 수행자들에게 많은 것을 가이드 한다. 그런 그를 나는 '생생 정보통'으로 명명한다. 수행자들 중에는 수행처를 살며시 빠져 나와 양곤 시내를 구경하는 경우가 있다. 무단이탈의 가이드가 '생생 정보통'이 된다면 그야말로 최상이다. 누구나 보고 싶어 하는 쉐다곤, 북한 식당의 냉면, 그리고 발마사지까지 세트로 체험하고 해 지기 전에 슬그머니 복귀할 수 있는 코스가 되리라.

나도 그의 신세를 진 적 있다. 바간 여행을 위한 항공권을 사기 위해 시내로 나가면서 도움을 받았다. 센터에 들어온 지 20일 만의 외출, 아마 혼자였다면 정문을 나서자마자 무척 헤매지 않을 수 없었을 거다. 문 밖을 나서자 그는 오토바이 기사부터 찾았다. 오토바이 택시를 타고 큰길까지 나가야 택시를 탈 수 있단다. 그가 값을 흥정했다. 500짯, 우리 돈 500원. 오토바이 꽁무니에 매달려 5분 남짓 달렸다. 택시비를 흥정해 택시를 타고 양곤 시내로 향했다. 비행기 표를 사고, 냉면을 먹고, 발마사지를 받았다. 수행기간 중 유일한 일탈이었던 셈이다.

하루를 함께 돌아다니면서 많은 얘기를 주고받았는데, 그와 나는 대학 동문이었다. 32년 후배, 아들 같은 후배였다. 귀국한 다음 학기에도 그는 등록하지 않았다. 지리산 모처에서 수행을 계속하겠다고 했다. 아마도 그는 그해 남도의 봄을 좌선과 경행으로 보냈을 것이다.

늙은 요기들

"타 하오샹 스 컨더지 예예." 공양을 위해 늘어선 줄에서 샤오 양이 속삭인다. 샤오 양 곧 미스터 양은 중국 난징에서 온 삼십대 수행자다. 나와는 매우 잘 지낸다. 센터에는 중국인 수행자가 딱 두 사람인데, 다른 한 사람은 베이징에서 왔다. 옛날부터 베이징과 난징은 기질이 영 맞지 않는다. 그래서인지 중국어로 의사소통이 되는 내게 그는 퍽 곰살궂게 대한다.

그가 내게 한 말은 "그 사람 꼭 켄터키 치킨 할아버지처럼 생겼어요"다. '켄터키 치킨 할아버지'는 미국에서 온 할아버지 요기다. 일흔은 된 듯하다. 커다란 몸집을 하고 카이젤 수염을 하얗게 길렀다. 푸른 눈의 이 할아버지 요기는 큰 몸집을 빨간 플라스틱 레저 의자에 맡기고 앉아 명상을 한다. 새벽 타임부터 밤 타임까지 선방의 좌선을 빼먹는 법이 거의 없다. 탁발에도 거의 매일 따라나선다. 그가 누군가와 얘기하는 장면을 본 적이 없다. 묵묵히 자신의 내면을 주시하는 수행자의 전형이다.

아기의 미소를 지닌 미얀마 사나이. 내 나이쯤 되는 그는 나와 마주칠 때마다 내게 천진하게 웃어 준다. 복도에서, 경행대에서, 세면장에서. 세속에선 누군가의 할아버지일 그를 보면 기분이 좋아진다. 찌들지 않고 나이 먹을 수 있는, 나이 듦 속에 간직한 천진함의 노하우를 배우고 싶어진다.

어느 날 저녁 그가 느닷없이 내게 말했다. 미소 아닌 목소리로. "투멀로우 모닝 아일 고 홈." 느닷없는 작별인사인 셈이다. "하우 롱 타임 유 해브 빈 히어?" 내가 묻고 그가 답했다. "원 먼스." "훼어 이즈 유어 홈?" "니어 양곤." 그렇게 헤어졌지만, 그가 짓던 아기 같은 미소는 내 기억 속에 남았다.

나이 든 수행자 가운데는 몸이 불편한 사람이 적잖았다. 거구의 한 미얀마 수행자는 세파에 찌든 표정을 하고 있었는데, 몸 한쪽에 마비를 겪는 듯했다. 선방 내 자리 바로 뒤에 앉아 좌선했다. 그가 가부좌를 하면 오른쪽 다리가 바닥에서 한참 떨어져서 다리를 세우고 있는 것처럼 보였고 오른쪽 어깨가 덩달아 위로 치솟은 형상이었다. 좌선할 때 조는 일이 많았고, 경행 시에도 발을 절었다. 그러면서도 좌선 시간을 빼먹지 않았다.

오랜 기간 수행한 듯한 영어권 노인 한 분은 운신이 잘 되지 않아서 샤워장에 들어갈 때 플라스틱 의자를 들고 들어갔다. 이런 몸을 끌고 열 시간 넘게 비행기를 타고 미얀마까지 와서 어려운 스케줄을 석 달씩이나 소화하고 어느 날 그는 떠나갔다.

쉐우민 센터의 수행자들 가운데 가장 눈에 띄는 사람들은 이런 노인들이다. 그들을 볼 때마다 나이는 들었지만 아직 내 몸이 성하다는 사실에 고맙고 행복하다. 그들은 한결같이 무언으로 외치고 있었다. "젊은이들이여! 삶은 길지 않다."

탁발

보시의 행렬

테라바다 부디즘에서 유난히 강조하는 전통이 있다. 탁발托鉢이다. "밥그 릇을 들이댄다"는 뜻이다. 영어로는 '보시의 행렬alms round'이라고 한다. 신 도들의 보시로 연명해야 하는 출가승의 입장에서는 밥그릇을 내밀어야 하 고, 공덕을 짓는 신도의 입장에서는 보시의 기회가 된다. 한자는 승가의 입 장에서 영어는 신도의 입장에서 만든 단어인 셈이다.

아무튼 탁발은 부처님 당시 성립한 승가의 오랜 전통이다. 그래서인지 탁 발 행렬은 맨발의 전통을 지킨다. 아침 6시 반 목탁이 울리면 30여 명의 스 님들이 맨발로 센터 입구에 모인다. 모두 테라바다의 가사를 입고 한 줄로 선다. 외국에서 온 스님도 다시 계를 받고 테라바다 가사를 입어야 탁발의 식에 참여할 수 있다. 한국에서 온 스님들 여럿도 탁발에 참여한다.

맨 앞에는 가장 고참 몽크가 서서 탁발 행렬을 이끈다. 법랍 순으로 행렬 의 서열이 주어지는데 행렬의 뒤로 갈수록 나이 어린 동승들이 따른다. 신 도들은 행렬의 스님들의 발우에 집에서 지어 들고 나온 흰 쌀밥을 나누어 담아 준다. 행렬의 맨 끝에는 힘 좋아 보이는 중고참 스님이 선다. 신도들이 스님들에게 나누다 남는 밥을 맨 마지막에 따라가는 스님의 발우에 모조리 쏟아 넣어 주기 때문이다.

탁발의식은 센터 정문 바로 안에서 시작한다. 센터 안 의식에 참여하는 사람들은 보통 출가자의 가족들이다. 얼마 전 출가한 무비스타처럼 잘생긴 미국인의 모친도 매일 참여한다. 그 몽크도 탁발 대열에 있다. 행렬이 절을 나가면서 의식은 본격적으로 시작된다.

양푼에 혹은 광주리에 밥을 담아 온 마을 주민들이 줄을 지어 있다. 지어 온 밥을 주걱으로 탁발 대열의 스님들 발우에 나누어 담아 준다. 그러고는 함께 나온 가족들과 함께 모두 그 자리에서 땅바닥에 엎드려 절을 한다. 거의 유아에 가까운 어린아이부터 여든 줄의 늙은이까지 연령층은 다양하다. 그들이 땅바닥에 엎드려 하는 절을 대열의 끝을 따라가는 우리 같은 속인이 받기엔 너무도 황송하다.

그렇게 정해진 코스를 따라 마을을 한 바퀴 도는데, 보통 한 시간 반쯤 걸린다. 커다란 밥통을 여러 개 실은 손수레가 탁발 행렬을 앞서가서 미리 정한 포인트에서 기다리다가 스님들 발우의 밥을 받아 싣는다. 나는 며칠 동안 자진해서 이 수레를 미는 일을 했는데, 맨발로 탁발 행렬을 세세하게 지켜볼 수 있는 특별한 경험이었다.

재원이 비교적 풍부한 쉐우민 같은 사찰들의 탁발의식은 실제적 필요에서가 아니다. 대중이 200명이 넘는 센터에서 먹을 음식을 탁발로 조달한다는 건 어불성설이다. 그래서 80퍼센트쯤은 상징적인 의식이다. 하지만 미얀마의 가난한 작은 사찰의 탁발은 몽크들의 생존 자체다. 나중에 미얀마를 여행하면서 그런 탁발 행렬을 여러 곳에서 지켜볼 수 있었다.

테라바다의 몽크들은 무소유의 계를 비교적 철저히 지킨다. 부처님 당시에는 내일 먹을 것을 오늘 남겨 두어서는 안 된다고 가르쳤다. 당시 계율로는 밥 먹는 발우와 옷 두 벌이 각자 소유할 수 있는 전부였다. 약품과 소금, 돈, 금붙이 등의 소유에 대한 계율의 해석을 둘러싸고 교단이 분열했는데, 테라바다는 상대적으로 본래의 전통을 엄격히 유지하고 있다. 그리고 이것이 그들의 자부심이기도 하다.

탁발에 대한 작가적 감수성

작가 선생 한 분을 이곳에서 만났다. 아주 유명한 분이었다. 그를 처음 알아본 사람은 바로 나였다. 아침(정확히 표현하면 새벽) 공양을 위해 선 긴 줄에서 내가 그렇게 말했다.

"선생님은 꼭 작가 아무개 선생님과 이미지가 꼭 같으세요."

그가 대답했다.

"제가 아무개입니다."

잠깐 당황했다. 아님 황당했을까?

그가 쓴 소설을 읽어 본 적이 있다. 인간정신의 심연을 천착해 온 작품 세계를 가진 작가였다고 기억한다. '도를 닦는 일'을 작품의 소재로 많이 삼았고, 작가 자신도 실제로 그런 수련을 오랫동안 해 왔다고 알려져 있다.

수행센터에서 며칠 함께 생활하다 보니 참 독특한 분이라는 생각이 들었다. 빡빡 민 헤어스타일부터. 그는 만나는 사람마다 인사를 건넨다. 한국인이든 외국인이든 상관치 않고, 장소 불문하고. 그가 내게 처음 인사를 건넸던 장소는 선방이었다. 새벽 4시 타임이 끝나고 청소가 시작될 즈음이었는데, 합장하며 내게 "안녕하세요" 하고 인사했다. 서로가 서로를 상관하지 않고 자기에만 몰두하는 이곳 분위기와 걸맞지 않다는 생각이 들었다.

머리를 빡빡 깎아서인지 퍽 젊어 보였는데, 일흔이 다 되신 분이라는 사실을 나중에 알았다. 이 작가 선생님은 센터에 온 다음 날부터 매일 아침 탁발을 따라 나갔다. 탁발의식 자체가 감동이고 충격이었다고 말한다. 탁발을 따라 나가 울면서 다녔다고 고백한다.

그런데 작가 선생님의 행동거지가 파격이다. 탁발 시 작가 선생은 신도들이 스님들에게 퍼 주고 난 빈 그릇에 붙은 밥알을 한두 알 떼어 먹는다. 신도들은 잠시 당황하면서 멋쩍은 표정을 한다. 작가 선생은 합장하면서 이들에게 인사한다.

"밍글라바, 제쯔띰바디(안녕하세요, 감사합니다)."

신도들은 이내 멋쩍은 얼굴 표정을 무너뜨리고 답례한다.

"밍글라바, 제쯔띰바디."

둘 사이에 환한 미소의 꽃이 활짝 피어난다. 작가 선생은 말한다.

"신도들은 자신들의 절실함과 정성으로 탁발을 올리지만, 스님들이 공양물을 먹는 모습을 못 보잖아요? 내가 보여 주는 거죠. 누군가 자신이 올리는 음식물을 먹는 걸 지켜보는 것도 환희가 아니겠어요?"

이어 말한다.

"이런 축복이 어디 있겠어요? 아침부터 너무 행복합니다."

지켜보는 나 자신도 그렇게 마음과 마음이 통하는 광경에 하루의 시작이 싱그럽다. 그리고 그는 매일 아침 천 짯짜리 다섯 장을 주머니에 넣고 나간다. 아주 어린아이나 나이 많은 노인들을 만나면 천 짯짜리 한 장을 손에 쥐어 준다. "밍글라바 제쯔띰바디"를 외치며. 그리곤 무척 행복해 한다. 천 짯이면 우리 돈 천 원이다. "천 원으로 이런 행복을 살 수 있는 곳은 미얀마밖에 없을 것"이라고 덧붙인다. 내가 봐도 그는 행복하다. 지켜보는 나도 따라 하고 싶을 정도로. 그러나 참기로 한다. 파격은 혼자만으로 족하다. 파격을 따라하면 새로운 격식이 된다.

작가 선생은 일주일 만에 떠나갔다. 자신이 수행하던 수행법과 새로운 쉐우민 방법이 너무 이질적이었던가 보다. 사마타 수행을 주로 하는 파옥 센터로 갔다는 얘기를 들었다. 인상적인 에피소드에 대한 짧은 기억만 남기고.

어머니와 아들

푸른 눈의 고수

앞서 젊은 시절 찰턴 헤스턴처럼 잘생긴 서양 몽크에 대해 잠시 언급한 적이 있다. 내가 센터에 갔을 때 그는 몽크가 아니었다. 머리를 기르고 론지를 입은 요기였다. 가끔 경행대에서 마주친 적은 있지만 서로 소 닭 보듯 지나쳤고 관심도 없었다.

어느 날 그가 우리 방에 왔다. 룸메의 침상에 앉아 룸메와 얘기를 하고 있었다. 룸메가 나를 소개했고, 그가 스스로를 소개했다. 나이는 밝히지 않았지만 사십대 중·후반처럼 보이는 미국에서 온 요기. (나이를 묻고 나이에 관심을 갖는 건 동아시아 문화의 특성일 뿐 서양인들은 나이에 관심이 없는 듯하다. 미국에서는 나이를 묻는 행위 자체가 차별적 행위로 간주하는 경향이 있다는 얘기를 들은 적 있다.) 룸메보다는 내 영어가 조금 더 나은 덕에 나는 그와 많은 얘기를 나눴다.

그는 20년 동안 고엔까 명상을 했다고 했다. 고엔까 명상은 서양인들에게 널리 알려져 있다. 주로 아나빠나와 바디스캔을 주로 하는 위빠사나 명상법이다. 아나빠나는 '아나빠나 사띠'의 줄임말로 우리말로는 '들숨·날숨에 마음 챙기는 공부'로 번역돼 있다. 호흡을 대상으로 하는 신념처身念處 위빠사나다. 바디스캔은 몸의 감각을 알아차리는 위빠사나 명상 수행법이다.

그가 내게 물었다. 명상한 지 얼마나 됐냐고. 꿀리지 않으려고 한 40년쯤 됐다고 뻥쳤다. (시작은 이십대부터 했으니 그다지 양심의 가책은 없었다.) 메소드를 물었다. '간화선'이라고 대답하고 그 수행법을 아느냐고 물었다. "공안을 참구하는 젠." 그가 정확히 대답했다. 가히 고수였다. 여러 가지 얘기가 오갔다. 주로 간화선과 위빠사나 수행법의 차이 등에 대해서.

그는 쉐우민에 여러 차례 왔고 지난해에는 단기 출가 수행을 마쳤으며 곧 정식으로 출가할 거라고 말했다. 며칠 후 일요일, 그는 삭발하고 정식 몽크가 됐다. 그는 일흔네 살인 자신의 어머니도 센터에 와 있으며 쉐우민 수행법에 만족한다고 말했다. 이후 나는 이 모자에 큰 관심이 갔다. 아들의 출가에 대해 어머니가 보이는 감정이나 태도가 궁금했다. 어머니는 무척 신심이 깊은 분 같았다. 매일 아침 온화한 표정을 하고 스님들의 발우에 나누어 떠 줄 밥통을 들고 탁발 시작을 기다렸다. 그 의식이 끝나면 스님들의 탁발 행렬을 따라간다.

하지만 아들 몽크는 탁발 대열에 보이지 않는다. 탁발에 참여하려면 출가 후 어느 정도 시간이 지나야 하는가 보다 하고 생각했다. 경행 시간에 이따금 간단한 대화를 나누는 모자母子를 목격했다. 두 분 다 무척 평온해 보였다. 그 풍경은 퍽 평화로워 보였다.

면회실 풍경

모자에 관한 이야기 하나 더. 쉐우민 센터 입구에는 면회실이 있다. 군대도 감옥도 아닌 곳에 웬 면회실? 한국의 버스 정류장처럼 꾸며진 공간인데, 유리벽으로 둘러싸여 있다. 평소엔 눈여겨보지 않고 그저 수행자들이 경행하다가 잠깐 앉아 쉴 수 있는 휴식 공간 정도로 여겼다.

아무리 규율이 엄격한 조직이라도 숨 쉴 구멍은 있는 법이다. 쉐우민도 그렇다. 한국에서 온 나이든 수행자끼리는 이따금 경행 시간을 이용해 함께 센터 안을 산책하며 법담 아닌 세속적 화제로 잡담을 나누기도 한다. 꽉 짜인 스케줄을 잠시 벗어나 즐기는 잡담의 맛은 가히 꿀맛이다. 그날도 그렇게 잡담 산책을 마치고 다리를 쉬러 찾은 공간이 바로 그곳이었다.

그곳에서 미얀마의 한 가족을 만났다. 그리고 비로소 그곳이 면회실이라는 사실을 알았다. 예순쯤 돼 보이는 보살님과 아들 내외, 그리고 당시 한국의 TV를 점령해 버린 '대한 민국 만세' 또래의 인형처럼 귀여운 아이. 미얀마 아이들은 정말 예쁘다. 커다랗고 까만 눈을 들여다보면 그 호수의 심연으로 딸려 들어간다. 신비스러울 정도로 깊은 눈동자를 아이는 갖고 있었다. 그런데 그 아이가 내게 안겨 온다. 자신의 할아버지에게 안기듯 친숙하게. 안아서 무릎 위에 올려놓았다. 내가 말한다.

"그 아들 녀석 참 예쁘게 생겼다."

느닷없이 내 말에 피드백이 온다.

"아들 아니고 딸."

아이 아버지다. 순간 한국 사람들이 깜짝 놀란다.

"아니! 한국말 알아요?"

그렇게 대화가 시작된다. 울산의 현대중공업에서 6년을 일했단다. 그의 어머니는 센터의 수행자다. 미얀마 사람들의 신행생활은 수행이 위주다. 틈날 때마다 센터에 와서 수행하는 사람들이 많다. 특히 고정된 직업을 갖지 않는 여성들의 경우 몇 달씩 머물며 수행하는 사례가 대단히 많다. 쉐우민의 선방은 이층으로 돼 있는데 여성들이 쓰는 아래층 선방은 늘 빽빽하다. 여성 수행자가 남성 수행자보다 다섯 배쯤 많다.

오래 머무는 수행자들에게도 당연히 풀어야 할 세속사가 있을 게다. 면회실은 그렇게 누군가 찾아왔을 때를 배려한 공간이다. 미얀마의 이 가족도 그랬겠지. 한참 동안 얘기를 주고받던 어머니와 아들의 면회가 끝났다.

그리고 바로 그 시점에서 같은 공간의 한국 사람들을 놀라게 한 극적인 장면이 연출됐다. 의자에 앉은 어머니의 무릎 아래로 아들이 무릎을 꿇었다. 너무도 자연스럽게. 그리고 삼배, 절 세 번. 어머니는 아들의 머리 위에 손을 얹고 무어라 주문 같은 것을 왼다. 눈물 나는 풍경이었다. 그렇게 그들은 작별했다.

이 광경을 본 한국 사람들은 한동안 말을 잇지 못했다. 부모를 작별하는 자식이 늘 그렇게 인사하는지, 아니면 이 모자만의 특별한 작별의 방식인지 그건 모르겠다. 미얀마의 보편적 인사 방식이라고 속단하는 건 '성급한 귀납의 오류'가 되리라. 또 다른 경우를 본 적이 없기에. 하지만 그 자연스러움으로 미뤄 볼 때 이들 모자만의 특별한 의식이 아니라는 추정은 가능하다. 아무튼 그날 해질녘, 센터의 면회실에서 목격한 이 풍경은 미얀마에 대한 깊은 인상으로 내게 남았다.

주변 치우기와 내면 다지기

청소

쉐우민은 하루 세 차례 청소한다. 새벽 좌선을 마치는 5시 선방 청소는 쓸기만 한다. 선방 대중은 저마다 벽에 걸린 빗자루를 하나씩 나눠 들고 기계적으로 움직인다. 빗자루 차지를 못한 요기들은 슬며시 선방을 빠져나간다. 고참들 중에는 빗자루 없다는 핑계로 청소 불참이 상습화된 수행자도 있다. 그렇지만 어느 누구도 그걸 지적하지 않는다. 나머지 사람들로 충분하기 때문이기도 하지만, '자업자득'을 믿는 탓인 듯하다.

두 번째 청소는 조식 공양을 마친 직후의 숙소 청소다. 자신들의 방은 자신들이 하지만, 공동 공간에 대해서는 방별로 소임이 주어진다. 그 소임은 대략 열흘 단위로 바뀐다. 이를테면 11호와 12호는 복도 청소와 방 앞 작은 카펫 털기, 13호와 14호는 샤워장과 화장실, 15호는 계단과 낭하, 16호는 슬리퍼 닦기… 그런 식이다. 쓸고 닦고 털고 말리고… 걸리는 시간은 기본 15분 정도. 그 정도로도 청결은 충분히 유지된다.

세 번째 청소는 오후 3시 좌선이 끝난 다음의 선방 청소인데, 물걸레가 비로소 등장한다. 나의 일본인 룸메가 베란다에 말려 놓은 대형 봉걸레를 갖고 등장하면서 청소가 시작되는데, 수행자들이 각기 작은 밀대를 하나씩 들고 베란다에 줄을 선다. 베란다 싱크대에서 말려 놓은 걸레에 물을 축이기 위해서다. 청소가 끝나는 풍경도 줄서기다. 사용한 걸레를 빨아서 널어 놓아야 하기 때문이다.

청소가 끝나면 바로 주스 타임이다. 선방 입구 낭하에서 나눠 주는 주스를 한 잔씩 들고 복도 끝에 서서 풍경을 보며 하루의 마지막 먹을거리를 즐긴다.

청소 패턴을 반복하면서 느낀 점이 있다. 생활이 단순할수록 '자주, 그러나 아주 짧게'라는 청소의 원칙을 지킨다는 것. 현대를 사는 사람들의 청소는 복잡하다. 가구가 많아서다. 가구는 물건들을 쌓아 두기엔 편하지만 청소 시간을 늘린다. 청소는 고된 노동이 됐고, 사람들은 급기야 이 일을 기계에 맡기기 시작했다. 드디어 사람이 개입하지 않아도 되는 청소 기계까지 만들어 냈다.

청소는 의무이지만 삶 속에서 인간에게 주어진 특권 아닐까? 스스로 하는 청소를 포기하는 순간, 인간의 정신은 주기적 정화의 기회를 잃는다는 생각도 든다. 로봇 청소기…. 로마인들이 자신들의 의무이자 특권이었던 군 복무를 게르만 용병들에게 넘김으로써 나라의 멸망을 초래했듯, 인간은 자신들의 의무이자 특권이었던 청소를 기계에 넘겨줌으로써 급기야 기계들에게 지배당하게 될지도 모른다. 맹자의 일일삼성一日三省. 혹시 이 말은 하루 세 번 청소하라는 뜻이 아니었을까?

담마토크

이 세상엔 수많은 수행법이 있다. 마치 산 정상에 이르는 길이 무수히 많듯. 하지만 각자의 길을 가는 사람들은 자신들이 가는 길이야말로 정상에 이르는 가장 확실하고 편안한 길이며, 그 길로 가지 않으면 궁극에 이르지 못한다고 믿고, 우기고, 또 가르친다.

수행의 목적은 삶의 문제를 해결하고 삶을 개선하는 일이다. 길은 삶을 벗어나 있을 수도 있고, 삶 그 속에 있을 수도 있다. 어떤 길을 가든 그것은 길을 가는 사람의 선택이다. 그 길을 찾아 미얀마까지 온 사람들은 위빠사나의 길을 선택한 사람들이다.

쉐우민에 도착해 방을 배정받고 론지를 입으면 다음 순서는 그곳 가르침의 요지를 익히는 것부터 시작한다. 한국에서 온 수행자들에게는 우리말로 번역된 떼자니아 사야도의 저술 4권이 한꺼번에 주어진다. 틈틈이 책들을 읽고 이해가 안 되는 부분이 있으면 누구에게든 물어야 한다. 그렇게 물을 수 있는 자리가 그룹별로 만들어지는데, 그것을 '담마토크'라고 한다.

사야도와의 인터뷰가 6~7일에 한 번밖에 이루어지지 않기 때문에 담마토크, 법담은 중요한 기회가 아닐 수 없다. 내가 머무는 동안 한국의 수행자들에게는 (남성들에게만 해당. 성별이 다른 수행자의 처소에 들어가서는 안 된다는 규율이 엄격했기 때문에 여성들에게는 기회가 주어지지 않았다) 매우 좋은 기회가 주어졌다.

마침 떼자니아 사야도의 한국인 제자인 스님 한 분이 센터에 머물고 있었다. 사사나 스님. 15년 전 떼자니아 사야도와의 기이한 인연으로 테라바다로 출가한 분이다. 사사나 스님이 주관하는 담마토크는 이틀에 한 번씩 스님의 거처에서 열렸는데, 적게는 5~6명 많게는 10명 정도가 늘 참석했다. 각자의 수행 상태와 수행하면서 생기는 의문점을 묻고 답하는 형식으로 진행됐다.

이 자리를 통해 여러 사람이 많은 도움을 받았다. 어떤 수행법이든 직접 체험해 보지 않으면 익힐 수 없다. 더구나 책으로만 이해할 수는 더더욱 없다. 체험의 길은 먼저 체험한 이의 도움 없이는 가기 어렵다. 수행자들의 질문에 대한 사사나 스님의 답변은 위빠사나 심념처의 길을 간 체험에서 나온 것이어서 거침이 없었고 힘이 있었다.

함께 머물던 수행자 가운데 현직 중학교 선생님이 한 분 있었다. 어찌나 열심히 좌선하고 경행하는지 나날이 진보하는 모습이 눈에 띄었다. 담마토크 시간에 사사나 스님에게 하는 수행 보고와 질문은 여느 수행자와 달랐다. 이를테면 이렇다. "아는 마음을 알고 나니 이 마음을 늘 뒤에서 지켜보는 마음이 있습니다", "지혜가 나는 줄 어떻게 하면 알 수 있습니까?" 등이다. 이렇게 묻고 이에 대한 사사나 스님의 답을 들으면서 여러 수행자는 자신의 수행을 점검하고 방향을 설정할 수 있었다.

사사나 스님은 이후 한국 테라바다 불교 제2대 이사장에 추대됐다. 이후 경주의 마하보디 선원 선원장을 맡았다. 재임 기간 마하보디 선원에서는 매월 한 차례 주말 2박 3일의 집중 수행이 열렸다.

산 정상은 하나겠지만 길은 여럿일 수 있다. 길은 길을 가는 사람의 선택이다. 길을 가는 사람은 자신이 가는 길에 대한 믿음 없이 결코 그 길을 갈 수 없다. 길에 대한 믿음은 앎의 문제라기보다는 삶의 결단과 태도의 문제다. 그래서 가는 길은 인연일 수밖에 없다.

욕심으로 수행하지 말라

쉐우민 센터 첫 수행의 기억을 이제 마무리해 보자. 기억을 더듬어 내게 가장 영향을 준 가르침과 경험이 무엇이었는지를 한마디로 요약해 보겠다. "욕심으로 수행하지 말라"가 그것이었다.

무엇인가를 이루기 위해 수행한다면 시작부터 틀렸다. 그간 이 가르침을 수도 없이 들었지만 구체적으로 받아들이지 못했다. 참 어리석었다. 이런 어리석음으로 수행은 무슨 수행인가? 내가 머나먼 미얀마까지 간 이유는 뭔가를 얻기 위한 것이었다. 쉐우민의 수행 방법을 알고 익혀서 그 무언가를 얻는 데 도움이 되지 않을까 하는 기대를 갖고 갔다. 어느 조사의 어록엔가 "잡으려 하면 멀어지고 구하려 하면 자취를 감춘다. 그래서 그것을 '비밀'이라고 한다"는 구절을 익히 알고 있으면서도 그랬다.

평소 나는 깊고 깊은 선정禪定(삼매三昧, Samadhi)을 경험해 보고 싶었다. 사실 많은 수행자들이 가장 원하는 것은 바로 그런 경험일 것이다. 그런데 쉐우민은 이렇게 가르친다. "수행하기 전 마음을 바르게 하라. 마음속에 욕심과 분노가 있는지 점검하라. 번뇌로 수행하지 말라.”

뭔가 되려고 하는 건 욕심이다. 뭔가를 얻기 위해 수행하는 건 욕심으로 즉 번뇌로 수행하는 것이다. 선정을 얻기 위해 수행한다면 시작부터 잘못됐다. 선정은 마음의 상태다. 설사 얻더라도 인연이 다하면 사라진다. 선정의 상태에서 오는 행복감과 희열을 위해 수행한다면 더더욱 틀렸다.

떼자니아 사야도에게 이런 질문을 한 적이 있다.

“선정에 대한 집착이 잘 안 끊어집니다. 어떡하면 좋습니까?”

그리고 이런 대답을 들었다.

“세상에 집착할 것은 아무것도 없다. 선정이 좋은 것이기는 하지만, 집착할 대상은 아니다.”

그런 문답이 있은 지 열흘쯤 뒤 이런 사건이 있었다. 수행 상태에 대한 나의 보고를 들은 사야도가 단호하게 말했다.

“지금 로바(탐욕)로 수행하고 있다. 처음부터 다시 하라.”

섭섭한 처방이었지만 약으로 여기고 사야도의 첫 법문집 『마음이 바르게 됐을 때 수행하십시오』를 처음부터 다시 읽었다. ‘탐욕으로 수행하지 말라’는 말의 뜻을 비로소 ‘구체적으로’ 알게 됐다.

많은 선각자들이 ‘불법’·‘도’·‘진리’의 핵심을 ‘무아無我’라고 설명한다. ‘내가 없다’는 뜻일 텐데, 그 ‘나’를 갖고 가는 길이 순탄할 리 없겠지. 내가 평소 좋아하는 임제선사의 말에 “수처작주隨處作主 입처개진立處皆眞(가는 곳마다 주인이 되면, 서는 곳마다 참되리라)”이라는 구절이 있다. 나는 우주의 중심이고, 모든 사람 각자가 우주의 중심이다. 그래서 본래 우주의 주인이고 본래 대자유인 셈인데, ‘나’가 있는 한 그 자유는 실현되지 않는다. 내가 사는 세상에서는 내 욕심을 채울 길도, 내 분풀이를 모조리 할 도리가 없기 때문이다.

대자유를 실현하는 방법은 오로지 ‘나’를 없애는 길뿐이다. ‘수행’이란 결국 '무아'의 길을 가는 것일 게다. 그런데 '선정'에, 선정이 주는 '희열'·'즐거움'·'평화로움', 그리고 남들이 갖지 않는 '신통력', 이런 것들에 집착해 수행한다면 첫 단추를 잘못 끼운 셈이 되겠지. 내가 쉐우민에서 받은 영향은 바로 이런 견해를 갖게 됐다는 점이다.

단순한 일상의 맛

익숙한 것들과의 결별

2016년 1월 4일 다시 미얀마행 비행기에 몸을 실었다. 나는 왜 미얀마까지 날아와 수행처를 찾는가? 나를 가르쳐 줄 티처가 있기 때문이라는 대답은 진부하다. 나는 내가 싫다. 누구라도 어느 정도는 그렇다. 낯선 곳을 찾는 사람들은 '자기혁명'을 꿈꾼다. 하지만 쉐우민 국제명상센터를 향하는 택시 속에서 바라보는 풍경들이 이제는 낯설지 않다.

낯익은 풍경 속에서 몇 해 전 작고한 내 친구 구본형을 생각한다. 『익숙한 것과의 결별』은 구본형의 베스트셀러 제목이다. (그는 세상을 떠나기 전, 삼성의 임원들이 듣고 싶어 하는 강연 베스트 오브 베스트의 자리에 오르는 유명세를 누렸다.) 그는 "자기혁명은 익숙한 것과의 결별을 통해 일어난다"고 썼다.

하지만 나는 미얀마가 익숙하고, 쉐우민 센터가 익숙하다. 택시가 들어서는 입구, 오피스 건너편 주차장, 택시기사와 벌이는 요금 실랑이까지 익숙하다. (만 오천 짯 주기로 하고 탔는데 이만 짯을 달라고 한다. 지난해 같으면 선선히 줬을 텐데 매정하게 주지 않았다. 익숙함은 갑질도 부른다.)

등록을 하고 방을 배정받는 절차도 일사천리. 역시 익숙하다. 트렁크를 열어 꺼내 입는 론지(미얀마 치마. 수행복)도 익숙하다. 짐을 푸는데 복도를 지나던 지난해 룸메이트 히로 씨가 반색하며 무척 반가워한다. 소식을 전해 들은 젊은 중국 친구 양쥔이 와서 인사를 건넨다. 히로 씨는 잠깐 집에 갔다 다시 와서 몇 달째 머물고 있고, 양쥔은 지난해부터 지금까지 계속 머물고 있단다. 잘생긴 용모는 간데없고 피골이 상접하다. (양쥔은 며칠 후 계를 받고 비구가 됐다.) 수행처의 첫날은 이렇게 익숙함으로 시작됐다. 과연 나는 내가 꿈꾸는 '자기혁명'을 이룰 수 있을까?

마음에서 힘 빼기

쉐우민의 하루는 새벽 4시 어김없이 시작된다. 한 시간 좌선, 한 시간 경행으로 짜여 밤 10시까지 계속되지만 시간표를 속된 말로 'FM'으로 지키는 수행자는 아무도 없다. 고참 수행자일수록 융통성의 폭은 더 커진다. 컨디션이 나쁘면 (혹은 컨디션 핑계를 대고) 새벽·아침·오전·오후·밤 각각 한 시간씩 최소한 5시간 정도만 선방을 지킨다면 잔소리 들을 일이 없다. 마하시, 참메, 빤디따라마 등 다른 수행처와는 퍽 다른 분위기다. 익숙해지니 그 이유를 알 것 같다. '마음에서 힘 빼기'가 수행의 시작이기 때문이다.

골프를 배우는 사람들이 몸에서 힘 빼는 데 3년이 걸린다지? 쉐우민 수행의 시작은 수행하는 마음을 점검하는 데서부터다. 무언가를 얻겠다고 하는 수행을 '탐심으로 하는 수행'이라고 한다. 탐심으로 수행하면 탐심만 커지고 오히려 수행과는 점점 멀어진다. 그것을 수행이라고 할 수 없다. 시작이 잘못된 탓이다.

규율을 지키기 위해 하는 수행은 수행자를 질리게 한다. 그런 탓인지 쉐우민은 수행자의 자율을 존중한다. 이런 분위기 때문에 다른 수행처에서 수행하다가 몸을 쉬기 위해 쉐우민에 오는 사람도 있었다. 그런 사람 중에는 선방에 아예 전혀 오지 않는 사람도 있다. 그렇지만 아무도 나무라는 사람은 없다. 그렇지, 수행이란 각자의 살림일 뿐 남에게 보이기 위한 것이 아니잖은가?

모기장 회수 사건

수행처의 겨울은 쾌적하다. 하지만 사람에게 쾌적한 날씨는 모기에게도 쾌적하다. 모기장은 미얀마에서는 사시사철 필수품이다. 수행자들의 방석 뒤에는 각각 개인용 모기장과 모기장 걸개가 있다. 선방의 일상적 풍경이다. 새벽 4시부터 밤 10시까지 수행자들은 이 풍경 속을 드나든다.

새벽과 한밤중에는 수행을 빼먹는 수행자들이 있게 마련이다. 어느 날 센터의 주지 스님이 사람을 시켜 새벽 시간 방석이 비어 있는 수행자들의 모기장을 모조리 걷어 갔다. 기강이 해이해졌다는 판단이 들었을 게다. 이런 일이 발생하면 수행자들 사이에 긴장감이 돌고 귓속말이 오간다. 모기장을 회수당한 당사자들은 난감하다.

특히 말이 잘 통하지 않는 이방인 수행자들은 더욱 당황하기 마련이다. 하지만 수행처에 익숙한 수행자들은 대략 대처 방법을 안다. 집에 돌아가는 수행자들이 반납하는 모기장을 입도선매하는 방식이다. 그렇게 저렇게 시간이 흘러가면 모기장 회수 사건은 없던 일로 자동 수습된다.

어느 날 사야도 인터뷰 시간에 한국 비구니 스님 한 분이 사야도에게 이 사건을 얘기했다. '몸이 아파 어쩔 수 없이 새벽 좌선에 빠졌는데 모기장이 없어져서 힘들었다'는 내용이었다. 여기에 대한 사야도의 답변은 간단명료하다. "뭐 그리 힘들 게 있느냐? 가져간 사람에게 가서 돌려 달라고 하면 될 것 아니냐?"

단순한 일상에서는 작은 사건도 크게 느껴진다. 그것도 단순한 일상의 맛이다.

망상은 즐겁다

담마홀

한국 사찰의 선방 분위기는 엄격하다. 엄격한 정도를 넘어 살벌하기까지
하다. 규율이 엄하고 위계질서가 분명하다. 앉는 자리가 수좌(참선 수행자)의
모든 것을 말해 준다. 선방의 자리는 승랍에 따라 정해진다. 고참일수록 선
방의 중앙에, 신참일수록 변방에 자리가 정해진다. 상석이 있고 말석이 있다.
죽비 소리에 맞춰 앉고 일어난다. 수좌 중 최고참이 죽비 잡는 입승이 된다.
선방의 규율을 담당하는 유나, 대외적인 일을 맡는 지객 등의 소임이 정해
진다.

담마홀은 쉐우민의 선방이다. 한국의 선방이 군대 내무반이라면 담마홀
은 피씨방이다. 승속이 섞여 있고 오고 감이 자유롭다. 위계도 없고 소임도
없다. 맘에 드는 자리를 스스로 골라 떠날 때까지 않는다. 인종이 섞이고 승
속이 섞이고 장유가 섞여 있다. 매시간 정시에 시작해 정시에 마치는 것이
묵시적으로 정해져 있지만 중간에 일어나 나가거나 중간에 들어와 앉아도
뭐라는 사람이 없다.

더구나 좌선과 경행이 뒤섞여 있다. 담마홀 중앙 통로는 늘 넓게 비워 둔
다. 좌선을 하다 졸리거나 힘들면 조용히 일어나 담마홀 중앙을 전후로 오
가며 경행한다. 정시에서 30분이 지나면 경행하는 수행자들이 하나둘 늘어
난다. 아무튼 겉모습은 그렇다. 하지만 24시간 스승의 지침대로 수행만 하
는 수행자는 없다. 많은 시간을 수행과는 상관없는 생각 즉 망상으로 보낸
다. 군대 가서 보초 설 때 온갖 생각을 다 하듯. 물론 수행이 익어 가면서 망

상은 점점 줄겠지만.

떼자니아 사야도는 같은 생각이 자꾸 떠오르는 건 그 생각을 즐기기 때문이라고 말한다. 몸은 일상의 대부분을 선방 주변을 지키면서도 마음은 늘 망상으로 분주하다. 사야도의 지적처럼 그 망상들이 때때로 즐겁기도 하다. 적어도 망상은 수행자 혼자만의 것이다. 어느 누구에게도 간섭받지 않는다.

이런 분위기가 이해되는가? 선방 하면 엄숙함과 정숙함이 먼저 떠오르지 않는가? 하지만 쉐우민 담마홀은 정숙하지만 엄숙함과는 거리가 멀다. 쉐우민의 이런 분위기는 '탐욕으로 수행하지 말라'는 가르침 때문이다.

수행의 목표는 지혜를 기르는 일이다. 지혜는 탐욕·분노·어리석음 즉 번뇌의 상대 개념이다. 진리나 깨달음에 대한 욕심도 욕심이다. 그 욕심으로 수행하면 탐욕이 자라고 지혜에서 멀어진다. 수행자는 수행하기 전에 마음 자세부터 점검해야 한다. 마음에 탐욕과 분노의 찌꺼기가 남아 있으면 수행은 지혜가 아니라 번뇌를 기르는 결과를 낳는다. 깨닫기 위한 수행은 그래서 이미 수행이 아니다.

이근원통耳根圓通

쉐우민 숲속에는 까마귀가 많다. 이 녀석들이 한꺼번에 울어 젖히면 조용조용 대화가 불가능할 정도다. 점심 공양을 위해 긴 줄을 서 있을 때 이 녀석들의 울음소리는 새삼스럽다. 한국의 사찰에서는 보통 목탁을 쳐서 공양 시작을 알린다. 쉐우민에서도 마찬가지다. 사람 키만 한 나무둥치로 만든 거대한 목탁(한국의 목탁과는 다르다. 그저 속이 빈 통나무 모양이다)을 나무망치로 두들겨 알린다.

까마귀들은 이 목탁 소리에 부화뇌동한다. 목탁 소리에 맞춰 일제히 소리를 지른다. 소리에 관대한 미얀마 문화 탓에 쉐우민은 하루 종일 엄청난 소음 속에 있다. 확성기 소리, 경운기 소리 등 인공의 소음에 자연적인 새 울음

66

까지 다양하고 또 다양하다. 떼자니아 사야도는 '소음은 대상일 뿐'이라고 늘 강조한다. 오히려 소음이 있어서 수행에 도움이 되지 않느냐고 말하기까지 한다.

한국의 산사에서 조용히 지내던 스님들은 좀처럼 적응이 안 되는가 보다. 사야도 인터뷰 시간에 푸념하는 스님들이 많았다. 그런데 사야도의 가르침은 사실이다. 소리를 알아차림의 대상으로 두면 소음을 즐기는(?) 경지에 이른다. 그 경지에 이르면 한데 섞여 들리던 새소리들이 하나하나 나뉘어 세세하게 들린다.

세상에! 소리의 무더기들 안에 그렇게 다양한 소리들이 있을 줄이야. 열대의 새소리는 가히 오케스트라다. 음악 마니아가 경지에 이르면 오케스트라 속의 현악기와 관악기, 더 나아가 바순과 혼, 트럼펫 소리를 구분해서 세세히 듣는 것처럼. 새들의 오케스트라 안에 저렇게 다양한 소리가 섞여 있을 줄이야. 뾰옹, 뾰롱뾰롱, 쫙쫙, 까욱까욱, 꼬오옥, 찍찍찍찍찍, 뿍뿍, 쪼쪼쪼쪽.…

사야도는 나아가 대상을 '알아차림만으로 충분하지 않다'고 말한다. 대상과 대상을 아는 마음을 함께 보라고 가르친다. 소리에 관한 한, 소리의 요가인 '수랏 사브드'와 『수릉엄경』의 이근원통 수행법과도 통하는 가르침이다. 수랏 사브드 요가는 '내면의 소리에 의식을 기울이는' 수행법이다. 『수릉엄경』은 수릉엄삼매(또는 금강삼매)를 얻기 위한 수행법으로 관세음보살을 주인공으로 이근원통을 설하고 있다. 소리를 듣고 아는 앎을 자각하라. 앎을 유지하면 그 앎은 더욱 밝아지고 뚜렷해진다. 앎이 일상이 되면, 앎은 눈이고 진여가 된다. 대략 이런 취지다.

농단 경행

"국정을 농단하고…" 이 말을 TV에서 매일 듣던 시절이 있었다. 5공 청문회, 이제 퍽 오래전의 일이 됐지만 한국 민주주의의 역사에서 결코 잊힐 수 없는 사건이었다. 국회가 저런 일도 할 수 있구나 하는 반가움으로 매일같이 청문회 중계를 지켜본 기억이 있다. 스타 정치인들이 등장했고, 그중의 한 분은 대한민국의 대통령을 지내고 비극적으로 삶을 마감했다.

농단壟斷, 이 말은 『맹자孟子』 「진심盡心 상」에 나오는 말이다. 한 장사치가 시장이 한눈에 내려다보이는 언덕에 올라갔다. 장이 서면 물품 거래 동향을 알아야 한다. 언덕에 올라간 장사치가 홀로 정보를 독점하고 시장을 쥐락펴락했다는 『맹자』의 고사가 '농단'이다. 정보를 선점하는 자가 시장의 주도권을 쥔다. 모든 경쟁의 승리자가 된다. 정보전쟁의 원리, 보이는 자와 보는 자가 벌이는 싸움의 승패는 명약관화하다.

쉐우민 센터 담마홀 2층 베란다에서는 긴 경행로가 한눈에 들어온다. 경행로는 눈짐작으로 길이가 450여 미터쯤 된다. 최경주 프로가 드라이버샷을 잘 해 놓는다면 투 온이 가능한 롱홀 정도의 거리? 담마홀은 이 코스 딱 중간에 있다. 그곳에서 내려다보면 나무가 우거진 초입을 제외하고는 전 코스가 모두 내려다보인다. 오전 8시 타임에 나는 즐겨 이곳에서 경행을 했다. 스스로 이름 붙이기를 '농단 경행'이라 했다.

이곳에서는 요기들의 다양한 경행 모습을 볼 수 있다. 스위스에서 온 여신은 오늘도 파스텔 톤 그린 바탕에 스카이블루 문양 숄을 걸치고 경행을 한다. 그녀는 후문에서 담마홀까지 파4 거리를 오간다. 어느 누구도 말을 걸지 않아 늘 혼자다. 수행자들은 이 여신이 TV 화면처럼 자신들의 세상 건너편에 있다고 생각하는 듯하다.

늘 귀에 이어폰을 끼고 있어서 내가 '이어폰 스님'이라는 닉네임을 선사(하지만 스님 자신은 선사받은 줄 모를 거다)한 스님은 오늘도 정처 없이 걷는다. 8시 반쯤이면 사야도 오피스 앞에 요기들이 모여든다. '쎄이 굿바이' 하는 사람들이 오고 '썸씽 투 쎄이'할 사람들도 많다. 오늘은 체코 뺀지리(요사처 청소 소임을 요리저리 피하는 행태를 보여 이 닉네임을 선사했다)와 부산의 모 대학원어민 강사(그는 7년째 그곳에서 가르친다고 자신을 소개했다)가 오피스 앞을 서성인다. 이곳에 온 지 얼마 안 된 사람들인 점으로 봐서 사야도에게 뭔가 위안이 되는 한마디를 구하는 듯.

농단 경행을 하면 드론을 타고 지켜보듯 수행자들의 부감 샷이 훤히 보인다. 화엄에서는 티끌 하나에 우주 법계가 들었다고 하는데, 이따금 사람 하나하나가 하나의 세계라는 경이감에 젖기도 한다. 하지만 이런 경이감이 '무아'의 철학과 어떻게 조화될 수 있을지 아직 접점이 보이지 않는다.

비승비속

국제 건달

수행처에 모이는 사람들, 수행자들에 대한 이야기다. 수행처에서는 수행자들을 '요기'라고 부른다. 요기는 보통 수행을 삶의 중심에 놓는 사람이다. 출가자가 아니면서도 출가의 삶을 흉내 내어 사는 사람들, 비승비속의 수행자도 적지 않다. 요기들 가운데는 남다른 삶의 궤적을 갖고 있는 사람들이 많다. 스스로를 국제 건달이라고 부르는 K 거사의 삶은 이런 점에서 전형이다.

그는 젊은 시절 독일에 유학한 유학생이었다. 보통의 젊은이가 그렇듯 세속주의자이자 유물론자였다. 유학 4년차였던 그의 삶을 바꾼 건 독일을 방문한 한 승려를 통역으로 돕다가 나누게 된 대화 중 받은 질문 하나였다. 그때 그 질문 "너는 누구냐?"에 답하기 위해 유학 생활을 때려치우고 귀국해 출가를 했고 선방을 다녔다.

그러다가 더 오리지널을 찾기 위해 인도에 가서 수년간 산스크릿을 공부하고 수행처를 돌아다니며 가르침을 구했다. 호주까지 건너가 고엔까 수행을 4년 하다가 10년 전 미얀마에 와서 떼자니아 사야도와 인연을 지었다. 쉐우민 센터에서 출가해 2년간 비구로 생활했다. 테라바다 승려의 신분으로 귀국했는데 한국에서는 의탁할 곳이 없어서 어쩔 수 없이 승복을 벗었다. 그 후 K 거사는 태국과 미얀마의 수행처를 오가며 수행을 계속하고 있다.

그는 전형적인 비승비속의 삶을 산다. 돈을 벌지 않고 가속을 거느리지 않으니 승僧에 가깝다. 하지만 승가의 계율 속에 있지 않으니 속俗에 속한다.

석가모니의 가르침을 더 가깝게 접근하려고 테라바다 신앙을 선택했지만, 그가 살아가는 삶은 어쩔 수 없는 소외의 삶이다. 한국의 테라바다 상가(상좌부 승가)가 더 성장하기를 바란다. 비승비속을 사는 수행자들을 보듬어 줄 만큼이라도.

도이치 돌쇠

그를 처음 본 것은 탁발 행렬을 지원하는 손수레에서였다. 그 일은 지난해 내가 자원해서 했던 봉사 소임이었다. 손수레를 밀고 탁발 행렬에 앞서가 기다리다가 스님들의 발우가 공양물로 가득 차면 커다란 밥통에 받아 싣는 일이었다. 내가 하던 어눌한 스킬과는 너무도 다르게 이 일을 세련되게 해 내는 사나이. 서양 사람 치고는 작달만한 키에 땅땅한 체구, 온 몸에 문신을 한, 알 파치노가 출연하는 갱 영화에나 나올 것 같은 인상의 사십대 사나이.

그의 소임은 그뿐이 아니었다. 하루 두 차례 공양 때 스님들의 상을 차리고, 공양이 시작되기 전 불전에 공양물을 올리고, 아침 공양이 끝난 뒤에는 사야도 거처 앞 낭하와 마당을 매일 정성스럽게 쓸었다. 오후 4시 주스 마시는 시간 30분 전이면 선방에 앉아 있다가 슬며시 일어나 나갔다. 주스 봉사를 해야 하기 때문이다. 선방에 앉아 정진하는 시간보다는 밖에서 일하는 시간이 훨씬 많았다. 독일에서 날아와 자원해서 머슴살이를 하는 그에게 나는 '도이치 돌쇠'라는 닉네임을 지어 주었다.

공양 때 줄을 서서 받아먹기만 하는 우리는 그가 밥을 먹는 모습을 한 번도 본 적이 없다. 그는 우리 수행자들과 거의 섞이지 않는 '주최 측'인 것처럼 보였다. 영어를 그다지 유창하게 구사하지 못하는 걸로 봐서는 높은 교육을 받은 독일인은 아닌 듯했다. 사람은 가까이서 자세히 살펴야 제대로 보인다는데, 나는 그런 기회를 갖지 못했다. 그렇겠지, 호기심은 호기심일 뿐이지. 돌쇠를 별난 서양 사람으로 치부해 버리면 그만일 테다. 하지만 하루 종일 몸이 부서지도록 일하게 하는 돌쇠의 파토스가 무엇인지는 못내 궁금했다.

내 룸메 법진 거사

법진 거사는 한국 사회의 전형적인 엘리트다. 대한민국에서 가장 좋은 고등학교에 스카이 출신이고, 대기업에서 사회생활을 시작했다. 사십대에 대기업 자회사 CEO를 지낼 만큼 잘 나가는 사나이였다. 그렇게 잘 나가기만 했다면 나와의 인연은 애당초 없었을 게다. 하지만 IMF 구제 금융 사태는 그의 삶을 송두리째 바꿔 놓았다. 회사 빚 청산에 재산을 털어 넣고 그래도 남은 빚에 근 10년을 법정 출입하며 맘고생을 했다. 불교에 입문한 것도 그 때문이다.

파란만장한 삶만큼이나 그의 신심은 나보다 훨씬 깊다. 수행 떠나기 일주일 전, 느닷없이 함께 가자는 바람에 그와 나는 룸메가 됐다. 같은 방에서 그와 함께 지내면서 '아하~ 범생은 이렇게 사는구나'를 알았다. 삼소나이트 특대형 가방에 슬리핑백을 비롯해서 미숫가루(절대 먹지 않았음. 아니, 딱 한 번 먹었음)까지 온갖 것을 다 챙겨 왔다. 나이도 같고 사는 수준도 고만고만해서 서로 호흡이 잘 맞았다. "이번 시간 좌선 재낍시다", "커피 한 잔 하고 천천히 갑시다" 이런 의사는 말로 할 필요도 없이 눈빛만으로 소통이 됐다.

뽕짝이 너무 잘 맞아서 수행처 내무 생활에 도무지 긴장이 없었다. 법진 거사, 그는 한국에 돌아와서도 여전히 수행이 여일하다. 10년 동안 하루도 아침 108배를 거르지 않았다는 그는, 이제는 108배 대신 좌선을 하루도 거르지 않는다고.

천 코 만 코 그물에 고기 걸리는 건 한 코

10여 년 전의 인연을 쉐우민에서 우연히 만났다. 아침 식사를 위해 선 줄에서 서로를 알아보았다. H 법사가 바로 그분이다. 나는 직장 발령을 받아 제주에서 2년쯤 살았던 때가 있었다. 그때 이런저런 인연을 모아 수행 모임을 만들었는데 그분은 한 달에 한 번 자비를 들여 제주까지 와서 우리에게 초기 불교에 대해 가르쳐 주시던 고마운 분이다.

일곱 살 어린 시절 부친에게 "사람은 누구나 죽는다. 너도 언젠가는 죽는다. 늘 그때를 생각하며 살아야 한다"는 말을 듣고 평생을 불법을 펴고 실천하며 사신 분이다. 파란만장한 사업가의 삶을 살면서도 불법에 대한 배움의 열의를 놓지 않았고 우연히 큰 스승을 만나 사십대에 다시 공부를 시작한 분이다. 그가 스승과 공저한 『반야심경 해석』을 읽고 한동안 충격적 감동에 빠졌던 기억이 내게 있다.

그는 20년쯤 전 니까야(초기 경전)의 한글 번역을 위해 연구소를 설립하고 사재를 털어 넣었다. 연구소는 현재 팔리어 4부 경장(『맛지마 니까야』, 『앙굿따라 니까야』, 『디가 니까야』, 『쌍윳따 니까야』)의 국역을 내놓았다. 그뿐만 아니라 『아비담맛타상가하』와 『청정도론』 등 방대한 논서들도 번역했다.

H 법사는 수십 년 경전을 공부하고 선을 수행했지만 가닥을 잡지 못하던 자신의 눈을 뜨게 해 준 초기 불교를 되도록 많은 이들에게 알리고 싶었다고 한다. H 법사는 만나는 모든 인연에게 기회만 있으면 부처의 가르침을 전해 준다. H 법사가 설명하는 불법은 체계적이고 쉽고 감동적이다. 그는 늘 이렇게 얘기한다.

"그물에 천 코 만 코가 있지만, 고기가 걸리는 그물은 한 코라는 어느 선지식의 말이 있지요. 내가 쏟는 수고가 한 사람에게라도 무명의 족쇄를 풀어 버릴 수 있는 계기가 된다면 그것으로 그만이지요."

성스러운 괴로움

집착하지 않는 사랑

젊음이란 특권이기도 하지만 무척 무거운 짐이다. 나이 들어 보니 비로소 알 것 같다. 수행처에 오는 수행자들을 보더라도 나이가 젊을수록 고뇌의 표정을 짓고 다닌다. 사야도 인터뷰에서 한 젊은 보살이 물었다. 대학을 갓 졸업하고 출가할까 말까를 망설이는 중이라고 들었다. 그녀가 물었다. "왜 마음이 이렇게 슬픈가요? 좋아하던 사람이 떠나서 그런 것만은 아닌 거 같은데요."

사야도는 이 질문에 대해 꽤 자상하게 대답해 주었다. 의외였다. 마음에 슬픔이 있는 건 슬픔이 집착의 한 형태이기 때문이라고 했다. 그러면서 맘껏 사랑하라고 말했다. 집착 없는 사랑을. 우리가 늘 말하는 사랑은 보통 열정을 지칭한다. 열정은 욕심이고, 번뇌고, 집착이다. 젊은이들은 그걸 죽었다 깨어나도 모른다. 사야도가 그렇게 의외로 길고 친절하게 젊은이의 질문에 응답한 것은 안타까움 때문이었을 테다.

그렇게 사야도는 설명했다. 사람에 대한 사랑은 미움과 마찬가지로 집착의 한 형태다. 집착의 사랑과 집착의 미움은 고통을 낳는다. 행복하라! 집착에서 자유로워져라! 그리고 맘껏 사랑하고 미워하라!

무집착의 사랑을 '메따(자비)'라고 한다. 미운 사람에게도 자비를 보낼 수 있다면 비로소 집착에서 놓여났다고 할 수 있을 것이다. 온 지 며칠 되지 않았다던 이 젊은 보살은 며칠 후 보이지 않았다. 사야도의 법문을 이 젊은 보살은 어떻게 받아들였을까?

K 거사의 '날마다 좋은 날'

쉐우민에서 사야도 인터뷰는 언어별·그룹별로 진행된다. 인터뷰에서 수행자들은 각자의 체험을 보고하고 수행을 점검받는다. 인터뷰는 5일에서 7일 간격으로 진행되는데 K 거사는 좀처럼 인터뷰하지 않고 듣기만 했다. 수행의 이력이 다양한 만큼 여러 사람이 그의 체험을 궁금해 했다. 그러던 그가 드디어 입을 열었다. "그냥 이대로 좋습니다. 모든 게 좋습니다."

운문선사의 '일일시호일日日是好日'의 체험을 보고하는 것으로 나는 이해했다. 수행이 여일하여 나날이 진보하는 그런 경지를 보고하는 것으로 나는 알았다. 그러나 사야도의 반응은 예상 밖이었다. 완곡하지만 수행의 잘못됨에 대한 꾸짖음이었다. 심지어 "저런 수행자는 두타행을 해야 한다"고까지 말했다.

두타행이란 목숨을 겨우 유지할 정도의 최소한의 의식주만을 유지하면서 수행하는 것을 말한다. 두타행 수행자들은 공동묘지의 무덤이나 버려진 시체 옆에서 시신을 쌌던 천 조각을 모아 옷을 지어 입고 삶의 실상을 뼈저리게 체험하기 위해 수행한다. 사야도의 눈에는 K 거사가 아무런 절실함이 없이 '날마다 좋은 날'로 하루하루를 흘려보내는 것으로 보였을까? 사야도가 K 거사에게 깨우쳐 주려던 가르침은 무엇이었을까?

삶에서 정 떼기

두타행자들은 왜 두타행을 하는가? 사야도는 왜 K 거사에게 두타행이라도 하라고 말했을까? 다음은 사사나 스님의 코멘트다. "지혜와 깨어 있음으로 날마다 좋은 날이어야지 무명으로 좋다, 좋다 하면 앎의 지혜가 생겨나지 않는다."

곁에서 보기에도 K 거사의 하루하루는 편안하고 평화로워 보였다. 하지만 사야도는 그 평화로움 때문에 K 거사가 무명 속에 계속 머물게 될까 봐 그것을 경계한 것이리라.

삶 속에 어찌 괴로움만 있으랴. 편안하고 즐겁고 행복한 날도 있겠지. 그래서 '살다 보면 좋은 날도 있을 거'란 유행가 노랫말처럼 우리는 삶을 견디며 그렇게 사는 거다. 그리고 세월이 가면 늙고 병들고 삶을 마치게 되겠지. 누구나 아는 사실이다. 하지만 붓다는 이런 삶이 결코 좋은 삶이 아니라고 가르쳤다. 오히려 "이 세상 어디에도 행복은 없다"고 입버릇처럼 말했다. 그리고 그것은 엄연한 사실이라고까지. 세상이 좋아 보이는 건 집착 때문이라고. 좋은 세상은 세상에 대한 집착을 버려야만 비로소 나타난다고.

두타행의 수행은 이렇게 지긋지긋한 집착을 끊기 위한 것이었다. 일견 좋아 보이는 삶으로부터의 정 떼기였다.

김치를 못 먹어도 괴롭고 먹어도 괴롭다

한국 사람에게 김치는 부식 이상이다. 마늘을 넣어 버무리는 김치는 과거 국제사회에서 기피 음식이었다. 하지만 국력의 신장과 함께 이제 김치는 세계적 음식이 됐다. 세계 어디를 가나 한국 사람과 김치의 인연은 질기고도 질기다. 붓다의 가르침을 받은 제자들에게도 김치에 대한 집착을 버리는 것은 결코 쉬운 일이 아니었다. 싫은 것을 피하긴 비교적 쉽지만 좋은 것을 버린다는 건 너무너무 어렵다.

쉐우민에서도 그렇다. 쉐우민에 오래 머무는 한국 보살들은 배추를 구해서 김치를 담가 먹는다. 사야도도 그런 사실을 아는 듯하다. 인터뷰 시간에 이런 말을 했다. "한국 사람들은 김치를 못 먹어 괴롭다고 한다. 하지만 김치를 먹는 것 역시 괴로움이라는 사실을 모른다."

신랄한 비판이다. 멀리서 수행하겠다고 온 사람들이 수행의 관문에조차 들어오지 못했다는 법문이기 때문이다. 괴로움dukkha을 아는 것이 수행의 관문이다. 붓다는 세상이 괴로움만으로 꽉 차 있다고 가르쳤다. 그렇지 않

76

고 세상 어느 곳엔가 궁극적인 행복이 있다면, 사람들은 그것만을 찾기 위해 분투할 것이다. 세상 사람들은 어딘가에 그런 것이 있다고 믿고, 그리고 그 믿음대로 분투하면서 살아간다.

괴로움을 알아야 진정한 수행이 시작된다. 세상을 벗어나야만 괴로움에서 벗어날 수 있기 때문에 수행자들은 세상을 버린다. 또 그렇게 세상을 얻는다. 야보도천의 법문이 이 대목에서 새롭다. "땅에서 넘어진 자, 땅을 짚고 일어선다."

괴로움은 진리다

세상에 괴로움을 좋아하는 사람은 없다. 단연코 그러하다. 이따금 고통을 즐기는 사람은 있다. 스스로의 고통을 즐기는 마조히스트와 남의 고통을 즐기는 사디스트가 그렇다. 이 점에서 고통과 괴로움은 다르다. 둘의 교집합은 있겠지만 엄연히 다른 개념이다.

고통은 우리말로 아픔이다. 육체적 아픔이 일차 개념이고 마음 아픔은 은유적 표현이다. 보통의 경우 아픔은 괴로움에 속한다. 붓다의 가르침에 따르면 삶은 괴로움이다. 행복이 괴로움의 상대어라면 사람 사는 세상 어디에도 단연코 행복 따위는 없다. 붓다가 그렇게 말했다. 붓다의 논리는 매우 정연하다.

"사람의 삶을 보라! 태어나고 늙고 병들어 죽는 것이 행복인가? 즐겁고 행복한 순간은 있었겠지. 하지만 그 순간이 얼마나 지속되던가? 그 까닭은 내 것 아닌 것을 내 것이라고 여기고 사는 것이 우리의 삶이기 때문이다. 물질적이고 정신적인 것들이 잠시 모여서 된 것을 나라고 착각한다. 하지만 그것은 오래가지 않는다. 세상 어디에도 나는 없고 세상 어디에도 나의 행복은 없다."

처절하지 않은가? 우리의 삶이. 그렇다. 처절하다. 우리의 삶은. 어쩔 수 없는 객관적 사실이다. 그래서 법(진리)이다. 법을 안다는 건 괴로움에서 벗어나기 위한 마지막 남은 한 가지 방법이다.

와서 보라

삶이 괴로움으로 가득 차 있고 세상 어느 곳에도 행복이 없다면, 그렇다면 수행은 왜 하는가? 붓다는 자신이 깨달은 바를 중생에게 전하면서 늘 "와서 보라"고 말했다. 중생의 삶이 겪는 괴로움과 그 괴로움의 원인과 그 괴로움에서 벗어남과 그 괴로움에서 벗어나는 길에 대해 설했다. 붓다의 모든 가르침은 괴로움에서 시작해서 괴로움으로 끝난다.

괴로움은 결코 인간의 주관적 믿음이나 생각이 만든 관념이 아니다. 괴로움은 엄연한 객관적 사실이다. 모든 존재의 속성이다. 그래서 '와서 보라'는 것이지, '먼저 믿어라'가 아니다. 있는 그대로 보지 못함은 어리석음이며, 있는 그대로 보는 것은 지혜다. 세상을 꽉 채우고 있는 괴로움은 '역설적으로' 성스럽다. 세상을 벗어나도록 하는 원인이 되기 때문이다. 괴로움에 대해 뼈저리게 알아야 한다. 앎은 삶을 바꾼다. 믿었던 사람의 배신 사실을 아는 순간 그에 대한 나의 태도가 달라지듯.

삶의 태도를 바꾸지 못하는 앎은 뼈가 저리는 과정을 거치지 않은 앎이다. 삶의 괴로움을 뼈저리게 아는 순간이 수행의 시작이자 끝이다. 여기서 황벽희운 선사의 시 한 구절.

추위가 한 차례 뼈에 사무치지 않으면	不是一番寒徹骨
어찌 코를 찌르는 매화 향기를 얻으리오	爭得梅花撲鼻香

그래도 먹는 건 즐겁다

식사는 신성하다

세상은 고통으로 가득 차 있다지만, 사람 사는 일에 그래도 먹는 일이 으뜸이다. 승과 속을 막론하고 그렇다. 수행처의 일상에서도 먹는 일은 가장 큰일이다. 수행자들은 특별한 이유가 아니라면 먹는 일을 놓치는 일이 없다. 식사는 신성하다. 식사는 그저 먹는 일이 아니라 수행의 한 부분이라는 말을 수없이 듣지만 대개는 맛과 허기에 말려 홀쩍 먹어 버리고 만다.

하지만 수행처에서 오랫동안 잘 견디는 사람들은 어김없이 한 끼 한 끼를 소중하게 여긴다. 이런 수행자들에게는 나름대로 철저한 식사의 규율이 있다. 거르지 않고, 가리지 않고, 서두르지 않는다. 아침, 점심, 오후 4시 주스까지 철저히 챙긴다. 음식이 좋으면 과식하게 마련인데, 이들은 메뉴와 상관없이 양이 일정하다.

나는 서서 기다리기 싫어서 설거지 줄이 길어지기 전 서둘러 식사를 끝내는데, 이들은 개의치 않고 오래오래 먹는다. 그리고 절대 끼적거리는 법이 없다. K 거사와 히로 씨가 대표적 케이스다. (양쿤은 예외다. 그는 자신이 휴대한 작은 양재기에 음식들을 가려서 넣고 끼적거리며 마지못해 먹는 것처럼 보인다. 양쿤은 1년 새 꼬챙이처럼 말랐다.) 그들 고참은 배식대에서 가장 멀리 떨어진 식탁에 자리 잡고 하루 두 차례 신성한 이 의식을 치른다.

공양을 받고 축원하되 참뜻을 알지 못하면
시주하는 사람들에게 부끄럽지 않은가?_원효 스님, 『발심수행장』

K 거사의 마늘과 고추

사람이 만물의 영장이 된 건 환경에 대한 적응력이 뛰어나서라지만 미각만큼은 적응이 무척 어렵다. 까다로운 사람은 환경이 바뀌면 전혀 식사를 못하는 경우도 있다. 하지만 나의 미각 적응력은 아프리카에 가도 아무 문제가 없으리라고 자부할 만큼 뛰어나다. 미얀마로 출발하는 날 지인의 식당에서 점심을 먹었는데, 식사가 쉽지 않을 거라며 인정스레 싸 준 김 한 톳을 담아 가지고 와 식사 때마다 잘라 한국 사람끼리 나눠 먹었다. 스프에 한 장씩 넣으면 거짓말처럼 한국의 맛이 배어들었다.

먹성 좋은 K 거사도 알게 모르게 식사 고충이 있었던가 보다. 식사 때마다 숄더백을 메고 나타나는데, 그 안에는 비장의 무기가 들어 있다. 베트남쯤에서 만들었을 조악한 터퍼 용기가 그것이다. 내용물은 마늘과 고추장아찌다. 의성 육쪽마늘 못지않게 튼실하고 통통한 마늘과, 크기는 새끼손가락 두 마디보다 작고 그보다 훨씬 슬림한 미얀마 고추가 간장 속에 질서 없이 뒤섞여 있다. K 거사가 무단 반입해서 손수 간장을 부어 만들었단다.

아무도 나눠 달라는 사람이 없었다는데, 나는 그걸 보는 순간 입 안에 군침이 돌았다. 식사가 시작되기 전 마늘과 고추 각각 2~3쪽을 얻어서 트레이에 담아 놓으면 한국 맛이 음식물 전체에 스민다. 식사가 한결 쉽고 즐거워진다. 아직도 난 멀었다 보다.

이 음식이 어디서 왔는고
내 덕행으로 받기가 부끄럽네
마음의 온갖 욕심을 다 버리고
몸을 지탱하는 약으로 삼아
도업을 이루고자 이 공양을 받습니다._「오관게五觀偈」

아보카도 숙성 작전

사과나 배처럼 깊은 맛은 없지만, 열대의 나라 미얀마에는 과일이 풍성하다. 바나나, 파파야 등은 흔해서 일상식이다. 가장 인상 깊은 과일은 아보카도다. 아보카도는 한국에서처럼 미얀마에서도 고급 과일이지만 가격은 댈바 없이 싸다. 우리 슈퍼에서 팔리는 것보다 크기는 2~3배인데 가격은 4에서 5분의 1이다. 한 개 우리 돈 600원 정도 한다.

한국 사람들을 대상으로 '나라시' 영업을 하는 툰툰 씨에게 부탁해 아보카도 열 개를 구입했다. 하루 한 개 룸메와 나눠 먹으면 오후 시간이 든든하리라. 귀국 일주일 전쯤 툰툰 씨가 아보카도를 배낭에 담아 와 꺼내 놓는데 작은 철제 테이블에 꽉 찬다. 흐뭇한 마음으로 하나를 골라 칼로 자르는데, 아뿔싸 익지 않은 생동이라서 칼이 안 들어간다. 낼모레면 룸메 법진 거사는 귀국 전 여행을 떠나는데 맛도 못 보고 가게 됐다.

그런데 누군가 카톡으로 보내 준 '생활 팁' 메시지가 생각나 찾아보니 바나나 껍질이 아보카도 숙성에 최고란다. 아~ 아침 공양 때 바나나가 나왔었지. 쓰레기통을 뒤져라! 수행자들이 바나나를 들고 와 숙소에서 까먹는 경우가 많다. 예상 적중! 숙소 쓰레기통에서 바나나 껍질 세 개 득템! 커다란 비닐 쇼핑백에 이것들과 함께 아도카도를 몽땅 쓸어 넣었다. 그리고 24시간 뒤, 의심 반 기대 반으로 아보카도를 꺼내 잘라 보았다. 그것은 기적이었다. 생동 아보카도가 하루 만에 푹 익어 있었다. 법진 거사는 아보카도 맛을 충분히 보고 여행을 떠났다. 그리고 남은 나는 일주일이 든든했다.

커피 타임

수행처에서는 개인의 기호를 버려야 한다. 담배와 술에 대해서는 너무도 당연해서 아예 언급조차 없다. 게시판에 붙은 규정에는 차와 커피는 마시지 않도록 돼 있는데, 공양 때 커피나 짜이(차+우유)가 나올 때가 많으니 그

규정은 자가당착인 셈이다. 아무튼 나는 평소 즐기는 대로 커피빈 두 봉지와 함께 휴대용 그라인더와 드리퍼를 갖고 갔다. 그런데 바로 그게 수행처에서 인기 최고였다. 아침 공양 후 커피를 한 잔씩 갈아 마시던 게 자연스레 커피 타임으로 이어졌다. 커피 애호가들이 하나둘 모여들었다.

룸메와 나, 그리고 K 거사, C 교수, H 법사 등이 커피 타임에 많은 얘기를 나눴다. K 거사의 세계 방랑기, 재미교포인 C 교수의 미국 명상의 현주소, H 법사의 초기 불교에 대한 체계적 교학이 풍성하게 쏟아져 나왔다. 커피를 매개로 담마토크가 이뤄진 셈이다. 어떤 땐 한 시간을 넘어 두 시간가량 이어져 좌선 한 시간을 집단으로 땡땡이치기도 했다.

보름 만에 빈 두 봉지가 바닥이 났다. 차로 커피를 대신했지만 모두들 허전해 했다. 그러다 툰툰 씨와 인연이 닿아 그에게 커피 한 봉지를 부탁했다. 미얀마 커피는 예상외로 품질이 뛰어났다. 100퍼센트 유기농이라고 표시돼 있었고 "미얀마의 긍지(Pride of Myanma)"라는 꼬리표가 붙어 있었다. 모두들 맛이 기대 이상이라고 입을 모았다. 가격은 200그램 한 봉지에 우리 돈 3천 원을 넘지 않았다.

함께 있을 때는 법을 이야기하고,
혼자 있을 때는 성스러운 침묵을 지켜라._붓다

가는 길이 같으면 모두가 도반

수행에 뭔 나이가 있나

수행자들 가운데는 '주머니 속의 송곳'처럼 튀는, 색깔 있는 사람들이 많다. 대구에서 나 그곳에서 자란 그는 이민 40년의 성공한 재미교포다. 세계에 패브릭 붐이 불기 시작할 무렵 뉴욕에 터를 잡고 세계의 오지를 누비며 의류직물 무역을 시작했다. 눈코 뜰 새 없이 바쁘게 살았고, 재산을 모았고, 그리고 나이가 들었다. 그러던 어느 날 불현듯 자신의 삶을 돌아보았다. 모든 사업을 정리하고 귀국했다. 예순여덟 살의 나이로 대학에 다시 입학해 불교학을 공부하고 수행을 시작했다. 석사학위를 취득하고 대학에서 강의도 했다. 그래서 우리는 그를 'C 교수'라고 불렀다.

나이 여든을 눈앞에 두었지만 선방에 앉아 있는 그의 모습은 이십대 청년 같다. 모습만 그런 것이 아니고 마음도 젊다. 자신의 주장보다는 묻고 듣기를 즐긴다. 그가 이따금 전해 주는 미국의 수행처와 수행자들에 대한 얘기는 늘 들을 만했다.

그의 전언에 따르면 미국은 지금 명상 열풍이다. 동양 문화에 대한 막연한 동경이 상류 사회를 중심으로 구체화되고 있다. 20년 전만 해도 젓가락질할 줄 아는 미국인은 거의 없었다. 이제는 젓가락을 못 쓰고 스시·김밥·회를 먹지 않으면 상류층으로 인정받지 못한단다. 미국 상류 사회에 명상 붐이 분 것은 꽤 오래지만 이제는 스시 먹고 김밥 먹는 것처럼 명상이 일상화되는 양상이라고 한다.

구글이 직원들의 명상 수련을 위해 명상 담당 부사장을 영입한 사실은 보도를 통해 우리에게도 잘 알려졌다. 실리콘밸리는 미국에서 가장 앞서가는 곳인데, 그곳의 명상 열풍은 초등학교에까지 불고 있다고 한다. 잘 나가는 영재 부모들이 자녀들에게 명상 수련을 시키기 때문이다. 미국 곳곳에 수백 곳의 명상센터가 있고 수련자는 점점 늘고 있다고 한다. 우리는 어쩜 우리 것을 미국 사람들에게 배우는 날이 올지도 모르겠다.

외교는 춤춘다

독일은 유럽 여러 나라 가운데 가장 파란만장한 역사를 가진 나라다. 세계전쟁을 두 차례나 일으켰고, 홀로코스트를 저질렀고, 그리고 분단을 겪었다. 그 에너지 과잉의 역사를 거슬러 오르면 유럽 국가주의 형성 시기의 한 인물과 만난다. 독일을 통일하고 제국을 건설한 프로이센의 뛰어난 외교관이자 정치인 비스마르크가 바로 그 사람이다. 독일의 에너지 과잉은 그의 철혈정치의 후유증이라고 볼 수 있다. 유럽이 재편되는 과정에서 숱한 결정이 밤의 외교 무대에서 이루어졌다. '외교는 춤춘다'는 말은 이런 상황에서 나왔다.

쉐우민의 정적과 엄숙함을 녹이는 한 인물이 있었다. 그의 사교술은 상상을 초월한다. 온 지 일주일도 안 돼서 한국에서 온 수행자들의 면면을 쫙 꿰는가 하면, 상당한 영어 실력을 발휘해 외국인 수행자들의 이력까지 취재 완료. 쉐우민에 도착하자마자 그를 통해 요기들의 면면을 상세하게 알게 됐다.

그런가 하면 요가 선생이라는 젊은 여성과 어느새 친해져서 하루 한 시간 요가 실습까지 주선해 놓았다. 센터에서 주는 모포 2장만으로 추운 밤의 잠을 설치던 내게 귀국하면서 자신의 특급 모포를 물려주었다. 주는 대로 받는 우리에 비해 그는 보급품까지도 자신이 고르는 수완가였다. 쉐우민에서도 외교는 춤을 추었다.

쉐우민의 비스마르크 K 교수는 금융기관에서 고위 임원을 지낸 경력을 갖고 있다. 대학교수로 제2의 삶을 살고 있는데, 제3의 삶을 준비 중이다. 많은 사람들이 좀 더 행복하고 편안하게 살 수 있게 하는 일에 관심이 있다. 특히 정신적 고통에서 벗어나게 하는 이른바 '힐링'에. 그는 명상을 몸소 체험하고 미래의 꿈과 그 경험을 접목시키고 싶어 한다.

강원도 깊은 숲, 옥수가 흐르는 곳에 힐링을 전수할 자리를 잡아 놓았다고 한다. 그의 수완과 외교력이라면 그 꿈은 머잖아 가시화될 것으로 믿는다. 좋은 명상의 공간이 기대된다.

올드 스쿨 멜랑꼴리 맨

'범생'은 한국에만 있는 게 아니다. 그렇지만 외국인 범생은 다소 생소하다. 그들에 대해서는 '자유분방'이 일반적 인상이기 때문일까? 상상해 보라. 키가 1미터 90센티는 족히 넘을 거구가 한낮 더위에 늘 긴 팔 흰 셔츠를 입고 가르쳐 준 대로 시선을 내리깔고 경행대를 걷는 모습을. 내 짧은 영어 때문에 그와 대화를 틀 엄두는 내지 않았지만 퍽 관심이 가는 사나이였다.

그에 대한 상보는 역시 언어가 자유로운 교포 C 교수를 통해 전해졌다. 식사 후 식당 옆에 놓인 벤치에 함께 앉았다가 면을 텄는데, 범생의 첫 마디는 "이곳이 마치 감옥 같다"였다. 불평이 이어지는데, 대충 내용이 이렇다.

자신은 규칙을 애써 지키려 노력하는데 규칙을 어기는 사람이 너무 많이 눈에 띈다. 우선 복장에서부터 눈에 거슬린다. 모두가 규칙대로 론지(치마)를 입지만 상의는 제멋대로다. 자신처럼 긴 팔 하얀 셔츠를 입는 사람은 없다. 오후 불식의 규칙도 옆방 동료들은 안 지킨다. 뭐든 몰래 들여다 먹는 거 같다. (사실 서양 요기들 중 통조림이며 소시지며 빵 따위를 들여오는 걸 나도 본 적이 있다.) 자율로 하는 수행인데 그럴 거면 뭐 하러 이곳에 오느냐? 감옥과 다를 게 뭐 있느냐?

이런 불평에 C 교수는 이렇게 말해 주었다고 한다. "그럼 너도 긴 팔 흰 셔츠 벗어 버리고 무늬 든 짧은 팔 옷으로 갈아입어라. 오후에 배고프면 뭐든 살짝살짝 먹어라."

범생은 완강하게 그럴 수 없다고 했다. 자신은 올드 스쿨(보수주의자)이기 때문에. 그의 표정은 대체로 우울하다. 날마다 정도만 다를 뿐이다. 측정기가 있어서 그의 우울도를 잰다면 70에서 90을 왔다 갔다 하리라. 그래서 이후 나는 그에게 '올드 스쿨 멜랑꼴리 맨'이라는 닉네임을 붙여 줬다.

수행처가 감옥 같다는 범생. 이럴 즈음 중국의 선사들이라면 이렇게 대꾸하지 않았을까? "누가 너를 가둬 놓았느냐?"

하지만 서양 사람들은 이런 선기禪氣 어린 말들을 보통은 잘 알아듣지 못하는 거 같다. C 교수는 그에게 사야도를 개인 면담해 보라고 권했다. 그런 다음 애프터 체크까지 했는데, 과연 사야도를 만난 뒤 그의 우울도가 현저히 감소한 듯했다. 40에서 50 정도로.

급기야 어느 날 식당에서 내게 미소까지 보냈다. 법진 거사에게는 식사 때 외는 게송을 자신에게 가르쳐 달라고까지 했다. 사야도는 도대체 그를 어떻게 다뤘을까?

여신의 강림

어느 날 센터에 미모의 서양 여성이 나타났다. 180센티미터가 넘는 키에 모델처럼 날씬한 몸매, 금발에 푸른 눈. 외국 여성잡지 표지에서나 볼 수 있을 듯싶은 용모의 여성이었다. 용모뿐이 아니었다. 패션도 여염의 여성이 아니었다. 해질녘 경행을 즐기는 듯했는데 수행처에 걸맞은 수수한 옷차림이었지만 패션의 포인트는 예사롭지 않았다. 이를테면 파스텔 톤의 스카프를 목에 맨다든지 챙 넓은 모자를 써서 악센트를 주었다. 누가 봐도 그 방면 아마추어가 아님을 알 수 있을 정도였다.

일상을 살면서 이런 정황에 처했을 때의 느낌은 일종의 황홀감이다. 이를테면 톱 탤런트와 한 끼 식사를 함께할 때의 그런 황홀함. (이런 경험은 우리 나이쯤이라면 누구에게나 한두 번쯤 있다.) 내가 베이징에서 일하던 시절 대하사극의 타이틀 롤 촬영차 온 남녀 주인공들과의 저녁 식사라든가, 지금도 여전히 톱인 소녀 아이돌의 인터뷰를 바로 옆 테이블에서 커피를 마시며 지켜보던 경험 같은 것. 그 깜찍하고 귀여운 모습을 내내 지켜보던 그런 경험의 여운은 길다. 일상의 마음은 그렇게 반응한다.

그런데 참 이상하다. 수행센터에서 마음들은 별 반응을 보이지 않는다. 수행자들은 스위스 국적의 이 여성을 TV 화면을 보듯 무심하게 대한다. 일행이 없는 듯 그녀는 늘 외톨이였다. 미얀마라는 나라가 그런가? 미얀마에서는 산업화된 나라들과는 달리 연예인을 모델로 하는 광고 입간판이 그다지 많지 않다. (휴대폰과 코크 등 몰려 들어오는 서양 문물 입간판이 늘어나는 추세이긴 하다.) 오히려 유명 스님들의 '마루 사진'(동그란 증명사진 형태의 사진)과 법회 안내 입간판은 도처에서 볼 수 있다.

그래도 나는 도무지 해독 불가한 미얀마 알파벳으로 치장한 고승들의 마루 사진보다는 센터에 강림한 여신의 경행 모습이 훨씬 보기 좋았다. 이럴 때 예상되는 사야도의 가르침은 "보기 좋은 것은 보기 좋은 거고… 보기 좋아한다는 걸 알아라" 정도가 아닐까?

소년 비구가 몰고 온 상념

조주가 남전을 만났을 때

조주의 닉네임은 고불古佛이다. '옛 부처'라는 뜻이다. 부처님의 화신으로 믿어질 만큼 그의 생애는 특별하다. 아주 어려서 출가했고, 평균수명이 쉰도 안 되던 당나라 시대에 무려 120년을 살았다. 예순 살이 되어 다시 행각을 시작했다. (행각은 '도장깨기'의 점잖은 말로 이해하면 된다.) 선불교 간화선 수행의 대표적 화두인 '무자화두無字話頭'의 본원이 바로 조주 선사다. 당시 최고의 선사 남전에게 열 살이 안 된 동승 하나가 찾아와 인사했다. 남전 선사는 누운 채로 인사를 받으며 물었다.

"어디서 왔느냐?"

"서상원瑞像院에서 왔습니다."

"서상원에서 왔을진대, 상서로운 상像을 보았느냐?"

"상서로운 상은 보지 못했지만, 누워 계시는 부처님은 뵈었습니다."

남전이 놀라 일어나 앉으며 다시 물었다.

"네가 주인이 있는 사미沙彌냐, 주인이 없는 사미냐?"

"주인이 있습니다."

"너의 주인이 누구인고?"

"스님, 정월이 대단히 추우니 스님께서는 귀하신 법체法體 유의하시옵소서."

선어록의 기록인데, 조주와 남전이 상면하는 이 첫 장면은 그의 생애에 비추어 몽땅 창작이라고 보기보단 어딘지 진실성이 있어 보인다. 아무튼 선어록에는 이런 일화나 선사들의 깨달음 장면이 부지기수로 많다. 선사들은 깨달음을 얻고 오도송을 읊는다. 오도송이 없거나 시원찮으면 대우받지 못하는 경향이 있다.

하지만 수십 년을 이 방면에 마음 쏟아온 나는 어록 속의 이런 극적 장면을 직접 목격한 적은 없다. (유사한 장면은 본 적이 있다.) 그러나 혜능이나 조주·임제 같은 종교의 천재들이 사람의 역사 속에 이따금 등장하는 건 사실이라고 믿는다. 다만 본인의 눈에 띄지 않을 뿐.

웬 느닷없고 긴 사설인가? 수행처에서 만난 나이 어린 비구가 불러일으킨 상념 때문이다.

의젓하도다! 경이롭도다!

젊은 시절 〈전강 선사 일대기〉를 오디오 테이프로 들은 적이 있다. 한 시간짜리 테이프가 십여 개나 됐는데, 스님 자신이 찐한 전라도 사투리 육성으로 하는 법문으로 너무너무 리얼했다. 내용이 하도 재밌어서 수십 번 반복해서 들은 기억이 있다. 요즘 한국 선종에서는 '북 송담, 남 진제'라고 일컬어지는데, 전강 스님은 송담 스님의 스승이시다. 스님은 스물 전에 출가해서 일찌감치 선방을 다니다가 깨달음의 기연을 만났다. 약관 스물셋에 만공·효봉·한암 등 당시 내로라하는 여섯 선지식으로부터 모조리 인가를 받았다고 한다.

이 일화는 젊은 시절 내게 가슴 설레는 감동이었다. 그 시절의 감동이 쉐우민에서 되살아났다. 어느 날 선방에 스물이 채 될까 말까 한 사미가 앉아 있었다. 거무스레한 피부의 미얀마 소년. 사미승들 사이에 끼어서 사미학교에 다닐 만한 나이로 보이는데, 선방에 앉아 좌선 수행하는 모습이 의젓함을 넘어 경이로웠다.

작달만한 키에 은테 안경을 코끝에 걸쳐 쓰고 좌선 시 미동도 않는 것이

나이든 수행자들보다 더 안정된 모습이었다. 선정에 든 듯 고요한 표정으로 그렇게 앉아 있는 모습만 봐도 신심이 났다. 경행할 때 시선도 코끝을 벗어나지 않았다. 공양을 위해 발우를 들고 줄을 서 있는 모습은 탱화 속 아난존자 그대로였다.

타인과 대화하는 모습 역시 한 번도 본 적이 없다. 늘 심일경心一境(마음을 한 곳으로 모음)을 유지하는 것처럼 보였다. 조주나 전강이 이 나이 때 그랬을 거란 생각이 들어 감동이 돋아났다. 저 소년 수좌도 사야도를 찾아 점검을 받겠지? 두 사람의 문답 장면이 못내 궁금해지면서 나의 상상력은 조주와 남전의 해후 장면으로 달음질쳤다. 또다시 만날 날이 있을까? 소년 수좌의 안부가 궁금하다.

세 번 묻고 세 번 두들겨 맞다

소년 수좌의 얘기를 쓰다 보니 나의 상상력은 당나라 시대의 선승 임제에게로 닿는다. 임제는 후대 가장 큰 영향을 끼친 선의 거봉이다. 한국 조계종도 임제의 선맥禪脈을 이었다고 일관되게 주장한다. (학자들은 조선 선맥의 중간조 서산 휴정이 법안 문익의 계통이라고 주장한다.) 그의 말과 행적을 기록한 『임제록』은 '선어록의 왕'으로 불린다. 『임제록』에 기록된 임제의 깨달음 장면은 드라마틱하기 그지없다. 그 역시 스물 정도의 약관이었을 게다. 선배의 권고대로 스승 황벽을 찾아가 물었다.

"불법의 정확한 뜻이 무엇입니까?"

물음이 끝나기도 전에 황벽은 임제를 방망이로 후려 갈겼다. 이렇게 세 차례 묻고 세 차례 얻어맞았다. 인연이 없다고 생각한 임제가 황벽을 하직했다. 황벽은 다른 곳으로 가지 말고 대우에게 갈 것을 권했다. 대우에게 간 임제는 "방망이로 얻어맞은 자신의 허물이 뭔지 모르겠다"며 불평을 늘어놓았다.

"황벽이 그대를 불같이 반겼는데, 무슨 불평인가?"

대우의 이 말에 임제는 크게 깨달았다. 그리고 말했다.

"황벽의 법이 별게 아니로군."

그러자 대우가 임제의 멱살을 쥐고 말했다.

"이 오줌싸개 새끼야! 무슨 도리를 봤기에 그 따위로 말하는가? 말해 봐라, 말해 봐!"

그러자 임제는 대우의 갈비뼈 밑을 세 차례 쥐어박았다.

『임제록』의 이 일화는 무척 유명하다. 후대의 각색이 있긴 했겠지만, 그런 비슷한 일이 일어나긴 했을 거다. 적어도 나는 그렇게 믿는다. 그리고 상상하고 기대한다. 그런 비슷한 일들이 눈앞에서 벌어지기를.

나의 인생도 이제 황혼녘, 현존하는 선지식들도 많이 만나보고 법문도 많이 들었다. 하지만 선어록의 얘기들과 옛 선사들의 말을 되뇌는 게 보통이어서 번번이 좌절이었다. 그래서 오늘도 나는 헤맨다. 그리고 매일 다시 시작한다.

마음은 왕이다

마음은 특정한 대상에 대해 일어난다. 대상 없이 마음은 일어나지 않는다. 대상을 알아차리는 일이 마음이 하는 일이다. 알아차리는 마음에 따라 여러 가지 심리 현상이 수반된다. 비유하자면 마음은 왕이다. 여러 심리 현상을 이끌고 갖가지 대상에 존재적 지위를 부여한다. 마음은 대상에 대한 주체이며, 수반되는 심리 현상의 주체이기도 하다.

마음은 욕망이나 분노의 주체가 되기도 하고 자비와 지혜의 주체가 되기도 한다. 붓다는 세상을 바르게 보고正見 번뇌의 마음을 지혜의 마음으로 바꾸어 가라고 가르쳤다. 그리하면 마음은 해탈과 열반의 주체가 된다.

아비담마(논서)가 마음을 분류하는 방식은 매우 독특하다. 89가지 또는

121가지로 분류하지만 기본적인 분류는 네 가지다. 마음이 일어나는 장소에 따른 분류다. (여기서 마음이 일어나는 장소는 순전한 비유적 표현이다. 마음의 일어남 이전에 세상이 먼저 존재한다는 주장은 자가당착일 수 있다. 하지만 불교의 세계관은 이를 구체적 공간으로 이해하는 방향으로 변천해 왔다. 교리는 삼계를 중생이 윤회하는 장소로 이해하기도 한다.)

마음은 보통 욕계·색계·무색계의 삼계에서 일어난다. 또 삼계를 떠나서 일어나기도 한다. 전자를 '세간의 마음', 후자를 '출세간의 마음'이라고 부른다. 뒤집어 말하면, 마음의 일어남에 따라 욕계세상·색계세상·무색계세상이 이루어진다. 마음은 삼계의 세상을 벗어나기도 한다. 이를 해탈 또는 열반이라고 부른다.

이런 마음의 주체성을 간파하고 강조했던 당대唐代의 선사가 있다. 임제의현 선사가 바로 그분이다. 『임제록』의 다음 구절들을 음미해 보시라.

마음은 근원을 관통한다. 눈으로는 보며, 귀로는 듣고, 코로는 냄새를 맡으며, 입으로는 대화하고, 손으로는 잡고, 발로는 걷고 있지 않은가? 이는 본래 한 개의 신비한 구슬인데 쪼개져 여섯 조각으로 나누어진다. 즉, 근본적인 한 마음이 육근六根의 작용을 나누어 하는 것이다. 그 한 마음이 본래 공空한 것이므로 서는 곳마다 해탈의 법계가 펼쳐지는 것이다.

산승山僧은 왜 이렇게 설하는 것일까? 그것은 바로 구도자 여러분이 밖으로 향해 찾아 헐떡이는 마음을 쉬지 못하고 저 옛사람의 쓸데없는 언어와 행위에 매달려 흉내를 내려 하기 때문이다. 현재의 살아 있는 진리는 결코 지나간 언구와 형상 속에 존재하지 않는다(『임제록』「상당上堂」).

수처작주隨處作主 입처개진立處皆眞

필자가 임제를 만난 건 스물세 살 때였다. 『임제록』을 읽고 가슴이 벅차오르고 두근거렸다. 말년의 임제가 자신의 삶을 회고하면서 "매일 황금 만 냥을 쓰는 삶"이라고 한 그런 삶을 나도 살고 싶었다. 임제의 사상은 내 삶의 나침반이 됐고, 급기야 학위논문의 주제가 됐다.

임제 사상을 얘기하면서 빠질 수 없는 『임제록』의 구절이 "수처작주隨處作主 입처개진立處皆眞"이다. '가는 곳마다 주인이 되면 서는 자리마다 참되리라'는 말이다. 나는 이 구절이 임제의 사상을 한마디로 요약했다고 생각한다. 멋지고 유명한 구절이지만 누군가 도대체 그 말이 무슨 뜻이냐고 물었을 때 설명하기란 결코 쉽지 않다. 쉽지 않아서 설명은 어렵고 번잡해지기 십상이다.

임제 사상에 대한 해석 가운데 최근 가장 설득력을 갖는 이론이 임제와 장자를 연관시켜 보는 시각이다. 이런 시각을 가진 사람들은 '장자 사상의 진정한 계승자는 임제'라고까지 말한다. 그럴듯한 주장이다. 임제 이후 선종사의 전개에서는 기실 노장老莊의 향취가 짙게 풍긴다.

삶의 절대적 자유와 주체성을 강조한 장자의 철학과 임제의 사상은 닮았다. 임제가 살았던 시대에 노장은 엘리트 사이의 상식이었다. 임제의 공부 폭이 불교의 유식뿐만 아니라 유학과 노장까지 퍼졌을 것이라는 후대 전기 작가들의 말이 퍽 근거가 있다. 그러나 선사인 임제를 해석하는 가장 기본적 틀은 불교의 교리가 아닐 수 없다.

그런 점에서 나는 '수처작주 입처개진'의 여덟 글자를 '마음의 주체성'을 유식과 노장의 배경에서 뚜렷하게 드러낸 법문의 백미라고 생각한다. 백 마디 설명보다 원전에서 이어지는 구절들이 더 설득력 있지 않을까?

구도자 여러분! 가는 곳마다 주인이 되면 서는 자리마다 참되리라. 어떤 경계에서도 잘못 이끌리지 않으리라. 오랫동안 지은 나쁜 버릇과 무간지옥에 떨어질 카르마가 있어도 삶은 자연스레 해탈의 큰 바다로 변하리라. 오늘날 수행자들이 진리의 자유로운 본성을 이해하지 못함은 마치 코에 닿으면 무엇이든 입으로 몰아넣는 염소와 같다. 종과 주인, 손님과 주인도 구별할 줄 모른다(『임제록』「시중」).

방랑과 출가

양쥔, 비구되다

쉐우민 국제명상센터에는 세계의 수행자들이 매일 들고 난다. 그들 가운데는 착실한 직업인이 대략 절반, 나머지 절반은 떠돌이가 아닐까 싶다. 이들 떠돌이들에게 여염의 삶은 아마도 엄청난 무게로 느껴지리라. 나처럼 인생을 거의 살아 버린 경우라면 미래는 그다지 무겁게 느껴지지 않는다. 하지만 2030의 젊은 떠돌이들은 세상을 떠돌면서도 자신들의 미래에 대한 고민은 깊고도 깊은 듯하다.

서른넷의 중국 청년 양쥔이 그렇다. 그와 나는 지난해 만나 많은 얘기를 했다. 한 해 만에 다시 쉐우민에 갔는데 그 일 년을 그는 쉐우민에서 버텼다. 수행에는 열심인데 몸은 꼬챙이처럼 말랐다. 내가 "이렇게 오래 머물 바엔 차라리 비구가 되는 게 어떠냐?"고 말했다. 그의 대답은 "잘 모르겠다"였다.

미래에 대해 물으면, 그는 늘 그렇게 대답한다. 내일에 대한 생각이 없는 건지, 아님 너무 많은 건지. 양쥔은 쉐우민에 오기 전에 이미 티베트와 인도 전역을 두 해 이상 떠돌았다고 한다. 키 크고 잘생긴 그의 외모에서는 어딘지 데카당의 분위기가 풍겨 나온다. 그러던 그가 어느 날 비구가 됐다.

양쥔이 머리를 깎는 날 그 의식에 꼭 참례하고 싶어서 법진 거사와 나는 시간을 맞춰 시마홀(수계의식을 거행하는 법당)에 갔지만, 시간이 변경돼 허탕을 쳤다. 다음 날 삭발을 하고 테라바다 승복을 입은 양쥔을 보니 마음이 착잡했다. 그의 방랑이 이제 그만 그치기를 맘속으로 빌어 주었다.

팔정도八正道는 붓다의 가르침 가운데 가장 기본적이고 기초적인 교리다.

삶의 고통에서 벗어나는 '여덟 겹의 길'이다. 수행자들은 승속의 구분 없이 이 길을 간다. 팔정도 가운데 정명定命은 올바른 생계수단을 가지라는 가르침인데, 살아가는 수단이 온당치 못하거나 삶을 영위할 수 있는 능력이 없을 때는 차라리 비구가 되어 걸식하며 수행의 길을 갈 것을 붓다는 권했다. 비구의 본래 뜻은 그래서 '걸식하는 사람'이고, 한자로는 얻어먹는 선비, 걸사乞士로 번역한다. 양쥔이 가기로 결정한 비구의 길은 걸식의 길이다.

떠나오는 날 나를 배웅하는 그에게 물었다.

"이제 집에 안 갈 거냐?"

그가 대답했다.

"집에 갈 거다."

"그럼, 승복을 입고 갈 거냐? 벗고 갈 거냐?"

다시 내가 물었다. 그의 답은 역시 "잘 모르겠다"였다.

승복은 입었지만 그의 방랑은 끝나지 않았다. 젊은 그에게 미래는 여전히 커다란 무게였던 게다.

나그네 설움

오늘도 걷고 또 걷는다. 정처 없는 이 발 길? 오십대 조계종 스님이신데, 이태째 쉐우민에서 만난 분이다. 이분의 수행 스타일은 독특하다. 선방에 좌선하고 앉아 있는 모습을 거의 본 적이 없다. 걷고 또 걷는다. 하루 종일. 경행 또 경행이다. 늘 귀에는 이어폰이 꽂혀 있다. 사야도의 법문을 듣고 또 듣는다. 관심이 가는 분인데, 되도록 해후를 피한다. 수행자들 가운데 그분과 대화를 텄다가 곤욕을 치렀다는 사람이 여럿이다. 한 시간이든 두 시간이든 대화 상대를 붙잡고 놔주지 않기로 악명이 높단다. 이런 분들은 대개 자기 세계가 분명하다. 하지만 그 세계는 독단으로 비치기 십상이다.

내게도 그럴 가능성이 매우 크다. 그래서 나는 그와의 마주침을 기피한다. 사야도와의 그룹 인터뷰 시간, 그의 인터뷰는 독특하다. 경행 중에 마음에서 일어나는 일들을 소상하게 사야도에게 보고하는 형식이다. 이를테면, "걷는 중 시야에 남녀가 들어왔습니다. 그러자 도사(분노 또는 싫은 감정)가 일어났습니다. 얼마간 걷자 그 도사가 사라졌습니다. 경행로 끝까지 갔다가 되돌아오는데 또다시 시야에 그 남녀가 들어왔습니다. 도사가 다시 일어났습니다." 뭐, 이런 식이다.

수행자들은 그분의 인터뷰를 몹시 지루해 하고 못 견뎌 한다. 사야도의 답은 매번 그랬던 것 같다.

"마음에 일어난 것을 알아차려라. 그리고 어째서 그것이 일어났는지를 살펴보라."

자기 세계가 확실히 있는 것 같은데, 나는 그분의 경지를 헤아릴 수 없다.

깔로로 떠난 히로 씨

앞서 얘기했던 대로 히로 씨는 쉐우민에서 나의 첫 룸메였다. 여러 해 쉐우민에서 지낸 고참 수행자다. 그의 적응력은 가히 상상을 초월한다. 적응 못하고 빼싹 마른 양쿤과는 딴판으로 그의 안색은 늘 건강색이어서 트레이드마크인 콧수염이 잘 드러나 보인다. 잘 먹고 잘 자는 데다 가라테 개인 수련에, 그룹으로 하는 태극권까지 빠지지 않는다. 쉐우민에서 수행자로 그렇게 오랫동안 지내면서도 "비구 될 생각 없느냐"는 물음에는 손사래를 친다.

그런 그가 어느 날 샨 스테이트의 고원 도시 깔로의 다른 수행처로 옮겨 가기로 했다고 말한다. 샨 스테이트는 미얀마 북부의 고원 지대로 산족이 주로 사는 곳이다. 샨족은 미얀마 인구의 대다수를 차지하는 버마족과는 생김새가 많이 다르다. 피부색이 더 희고 이목구비가 뚜렷해서 미남미녀가 많은 종족이다. 샨 스테이트를 여행하면서 그런 사실을 확인했다. 특히 샨족 애기들의 커다란 눈망울은 신비스럽게조차 느껴졌다.

깔로는 영국 식민지 시대 영국인의 여름 휴양지로 개발된 고원 도시인데 양곤보다 날씨가 선선하고 겨울에는 추위가 만만찮다. 아직도 서양 여행자들이 많이 찾는 곳인데, 깔로에서 미얀마 최대의 호수 인레로 넘어가는 2박 3일 트레킹 코스는 세계적으로 유명하다. 샨족 원주민 집에서 자며 산맥을 넘는 트레킹을 나도 언젠가 꼭 한 번 경험해 보고 싶다.

아무튼 신도들과 수행자들의 지원이 많은 쉐우민 센터와는 달리, 먹을 것도 변변찮고 여러 가지로 지원이 소홀한 그곳에서 히로 씨는 여전히 그 탁월한 적응력을 발휘하며 틀림없이 잘 지내리라.

미얀마에서 비구가 된다는 것

미얀마의 수행처들은 여러 나라 비구들로 붐빈다. 위빠사나 수행법이 거의 원형 그대로 남아 있는 탓이다. 쉐우민 센터도 마찬가지다. 겨울철 쉐우민 센터에는 한국 조계종의 비구·비구니 스님 20여 명 정도가 늘 머문다. 이분들은 수행은 테라바다 상가(상좌부 승가)에서 하지만 어디까지나 조계종단의 외호를 받는다. 한국에 돌아오면 기댈 곳이 있다는 말이다. 겨울철에 정기적으로 미얀마 수행센터에서 지내는 스님들도 많다. 한국의 매서운 겨울 추위에 비하면 선선한 가을 날씨 같은 미얀마의 겨울은 천국이다.

한국 스님이지만 미얀마 가사를 입은 스님들도 몇 분 눈에 띈다. 이분들은 한국에서 출가하지 않고 미얀마의 센터로 직접 출가한 스님들이다. 갈색 가사를 입고 있지만 용모는 미얀마나 태국·스리랑카 등 동남아 스님들과 달라서 그곳에서는 이질적 존재일 수밖에 없다.

테라바다 상가로 출가했지만 언어 장벽을 넘기란 결코 쉽지 않다. 혹서를 견뎌 가며 미얀마에 머물면서 몇 년씩 팔리어와 니까야를 배우고 선 수행을 하는 스님들도 여럿이다. 하지만 이분들은 한국에 돌아오면 머물 곳이 없다. 쉐우민 센터에서 출가해 테라바다 승복을 입고 한국에 돌아왔다가 머물 곳을 찾지 못해 결국 승복을 벗었다는 안타까운 체험담도 들었다.

한국의 테라바다 상가는 이제 걸음마 단계에 있다. 몇 해 전 테라바다 협회가 출범했지만 세력은 미미하다. 이들 스님들을 외호할 신도들도 많지 않다. 법에 대한 신념과 신심에 따라 출가했지만 한국 테라바다 스님들이 겪는 현실적 어려움이 매우 안타깝다.

캣츠

수행처의 주인은 누구

이 이야기는 뮤지컬 〈캣츠〉만큼은 아니지만 제 나름대로 스토리를 갖추고 있다. 쉐우민에는 고양이와 개가 많다. 이유는 모르지만 개는 결코 사람만의 공간을 침범하는 일이 없다. 마루를 깐 경행로나 법당 앞 카펫이 그들 영역의 한계선이다. 누가 그렇게 가르친 것도 아닐 텐데 사람만의 공간에는 들어오지 않는다.

하지만 고양이들은 다르다. 요사채 복도든 계단의 낭하든 가리지 않고 침범한다. 지난해에는 담마홀(선방)에 새끼를 낳은 녀석도 있었다. 하기야 이 녀석들의 입장에서 보면 쉐우민의 주인은 수행자들이 아닌 자신들이다. 수행자는 객일 뿐이다. 제기랄… 뜨내기들이 쥔장 행세를 하다니. 웃기는 일이고, 참을 수 없는 일이다.

어떤 객들은 자신을 잘 대해 주고 이따금 먹을 것도 준다. 그런데 어떤 녀석들은 고약하기 짝이 없다. 잠자리를 위협하고, 거처로 삼은 건물 밖으로 자신들을 몰아낸다. "부처가 자비를 가르쳤다는데, 너희는 왜 이리 매몰차냐?" 고양이들은 그렇게 생각할지도 모른다.

수행처는 그렇게 수행자들과 고양이·개들이 섞여 사는 곳이다. 고양이 녀석들은 기회만 주어지면 방 안에도 거침없이 들어온다. 고양이 가운데서도 사람이 사는 공간을 특히 좋아하는 녀석들이 있다. 이 녀석들은 복도 한 구석에서 사람이 오기를 기다린다. 누군가 와서 문을 여는 순간 사람보다 먼저 쏜살같이 방에 들어간다. 들어가자마자 침대 밑으로 숨어 버리기 때문에 이 녀석들을 내보내는 일은 귀찮은 사역이 된다.

내가 살았던 B동에도 그런 녀석이 하나 있었다. 노란색에 하얀 줄무늬 고양이였다. 누군가 길을 잘못 들었는지, 해가 지면 B동 2층을 떠나지 않았고 방에 들어오는 것을 무척 즐겼다. 새벽에 일어나 방문을 열고 나가면 방앞 카펫에 누워 미동도 하지 않았다. 새벽 참선을 마치면 복도 청소를 해야하는데 '그건 네 사정이고…' 하는 듯 자리에서 일어나지 않았다.

고양이 권리장전

청소를 하기 위해 이 녀석을 깨워 밖으로 내보내야 했다. 하지만 흰줄무늬 노랑 고양이, 녀석의 권리장전은 난감하기 짝이 없다. 잠을 깨우는 나를 향해 오만한 표정으로 "너희가 무슨 권리로 나를 깨우는가?" 하고 말하듯, 가늘게 눈을 뜨고 그저 "냐옹~" 한 마디뿐, 다시 눈을 감고 카펫에 얼굴을 묻는다. 빗자루를 쥔 내 마음에 도사(분노)가 올라온다. 빗자루로 이 녀석 얼굴을 쓸어내 잠을 깨우고 발을 굴러 위협한다. 마지못해 이 녀석은 어슬렁거리며 계단을 내려간다.

며칠 동안 똑같은 청소 전 세리모니를 반복하자, 빗자루를 쥔 내 모습을 보면 눈치를 슬슬 보며 건물 아래층으로 내려간다. 동물은 자신을 향한 호감과 적대감을 사람보다 훨씬 민감하게 알아차린다. 그리고 그 미움에 대해 제 나름의 방식대로 반응을 남긴다.

어느 날 아침 화장실 바닥을 청소하던 법진 거사의 비명소리가 들려왔다. 화장실 앞에 누군가 '큰 거'를 한 무더기 남겨 놓았다. 그 '물체'를 둘러싸고 여러 가지 억측이 많았다. 흰줄무늬 노랑이 그놈의 소행으로 추정됐지만, 고양이 배설물이라고 하기에는 색깔이 너무 사람의 그것과 흡사했다. 그렇다고 사람의 것이라고 보기에는 너무 분량이 적었다.

우리의 상식으로는 고양이는 자기의 약점은 절대 보이지 않는다고 했는데…. 잠깐의 논란이 있었고, 계단 올라와 첫 방에 사는 심리학 교수가 솔선해서 배설물을 치웠다. 왼 종일 기분이 찝찝했다.

흰줄무늬 노랑 고양이 녀석은 그날도 B동 2층 복도를 어슬렁거리고, 방 앞 카펫에 코를 박고 한껏 게으름을 피웠다. 평소와 다른 낌새는 전혀 없었다. 혐의를 받고 있는 당사자는 그날 너무도 당당했다. 만약 그 녀석이 범인이라면 그 당당함은 뻔뻔스러움일 터였다.

뉴 캣

혐의자가 범행 당사자임이 드러나는 데는 채 하루가 걸리지 않았다. 다음 날 아침 같은 장소에 똑같은 색깔과 똑같은 크기의 '큰 거'가 한 무더기 놓여 있었다. 이 녀석의 신분이 참고인에서 피의자로 바뀌는 순간이었다. 만일 범인이 사람이라면 엽기 중 엽기일 터였다. 흰줄무늬 노랑이 녀석이 범인임에 틀림없었다. 또 한 번의 작은 소동이 일었고, 이번에는 내가 그 물체를 치웠다. 한편으로는 괘씸한 마음에 화가 치밀었고, 또 한편으로는 나의 '부당한 대우'에 대한 녀석의 항의 방식이 무척 경이로웠다.

녀석은 그날도 아무 일 없다는 듯 시치미를 떼고 너무도 당당했다. '그래, 해 볼 테면 해 봐! 날 때려 쥑일 거야?' 그렇게 대드는 듯했다. 내가 할 수 있는 건 아무것도 없었다. 그리고 그 다음 날 더 극적인 사건이 일어났다. 새벽에 일어나 방문을 여니, 아니, 이런 일이!!!

방 앞 카펫에서 고양이 두 마리가 자고 있었다. 쌍둥이처럼 몸의 무늬가 같았다. 흰줄무늬 노랑. 다만 뉴 캣의 몸집이 좀 더 작았다. 도대체 어디 있다가 나타난 녀석일까? 의문과 함께 불길한 생각이 들었다. 예감은 어김없이 맞았다. 예의 화장실 앞에 '큰 거' 두 무더기. 법진 거사와 나는 경악을 금치 못한 채 무더기들을 치웠다.

이제는 녀석들을 달랠 수 있다면 달래고 싶었다. "제발 우리 좀 봐 주라."

내일도, 모레도, 집에 갈 때까지 이 일이 계속된다면…. 상상조차 하기 싫었다. 마음속에서 미움과 분노가 어떻게 일어나고 어떻게 사라지는지, 그것을 알 수 있었다. 그리고 체념이 있었다. "그래, 치우지 뭐. 니들 맘대로 해 봐라…."

그렇게 비로소 캣들과 무심하게 지낼 수 있게 됐다. 그날 이후 더 이상 배설물 사건은 일어나지 않았다. 다행스럽게도….

치정에 얽힌 살묘 사건

회한한 경험이었지만, 캣들과의 인연은 악연이었던 셈이다. 악연의 인연도 시간이 가면 궁금해진다. 미얀마에서 돌아와 몇 달 뒤 한국의 수행처에서 S 거사를 만났다. S 거사는 중학교 선생님으로 모범 수행자다. 쉐우민의 추억으로 대화를 나누다가 캣들의 얘기가 나왔다. 우리의 주인공 흰줄무늬 노랑이 녀석이 화제로 등장했다.

S 거사가 묵었던 A동 2층도 녀석의 활동무대였다고 한다. 그런데 S 거사가 그 녀석의 부음을 전한다. 내가 쉐우민을 떠나온 지 며칠 뒤 밤새 고양이들의 괴성이 쉐우민의 밤을 뒤흔들었다고. 이를테면 고양이들의 전쟁이었다. 암컷 한 마리를 둘러싸고 벌이는 수컷들의 전쟁. 다음 날 수행자들은 이 전쟁의 승패를 알 수 있었다. 승자는 블랙 캣, 패자는 흰줄무늬 노랑이. 그날 이후 흰줄무늬 노랑이 녀석은 비실비실, 시들시들, 시름시름…. 결국 며칠 후 생을 마감했다고 전한다. 치정에 얽힌 살묘 사건이었다.

소름끼치게 영악했던 녀석의 짧은 삶에서 고성제苦聖諦를 생각한다. 무상·고·무아는 존재 자체의 속성이다. 흰줄무늬 노랑 캣이 존재하고 소멸했던 사건 자체가 무상했고, 고통스러웠고, 한 건의 우연이었다. 사람이라고 다를 게 뭐 있나? 사랑하고 미워하고 꿈꾸고 부대끼고 그렇게 살다 간다. 모든 존재가 노랑 캣의 이런 삶으로 치환될 수 있다. 일본의 승려 잇싸의 하이쿠가 불현 떠오른다.

참, 이상하다.
번갯불을 보고도
삶이 순간인 걸 모르다니.

청소의 중독성

말레이시아 청소 달인

'자비'의 기원은 붓다의 깨달음에서 시작한다. 깨달음을 얻은 붓다는 혼자 열반에 들 수 있었지만, 중생을 열반의 세계로 이끌어 가기 위해 법의 바퀴를 굴린다. 대승불교의 정신도 바로 자비에서 비롯된다. 떠나는 사람이 남은 뒷사람을 배려하는 것, 그것이 바로 자비심 아닐까?

쉐우민에서 수행 못지않게 중요한 일정이 청소다. 물론 청소도 수행의 일부겠지만. 청소는 방마다 맡은 구역이 정해져 있고, 구역은 한 주 또는 두 주마다 바뀐다. 과거엔 분명 그렇게 운영됐다. 하지만 지금은 두 사람이 청소를 전담했다. 착한 말레이시아 화교들이었다.

이들의 청소 솜씨는 거의 신기에 가까웠다. 타일이 깔린 복도를 한쪽에는 스펀지, 다른 쪽에는 고무가 달린 유리창닦이로 청소했다. 내가 돕겠다고 복도에 봉 걸레질을 했다가 괜한 핀잔만 들었다. 내가 청소를 끝낸 복도를 말레이시아 화교가 유리창닦이로 다시 닦았다. 어느 날 유리창닦이의 자루가 망가지자, 짧은 자루로 불편을 감수하며 청소하더니 이내 새것으로 다시 사왔다.

"참, 유별난 사람들이로다."

그렇게 나는 생각했다. 아무튼 덕분에 B동 2층 복도는 하루 종일 반짝거렸다. 청소한 복도는 그들의 예술작품이었다. 말레이시아 청소 달인들이었다. 그러던 어느 날 2인조 중 한 사람이 귀국했는데, 다음 날부터 혼자서 복도 청소를 했다. 혼자 하는 청소가 고되어 보여 나와 법진 거사가 가세했는데, 열흘쯤 후 나머지 한 사람도 귀국하는 바람에 복도 청소 소임은 자연스럽게 우리의 몫이 됐다. 말레이시아 화교는 복도 청소의 소임을 넘겨줄 사람이 없다고 생각했는데 다행이라며 매우 반가워했다. 남은 사람을 걱정하는 그들의 마음이 자비스럽게 느껴졌다.

그들의 전통을 이어받아 복도만큼은 유리창닦이로 정성껏 청소했다. 온종일 반짝거리는 복도를 보면 뿌듯했다. 아침이 기다려지기까지 했다. 이럴 수가, 청소에도 가히 중독성이 있었다.

콰이강 다리의 분노

기왕 청소 얘기를 하는 김에 소재를 좀 더 이어가 보자. 〈콰이강의 다리〉라는 영화가 있다. 내가 중학생쯤 됐을 때 단체로 관람했던 영화로 기억한다. 영화의 배경이 됐던 콰이강은 태국과 미얀마 국경에 있다. 일본군에게 잡힌 영국군 포로들이 건설한 이 다리는 지금은 폭파된 채로 관광객을 맞고 있다. 전략 요충에 다리를 건설해 보급로를 확보하려는 일본의 계획은 다리가 거의 완성될 무렵 연합군 특공대의 폭파로 좌절된다.

영화의 막바지 장면이 인상적이다. 다리를 건설한 영국군 포로의 지휘자가 특공대의 다리 폭파를 저지하려는 장면이다. 당연히 아군의 폭파를 도와야 하지만 피와 땀으로 건설한 다리에 대한 애착이 더 컸기 때문에 벌어진 일이다. 정성껏 청소한 복도는 법진 거사와 내게는 콰이강의 다리였다.

복도를 더럽히는 캣츠가 그래서 미움의 첫 대상이 됐다. 두 번째 대상은 싱가포르 불교대학에서 온 몽크들이었다. 그들은 수행처를 찾은 몽크라기보다는 수학여행 온 대학생들이었다. 그들의 난삽한 행동 가운데 우리에게 가장 거슬리는 것은 모두들 신발을 벗고 다니는데 청소한 복도를 슬리퍼를 끌며 다니는 점이었다. 매일 아침 유리알처럼 닦아 놓은 복도를 물 묻은 슬리퍼를 끌고 다니며 '깽판의 흔적'을 남겨 놓았다. 법진 거사의 분노가 드디어 폭발했다. 싱가포르 몽크들이 들으라고 영어로 크게 외쳐댔다.

"도대체 언 넘이 물 묻은 슬리퍼를 신고 다니는 거야! 남들 모두 신발 벗고 다니는 거 보면 몰라?! 이따위 행동을 난 도무지 이해할 수 없어!!!"

이 정도면 자기들끼리 뭔가 논의가 있을 줄 알았다. 하지만 물 묻은 슬리퍼의 흔적은 다음 날도 그다음 날도 복도에 남아 있었다. 법진 거사가 귀국한 뒤 싱가포르 몽크들의 반응이 없었던 까닭을 알았다. 흔적을 남긴 장본인은 몽크들 중 누군가가 아니라 잉글랜드에서 온 스킨헤드였다.

한 가지 더 깨달은 사실. 분노는 애착에서 온다는 것, 〈콰이강의 다리〉 그 에피소드에서처럼.

후사를 정하지 못한 청소 소임

법진 거사가 귀국한 뒤 복도 청소 소임을 혼자 맡게 됐다. 아무도 나서서 도와주지 않았다. '혼자서도 잘해요', 모두들 그렇게 생각하는 듯했다. 청소 시간이 길어져서 아침 공양을 마친 뒤 청소를 마치면 아침 좌선 시간을 맞추기 위해 서둘러야 했다. 혼자 화장실 청소를 도맡아 하는 잉글리시 스킨헤드에게 도와달라고 할 수도 없었다. 뜨내기 수행자들은 며칠 머물다 떠나곤 해서 그들 중 누군가를 끌어들일 수도 없었다.

귀국일은 다가오고 있었다. '내가 가 버리면 누군가 이 일을 하겠지'라고 생각하면 그만이지만, 왠지 후사를 정하고 가야 편할 것 같았다. 신참 하나가 왔다. 서른쯤 돼 보이는 유럽인, 체코에서 왔다고 했다. 온 다음 날 내게 청소 요령을 물어서 비를 들고 복도와 낭하를 쓸라고 했다. 그런데 이 친구, 하루 그 일을 하더니 다음 날부터 코빼기도 보이지 않았다. 하루 나눠 줬던 비질이 다시 내 일이 됐다.

그 유럽 친구에게 나는 별명을 붙여 줬다. '체코 뺀질이'라고. 그 친구, 진짜로 뺀질뺀질했다. 새벽 좌선을 마치고 오면 잉글리시 스킨헤드에게 요가를 배우고 있다가 청소를 시작하면, 개펄의 게가 인기척에 구멍으로 쏙 들어가듯 방에 들어가 자취를 보이지 않았다. 귀국하는 날 아침까지 복도 청소는 여전히 나 혼자의 소임이었다. 후사를 정하지 못한 건 당연했다.

센터를 나오던 날, 복도에서 만난 잉글리시 스킨헤드가 악수를 청해 왔다. 쎄이 굿바이 하면서 나 덕분에 깨끗한 처소에서 잘 지냈다고 말했다. 나도 그에게 말해 줬다. 덕분에 깨끗한 화장실 좋았다고. 지금도 궁금하다. 다음 날 복도 청소는 누가 했을까? 유리창닦이로 하는 청소 방식은 당연히 폐기됐겠지?

공덕의 시간들

유도 명상

사야도의 아침 9시는 하루 일정의 시작으로 미얀마 신도들을 위한 시간이다. 한 시간 동안 미얀마 말로 유도 명상을 주도한다. 유도 명상이란 마치 최면술사가 특정한 행동이나 말로 피최면자를 최면 상태로 이끌듯 말을 통해 수행자들을 명상으로 이끌어 주는 명상 기법이다. 이를테면 "마음에 실린 모든 짐을 내려놓으십시오. 그리고 활짝 마음을 열어 보십시오. 마음에 들어오는 모든 것을 저항하지 말고 받아들이십시오. 다만 알아차리십시오. …" 하는 등의 방식으로 수행자들의 명상을 돕는다.

오전 9시가 되면 담마홀 스피커가 작동한다. "붓당 사라낭 갓차미 … 담망 사라낭 갓차미 … 상강 사라낭 갓차미 …" 삼귀의 선도창이 있고 미얀마 신도들의 청법 찬팅이 이어진다. 가락은 외국인 수행자의 귀에도 익숙해지고 날이 갈수록 이방인들도 찬팅의 매력에 빠진다. 이어서 '쉐우민 큰 사야도'라고 불리는 열반하신 꼬살라 사야도의 육성 등 미얀마의 고승들의 법문이 나올 때도 있지만, 보통은 떼자니아 사야도의 낮고 굵직한 음성이 이어진다.

유도 명상의 콘텐츠는 즉흥적이어서 그때그때 다르다. 사야도의 문장은 간헐적으로 이어지는데, 어느 날은 성글고, 어떤 날은 빠르고 많은 내용을 담고 있다. 문장과 문장 사이의 인터벌이 몹시 길고, 한동안 숨소리만 이어지는 날도 있다. 거친 숨소리가 스피커를 통해 여과 없이 전해진다. 이런 분위기가 퍽 인간적으로 느껴진다. 현지 신도들의 신심이 경건하게 전달된다.

외국인 수행자들 대부분은 선방을 나가 경행을 한다. 들어도 어차피 무슨 소린 줄 모르기 때문이다. 사야도의 가쁜 숨소리 속에서 그의 비대한 사까야(몸)를 힘들어하는 인간적인 두카(괴로움)가 느껴지기도 한다. 미얀마 말은 당연히 알아듣지 못하지만 분위기는 고스란히 전달된다. 9시 좌선 시간, 그래서 귀는 늘 열어 둔다. 미얀마어라서 무슨 뜻인지는 모르지만 분위기에 젖어 좌선 자리에서 꼼짝하지 않고 앉아 있을 때도 있었다.

유도 명상은 쉐우민 센터의 독특한 전통이다. (그러나 쉐우민 센터만의 것은 아닌 듯하다. 미국의 명상학자 콘필드가 녹음한 유도 명상을 한국말로 번역한 음원이 인터넷에 도는데 초보자 지도에 매우 유용하다.) 국내에서는 경주 마하보디 선원장을 지낸 사사나 선원장 스님만이 이 방법을 전수받아 수행자들을 지도한다. 유도 명상은 특히 명상의 초심자들에게 퍽 유용한 것 같다. 명상에 입문한 사람 여럿이 그렇게 말하는 걸 내가 들었다.

다나 테이블

쉐우민에 온 외국인 남자 수행자들은 A동과 B동 두 건물에 묵는다. 똑같이 지은 2층짜리 건물인데 처음 오는 사람들은 알 턱이 없지만 고참 수행자들은 B동 2층을 프리미엄급으로 꼽는다. 우선 건물 아래층은 화장실이나 세면장 등에 응달이 져서 모기들이 많이 서식한다. 모기 한 목숨도 손바닥으로 쳐서 처단할 수 없는 계율 덕에 이 문제는 보통 성가신 문제가 아니다.

그래서 2층을 선호하는 분위기인데 당초 B동보다는 A동이 선호도가 높았다고 한다. 왜냐하면 A동에는 방들마다 전기 콘센트가 있어서 물이나 차를 방 안에서 끓일 수 있기 때문이다. B동 2층이 프리미엄 요사채가 된 것은 순전히 말레이시아 화교 수행자들 덕분이다. 지난해 겨울 이들이 샤워장에서 따뜻한 물을 쓸 수 있도록 보시금을 내어 순간온수기를 설치했고 많은 사람이 그 혜택을 받게 됐기 때문이다. 이런 사실이 알려지면서 A동에 묵는

110

수행자들이 샤워하러 B동으로 건너오기 시작했다. 그러면서 B동 2층은 프리미엄의 브랜드로 명성을 굳히게 됐다. (이듬해 쉐우민에 갔더니 A동에도 순간 온수기가 설치돼 있었다.)

다른 요사채의 부러움을 사게 된 요소는 또 있다. 다나 테이블이 그것인데, 그 역시 말레이시아 화교 수행자들의 아이디어였던 듯하다. 복도에 놓인 철제 테이블에 다른 사람에게 주고 싶은 것을 놓아 두는 제도인데, 처음에는 그들 화교들이 쿠키나 과일 등 여러 가지 간식거리를 마련해 두었다. 오후 불식 계를 지켜야 하는 수행처지만 허기를 견디기 어렵거나, 지병이 있어서 약을 먹어야 하는 사람들을 위한 것이었다.

그러다가 차츰 면도기 크림에서 화장지·치약·칫솔까지 품목이 날로 확대되더니 떠나는 사람들이 남기고 가는 물품들로 테이블은 늘 꽉 차게 됐다. 보시하는 물품뿐만 아니라 전기주전자나 휴대폰 충전기 등 미처 챙기지 못한 사람들을 위해 공동으로 쓰겠다는 물건들도 등장했다.

우리가 사는 21세기를 '공유 사회'라고 한다. 소셜미디어가 등장해 정보의 공유 정신을 구현하고 있다. 주택의 남는 방을 나눠 쓰고 소정의 비용을 받는 에어비앤비 등 셰어룸이나 차를 공용으로 쓰는 셰어카가 등장하고 날로 확대되는 추세다. 사회적 재화뿐만 아니라 개인의 재화도 효율적 분배를 통한 공유가 이루어지는 사회로 진화하고 있다.

쉐우민의 다나 테이블을 보면서 맑스가 이 시대에 다시 살아온다면 자신이 뿌렸던 비극의 씨앗, 지난 백 년의 이데올로기 전쟁을 낳은 자신의 사상을 반성하고 이론을 수정하지 않을까 하는 황당한 상념에 젖어 본다.

친절한 툰툰 씨

닫힌 사회인 수행처에서 외부로 통하는 방법은 두 가지다. 몰래 무단이탈하거나 밖에서 들어오는 사람과 내통하거나. 쉐우민에는 하루에도 몇 차

레씩 새로운 사람이 오고 머물던 사람이 나간다. 집에 가는 사람은 보통 택시를 부른다. 한국 사람을 상대로 영업하는 '나라시'가 있는데, 여기에 툰툰 씨가 따라온다. 툰툰 씨의 한국말은 유창하지는 않지만 의사소통에 전혀 지장이 없을 정도는 된다.

한국에는 가 본 적이 없고 독학으로 한국말을 익혔다는 점이 놀랍다. 집으로 갈 때 공항으로 직접 가기도 하지만, 낮 시간 동안 양곤 시내 명소들을 돌고 쇼핑을 하고 밤 비행기를 타고 간다면 툰툰 씨 안내가 적격이다. 우리 돈 4만 5천 원 정도면 그렇게 하루를 보낼 수 있다.

툰툰 씨는 그래서 쉐우민에 자주 들른다. 이런 사정을 아는 고참 수행자들은 툰툰 씨 활용법을 안다. 생필품이나 간식거리(물론 규칙 위반이다)를 사다 달라고 부탁하기도 하고, 귀국 전 여행 계획을 세우기도 한다. 툰툰 씨는 친절하다. 한국 사람들의 카운슬링에 성의껏 응하고 마진 없는 쇼핑 심부름을 기꺼이 한다. 수행자 한 분이 귀국 전 여행에 쓸 백팩을 사다 달랬더니 자신의 것을 가져와 빌려주었다.

나는 귀국하는 날 아침부터 툰툰 씨와 하루를 보냈다. 양곤에서 70킬로미터쯤 떨어진 바고의 명소들을 돌아봤다. 비싸고 맛있는 식사를 사 주고 싶었는데, 배만 불리면 된다며 고집스레 볶음밥만 시켰다. 유적지들을 돌아볼 때마다 땡볕인데도 동행 안내를 고집했다. 이 글을 쓰면서 새삼 그가 보고 싶다.

112

웰컴 떼자니아

떼자니아 사야도 방한

경기도 남양주에 있는 원불교 오덕수련원에 "웰컴 테자니아—코리안 요기들"이라는 현수막이 붙었다. 2016년 5월 쉐우민 센터 떼자니아 사야도가 방한해 한국의 수행자들에게 쉐우민 전통의 위빠사나 명상을 지도했다. (2017년 11월에는 천안 호두마을에서, 2018년 7월에는 원불교 오덕수련원에서 떼자니아 사야도가 지도하는 열흘 집중 수행이 열렸다.)

열흘 동안 매일 아침저녁, 사야도의 인터뷰가 두 시간씩 진행됐다. 그 밖의 시간은 수행자 스스로 좌선과 경행을 하는 스케줄로 짜여졌다. 좌선 시간을 엄격하게 지키지 않아도 되고 일이 있으면 밖에 나갔다가 다시 와도 되는 등 자유로운 분위기는 쉐우민의 전통에서 비롯된 것일 게다. 또한 열흘 모두를 참석하지 않아도 된다. 자신의 사정에 맞게 2박 3일, 3박4일, 4박 5일, 아니면 주말에만 1박 2일 두 차례 등 여러 형태의 참여가 허용된다.

위빠사나를 수행하는 코리안 요기들이 전국에서 모여들었다. 낯익은 얼굴들도 있는데, 대부분 처음 만나는 사람들이다. 그만큼 남모르게 명상 수행하는 사람들이 적지 않다는 뜻이다. '떼자니아 사야도 방한 집중 수행'의 하이라이트는 말할 것도 없이 사야도의 인터뷰 법문이다. 요기들이 어떻게 수행하고 있는지 보고하고 의문 나는 것을 물으면 사야도가 답변하는 형식으로 진행된다. 사야도의 그림자 청현 스님이 통역을 맡는다.

토요일 오전 첫 인터뷰 법문이 진행됐는데, 질문에 대한 사야도 답변은 여전히 단순 명쾌하다. 인상적인 답변 하나만 옮겨 본다.

어느 수행자가 물었다.

"수행을 하긴 하는데, 하는 둥 마는 둥 지지부진합니다. 생활에 자극이 없어서 그런 건가 봅니다. 어찌하면 정신 바짝 차리고 수행할 수 있을까요?"

사야도가 농으로 받았다.

"그럼 삶의 괴로움이 있도록 내가 빌어 드릴까요?"

(대중 웃음, 그리고 이어지는 답변.)

"부처님 경전에 네 마리 말의 비유가 있습니다. 어떤 말은 탄 사람 마음을 읽고 달리고, 어떤 말은 채찍 그림자만 보고도 달리고, 어떤 말은 채찍을 맞아야 달립니다. 그런데 어떤 말은 채찍을 맞아도 꿈쩍 않고 뾰족한 것으로 찔러야 비로소 달립니다. 내가 과거에 바로 그랬습니다. 계기가 되면 수행하게 됩니다. 그냥 그대로 수행하십시오. 본격적으로 수행할 때가 되면 지금의 수행이 밑거름이 될 것입니다."

일원상 앞의 사야도

떼자니아 사야도 방한 집중 수행 지도가 열흘을 채우고 끝났다. 집중 수행이 치러졌던 원불교 오덕훈련원은 무척 훌륭한 시설이었다. 선뜻 시설을 내준 원불교 측의 통 큰 마음 씀씀이를 참석한 수행자들 모두가 고맙게 여기리라.

오덕훈련원 2층의 '대각전'은 방석 백 개를 깔고도 남을 만큼 공간이 넉넉하다. 수행자들은 좌선과 경행을 이곳에서 한다. 사야도 인터뷰도 이곳에서 이루어진다. 사야도는 소파에 앉아 수행자들의 수행 보고를 청현 스님의 통역으로 듣고 수행자들의 물음에 답한다.

사야도의 머리 뒤로 원불교의 상징인 일원상이 커다랗게 걸쳐 있는 장면은 퍽 인상적이었다. 종교 간 이해와 관용이 우리가 사는 이 시대의 화두가 되고 있다. 기독교와 이슬람의 갈등은 문화 충돌의 양상을 띠고 테러와 전

114

쟁으로 지구촌을 불안 속으로 몰아넣고 있다. 다른 종교를 고려하지 않는 이기적 맹신이 주위에 팽배해 있다. 하지만 일각에서는 종교 간 이해와 교류를 가시적으로 보여 주려는 노력도 적지 않다. 가톨릭이 불교계에 초파일 축하 메시지를 보내고 불교 사찰에는 성탄절 축하 플래카드가 내걸린다.

종교 다원주의는 각 종교 교리의 특수성보다는 종교적 체험의 보편성에 더 관심을 갖는다. 믿음의 체계가 성경이면 어떻고 불경이면 어떤가? 아니 코란이면 또 어떤가? 추구하는 것이 똑같이 인간의 영적 향상이고 목표가 같다면 종교는 서로 협력해야 하는 것 아닌가? 일원상 앞에 앉은 사야도의 모습에서 종교 간의 이해와 관용을 본다.

그런 면에서 원불교는 한 발 앞선 듯하다. 불교계는 어떤가? 테라바다 수행에 관심을 갖는 조계종 스님들이 적지 않다. 하지만 그분들은 간화선 수행의 정통성을 강조하는 종단의 눈치를 안 볼 수 없다. 이번 집중 수행도 규모 있고 교통 좋은 조계종 큰 사찰에서 진행할 수 있었으면 보기에 참 좋았겠다. 하지만 이른바 '대승'과 '소승' 사이에 보이지 않는 기싸움이 없지 않은 듯하다.

사야도 명답 베스트 5

명답 5위

인터뷰 시간은 솔직히 말하면 지루하다. 뻔한 질문이 많아서다. 뻔한 질문의 유형은 대략 두 가지다. 질문자가 체험하지 않고 책에서 봤거나 남에게 들은 것을 이야기하는 경우 또는 지나치게 추상적으로 질문하는 경우가 그 하나다. 이런 질문은 사야도뿐만 아니라 같은 자리에 있는 동료 수행자들을 혼란에 빠뜨리기 십상이다. 다른 하나는 자신의 일상을 고주알미주알, 세월아 네월아 늘어놓으면서 질문하는 경우다. 이런 경우 가장 고통스러운 사람은 통역하는 청현 스님일 게다. 하지만 청현 스님은 그런 질문조차도 하나하나 성실하게 통역한다. 요기들 모두 그런 청현 스님을 존경해 마지않는다.

이런 해프닝도 있었다. 질문하는 사람의 말을 미주알고주알 통역하다가 막힌 청현 스님이 물었다. "좀 전에 뭐라 했지요?" 질문자가 자신이 뭐라 했는지 기억이 나지 않는다고 대답하는 바람에 대중 모두가 웃었다. 질문이 하도 지리멸렬해서 대중 누구도 기억하지 못했다.

그런데 이런 뻔한 질문에 대한 사야도의 답변은 의외로 들을 것이 많다. '지혜가 바로 이런 것이구나' 하는 생각을 들으면서 갖게 된다. 사야도 인터뷰는 우문현답愚問賢答 퍼레이드라고 할 수 있다. 사야도의 답변에는 늘 자신의 수행 체험이 녹아 있다.

어느 날 어느 수행자가 질문했다. 매우 현학적이고 추상적인 질문이었다. 사성제, 삼법인, 37조도품, 오력, 오개 등 교학의 개념들이 현란하게 등장했

116

다. 이런 질문에 대한 사야도 답변은? "책에 다 있다"였다.

명답 4위

수행처에서 수행하는 수행자들은 이따금 평소에 하지 않던 체험을 하게 된다. 몇날 며칠을 밥 먹고 잠자는 시간 외에는 좌선하고 경행만 하니 이런 체험을 하게 되는 건 어찌 보면 당연한 일인지도 모른다. 수행자들이 겪었다고 얘기하는 체험들은 다양하다. 유형별로 몇 가지 보자.

우선 갑자기 몸의 일부 또는 전부가 없어졌다고 하는 사람이 있다. 특히 좌선 시 이런 경험을 하게 되는데 보통 사마디(삼매)의 힘이 강해지면 그런 체험을 하는 것으로 설명된다. 이와 유사하게 몸이 우윳빛이 된다거나 몸에서 빛이 나온다든가 눈앞에 빛이 보인다는 체험을 이야기하는 사람도 있다.

세상이 달리 보이는 체험을 말하는 사람도 있다. 들리는 소리나 보이는 모양이 섬세하다는 사람이 있는가 하면, 공간이 넓어지거나 물체의 움직임이 슬로우비디오처럼 보인다는 체험을 말하는 사람도 있다. 찰나의 시간 속 광경이 정지해 지속하는 체험을 얘기하기도 한다.

이런 체험을 한 수행자들은 자신이 뭔가를 얻었다고 생각해 들뜨게 마련이다. 하지만 스승들은 이런 체험들은 그저 체험일 뿐이라며 별다른 의미를 부여하지 않는다. 사야도 인터뷰 시간에도 이런 체험을 얘기하는 사람이 더러 있다. 사야도는 귀 기울여 듣지 않는 듯하다. 그저 사마디가 커지면 그럴 수도 있다는 정도로 답변하고 만다.

사야도는 체험보다는 알아차림을 강조한다. 체험이 사마디에서 비롯된 것이라면, 그것은 수행의 결과일 뿐이기 때문이다. 체험을 얻기 위해 하는 수행이라면 뭔가 잘못됐다. 수행은 오로지 원인만 지을 뿐 결과를 어찌해 볼 수 없다.

어느 수행자가 보고했다. "공간에 앎이 가득 차 있다"고. 수행자는 그 체험을 수행 진전의 징표로 인정받고 싶었을지도 모른다. 사야도의 답변은 단순명료했다. "알면 됐다. 있는 그대로 보라."

명답 3위

사람에 따라 차이는 있겠지만 보통 경행보다는 좌선에서 정신의 집중도가 높아진다. 앉아 있다 보면 일어나고 싶지 않을 만큼 좌선이 잘 될 때가 있다. 어떤 여성 수행자가 인터뷰에서 보고했다. "아침부터 좌선이 잘 됐습니다. 자리에서 일어나고 싶지 않을 정도였습니다. 점심 먹을 시간이 됐는데, 그냥 앉아 있었습니다. 그러다 점심을 굶었습니다."

한국에서도 그렇듯 절집 안에서 밥 때를 놓치면 그만이다. 다음 때를 기다릴 수밖에 없다. 식사 시간에 늦은 사람을 위해 인정스레 밥을 차려 주는 건 세간의 풍속이지 절집의 풍속은 아니다. 때가 지나면 국물도 없다. 쉐우민에서도 마찬가지다. 밥 때가 지나서 식당을 어슬렁거려도 먹을 건 그림자도 없다.

더구나 미얀마는 오후 불식의 계를 철저히 지키기 때문에 점심 식사를 못하면 다음 날 아침까지 기다려야 한다. 점심을 놓치면 마음까지 허전하다. 그 수행자, 얼마나 배가 고프고 허전했을까. 수행자의 보고를 들은 사야도가 이렇게 대답했다. "밥을 왜 굶느냐? 앉아서 되는 수행이 왜 서서는 안 되고 왜 걸으면서는 안 되고, 왜 밥을 먹으면서는 안 되느냐. 굶지 말고 먹으면서 수행하라."

사야도의 이 답변은 쉐우민 수행의 특징을 고스란히 담고 있다. 사야도는 늘 이렇게 강조한다.

"이곳(쉐우민)에 와서 수행하는 것은 수행하는 방법을 배우기 위함이지 뭔가를 얻어 가기 위한 것이 아니다. 수행은 돌아가 일상에서 하는 것이다. 일상에서 수행할 수 있어야 비로소 힘을 얻을 수 있다."

118

수행자들은 자신의 수행 상태를 보고할 때 좌선·경행·일상을 구분하여 보고하는 게 보통이다. 이를테면 "좌선 시에는 이러합니다. 경행 시에는 이렇게 수행합니다. 일상에서는 이런 부분이 어렵습니다" 등등으로. 이렇게 일상에서의 수행을 강조하는 부분이 여타 수행처와 구별되는 쉐우민 수행법의 특징이라고 수행자들은 이해하고 있다.

명답 2위

이 이야기는 K 거사의 경험담이며, 인터뷰에서 내가 목격한 사건은 아니다. K 거사와 사야도의 첫 만남에서 있었던 에피소드를 전해들은 내용이다. 그 첫 만남은 10년 전의 일이다. 세상 이곳저곳을 방랑 수행하던 K 거사는 쉐우민에 오기 전 고엔까를 수행했다고 한다. 고엔까 수행은 예나 지금이나 주로 10일 집중 수행의 형식으로 진행된다.

고엔까 집중 수행에 들어가면 처음 사흘은 아나빠나 호흡 명상을 한다. 아나빠나 사띠는 들숨날숨을 관찰하는 명상법이다. 나흘째부터는 바디스캔을 하는데, 정수리부터 발끝까지 몸에서 일어나는 느낌을 순서대로 관찰한다. 마치 정형외과에서 MRI를 찍듯 스캔하는 형식이다. 그러면서 느낌이 느껴지지 않는 곳, 이른바 '맹지'가 없도록 몸 전체를 스캔해 간다.

K 거사는 이런 10일 집중 수행을 무려 17번이나 마쳤다. 하지만 그러다 병통이 생겼는데, 자연스러운 호흡이 되지 않아 고생을 했다고 한다. 그런 뒤 인연이 되어 쉐우민에 와서 떼자니아 사야도와 만났다. 그 만남의 자리에서 K 거사는 자신의 수행 이력을 말하고 자연스러운 호흡이 되지 않는 병통이 생겼다며 가르침을 구했다. 사야도는 어떻게 답변했을까? 사야도의 답변은 이랬다고 한다. "그래? 그럼 그거 하지 마!"

산 정상에 오르는 길은 하나가 아니다. 산길을 가다가 낭떠러지를 만나거나 급류가 흐르는 계곡을 만난다고, 목숨을 걸고 바위를 기어오르거나 급류를 건너야 하는 건 아닐 터. 다른 길을 찾는 게 현명한 일 아닐까?

명답 1위

쉐우민 센터에서 사야도 인터뷰는 집단으로 진행된다. 다른 센터에서는 1대1로 진행되는 곳도 있다고 하는데, 쉐우민에서 1대1 인터뷰는 사실상 불가능하다. 집단 인터뷰를 진행해도 사야도는 거의 하루도 쉴 수 없을 정도로 바쁘다.

인터뷰를 집단으로 진행하다 보니 이 분위기가 익숙지 않은 수행자에게 인터뷰는 무척 부담스러운 일이다. 수십 명이 자신의 인터뷰 내용을 듣는다고 생각하면 께름칙하게 느낄 수도 있다. 수행자들에게 인터뷰는 그래서 용기를 내야 하는 일이기도 하다.

나이가 퍽 지긋한 한 수행자가 있었다. 잘해 보겠다는 마음에 얼마 전 쉐우민에서 계를 받고 출가를 한 비구였다. 지긋한 나이에 매일 아침 맨발로 탁발을 돌았다. 테라바다 가사를 걸친 모습이 어딘지 어색하고 부자연스럽기도 했다. 이분이 인터뷰 시간에 용기를 내어 자신의 수행을 이렇게 보고했다. "불교와 인연이 맺은 지는 퍽 오래됐다. 경전도 보고 관련된 책도 많이 봤다. 하지만 좌선 수행을 거의 하지 않았다. 이곳에 와서 매일 아침부터 저녁까지 좌선을 한다고 앉아 있다 보니 괴롭다. 특히 느닷없이 몸 여기저기가 가려워서 고통스럽다."

물음에 대한 사야도의 답변은 "정 가려우면 긁어라"였다.

나는 왜 미얀마까지 왔을까

아프고 고팠던 시절

중국인 청년 양췬은 누구에게나 친절하고 한없이 선량하다. 하지만 그에게서는 언뜻언뜻 우수가 드러난다. 늘 웃고 있지만 그 미소 뒤에는 해묵은 우울함이 숨어 있다. 정에 주린 듯하고 확신 없는 그의 표정에서 내 젊은 시절의 방황을 본다.

청춘은 아팠다. 정서는 허전하고 생각은 지리멸렬했다. 갈팡질팡, 허둥지둥, 허겁지겁…. 의태어로 표현하자면 이런 표현이 잘 어울리는 시절이었다. 『임꺽정』을 쓴 홍명희의 문학적 표현으로 '가리산지리산' 했다. 삶의 목표는 막연했고 의미는 안갯속이었다. 존재 그대로 고통이었다.

유신 독재 시절, 대학을 다녔다. 중간고사를 겨우 치르면 학교는 문을 닫았다. 학기마다 예외가 없었다. 미미한 저항의 몸짓만으로 학교를 쫓겨나고 감옥에 갇히는 일이 주변에서 쉼 없이 일어났다. 숨 막히는 시절이었다. 나의 이십대는 그렇게 숨이 막히고, 목이 말랐다. 뭔가를 찾아 늘 헤맸던 기억이 있다. 목마름과 아픔을 익어 가는 징조라고 자위하며 메우던 세월이었다.

그 시절에 붓다의 가르침을 만났다. 남도의 작은 암자에서였다. 현실 도피를 목적으로 한 달 남짓 머물렀는데, 당시 스물아홉 비구가 암자의 암주였다. 열일곱에 동진 출가해 일찍부터 선방을 다녔다고 했다. 혈기왕성했던 그 젊은 스님과 매일 밤 갖는 대화에서 듣는 얘기는 난생 처음인 내용이 많았다.

그때 처음으로 '참선'에 대해 들었다. 화두를 들고 끈질기게 참구해 들어

가면 깨달음에 이른다는 것인데, 내게는 그 '깨달음'이라는 단어가 존재의 모든 문제가 일시에 모조리 해결된다는 궁극적 개념으로 들렸다. (이 생각에서 벗어나기까지는 오랜 시간이 걸렸다.)

깨달음, 깨달음이여

깨달아야겠다고 다짐했다. 닥치는 대로 책을 찾아 읽었다. 불교의 경전과 선어록뿐만 아니라 『노자』와 『장자』를 비롯한 동양의 고전, 조사 어록, 명상가들의 전기와 체험기…. 하지만 허기는 채워지지 않았다. 본격적으로 참선을 해야겠다고 생각했다.

지금은 이곳저곳에서 운영되는 시민 선방이 있지만 당시에는 승려가 아닌 신분으로 참선을 접하기란 쉽지 않았다. 이름난 큰스님들의 법회에도 가 보고, 책을 보고 혼자 익혀 보려고도 했지만 녹록치 않았다. '고양이 쥐 잡듯, 배고픈 사람 밥 생각하듯' 마음을 화두에만 집중하다 보면 언젠가는 '툭 터지는 날'이 올 것이라는 가르침 일색이었다.

서산 휴정 대사의 『선가귀감』을 그 시절 금과옥조로 삼았다. "여기 한 물건이 있으니 본래부터 생겨나지도 사라지지도 않으니 이름 붙일 수도 없고 모양 그릴 수도 없다(有一物於此 從本以來 不曾生 不曾滅 名不得 相不得)." 그 한 물건을 찾아야 한다는 생각은 또 다른 목마름을 불렀다. 목마름은 커져만 갔고 좀처럼 목마름에서 벗어날 수 없었다.

한시승가

한때 서울에는 '한시택시'라는 것이 있었다. 택시 영업을 허용하되 기한을 제한하는 형태의 택시였다. 그런 한시적 기회가 내게도 왔다. 승가의 생활을 한시적으로 체험할 수 있는 기회였다. 오로지 참선 수행만으로 일과를 짜서 스님들과 함께 생활하는 시간이었다. 그것도 고참 수좌에게나 허용된

122

다는 고풍스런 암자의 명당 수행처에서. 동경하던 참선 수행 체험을 만끽해 볼 기회를 얻었다. 내 나이 스물셋이었다.

묘한 인연이었다. 복학생 중에 특이한 선배 한 분이 계셨다. 어려운 가정 환경에서 힘들게 대학을 다니다 고약한 병을 얻었다. 치료비를 댈 수 없는 가정 사정이라서 공기 좋은 산사의 환경이 병을 낫게 해 주지 않을까 하고 산사를 기웃거리다가 출가해 승려가 됐다. 훌륭한 스승과의 만남이 삶을 바꿨다. 은사 스님은 옮을지도 모르는 병을 앓는 제자와 늘 겸상을 했다고, 그는 내게 감동을 가득 담은 눈빛으로 여러 차례 이야기했다.

퍽 위중했던 병이 오래지 않아 완치됐다. 그리고 수년을 은사를 시봉했는데, 욕심이 생기더라고 했다. "세속에 다시 나가 대학을 마치고 싶습니다. 졸업하는 대로 돌아오겠습니다." 은사 스님의 허락을 받아 복학을 했고, 바로 그 시절 선배와 나는 만났다.

코스모스 졸업을 앞둔 마지막 학기, 선배는 다시 승가에 돌아가기 위해 세속의 세월을 털어 내고 싶어 했다. 그래서 마지막 방학을 암자에서 도반 스님과 함께 참선 정진으로 보내기로 계획했다. 사연을 듣고 그곳에 데려가 달라고 졸랐다. 조그만 암자라서 물이 부족해서 대중을 늘리기 어렵다고 했다. 선배가 거절하면 할수록 그곳에 가고 싶었다. 막무가내로 졸라대 결국 허락을 받아 냈다.

승가의 선방 법도를 그대로 지키며 정진하는 결사인데, 경험 없이 견딜 수 있겠냐며 선배는 우려 반 위협 반으로 내 다짐을 확인하고 또 확인했다. 승가 선방과 똑같이 일상이 짜인다는 그 말이 내게는 더욱 매력으로 다가왔다. 방학 기간이 40여 일이지만 일단 해 보고 얻는 바가 있다면 일생을 바칠 각오도 있었다.

대덕·괴걸 거쳐 간 그 암자의 추억

기이한 곳이었다. 큰절에서 한 시간 남짓 걸어 올라가는 작은 암자였는데, 산봉우리로 둘러싸여 사람의 발길이 자연스레 끊긴 곳이었다. 눈을 뜨고 있으면 어느 곳에서도 산풍경이 들어왔다. 가깝고 먼 곳이 모조리 산이었다. 멀리 아스라하니 드러나는 산, 가까이 불뚝 솟은 산, 산, 산, 산이었다. 울뚝울뚝 솟은 눈앞의 작은 동산에 자라는 잣나무 고목이 늘 눈에 들어왔다. 조주의 '뜰 앞의 잣나무(庭前栢樹子)' 화두의 배경이 바로 이런 곳이 아니었을까?

유서 깊은 곳이었다. 암자가 들어선 것이 6세기였다니 그 천오백 년 동안 숱한 구도자들이 머물렀을 것으로 생각하니 감개무량했다. 그 구도자들 가운데는 우리에게 잘 알려진 고승 대덕도 많았다. 임진왜란의 승병장 사명당 유정, 선시로 잘 알려진 편양 언기, 소요 태능 선사가 수도한 곳이었다.

비록 한시적이지만 난생 처음 승가의 법도를 지켜 가며 참선 정진의 시간이 시작됐다. 대중은 스님이 두 분, 속인이 넷이었다. 속인 넷 중 나를 데려와 준 선배는 곧 재출가 예정이니 3대3이라고 해도 좋겠다. 승 3의 세속 나이는 스물여덟으로 같았다. 삶의 목표를 오직 깨달음에 두고 철마다 선방을 돌며 정진하는 눈 푸른 나이였다. 특히 동진 출가해서 십 년 가까이 선방만 다녔다는 한 분 스님에게서는 추상같은 기품이 느껴졌다. (10년쯤 뒤 지리산 한 암자에서 재회한 적이 있었는데, 더욱 푹 익은 느낌을 받았다.)

다른 한 분 스님은 괴걸의 풍모를 풍겼다. 괴상할 정도로 재주나 힘이 뛰어난 사람을 괴걸이라고 부른다. 콧수염을 기른 외모도 외모지만 좌선에 들기 전 하는 체조가 예사롭지 않았다. 오랜 시간 앉아 있어야 하니 반드시 체조가 필요하다고 역설했다. 팔·다리·어깨·무릎을 푸는 큰 동작뿐만 아니라 이목구비와 얼굴을 비비고 이빨을 마주치는 동작까지 매번 세심하게 되풀이했다.

그런 체조의 동작을 '도인술導引術'이라고 부른다는 사실을 나중에 알았다. 스님의 출가 동기도 독특했다. 집안 분위기상 다섯 살부터 무술을 배웠는데 십대에 무림의 고수를 찾아 이 산 저 산을 헤매다 보니 자연스레 승복을 입게 됐다고 했다. 체조는 지리산에서 숨은 고수를 만나 전수받았다. 체조뿐만 아니라 호흡법과 무술의 초식까지 모조리 배우고 고수의 반열에 등극했다. 암자는 대덕들뿐만 아니라 괴걸들의 수행터이기도 했다.

선방에서 기본으로 한다는 사분정진으로 일정을 시작했다. 사분정진이란 하루를 네 번으로 나누어 정진 스케줄을 정하는 선방의 오랜 전통이다. 새벽, 오전, 오후, 밤 이렇게 네 차례 두 시간씩 참선하면 하루 8시간 참선하게 되는데, 이것이 기본이다. 3시간씩 하면 12시간 참선하게 되고, 4시간씩 하면 16시간 참선하게 되는데, 이를 가행정진이라고 이름 붙인다. 기본 정진인 경우 밤 9시부터 새벽 3시까지 6시간, 가행정진은 밤10시부터 새벽2시까지 4시간 잔다. 용맹정신 시에는 수면 시간은 아예 없다.

사이사이 세 끼 식사는 반드시 챙긴다. 식사를 무시하고 참선하면 오래가지 못하고 반드시 건강에 문제가 생긴다. 혼자 토굴에서 수행하는 이른바 '독살이' 하는 수좌들은 식사를 소홀히 해 건강을 해치는 경우가 많다. 규율을 엄격히 하는 대중 생활을 충분히 거쳐야 독살이할 수 있다고 선방 스님들은 상식으로 알고 있다.

새벽 3시 기상해서 두 시간 참선하고, 밥하고 불 때고 반찬을 만들었다. 식사를 마치고 나면 어김없이 참선 시간이 돌아왔다. 오전 참선을 마치는 대로 점심 공양을 준비하고 식사를 마치면 또 바로 오후 정진…. 그렇게 하루하루가 흘러갔다. 참선 시간보다 일하는 시간이 많았다. 요즘 유행하는 템플스테이처럼 낭만적 시간을 누리는 분위기는 결코 아니었다. 하루 8시간의 참선 시간은 그래서 오히려 소중했다.

용맹정진

한 달여 암자생활을 마치고 큰절에 내려왔다. 큰절 누각에서 네 차례 정진 시간만 지키면 나머지 시간은 자유로웠다. 비록 기본 정진이지만 꽉 찬 스케줄에 비하면 큰절 생활은 매우 여유로웠다. 때마침 큰절에 도 높은 원로 스님 두 분이 머물고 계셨기 때문에 법문을 청해 듣기로 했다. 매일 오전 구기자로 차를 끓여 원로들이 머무시는 거처에 올라가 청법했다. 한 달여 참선 뒤끝이라서 법문 내용이 귀에 쉽게 붙었다.

선배는 법문뿐만 아니라 같은 공간에서 큰스님들을 모시고 함께 정진하고 싶어 했다. 여러 차례 청했지만 허락받지 못했다. 허락하신다면 가행정진이라도 하겠다는 결의를 보였다. 눈을 빛내시던 큰스님께서 "그럼, 용맹정진으로 하지!"라며 허락하셨다.

억지춘향이라는 옛말은 이럴 때 쓰이는 말이다. 선방에서 여러 철을 보낸 수좌들도 부담스러워하는 용맹정진이다. 수좌들이 선방에서 한 철 지내게 되면 마지막 일주일을 용맹정진 한다. 그 기간 동안 화두를 들고 씨름하며 눕지 않고 잠들지 않는다. 그 용맹정진을 졸지에 생초보가 하게 됐다. 하지만 선방 다니는 수좌스님들도 어려워하는 큰스님을 모시고 수행의 인연을 짓게 됐다는 사실이 꿈만 같았다.

큰스님께서는 제방의 선방에서 수십 철을 나시고, 높고 깊은 산중 토굴 이곳저곳을 찾아 돌며 독살이 수행을 하시다가 그 절에 들러 잠시 몸을 쉬시는 중이라고 했다. 깊은 산중 암자나 토굴에서 누구의 도움도 받지 않고 혼자 지내며 참선 수행하는 독살이가 몸에 붙은 분이셨다. 이후에도 큰스님은 주로 지리산의 토굴에서 혼자 수행하셨다고 들었다. 나중에 안 사실이지만 나의 스승 태연당 큰스님과는 '말이 통하는' 각별한 친분이 있으셨다고 하는데, 이 분을 다시 뵌 적은 한 번도 없다.

큰절 누각에 각각 방석을 깔고 속인 셋이 큰스님을 모시고 용맹정진이 시작됐다. 50분 앉고 10분 포행을 돌았다. 삼시 세때 공양 시간 각각 2시간 씩 6시간을 제하면 좌선 시간은 하루 18시간쯤 되는 셈인데, 낮보다 해가 진 뒤가 힘들었던 기억이 난다. 어둠이 깔리고 밤이 오면 마음은 어김없이 해이해졌다.

그동안 살아 왔던 습기, '낮에 일하고 밤엔 쉰다'는 고정관념이 발동했다. 밤이 깊어 가면 졸음이 불가항력으로 몰려와 자정 이후에는 정신을 차릴 수 없었다. 큰스님께서 밤에도 불을 훤히 밝히라고 지시하셨다. 누각에 전기가 없는 시절이라서 촛불을 여러 개 밝히고 정진했다. 밤새 앉아서 비몽사몽, 화두는 천리만리 사라져 버리고 몸과 분투하며 첫날밤을 보냈다. 큰스님께서 '잠이란 본래 없는 것'이라며 독려해 주셨지만 업장은 두텁고 무거웠다.

동이 트고 새벽이 오니 정신이 들고 화두가 들렸다. 그렇게 이틀을 보내고 사흘째부터는 정진이 꽤 순일했다. 밤에도 거짓말처럼 잠이 오지 않았고 화두가 들렸다. 화두 의심이 지속되니 형언치 못할 희열이 몰려오는 등 여러 가지 체험이 따라왔다.

난생 처음 하는 경험이었고, 그 경험은 내 삶의 전환점이 됐다. 산중 암자와 용맹정진 했던 누각은 평생 잊지 못할 추억의 공간이 됐다. 살면서 두 차례 그 절에 가 봤는데, 고풍스러웠던 추억의 누각은 불타 사라지고 새로 지은 번듯한 누각 건물이 서 있어서 왠지 서글펐다. 암자도 옛 건물을 헐고 새로 지어서 추억의 그 공간이 현실에서 사라졌다는 느낌이 어쩔 수 없이 들었다.

다시 그때로 돌아갈 순 없을까

〈뷰티플 라이프〉라는 영화를 본 적 있다. VOD로 본 일본 영화인데, 시나리오가 좋은 것도 썩 잘 만든 영화도 아니다. 고정된 환경에서 일대일 대사가 많아서 제작비도 안 들었을 싸구려 영화인데, 내게는 매우 인상적인 설정이 있었다.

죽어서 저승에 가기 전에 거치는 곳이 있고, 누구나 삶을 마치면 일단 그 곳에서 일주일을 머문다. 등장인물들은 당연히 모두 죽은 사람들이다. 이들 은 살면서 가장 좋았던 기억이나 사건을 사흘 안에 하나 골라야 한다. 나머지 기간 그 기억을 영상으로 완성해서 지니고 다른 곳으로 가게 된다.

다양한 등장인물들이 각자 제 나름대로 기억 하나를 고르기 위해 고심한 다. 살던 업과 습에 따라 결정의 과정과 양상이 다양하고 제작자는 이 부분 에서 상상력을 발휘한다.

'내가 등장인물 중 하나라면 나는 어떤 결정을 내릴 것인가?' '내가 죽어 서 이런 곳에 가게 된다면 어떤 선택을 할 것인가?' 이 영화는 이런 설정을 내 자신에게 감정이입해 보는 계기를 주었다. 내 삶의 많은 기억이 파노라 마처럼 스쳐 갔다. 그 유서 깊은 암자와 큰스님을 모시고 정진했던 사건을 고를 수 있을 것 같았다.

본격적인 첫 참선 수행이라는 사건과 그 체험, 내 삶의 가장 강렬했던 경 험임에 틀림없다. 그 사건은 이후 수십 년 내 삶을 규정하는 분수령이 됐다. 직업을 갖고 결혼을 하고 가족을 부양하는 삶을 살면서도 수행의 끈을 놓지 않는 계기가 됐다.

그 체험은 마음의 고향이 됐다. 하지만 지금껏 나는 실향민의 삶을 살았 다. 누구에게나 고향은 돌아가고 싶은 곳이다. 고향을 잃은 사람들, 가고 싶 어도 못 가는 실향민에게 고향은 더 애틋한 곳이다. 본격적인 참선 수행의 첫 체험은 내게는 마음의 고향이었지만 그때의 체험을 다시 가질 수 없었 다. 그런 의미에서 나는 실향민이었다.

한 달여의 참선을 통해 얻은 것이 무엇이냐고 질문한다면, 노코멘트다. 글로 쓸 수 없기도 하지만, 아무리 묘사를 잘해도 도를 구하는 사람들에게 약보다는 독이 될 가능성이 훨씬 크기 때문이다. 내 자신 스스로에게도 그

128

체험은 약보다 독이었던 것 같다.

고향에 돌아가기 위해, 그 체험을 되찾기 위해 상당한 세월 동안 나는 참선 중독에 걸려 있었다. 멀리서라도 참선 모임이 열리면 참석했고, 주위 사람들을 꾀어서 참선 모임을 만들기도 했다. 늘 무언가를 찾았다. 참선하면 찾을 수 있을 줄 알았다. 화두 일념에 들어 사흘 낮 사흘 밤이면 깨달음을 얻을 수 있다는 믿음, 누군가는 세수하다 코 만지기보다 쉽게 깨달음을 얻기도 한다는 믿음을 지지하고 역설했다. 꽤 오랜 시간을 이런 유의 믿음을 지니고 살았다.

나는 왜 쉐우민에 왔을까

믿음은 확고해야 좋은 것인가? 수행의 길에서 그 길에 대한 믿음은 확고할수록 좋다. 길을 가는 사람이 길에 대한 믿음이 없이 그 길을 갈 수 없을 것이기 때문이다. 긴가민가하며 길을 가는 사람은 결코 목적지에 이를 수 없다. 각각의 수행 전통은 각각의 길에 대한 믿음을 거의 강요에 가깝게 강조한다.

선불교의 수행 전통, 그 가운데서 특히 간화선 진영은 길에 대한 확신을 더욱 강조한다. 묻지도 따지지도 말고 오로지 화두만 들고 그 길을 가면 반드시 깨달음에 이른다고 가르친다. 숱한 선의 어록들은 이 길을 앞서 걸은 선각자들의 경험담으로 가득하다. 나는 지금 미얀마 쉐우민 센터에 와 있다. 가던 길을 바꾼 셈이다. 나는 어떻게 길을 바꾸게 됐을까?

산꼭대기는 하나뿐이지만 그곳에 오르는 길은 여럿일 수 있다는 비유는 안이하다. 수행의 길에 어떤 길을 선택하느냐는 수행자의 실존과 관련된 문제기 때문이다. 어떻게 나는 가던 길을 버리고 다른 길을 걷게 됐을까? 이 물음에 스스로 답하기 위해 오랜 방황의 이력을 차근차근 되짚어 보려 한다.

저 너머엔 무엇이 있길래

깨달으면 모든 것이 종결되는가

돈점 논쟁은 아직도 한국 불교에 살아 있는 논쟁거리다. 퇴옹 성철이 대표하는 돈오돈수와 석사자 구산이 대표하는 돈오점수의 양 진영은 아직도 대립하고 있다. 나는 오랫동안 심정적으로 돈오돈수에 동조했다. 크게 깨달으면 모든 게 그 자리에서 끝난다는 주장은 멋지고 낭만적이었다. 깨닫고 닦을 것이 남아 있다면 그것이 무슨 깨달음이겠느냐는 성철 스님의 가르침을 지지하고 또 지지했다.

논쟁의 각 진영에서 사용하는 '깨달음'의 개념이 서로 다르지만 궁극에 이르는 깨달음은 같은 것이라고 내 나름대로 해석했다. 이 방면 학계에서는 '해오解悟'와 '증오證悟'를 나누는데, 그 정도의 이해로 한동안 이 문제를 접어 두었다. 수행과 깨달음이 철저한 인과관계라는 이치는 염두에 두지 않았다.

오히려 때를 만나면 깨달음은 몰록 오는 것이라고 생각했다. 선가의 문헌들은 깨달음에 대한 기연을 숱하게 적고 있다. 이를테면 언하言下에 깨닫고 주먹으로 스승의 옆구리를 세 차례 쥐어박았다는 임제 의현 선사의 이야기라든지, 대밭에 자갈을 버리다가 돌이 대나무에 부딪치는 소리를 듣고 깨달았다는 현사 사비 선사의 일화 등은 적잖은 위안이 됐다.

염불보다는 잿밥이라더니, 수행 자체보다는 수행의 길 끝에 만나게 될 깨달음이 관심의 전부였다. 화두 수행하면서 화두 의단보다는 깨달음에 마음이 쏠려 있었다. 깨달음에 대한 열망으로 하루하루를 살았다. 깨닫지 못한 신세가 한탄스러웠고, 첫 수행의 체험이 못내 그리웠다. 그런 목마름을 견디며 끝없이 찾아 헤맸다.

'찾으면 멀어진다'는 경구를 선어록 이곳저곳에서 읽었지만 심정적으로 지지하지 않았다. 좌선 행위를 기왓장을 갈아서 거울을 만드는 행위라고 가르치면서도 좌선을 폐할 수 없는 선가의 아이러니 정도로 치부했다.

다시 방황

목마름은 채워지지 않았다. 출가를 고민하기도 했지만 출가의 인연과 복은 주어지지 않았다. 승가를 늘 그리워하며 살았다. 다시 방황이 시작됐다. 더 빠르게 깨달음으로 가는 길은 없을까 하며 색다른 수행법들을 기웃거렸다. 신선도로 알려진 도가의 수행법, 티베트 밀교의 호흡법, 단식 수행법 등 이른바 외도법을 기웃거렸다. 이런 과정에서 기이한 수행자들을 여럿 만나기도 했다.

대표적인 인연이 M 스님이었다. 스님은 티베트 밀교 호흡 수행의 달인으로 알려져 있었다. 체조와 호흡법이 정교했다. 수행의 진보를 위해 단식을 장려했다. 산중 암자에서 한 달여를 수행하고 보름을 단식했다. 그러나 내가 찾는 깨달음은 그곳에 없었다. 나중에 이런 수행이 사마타 수행의 일종이라는 사실을 알았다. 인연은 오래가지 않았지만 기억에 오래 남았다.

기이한 인연도 있었다. B 스님은 무척 편안하고 인자한 분이셨다. 속에 감추어 두는 것이 아무것도 없는 듯 스스럼없이 대해 주셨다. 스님은 전형적 수행자셨지만 특별한 능력을 가진 분이었다. 북한 지역에서 태어났는데 십대의 나이에 가족을 떠나 남한 지역에 머물다가 분단을 만나 실향민이 됐다.

스님은 열일곱에 출가하셨다는데 출가 동기가 특이했다. 도술을 배워 고향에 가고 싶었다고. 일찍부터 선방에 다니셨는데, 서른 나이쯤 기이한 경험을 한 뒤 특별한 능력을 갖게 됐다. 옹달샘에서 물을 마시려는데 물 뜬 바가지 안에 뱀이 우글거리는 환상을 보았다. 그때부터 죽어서 몸 없는 존재들이 눈에 보이기 시작했다. 이를테면 귀신이 눈에 보이게 됐다고 한다.

해당 분야에서는 이 능력을 '영통'이라고 부른다. 본인이 드러내지 않는데도 알게 모르게 소문이 나서 스님이 사시는 암자에는 '넋 나간 사람'을 고쳐 달라는 방문객이 적지 않았다. 스님의 설명에 따르면, 보통 사람이라도 조상령으로 추정되는 영들이 두셋은 따라다닌다고 한다. 심한 경우에는 수백의 영이 쫓아 다니는 사람도 있다는데, 이런 사람이 방에 들어오면 방 안이 영으로 가득 찬다고 한다. 이런 사람은 정신적으로 문제를 겪거나 세상일이 마음먹는 대로 안 된다고 한다. 스님은 우리가 사는 이 공간에는 사람 죽은 영뿐만 아니라 사람령보다 우월한 존재도 있고 동물령과 정체를 알 수 없는 존재들도 있다고 설명하셨다.

스님은 이런 능력을 하찮게 생각하셨고, 출가자의 본분은 수행이라고 늘 말씀하셨다. 돌아보건대 나는 스님의 특이한 체험과 경지에만 관심을 가졌을 뿐 스님의 이런 수행자 정신을 배우지는 못했다. 당뇨 같은 지병을 갖고 계셨는데, 몸을 갖고 있으면 병을 갖기 마련이라며 늘 의연하셨다. 약을 복용하기보다는 약초를 달여서 상복하시던 기억이 난다. 내 나이 사십대 중반까지 이따금 뵈었는데, 직장생활이 바빠지면서 인연이 끊겼다. 수년 뒤 열반하셨다는 소식을 전해 듣고 마음이 짠하고 죄송했다.

수행보다는 깨달음에 대한 열망과 신통이나 기이한 것들에 대한 호기심으로 보낸 세월이었다. 큰스님들을 친견하게 되면 가르침보다는 스님이 겪은 체험과 경계가 더 궁금했다. 스님뿐만 아니라 오래 수행해서 이른바 '한소식' 했다는 재가자들이 있다면 먼 곳까지 만나러 가기도 했다. 수행의 길을 가거나 기웃거리는 재가자들이 그토록 많다는 사실이 새삼 놀라웠다.

수행의 길을 가는 사람들은 어느 누구 할 것 없이 자신만의 수행론을 갖고 있다. 웬만큼 충격적인 일을 겪지 않고서는 수행자가 가진 신념 체계는 무너지지 않는다.

수선회와 도반들

방황은 계속됐지만, 간화선에 대한 신념은 굳건했다. 참선법에 대한 믿음은 거의 맹목적이었다. 화두에는 반드시 답이 있고, 화두 의심이 지속되면 언젠가는 화두가 깨진다는 간화선 수행자들의 믿음은 확고하다. '화두 타파'는 참선 수행자의 로망이다. 같은 신념을 바탕으로 모인 신행 단체가 수선회다.

수선회는 지금도 간화선 수행을 목적으로 재가 수행자들이 모여 가장 활발하게 활동하는 신행 단체다. 많은 재가 수행자들이 수선회를 통해 도움을 받았다. 수선회에서 참선법을 접하고 수행하다 출가한 스님들이 해마다 여럿이었다. 수선회가 개최하는 참선 법회에 참석할 수 있었고, 수선회가 제공하는 녹음 테이프를 통해 큰스님들의 법문을 들을 수 있었다.

매 주말 서울 근교 사찰을 찾아 철야 정진을 했고, 여름 휴가철과 연말에는 4박 5일 정도의 수련대회를 가졌다. 당시 회장이었던 분은 출가해서 승려 신분으로 아직도 수선회를 이끌고 있다. H 스님이 바로 당사자이신데 스님과의 인연은 40년이 넘는다.

수선회에서 만나 수십 년 교분을 쌓아 온 또 다른 도반 B 거사가 있다. 나이도 비슷하고 생각도 비슷했다. 참선 수행을 위해 다니던 회사를 그만두고 본격적으로 수행자의 길을 가는 그의 용기가 부러웠다. 당초 그는 해인사 원당암을 찾아 삼천 배를 하고 성철 큰스님께 화두를 받아 간화선 수행을 했다. 간화선에 대한 신념은 나보다 분명 한 수 위였다. 좌선 중 화두가 성성해야 함은 물론 꿈속에서도 화두가 들리는 몽중일여, 꿈 없는 잠 속에서도 화두가 들리는 오매일여가 되어야 한다는 성철 큰스님의 법문을 철썩

같이 믿었다.

B 거사의 변신은 그만큼 주변에 충격이었다. 2~3년 자취를 감추더니 어느 날 나타나 미얀마와 태국에서 출가해 위빠사나를 익혔다고 했다. 도반들 거의 모두 그가 최상승법 화두 참선을 헌신짝처럼 팽개치고 남방에 가서 소승법을 배워 왔다고 비난했다. 나 역시 비난까지는 하지 않았지만, 최상 승법을 감당하지 못하고 조금이라서 쉽게 가 보려고 편법을 부리는 것으로 여겼다.

그의 수행법 섭렵의 이력은 화려하다. 단전호흡법, 밀교호흡법, 단식법 등을 두루 거쳐 간화선에 정착했다고 생각했는데, 결국 그가 정착한 곳은 남방 불교의 수행법 위빠사나였다. 미얀마와 태국·라오스 등에서 출가해 본 격적으로 위빠사나 수행법을 익혔다. 한국에서 위빠사나가 생소하던 1980 년대 남방 불교의 수행법을 소개하는 책을 여러 권 집필해 수행자들에게 신 선한 충격을 던져 주기도 했다.

하지만 나는 그 수행법에 관심이 없었다. '화두 참선은 최상승선, 위빠사 나는 소승선'이라는 신념을 지키기 위해 짐짓 그의 말을 무시하는 경향도 있었던 것 같다. 그때 만난 이십대들이 칠십을 바라보는 노인이 되었다. 같 은 길을 갔지만 지금 서 있는 곳은 사뭇 다르다.

테라바다와의 만남

군부 독재 시절, 다니던 직장에서 해직되고 재취업도 어려웠다. 사람의 마음에 대한 학문적 이해에 열정이 있었다. 학부 전공 역사학을 철학으로 바꿔서 대학원에 진학했다. 이른바 '마음과 몸'의 문제를 연구 주제로 삼았 고 심리철학을 주제로 석사논문을 제출했다.

하지만 심신관계에 대한 철학적 탐구는 본래의 문제의식 대한 갈증을 더 할 뿐 문제 해결의 실마리가 되지 못했다. 수행과는 점점 멀어지는 것 같았다. 문제를 천착하면 할수록 유물론자가 되어 갔다. '나'는 우연적 존재이며, '나' 이전과 '나' 이후는 없다는 견해에서 좀처럼 벗어날 수 없었다. 불교에서 말하는 '단견'이 가장 합리적인 견해로 여겨졌다.

지금도 그렇지만 유물론은 당시 상식이자 세계적 사조였다. 이십대 수행자의 시절로 돌아가고 싶었다. 조사 어록을 읽으며 희열에 휩싸이던 그 시절이 그리웠다.

대학원 박사과정 세미나에서 테라바다를 만났다. 부다고사의 『비슈디마가(청정도론)』는 충격이었다. 청정도론의 영어 번역본(The Way of Purification)은 '소승불교 연구' 세미나의 교재였다. 이른바 '소승불교'에 대한 나의 선입견은 이 문헌을 통해 여지없이 무너졌다. 한문 경전과 조사 어록이 바탕이었던 내 수행의 이력이 얼마나 터무니없던 것인지, 반성이 뼈저렸다.

우물 안 개구리였다. 일본의 남전대장경과 영어 번역을 통해 팔리 경전도 처음 대할 수 있었다. 지금은 초기불전연구원의 각묵 스님과 대림 스님 두 분의 노고로 니까야들뿐만 아니라 『청정도론』과 『아비담맛타상가하』까지 국역되어 나와 있다. 독일에 유학해 초기 불교를 공부하고 팔리 원전 니까야의 국역 작업을 필생의 사명으로 삼고 있는 전재성 박사도 그 작업을 쉬지 않고 있다.

팔리 경전이 지금처럼 보편화된 것은 당연히 이분들 덕택이다. 많은 불교도와 수행자가 이분들에게 빚지고 있는 셈이다. 하지만 1980년대만 하더라도 초기 불교는 퍽 생소했다. 공부깨나 한다는 열성적인 불교도들은 거의 예외 없이 한문 경전이나 조사 어록을 공부했다.

참선 수행만이 깨달음으로 가는 길이라는 굳은 믿음을 흔들리게 만든 건 『청정도론』이었다. 붓다의 가르침을 알파에서 오메가까지 명쾌하고 체계적으로 기술한 놀라운 논서였다. 사람의 마음에 대한 카테고리 분석은 현대 심리학의 통찰을 넘어서는 듯했다. 특히 정품 사선정四禪定에 대한 기술은 경이로웠다. 이십대에 겪었던 선 체험을 명쾌하게 해명해 주었다. 오랜 체증이 시원하게 쓸려 내려갔다.

정혜쌍수定慧雙修 혹은 정혜겸수定慧兼修라는 선불교의 핵심적 용어를 나는 내 나름대로 해석하고 굳게 믿어 왔다. 선정과 지혜를 함께 닦는다는 말은 "선정이 원인이 되어 지혜가 나온다"는 가르침을 함축한다고 믿었다. 선종이 '선종'으로 불리는 것은 선정에 대한 강조 때문이며 선정만 닦으면 지혜를 자연히 얻을 수 있기에 선정과 지혜를 함께 닦는다고 가르쳤다는 견해를 갖고 도반들에게 늘 그렇게 역설했다. 선정을 닦지 않으면 지혜를 얻을 수 없다고 스스로 철석같이 믿었다.

테라바다를 만나고 『청정도론』을 탐독하며 내 오랜 편견과 선입견을 반성했다. 선정은 선정이고 지혜는 지혜였다. 대승불교의 공·중도·유식 등 주요 사상의 원형이 모두 그곳에 있었다.

화두 참구 수행은 여전히 막연했다. 큰스님들이나 앞서간 수행자들에게 듣는 법문은 구체성이 없었다. '열심히 하라'는 독려가 거의 전부였다. 막연하고 막막했다. 그렇다고 화두 참구를 팽개치고 테라바다의 수행으로 바꿀 수도 없었다. 내게 가르침을 줄 누구도 주변에 없었다. 막연하고 막막했을 그때 나는 스승 태연당 큰스님을 만났다.

136

나의 스승 태연당 큰스님

다비식

태연당 큰스님의 다비식이 열렸다. 평생 작은 암자에서 존재가 드러나지 않게 사셨던 삶이었는데, 열반 후 그를 보내는 자리에는 승속 구분 없이 사람들 수백 명이 모여들었다. 정적만 흐르던 골짜기가 느닷없이 북적였다. 평소 주석하시던 암자는 수십 명 신도만 모여도 꽉 차는 좁은 공간이어서 골짜기 초입 큰절에서 다비식이 열렸다.

불기 2553년(2009) 7월 9일 태연당 스님의 다비식에서 장의위원장 성웅 스님은 태연당 스님의 일생을 이렇게 요약했다.

태연당 세웅 선사는 '기한飢寒에 발도심發道心'이라며 늘 청빈과 무욕으로 사십 년 동안 한결같은 모습으로 살다 가셨습니다. 송곳은 아무리 감추어도 호주머니를 삐어져 나오기 마련이고, 사향은 주머니를 꽁꽁 묶어도 그 향기는 바람 따라 날아가기 마련입니다. 그래서 선사로 인하여 상주 땅 한모서리에서 한 평의 불지佛地를 만들었고 은둔한 갑장산은 알음알음으로 선지禪地를 찾는 발길이 드문드문 끊어지지 않았던 것입니다.

태연당 큰스님은 작은 산속 암자에서 40여 년을 사셨다. 삼십대까지 제방의 선방을 돌며 정진하셨고, 천축산 무문관 용맹정진도 1년 성만하셨다. 암자에 돌아와 수십 년을 하루같이 일하며 수행을 이어 가셨다. 스님은 일하며 하는 수행을 '동중공부動中工夫'라고 말씀하셨고 주위에서는 '노동선勞動

禪'으로 불렀다.

노동선은 큰스님의 트레이드 마크였다. 태연당 세웅 큰스님은 알게 모르게 수좌들 사이에서 입소문으로 퍼져 갔다. 공부 되는 수좌들은 자신의 공부 점검을 위해, 공부가 막히는 수좌들은 돌파구를 마련하기 위한 조언을 얻기 위해 이 작은 암자를 찾았다. 성웅 스님의 '한 평의 불지'는 이런 큰스님의 작은 거처를 표현한 것이다.

하루 종일 큰스님 손에는 호미가 들려 있었고 밀짚모자는 스님의 아이콘이었다. 직지사 조실 녹원 큰스님은 법어에서 이렇게 태연당 스님을 기렸다.

보원의 삿갓은 담장 위의 소뿔이요, 세웅의 밀짚모자는 산 너머 연기이니, 보는 이마다 심우心牛를 찾게 하고 스쳐 가는 사람마다 화불火佛을 알게 하도다. 수십 번 기운 걸망과 수백 번 누빈 운력복運力服은 선사의 청백가풍淸白家風이요, 동구부출洞口不出과 장좌불와長坐不臥는 만세토록 후학의 귀감이 될 것이니, 가섭존자의 두타법頭陀法과 백장百丈 선사의 보청행普請行이로다.

밀짚모자는 큰스님의 노동선의 상징이었다. 마치 남전 보원 선사의 삿갓이 심우心牛 즉 마음소를 찾는 수행자들을 인도하는 소뿔이었던 것처럼. 남전 보원 선사는 선가의 슈퍼스타 조주 종심 선사의 스승이었다. 태연당 큰스님의 노동선은 수좌들에게 불꽃 속 부처의 존재를 알리는 산 너머 연기 같은 존재였다.

스님은 좀처럼 외출하지 않으시고 하루 종일 일만 하셨다. 밭일은 기본이고 암자의 시설들을 늘 새것처럼 유지하셨다. 암자 모든 곳이 잘 쓸린 마당처럼 정결했고 문고리 하나까지 반짝거렸다. 연구하고 만드시고 잘 운영하셨다. 지금은 암자에 전기가 들어왔지만, 전기 없던 시절 태양열 발전 패

138

널을 몸소 연구하고 만드셔서 조명에 사용하셨다. 나무 한 그루, 꽃 한 송이, 밭작물 한 포기 한 포기까지 온갖 정성을 쏟아 기르셨다.

쉴 새 없이 일하시다 밤에는 독거하는 별채에서 눕지 않으시고 좌선하셨다. '동구불출'과 '장좌불와'는 스님의 삶을 녹원 스님이 잘 요약한 표현이다. 초라한 작은 암자에 수십 년을 정결하게 살면서 쉬지 않고 정진한 삶을 가섭존자의 두타행에, 밤에 눕지 않고 수행하면서도 낮에 운력을 멈추지 않은 치열함은 '일일부작一日不作이면 일일불식一日不食' 하던 백장 선사의 삶에 견주었다. 태연당 스님의 삶을 돌이켜 보건대, 녹원 스님의 법어는 결코 공치사가 아니었다. 녹원 스님은 법어를 이렇게 선시로 마감했다.

오늘 마침내 육신을 떠나니　　　今日終離身
불속에서 연꽃이 핀 것이로다　　火裏開蓮花
이는 어떤 소식을 묻는 것인가　　如問何消息
돌사람이 달그림자를 읽는구나　　石人讀月影

스님을 보내 드리는 법요식에 이어 다비장까지 만장의 행렬이 이어졌다. 부슬부슬 가는 비가 내렸다. 만장 수백 장이 행사장을 빙 둘러쌌다. 미리 쌓은 장작더미에 꽃장식한 관이 놓였다. 목탁에 맞춘 염불이 끊이지 않고 이어졌다. 장작더미에 불을 붙였고 스님의 육신이 불꽃을 타고 지수화풍으로 돌아갔다.

이따금 불길이 잦아들면 다비를 주관하는 젊은 스님 두 분이 상의 끝에 불길에 석유를 부었다. 불길이 커졌고 주위가 환해졌다. 스님의 육신을 태우는 다비는 수 시간이 걸렸다. 행사장 의자에 앉아 스님과의 20여 년 인연을 돌아보았다.

숨은 도인

어느 날 도반 B 거사가 경북 상주 산중 암자에 수십 년 수행하는 숨은 도인이 계시다며 그곳에 함께 가 보지 않겠느냐고 했다. 작지 않은 산 아래 작지 않은 절이 있었고 찻길은 그곳에서 끊겼다. 스님이 주석하는 암자는 산길을 족히 한 시간은 걸어 올라가야 했다. 산 정상이 암자 바로 뒤로 펼쳐져 있었다. 토굴 규모의 작은 암자였다. 법당과 요사채가 함께 있는 단순한 구조의 건물 한 동이 전부였다.

큰스님의 첫인상은 마음씨 좋은 농부 같았는데 형형한 눈빛이 아직도 이미지로 떠오른다. 처음 뵙는 그날도 큰스님께서는 밀짚모자를 쓰고 손에 호미를 들고 계셨다. 낡은 작업복을 입고 고무신을 신고 계셨다. (겨울에는 작업복 위에 허름한 파카를 걸치신다.)

"모처럼 산중 암자에 왔으니 편안히 쉬라"고 말씀하시고 일을 계속하셨다. 이후에도 암자에 가면 늘 일을 하고 계셨는데 매번 스님은 "편안히 쉬라"고 말씀하셨다. 나중에 안 사실이지만 스님은 겉으로는 일을 하시지만 사실은 수행을 하고 계셨다. 일하는 동작 하나하나가 주시의 대상이었고, 마음에서 일어나는 생각 하나하나가 반조의 순간이었다. 일 자체가 수행이셨다.

저녁 공양을 마치고 정식으로 인사드리는 자리가 마련됐다. 삼배를 드렸는데, 맞절을 하셨다. 초면이라서 그랬는지 시종일관 존칭과 존댓말을 쓰셨다. (편하게 말씀하시고 하대하시기까지 상당한 시일이 걸렸다.) 겸손이 가식이 아니라 몸에 배어 있는 분이셨다.

법문을 청했는데 무슨 법문이냐며, 법에 대해 할 말씀이 없다고 하시며 사양하셨다. 그러시면서 어떻게 수행하고 있는지를 자세하게 물으셨다. 시종 묻고 들으시기만 하시던 첫 만남을 기억한다.

큰스님께서는 늘 그곳에 계셨다. 다른 곳을 방문하시거나 여행하시는 일은 거의 한 번도 없었던 것 같다. 부득이하게 외출하시는 일이 있어도 어둡기 전에 돌아오셨다. 찾아뵐 때마다 해 저문 밤이면 법석의 자리가 벌어졌다. 우리가 묻고 큰스님께서 답하셨다. 얼토당토 않는 질문이 많았던 것 같아 지금 생각해도 얼굴이 화끈거린다. 어떤 질문을 해도 답은 간명직재 했다. 너무도 쉽고 간단하게 핵심을 찔러 설명하셨다.

자주 뵙게 되면서 권위의식이라곤 전혀 없는 분이라는 것을 알게 됐다. 암자 작은 마당에서 배드민턴을 자주 치셨다. 공양주 보살님, 치성 드리러 온 동네 보살님, 큰스님을 뵈러 온 거사들이 스님께 붙들려 배드민턴 파트너가 됐다. 스코어를 하나하나 세밀히 따지시며 즐거워하셨다.

연세가 꽤 드셨는데도 몸놀림은 젊은이 같았다. 출가하시기 전 학창 시절에는 여러 가지 운동을 하셨다고 한다. 유도를 오래하셨고 스피드 스케이팅 선수를 지내셨다고 한다. 이따금 대구에 다녀오시는 일이 있는데, 스케이팅 링크에 가서 한바탕 스케이트를 타고 오셨다.

일상생활에서도 출가자와 재가자를 구분하지 않으셨다. 나를 비롯한 도반들에게 아버지처럼 대해 주셨다. 마주치면 밥 먹었느냐고 물으시고 잠자리는 편안했느냐고 확인하셨다. 큰스님의 세수가, 일흔을 넘기시자마자 돌아가신 나의 아버지와 같아서였는지 내게는 꼭 아버지처럼 느껴졌다.

공양주 자리가 비어 있을 때면 순수 밥을 지으시고 반찬을 만드셨다. 어느 날 무청으로 튀김을 만드셨는데 채소의 식감이 살아 있는 바삭함의 느낌이 아직도 잊히지 않는다.

하지만 법담 자리에서만은 눈빛을 빛내시며 열정을 쏟아 가르쳐 주셨다. 법석은 매번 자정을 훌쩍 넘겼다. 새벽 예불 시간까지 이어질 때도 있었다. 누구도 지겨워하지 않았다. 큰스님께서는 존재 그 자체로 권위였다. 권위의식 없는 권위를 갖고 계셨다.

화두가 곧 마음이다

큰스님께서 공부의 힘을 얻으신 것은 화두 공부였다고 분명히 말씀하셨다. 제방의 선방을 돌며 공부하시던 시절, 방석 여러 개가 닳고 헤지도록 애를 쓰셨다고 한다. 힘을 얻으신 다음에는 화두 공부를 넘어서는 공부를 하셨다. 그렇다고 간화선 공부를 절대 배격하지 않으셨다. 수행을 처음 배우는 사람들에게는 화두를 주시고 화두 드는 방법을 가르치셨다. 다음은 도반 D 거사가 기록한 큰스님의 화두 드는 법이다.

"화두는 들어서 될 일이 아니라 놓쳐서는 안 되는 것입니다. 여기 찻잔이 있습니다. 이걸 들고 있다가 놓으면 방바닥에 떨어집니다. 보십시오. 탁 하고 떨어지죠? 이것이 화두입니다. 화두가 떨어지게 놓치면 안 됩니다. 생사를 걸고 놓치지 말아야 합니다. 같은 말로 화두를 지켜라, 라는 말도 있습니다. 화두를 잃어버리지 않게 도둑놈으로부터 꼭 지키고 있어야 합니다. 간화선이란 말의 간看이라는 말은 '지킨다'라는 말입니다. 화두를 잃어버리면 안 됩니다. 파도가 마구 치는 시퍼런 물 위에서 배를 놓치면 빠져 죽습니다. 그걸 화두선話頭船이라고 배에 비유했습니다. 화두를 놓치지 말라. 화두를 지켜라. 이 두 가지를 참선할 때 해야 합니다."

화두 공부가 최상승법이니 가장 좋은 공부 아니냐고 여쭈자, 큰스님께서는 화두는 왜 드느냐고 되물으시고 다음과 같이 가르치셨다.

"화두는 하나만 들어야 하지요? 화두에 집중해서 삼매를 얻으려면 화두에서 벗어나지 않아야 합니다. 어렵지요. 한 시간 벗어나지 않으면 공부가 깊다고 할 수 있습니다. 삼매는 벗어나지 않고 잡을 줄 안다는 뜻입니다. 마음을 잡고 있다가 딴 생각이 나서 놓치면 바로 알아차려야 합니다.

화두가 곧 마음이고 마음이 곧 화두인 줄 알아야 합니다. 화두를 들고 있다는 말은 자기 마음을 들고 있다, 마음을 놓치지 않고 붙들고 있다는 말입니다. 오래 공부해야 화두가 마음인 줄 압니다. 화두공부는 마음 하나 놓치지 않기 위해서 공부하는 것입니다. 놓치고 있는지 들고 있는지 알아야 공부할 줄 안다고 할 수 있습니다."

간화선이랍시고 화두를 들고 제 나름대로 한다고 하면서, 막혀도 물을 데 없고 물어도 열심히 하라는 답밖에 못 듣던 내게 큰스님과의 만남은 그 자체로 충격이고 감격이고 고마움이었다. 찾아뵐 때마다 의문 나는 것을 물으면 친절하고 세세하게 답해 주셨다. 법석은 수 시간씩 이어지면서 밤이 깊어 갔다.

나와 도반들은 다리가 저리고 허리가 뒤틀리기도 했지만, 큰스님께서는 피곤한 기색이 없으셨고 오히려 시간이 갈수록 열정적이 되어 가셨다. 법에 대해 묻고 답하는 자리를 그렇게 좋아하실 수 없으셨고, 어리석은 물음이라도 물음 자체를 기꺼워 하셨다.

일상에서 이어지는 공부를 하라

처음 공부는 애를 써서 해야 하지만 용을 쓴다고 공부가 되는 건 아니라고 하셨다. 세속에 살면서 직장에 다녀 가족을 부양하는 삶을 살면서 화두 공부는 무리라고 하시면서 일상생활에서 화두 의단이 얼마나 이어지는지를 물으셨다. 당시 수행에 대한 나의 고민거리가 바로 그것이었다.

용을 써도 화두 의단이 상당 시간 이어지는 일은 드물었다. 좌선 방석에 앉으면 의단이 있다가 일상으로 돌아가면 화두가 멀리 도망가 버렸다. 큰스님께 받은 처방은 "용을 쓰지 말고 쉽고 즐겁게 공부하라. 일상에서도 이어지는 공부를 하라"였다.

큰스님께서는 이렇게 가르쳐 주셨다.

"화두를 들고 공부하면 분명히 끝은 있다. 화두 공부는 반드시 끝이 있는 공부다. 그렇지만 공부의 끝을 보려면 그에 걸맞은 환경이 만들어져야 한다. 깊은 숲속 인적이 끊기고 어느 누구의 방해도 없는 곳에 가서 일념으로 공부해야 한다. 그러하니 일상에서 살려면 그에 맞는 공부를 하라. 이 공부는 쉽고 단순하다. 그렇다고 화두 공부보다 못한 공부가 아니다."

이와 관련해 도반 D 거사는 다음과 같이 회고했다.

"큰스님께서 뱀 모양의 그림을 그려 놓으시고 머리는 화두話頭, 꼬리는 화미話尾라고 하셨습니다. 한 생각을 일으키면 화미를 이룬다고 하셨고, 화미로서는 태평양 한복판에서 노도 없이 손으로 저어서 육지에 도달하는 것과 같다고 하셨습니다. '한 방향으로만 가면 언젠가는 육지에 도달하겠지' 하시면서 '한 오십 년은 해야 되지 않겠나'라고 말씀하셨습니다. 간화선을 한다고 하면서 화미에 대해서 용심하는 것을 큰스님께서는 비판을 많이 하셨습니다."

일상에서도 시간을 정해 놓고 좌선을 해야 한다고 하셨다. 특히 잠들기 전 좌선은 습관이 돼야 한다고 강조하신다. 그보다 중요한 것은 '동중공부'이다. 길을 걸을 때 걷는 놈을 봐야 한다. 걷는 놈은 마음이라고 할 수도 있고 주체라고 할 수도 있다. 못을 박을 때는 못을 박는 놈을 찾아야 한다. 그 움직이는 놈을 찾아야 한다. 단순한 동작을 할 때 누구인지 찾는 공부가 쉽다. 반복해서 찾아야 한다. 반복해서 찾지 않으면 찾기 힘들다. '동중공부'는 대략 이렇게 요약될 수 있는데, 태연당 큰스님의 수행법 첫 단계라고 할 수 있다.

어느 날 스님께 "운전할 때 운전하는 놈이 잘 보인다"고 말씀드렸더니, "사고 난다! 운전만 하라!"고 말씀하셨다. 공부할 줄 모름을 지적하신 것이 었는데, 당시 나는 그것을 몰랐다. 큰스님께서 왜 늘 일만 하시는지 왜 일이 수행이 되는지 이해할 수 있기까지에는 상당한 시간이 흘렀다. 큰스님께서 이렇게 말씀하신 적도 있다.

"단순하게 움직일 때, 한 가지 동작을 반복할 때, 이놈이 누구인지 아는 공부가 쉽습니다. 예를 들면 부처 앞에서 절을 할 때 일어섰다, 구부렸다,

숙였다, 폈다, 일어서는 동작을 반복할 때 동작을 하는 이놈이 누구인지 순간순간 반복해서 찾아야 합니다. 그렇게 어묵동정 한 가지 한 가지에 공부가 걸려야 합니다."

화두를 넘어서는 공부

태연당 세웅 큰스님의 수행에 대한 가르침은 단순하고 일관성이 있다. 하지만 그 가르침을 이해하기까지 걸린 시간은 짧지 않다. 나의 지은 업이 무겁고 삶에 배인 습이 칙칙하기 때문이다. 얼마나 그 가르침을 정확히 이해했는지를 묻는다면 자신 있게 답할 수 없다. 그렇지만 큰스님의 가르침을 통해 나는 생각을 바꿨고, 편안해질 수 있었고, 심기일전해 수행의 길을 갈 수 있었다.

"화두는 생각이고, 생각이 마음입니다. 그러하니 화두는 마음입니다. 생각이 마음인 줄 아는 경지는 함부로 이야기할 수 없습니다. '이뭣고' 화두를 예로 들어 봅시다. '이뭣고'는 사실은 생각에 불과합니다. 하루 종일 사는 것이 생각인 줄 알아야 합니다. 생각을 알면 이뭣고를 압니다. 생각이 이뭣고로 있는 것입니다. 생각이 있고 이뭣고가 있는 것입니다. 생각을 알아야 합니다.

화두를 들었다가 놓칠 때, 놓친 줄 아는 놈은 누구인가요? 이걸 알면 공부된 경지입니다. 결국 공부는 생각을 잡을 줄 아는가 혹은 생각을 끊을 줄 아는가의 문제가 됩니다. 생각을 알면 화두 없어도 생각을 들었다 놓았다 합니다. 화두 없어도 공부됩니다."

늘 강조하시던 가르침이다. 결론은 화두를 넘어서는 공부다. 스님께서는 교학을 체계적으로 공부하신 분이 아니다. 수행 체험을 표현하는 과정에서 제기되는 개념상의 혼란이 있을 수 있다고 생각한다. 스님께서 사용하시는 개념들은 체계적 교학에서처럼 엄밀하지 않다. 따라서 개념이 전체 맥락에서 어떻게 사용되는지를 살펴야 한다. 나는 큰스님의 '생각'의 개념을 교학에서 말하는 '마음의 일어남과 사라짐'으로 환치할 수 있다고 본다. 화두를 넘어서는 공부는 결국 마음이 대상이 되는 공부가 된다.

반조의 공부

"일체유심조라고 하니 삼라만상이 모두 마음 아니겠습니까?" 큰스님께 이렇게 여쭈었던 적이 있다. 건방진 질문이었다. 알아서 한 질문이 아니라 책에서 보고 남에게 듣고 하는 질문이었다. 큰스님께서는 "삼라만상이 마음인 것은 맞지만 자신의 몸부터 알도록 하라!!!"고 단호하게 대답하시고 다음과 같이 부연하셨다.

"참선이란? 형상을 지배하는 자기 주인공 무형체를 참구하는 공부다. 여기서 형상이란, 삼라만상이 아니고 자기 몸을 말한다. 몸을 움직이는 것은 마음의 힘이다. 마음은 볼 수 없다. 그 마음을 알아야 한다. 그러기 위해서는 나한테서 움직이지 않아야 한다. 하지만 눈만 뜨면 하루 종일 생각이 흘러간다. 공부가 어렵다. 생각을 공부하라. 일거수일투족에 생각이 움직이는 것을 알아차려라. 바깥에서 하던 공부를 안에서 하는 것이다."

생각할 때는 생각 따로, 생각하는 놈 따로, 둘이 된다고 큰스님은 말씀하신다. 그리고 생각을 조견照見하라고 가르치신다. 조견이란 앞생각이 일어날 때 뒷생각이 알아차리는 일이다. 그것이 생각이 생각을 보는 공부, 마음이 마음을 보는 반조의 공부다.

"밥을 먹을 때 다음에 무슨 맛있는 반찬을 집어먹을까 생각만 하지 빨리 알아차리지 못하고 있습니다. 빨리 알아차려야 합니다. 이것이 중요합니다. (마음이) 사물에 반응할 때 생각이 일어납니다. 생각이 일어남을 알아차리면 생각이 생각을 알게 됩니다."

반조의 공부와 관련해 큰스님께서 구호처럼 강조하시던 경구가 있다. 엄밀하지는 않지만 간명하고 직관적이다.

"앞생각이 일어날 때 뒷생각이 앞생각을 따라가면 뒷생각도 앞생각이요, 앞생각이 일어날 때 뒷생각이 앞생각을 아니 따라가면 뒷생각이 여래니라."

한 생각이 일어나면 그 생각을 바탕으로 다른 생각이 일어나 생각을 이어 간다. 사람들은 보통 그렇게 종일을 산다. 수행은 그 생각들의 고리를 끊는 일이다. 큰스님의 가르침을 나는 그렇게 이해한다. 도반 D 거사의 해석도 같은 취지인 듯하다.

"이 뒷생각(마음을 보는 마음)을 큰스님께서는 번뇌 쪽이 아니라 자성 쪽이라고 하셨습니다. 자성은 마음을 보는 마음의 마음이라고 하셨습니다. (큰스님께서는 혈맥론의 '심심심心心心 난가심難可尋'을 '마음을 보는 마음의 마음은 가히 찾기 어렵다라고 해석하셨습니다.) 생각을 살펴본다는 것은 바로 마음을 보는 마음을 의미합니다."

큰스님의 가르침 중 인상적이고 수행에 참고가 될 만한 말씀 몇 개 골라 싣는다. 반조하는 공부가 익으면 어떻게 되는지 시사하는 구절들이다.

"앞생각이 일어나 뒷생각으로 이어지기 전에, 뒷생각이 앞생각을 알아차리면 생각 없는 경지까지 나아갑니다. 생각이 안 끌려 나가게 못을 박아야 합니다."

"생각 없이 아는 놈이 내 마음이다. 내가 한 생각인데 왜 앞생각에 얽매이느냐. 즉 겉모양에 얽매이느냐. 생각은 자기가 하면서, 보기는 자기가 보면서, 나타나고 드러난 겉모양만 보느냐. 현실만 보느냐. 재빨리 보는 저를 보아라. 재빨리 진실을 보아라."

"너도 허망하고 나도 허망해서 벼랑으로 가는구나. 이 중에 허망한 줄 아는 놈이 오직 허망치 않은 놈이로구나."

"앞생각이 일어날 때 따라가지 않는 것은 물론이거니와 뒷생각은 항상 불을 켜 놓듯 성성해야 된다. 이 공부는 뒷생각을 항상 키워야 하고 더 길러야 한다. 뒷생각은 내 생명과 같이 끊어지면 안 된다.”

“뒷생각이 잡혔다 안 잡히면, 앞생각에 얽매이거나 나도 모르게 앞생각에 딸려 간 것이다. 쉬고 쉬면 금방 뒷생각이 쉽게 잡힌다. 이렇게 공부가 눈에 보이면 공부에 재미가 생긴다. 반복하면 점점 뒷생각이 잡히는 시간이 길어지고 앞생각에 끌려가는 시간은 짧아진다. 그렇게 공부할 줄 알게 된다.”

“앞생각을 확실히 여의면 하루 종일 뒷생각으로 산다. 이때에 뒷생각은 생각 아닌 생각으로 변한다. 얽매이지 않고 집착하지 않고 탐욕을 떠나게 된다. 공부가 정상적으로 되어 가는 과정들이다.”

“여러 불자님, 날아가는 새를 볼 때 새가 먼저입니까? 새를 보는 내가 먼저입니까? 이 대답은 삼척동자도 아는 대답 아닙니까?”

마지막으로 스님의 게송 한 편 옮긴다.

사대 흩어져 흔적 없으니 한바탕 꿈이러니	四大各離如夢中
몸도 마음도 본래 공이로다	六塵心識本來空
부처와 조사가 깨달은 바를 알고 싶은가	欲識佛祖廻光處
서산에 해 지니 동산에서 달이 뜨는구나	日落西山月出東

태연당의 생각 보는 공부와 쉐우민 심념처

큰스님께서 열반하신 뒤 마음 붙일 곳이 없어졌다. 기댈 곳도 물을 곳도 없었다. 한동안 수행을 놓고 살았다. 바로 그럴 때 쉐우민 심념처와 인연이 닿았다.

제주에서 근무하던 시절 공부 모임을 함께하던 후배에게서 연락이 왔다. 미얀마 여행 중 수행처를 방문했는데 그곳에서 한국 스님 한 분을 만났다고 했다. 제주에 오셔서 수행을 도와주기로 했다고 한다. 약속대로 스님은 제주에 오셨고, 후배는 귤 밭에 작은 거처와 선방을 지었다. 멀리 범섬과 섶섬이 내려다보이는 곳이었다. 휴양 겸 수행하러 오라는 후배의 말에 겨울 방학 한 철을 그곳에서 보냈다.

그곳에 기거하시던 J 스님은 수행을 위해 해외에 체류 중이고, 대신 비구니 S 스님이 기거하고 계셨다. 스님께 쉐우민 법문집 여러 종을 얻어 탐독했다. 틈 날 때마다 스님과 독대해서 의문 나는 것을 물었다. 쉐우민 심념처는 위빠사나 수행법과는 사뭇 달랐다. 사념처 중 마음을 수행대상으로 한다는 기본 원리뿐만 아니라 세부적인 수행법도 독특했다. 집중하지 말고 여러 대상을 한꺼번에 알아차리라는 가르침은 위빠사나 수행처 다른 곳과 차별화되는 키포인트였다.

그런데 더 놀라운 것은 쉐우민 심념처가 태연당 큰스님의 생각을 보는 공부와 원리상 너무 흡사하다는 점이었다. 이런 점들이 나로 하여금 쉐우민 위빠사나 수행에 열의를 갖고 정진하도록 이끌었다고 생각한다.

한국에서 쉐우민 심념처 수행을 하는 스님과 수행자는 생각보다 그 수가 많다. 코로나19가 창궐하기 이전까지 해마다 떼자니아 사야도의 방한이 이뤄져 수행 지도 자리가 마련됐는데 열흘이라는 긴 기간에도 불구하고 매번 백 명이 넘게 참가한 사실이 이를 입증한다. 쉐우민 심념처 수행은 도움 받을 곳이 많다. 오랜 기간 수행한 스님과 수행자들이 많아 물을 곳도 많고 법문집도 여러 권 나와 있어서 수행 중 의문이 생겨도 성의만 있으면 얼마든지 해결할 수 있다.

나는 여섯 차례 쉐우민 센터에 다녀와 이런저런 인연이 생겼는데, 그 가운데 사사나 스님에 의지해 수행한다. 사사나 스님은 쉐우민 센터에 바로 출가한 스님 가운데 가장 법랍이 높은 분이다. 스님의 인터뷰 법문은 핵심을 찔러 가려운 곳을 긁고 아픈 곳을 감싸 주는 것으로 정평이 있다.

한 달 한 차례 만나는 법회가 있는데 되도록 빠지지 않고 참석하려고 노력한다. 마음을 보는 공부는 그렇게 태연당 큰스님과의 만남에서 시작했는데, 지금은 쉐우민의 길을 가고 있다. 길은 어디서 언제 끝날까? 이 물음은 접어두고 묵묵히 길을 가자고 스스로를 독려하고 있다.

게으르지 말고 꾸준히 길을 가라

한국의 겨울, 또다시 쉐우민

또다시 찾은 쉐우민 센터. 새벽 3시 15분에는 잠을 깨우는 종이 여전히 울리고, 한 시간 좌선 한 시간 경행의 수행 시스템이 종일 돌아갔다. 1년 365일 쉼 없이 돌아가는 반복의 시스템 속에 시간은 그렇게 쌓이고 전통은 만들어진다. 그렇게 붓다의 가르침, 불교는 2,500년 동안 이어진다. 그 전통 속에 사람과 사람의 이야기가 디테일로 존재한다.

반가운 얼굴들은 여전하다. 한국 사람들은 올해도 수행자들 가운데 메이저 그룹을 이룬다. 돌콩 쏵샘, 떡대 거사, 지리산 빵아재, 만년 대학생 생생 정보통, 진달래 보살 등은 몇 년째 쉐우민에서 보는 얼굴들이다.

마침 사사나 스님이 쉐우민에서 수행 중이라서 수차례 담마토크를 통해 많은 도움을 받았다. 오따마시리 스님, 악까사또 스님 등 안면이 있는 한국 스님들도 여럿이어서 법담을 나눌 기회가 많았다. 사사나 스님이 경주 마하보디 선원장으로 주석하실 때 시봉하던 혜주 보살도 쉐우민에서 수행 중이었다.

혜주 보살은 틈만 나면 주스를 갈고, 커피를 내려 드리는 등 스님들을 시봉했다. 수행하러 온 게 아니라 공덕을 지으러 왔다고 농담 겸 핀잔을 주위에서 들을 정도로. 마치 고향집에 온 것처럼 분위기가 낯설지 않아서, 긴장도 없고 쉽사리 매너리즘에 빠져들 정도였다.

다국적 수행자들의 면면도 낯설지 않았다. 후쿠시마의 실향민 히로 씨가 무척 반가워한다. 그와 나는 거의 매일 식사 줄에서 서툰 영어와 일본어·한국어를 섞어서 잡담을 한다. 지난해 같은 날 쉐우민에서 나와 나는 귀국했고 그는 깔로의 마하시 센터로 떠났는데, 올해도 그와 나는 같은 날 한국과 깔로로 떠났다. 참 이상한 우연이었다. 지난해 마하시로 떠난 그는 그곳에서 아홉 달을 보내고 한 달쯤 전 다시 쉐우민에 왔단다. 수년째 집에 가지 않은 그에게 집에는 언제 갈거냐고 물으니, 올해 안에는 꼭 가겠다고 말한다.

말레이시아 고참 수행자 카투니스트 턱룬 씨와 그의 도반 성빈 씨의 얼굴도 보인다. 그들은 올해도 복도와 화장실 청소를 전담한다. 빨간 코카콜라 의자에 앉아 수행하는 턱룬 씨의 모습은 국보 제78호 '금동미륵보살반가사유상'을 연상시킨다. 해가 진 뒤 그가 앉아 있는 실루엣은 특히 그렇다.

잉글리시 스킨헤드 역시 쉐우민에 있다. 고참 수행자인 그는 인근 담마위밧짜에 머문다. 담마 위밧짜는 떼자니아 사야도가 세운 개인 절로 쉐우민 종단과는 무관하지만 미얀마에 오래 머무는 외국인 수행자들을 위해 운영된다. (이듬해 그는 출가해 테라바다 승복을 입었다.)

지난해에는 오따마시리 스님과 악까사또 스님도 그곳에 머물렀다. 한국 수행자들은 번갈아 가며 담마 위밧짜에서 대중공양을 한다. 대중공양을 하는 날이면 한국 수행자 모두가 그곳에 가서 아침과 점심을 먹는다. 대중이 적고 청현 스님이 세심하게 운영하는 탓인지 식사의 품질이 쉐우민보다 훨씬 높다. 그곳에 가면 김치와 잡채 등 한국 음식을 먹을 수 있어서 수행자들이 행복해 한다.

지난해 만났던 일본계 미국인 수행자 에디도 담마 위밧짜에 머문다. 대중공양을 갔다가 그곳에서 그를 만났다. 내가 반갑게 인사했는데, 그는 나를 알아보지 못한 듯했다. 그는 무척 소심한 사람이다. 다음 대중공양 때 그가 내게 다가와 인사했다. 그러면서 나를 알아보지 못한 이유를 장황하게 설명했다. 유창한 영어는 내게는 쥐약이다. 이따금 들리는 단어의 조합으로 문장을 유추해 내는 난이도 높은 이해 과정을 겪어야 하기 때문이다. (그래서 나는 떠듬거리는 영어가 편하고 좋다.)

나를 알아보지 못한 자신이 무척 미안하며, 내가 짓는 슬픈 표정에 가슴 아팠다는 게 그가 한 말의 요지였다. 그의 말보다 표정에서 내게 대한 미안함이 뭉툭뭉툭 묻어났다. '허~ 참, 슬프기까진 않았는데….' 아무튼 그래서 나는 그에게 아마도 내가 안 길렀던 수염을 길렀기 때문에 못 알아볼 수밖에 없었을 것이라며 '네버 마인'이라고 말해 줬고, 내 말에 퍽 위안을 받은 듯했다. 지난해 그는 중국계 미국인 부인과 함께 쉐우민에서 수행했다. 부인의 안부를 물으니 먼저 집에 돌아갔다고 말한다.

마리아 보살

이렇듯 수행처라고 해서 빡빡한 계율과 좌선·경행의 단순한 일상만 있는 건 아니겠다. 가벼운 일탈과 예기치 못한 이벤트와 사람에 대한 관심 역시 존재한다. 올해 쉐우민 일행은 남성 둘, 여성 셋 모두 다섯으로 크게 늘었다. 남녀 둘은 동료 교수이자 도반, 두 여성은 여교수의 지인들로 나와는 초면이었다.

동료 여교수의 가까운 친척이었던 한 분은 존재가 잘 드러나지 않는 조용한 분이었는데, 다른 한 분은 나이든 소녀 같은 분이었다. 명상은 처음이라며 첨엔 무척 긴장하는 듯했지만 도착 후 적응력은 가히 놀라웠다. 특유의 친화력과 명랑함으로 주위 사람들의 시선을 받았다.

수행처 중 가장 자유롭다는 쉐우민도 수행처다운 묵직함이 있게 마련이다. 가라앉는 수행처의 분위기는 그녀가 가는 곳마다 깨졌다. 경행 중 마주치는 수행자들과 거침없이 인사를 나누고, 금방 사귄 사람들과 웃고 대화하는 풍경이 조금은 낯설었다. 사사나 스님 담마토크 시간에는 쉐우민에 와서 생긴 에피소드 하나를 실감 있게 얘기해 좌중을 한참 동안 웃음 도가니에 빠뜨렸다.

식당에서 모두 발을 벗고 다니는데 유독 슬리퍼를 신고 다니는 서양 여성 수행자에게 신발을 벗으라고 얘기했다가 거부당한 상황을 재현하면서 그 서양 여성의 흉내를 내는 장면은 연극배우의 능숙한 연기를 보는 것 같았다. 영화 〈사운드 오브 뮤직〉의 '마리아'를 연상하고 나는 그녀에게 '마리아 보살'이라는 닉네임을 지어 줬다.

마리아 보살의 룸메는 고다꾜 영어 샘이었는데 그녀가 두 단어의 음소를 합성해 내는 타고난 재주가 있어서 늘 웃음을 몰고 다닌다며 재밌어 했다. 좋은 글 소재가 될 것 같아 영어 샘에게 사례 메모를 부탁했더니 다음 날 꼼꼼하고 깔끔하게 정리해 주었다.

'우리 언제 쉐우곤 파고다에 가 보자'(쉐우민 센터와 쉐다곤 파고다의 합성)

'사사도 스님께 물어봐야지'(사야도와 사사나 스님 혼동)

'모하가 일어났어'(팔리어를 사용해 보려다 도사와 모하를 혼동. 모하는 '모함'과 연결해서 외웠다고)

갑자기 '부곡 하와이'가 생각난다고 해서 이유를 물으니, 귀국할 때 '부곡 마켓' 갈 예정이라고 대답. 며칠 뒤에는 '부족 마켓' 맞지? 하고 다시 물음. (보족→부족→부곡? 보족 마켓은 양곤 제일의 시장임)

위빠사나를 자꾸 '위사빠나'라고 하길래 지적해 줬더니 며칠 후 '위빠사나'로 정확히 기억. 장난삼아 '위사빠나'라고 했더니 "아, 위사빠나지! 또 헷갈렸네"라고 해서 주변 모두 한바탕 웃음.

식사 마친 후 '사두 사두 사두'를 '사부 사부 사부'라고 하는 바람에 주변이 뒤집어짐.

'떼자니아는 알겠는데 사야도는 누구야?'라고 룸메에게 물음.

대화중 '낄마레'란 말을 자꾸 해서 무슨 말인가 했는데, 낄레사(번뇌)를 뜻함. 며칠 후엔 '낄레마'라고 조금씩 발전하는 모습.

떠나기 전날 헤어짐을 섭섭해 하며 룸메에게 '마음은 쉐우곤에 두고 갈게'라고 말함. 쉐우민과 쉐다곤을 끝까지 헷갈려 했지만 룸메는 그 따뜻한 마음만은 이해한다고.

돌콩 솩샘

그는 나보다 훨씬 젊은 수행자다. 사십대 나이는 수행자로서는 한창 나이다. 그는 중학교 수학 선생님이다. 적어도 수행에 대한 열의는 그를 당할 자 없다. 그는 단단하다. 마치 돌콩처럼. 그래서 나는 그를 '돌콩 솩샘'으로 부른다.

쉐우민 수행은 올해로 다섯 번째다. 가부좌가 쉽지 않다며 뒤로 120도쯤 재껴진 플라스틱 의자에 거의 눕다시피 한 자세로 눈을 감고 수행한다. 세상에서 가장 편한 자세로. 경행 시엔 한적한 곳을 골라 다니며 쉴 새 없이 걷고 또 걷는다. 사야도 인터뷰 땐 가장 앞줄에 앉아서 인터뷰가 시작되면 기다렸다는 듯 일차로 질문한다. 그 모습은 가히 공격적이라고 할 수 있다. 인터뷰 내용은 늘 들어 참고할 만하다.

돌콩 솩샘이 쉐우민 수행과 만난 이력은 기이하다. 5년 전 위빠사나 수행에 입문한 그는 미얀마 수행처 몇 곳을 둘러보는 모임에 끼어 양곤에 왔다. 비행기 속에서 우연히 쉐우민 센터를 소개하는 팸플릿을 보게 됐는데, 팸플릿의 문구들을 보는 순간 체증이 가라앉듯 마음이 편해지는 체험을 했다고 한다.

다른 수행처에서 하루 머물고 이튿날 바로 일행을 이탈해 혼자 쉐우민 센터에 왔다. 쉐우민 수행법을 알지 못한 채 그저 담마홀에 앉아만 있기를 보름 만에 이상한 체험을 했다. 보는 대상들이 모두 마음 안에 있더라고.

돌통 솩샘은 그해 쉐우민에서 사사나 스님을 만났다. 그 후 그는 사사나 스님의 지도로 맹렬히 수행한다. 시도 때도 없이 카톡으로 묻고, 만나면 또 묻고, 사사나 스님을 괴롭힌다(?). 그는 말한다. 수행하지 않으면 고통스럽다고. 사사나 스님 역시 그렇게 말한다. 수행이 어느 정도 익숙해지면 "수행하지 않고는 못 배기게 된다. 수행하지 않는 마음은 고통스럽다"라고.

오랜 수행의 길을 걸어 온 수행자의 이 독백은 많은 것을 함축하고 있다고 나는 이해한다. 고통을 피하고 쾌락을 좇는 것은 모든 유기체의 자연적 성향이다. 사람도 그렇다. 하지만 누구나 좇는 쾌락도 고통과 마찬가지로 불안정하고 불완전하다. 이는 붓다의 통찰이다. 안정되지 못하고 완전하지 못하니 두카(고苦)다. 존재하는 모든 것은 그래서 두카다(일체개고一切皆苦).

이 명제는 붓다의 네 가지 성스러운 가르침 중 첫 번째의 것이다. 일체개고의 이 가르침을 사무치게 아는 데서부터 수행은 본격적으로 시작된다. '인생은 괴로움의 바다'라는 말은 보통 시쳇말로 들린다. 하지만 그 고통의 바다에 빠져 허우적거려 본 사람이라면 결코 그 말을 쉽사리 뱉어 낼 수 없으리라. 수행은 그 바다를 헤어 가는 일이다. 허니, 한순간이라도 한눈 팔 여유가 없지 않은가? 수행하지 않는 마음이 고통스럽지 않을 수 없는 까닭이 어디 있겠는가?

수행자들은 안다. 사띠와 지혜가 없는 마음은 고통스럽다. 그 사실을 아는 수행자라면 수행이 어느 정도 궤도에 오른 것이다.

게으르지 말고 꾸준히 길을 가라

마리아와 돌콩은 대조적이다. 하지만 두 케이스 모두 같은 길을 걷는 수행자다. 수행의 길은 길고 짧음을 잴 수 없다. 멀고 먼 그 길에 비교는 '도토리 키 재기'로 무의미하다. 떼자니아 사야도가 입버릇처럼 되뇌는 가르침이 있다. "수행을 잘하려고 하지 말고 꾸준히 하라. 수행은 마라톤이지 백 미터 달리기가 아니다."

먼 길을 가는 데 가장 필요한 노하우는 게으르지 않고 꾸준히 가는 일이다. 마음을 다잡고 게으름에서 벗어나기 위해서는 늘 마음을 살펴야 한다.

비구니 스님 한 분이 사야도에게 물었다.

"마음이 게으릅니다. 마음이 왜 자꾸 게으름을 피우는지 원인을 잘 모르겠습니다."

사야도가 대답했다.

"게으른 마음을 살펴보라. 게으른 마음이 있는 줄 알면서 그대로 두면 마음은 더 게으름을 피우게 될 것이다. 마음을 바꿔 줘야 한다. 게으른 마음은 고칠 수 있다. 알면서도 고치지 않는 건, 모하(어리석음)의 세력이 커서 '고쳐야 함'을 이해하지 못하기 때문이다."

내일은 다음 생보다 멀다

마음을 살피는 일은 가장 가까운 곳을 살피는 일이다. 수행은 먼 곳에서 뭔가를 찾아내는 일이 아니다. 나이 지긋한 한 여성 수행자가 물었다.

"나무 밑을 쓸다가 문득 무상을 느꼈습니다. 나도 언젠가는 저 나뭇잎처럼 시들어 떨어지겠구나. 슬픈 생각이 들면서도 무상에서 무아를 이해하게 되니 수행에 도움이 되지 않을까요?"

사야도가 대답했다.

"무상·무아의 지혜가 생기면 집착이 줄어들 것이다. 하지만 나무를 통해 본 무상은 개념이지 실재가 아니다. 왜 내 몸, 내 마음에서 무상을 보지 못하는가? 가까운 사람의 죽음과 내 죽음은 같은가, 다른가? 내일과 다음 생 중 어느 것이 먼가?"

그렇다. 내일은 다음 생보다 멀다. 내일은 개념이다. 그래서 결코 구체적으로 체험할 수 없다. 나의 다음 생은 바로 내 현실이다. 죽음에 대해서도 그렇다. 누구나 살아가면 갈수록 가까운 사람의 죽음을 많이 겪는다. 아무리 가까운 사람의 죽음이라도 결코 나의 죽음은 아니다. 그래서 시간이 가면 잊히고 그들은 그저 '고인'이 된다. 죽음에 대한 주관적 체험의 농도가 희석

되면서 결국 그 죽음은 객관적 사건이 된다.

하지만 나의 죽음도 객관적 사건으로 받아들일 수 있을까? 스스로에게 자문해 보면 금방 안다. 나의 죽음은 쉽사리 객관화되지 않는다는 것을. 개념을 통해 생각하는 일은 체험과는 거리가 멀다. 떨어지는 낙엽을 보고 무상을 느끼고 무아를 이해했다는 이 여성 수행자에 대한 사야도의 가르침은 그랬다. "낙엽에 '나'를 투사해 슬픈 감정이 일어났다. '나'라는 생각은 번뇌고 번뇌에서 슬픈 감정이 일어난 것이니, 낙엽을 보고 무상을 봤다는 견해는 바른 견해가 아니다. 그러하니 바깥 대상보다는 내 몸을 지켜보라. 그것이 수행이다."

몸과 마음을 떠나 찾지 말라

이 여성 수행자와 사야도의 대화는 이렇게 이어졌다.

수행자: 꽃과 대화하는 것도 삿된 견해겠죠?

사야도: 모두 개념적인 것이다. 바깥 것을 보면 내 안의 것을 알지 못하게 된다.

수행자: 꽃이 아름답다는 생각도 분별심인가요?

사야도: 그렇다. 수행하는 것이 아니라, 생각하는 것이다. 꽃을 보고 생각하지 말고, 보는 줄 알아라.

몸과 마음을 떠나 찾는 것은 모조리 생각과 연관되어 있다. 마음에 사띠가 없으면 마음은 생각하는 일을 하게 된다. 마음이 생각하면 개념(빤냐띠)이 개입한다. 개념은 마음이 만들어 낸 것이지 실재(빠라맛따)가 아니다. 몸과 마음에서 일어난 것은 결코 개념이 아니다. 그것은 실재다. 수행은 실재를 알아차리는 일이다. 몸과 마음을 떠난 수행은 그러니까, 그냥 생각이다. 마음의 추상작용이며 사변일 뿐이다.

지식인인 듯한 여성 수행자가 사야도에게 물었다.

"좌선 말고 지혜를 기르는 방법은 없나요?"

사야도가 대답했다.

"수행을 어떻게 하느냐가 중요하다. 좌선이든 경행이든 또는 일상이든 지혜가 있고 사띠가 있어야 한다. 항상 수행해야 한다. 처음에는 몸의 느낌을 보고, 그다음 마음을 보라. 그렇게 해서 대상과 마음을 분리해서 볼 수 있게 되면 일상에서 일어나는 모든 마음을 알게 될 것이다"(떼자니아 사야도의 2018년 1월 인터뷰 법문 중에서).

그렇게 몸과 마음을 지켜보고 몸과 마음을 지혜로써 이해하게 되면, 바깥에서 일어나는 것으로 알았던 모든 것들이 사실은 몸과 마음에서 일어난다는 것을 알게 될 것이다. 안도 밖도 실상은 그저 개념일 뿐이라는 사실을 알게 될 것이다.

위빠사나 명상의 미래

역사적 맥락에서 보면 명상에는 세계적 트렌드가 있다. 동아시아의 대승 선불교가 서양에 소개된 것은 일본 선학자 스즈끼 다이세츠의 업적이었다. 선불교가 서양의 관심을 받은 건 사실이지만 벽안의 수행자를 본격적으로 배출하지는 못했다.

1960년대 미국의 히피는 힌두교 명상에 경도됐다. 그다음은 티베트 명상과 한국 선불교가 관심의 초점이 되었다. 지금은 테라바다의 위빠사나 명상이 그 뒤를 잇고 있다.

위빠사나 명상의 키워드는 수차례 강조했듯 '사띠', 알아차림이다. 알아차림이 서양의 명상 이해의 중심에 자리 잡는 데는 임상적 배경이 존재한다. 알아차림 명상이 우울증 치료에 탁월하다는 사실이 입증되면서 커다란 관심을 끌었다. 그 중심에 명상 인지심리학자 카밧 진이 있다.

그는 위빠사나 명상의 '사띠'를 '의도적으로, 판단하지 않고, 받아들이는 알아차림'으로 정의하고 임상에 적용해 커다란 성공을 거뒀다. 그가 창안한 MBSR은 스트레스를 줄이는 데 명상을 적용했고, 이를 변증적으로 계승해 MBCT가 명상과 인지치료를 접합시켰다. MBCT는 우울증 치료에 탁월한 효과를 입증했다.

이제 알아차림 명상은 첨단 심리학과 뇌과학의 백업을 받고 있다. 인지 심리학과 신경생리학 분야에서 명상에 대한 최근의 연구는 성과가 눈부시다. 불교의 아비담마와 현대 인지심리학은 카테고리의 불일치에도 불구하고 닮은 점이 많다. 인지심리학자들은 자신들의 터미놀러지로 알아차림 명상의 '사띠'를 해석하고 싶어 한다. 그리고 그런 시도들이 많이 있다. 알아차림 명상이 가설-연역-조작적 실험-검증의 경험적 심리학의 프레임에서 해석될 수 있다면 설득력은 배가될 것이 틀림없다.

아직 숙제가 많지만 지금까지의 연구에서만도 알아차림 명상은 인지적 측면과 정서적 측면에서 그 수행의 성과가 실험을 통해 입증되고 있는 것도 사실이다. 알아차림 명상이 사람이 행복하고 충만한 삶을 사는 데 기여한다는 직관적 추정이 경험적 사실로 검증되고 있는 것이다. 이런 추세라면 아마도 심리학과 명상을 접목한 일목요연한 명상의 매뉴얼, 그래서 누구나 쉽게 접할 수 있는, 마치 요리의 레시피 같은 명상북이나 유튜브 동영상이 출현할지도 모르겠다.

어떤 삶을 사느냐 하는 문제는 종교적 신앙을 떠나 모든 사람의 관심거리가 아닐 수 없다. 칸트가 그랬던가? '반성 없는 삶은 살 만한 가치가 없다'고. '사띠'는 '돌아봄'이고 '잊지 않음'이니 사띠가 있는 마음은 순간순간 반성하는 마음이 아닐 수 없겠다. 그래서 사띠의 대상인 몸과 마음이 투명해져서 그것이 무상이고 무아라는 빠라맛따를 지혜의 눈으로 보고 사무치게 알게 된다면 이 또한 좋은 일이 아니겠는가?

제2부
도대체 마음이란

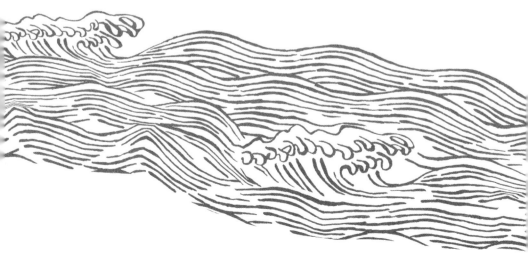

상식의 늪에서 '마음' 건지기

단견과 상견

　수행처에 오는 사람들은 어떤 인간관을 갖고 있을까? 일반적으로 윤회를 믿지만 죽음 이후 모든 것이 사라지며 개인의 세상은 끝날 것이라는 믿음을 가진 사람도 의외로 많다. 이런 생각을 가진 수행자들에게 수행처에 온 목적을 물으면 '살아 있을 때 잘 살기 위해서'라고 대답한다.

　그런가 하면 마음은 몸과 아무런 연관 없이 존재한다는 믿음을 가진 수행자도 이따금 있다. 이들은 살아서는 마음이 몸과 연관을 맺지만 죽으면 몸을 떠나 독립해 존재한다고 생각한다. 이들 가운데는 '참나를 찾는 것'을 수행의 목적으로 여기는 사람이 많다. '참나' 따위는 없다는 것이 붓다의 가르침의 핵심이지만, 이런 인간관을 가진 수행자들은 귀담아 듣지 않는다.

　붓다는 이 두 견해를 극단적인 견해, 이른바 '단견斷見'과 '상견常見'으로 경계한다. 단견은 윤회를 부정하며, 상견은 불변하는 자아를 찾는다. '마음'에 대한 이해는 그래서 중요하다. 불교가 '마음'을 어떻게 보는가를 이해하기 위해 얼마간은 어렵고 딱딱할지도 모를 철학적 논의를 전개해 보려고 한다.

마음, 세상에서 제일 복잡한 수수께끼

　이야기의 진전을 위해 좀 머리 아픈 주제를 개괄적으로나마 다루고 넘어갈 필요가 있겠다. 모든 수행의 가장 중요한 키워드는 '마음'이다. 떼자니아 사야도 법문집의 첫 단락도 그래서 "마음이 수행합니다"가 아니던가? '마음'에 대한 이해는 본격적 수행의 전제가 되겠다.

하지만 '마음이란 무엇인가?'라는 질문처럼 답하기 까다로운 물음도 없다. 일상에서 그토록 많이 듣고 말하면서도. 마음에 대한 표현은 거의 모조리 은유적 표현이다. 이를테면 '마음이 아프다', '마음이 없다', '마음이 시커멓다', '마음과 마음이 만나다', '마음이 깨끗하다' 등등은 모두 은유적 표현이다. 시간과 공간을 점유하는 물체에 대한 표현을 빌리지 않고서는 표현할 수 없다.

마음은 그토록 정체가 아리송해서 무엇이라고 꼭 집어 설명할 수 없는 그런 것이기 때문이다. '것'이라는 표현조차 은유적이다. 그렇다면 마음은 있는 '것'인가? 있다면 어떤 '것'인가? 마음을 '것'이라고 생각하는 사고의 습성 때문에 문제는 더 꼬이고 복잡해진다. 사람은 개념을 통해 사고한다. 개념은 언어적인 것이다. 그러하니 많은 사변의 문제들이 언어 때문에 생기기도 한다. 이런 측면을 지적한 철학적 천재가 있었다. 비트겐슈타인이다. 하지만 이 까다로운 문제는 잠시 접어 두자.

수행자들은 '마음을 닦는다'고 말한다. 수행에 대해 언급하려면 이 은유적 표현을 이해하지 않으면 안 된다. 이 은유적 표현에는 '왜'와 '어떻게'라는 의문사가 늘 따라다닌다. 하지만 그에 대한 답보다는 '마음'에 대한 이해가 우선이다. '마음'을 이해하기 위해 특정한 관점을 갖고 논의를 시작해서는 안 된다. 그래서 이 시대를 사는 우리가 갖고 있는 '마음'에 대한 상식을 살피는 데서부터 시작하려고 한다. 마음에 대해 우리가 가진 상식에는 몇 가지 유형이 있다.

- 마음은 물질과 전혀 다른 무엇이다.
- 마음은 물질과 다르지만 물질에서 나온 것이다.
- 마음과 물질은 달라 보이지만 사실은 어떤 하나의 서로 다른 두 측면이다.
- 마음과 물질은 사실상 같은 것이다.

이런 것들이다. 이제 슬슬 하나씩 곱씹어 보자.

데카르트의 마음

'마음'에 대한 근대적 상식의 출발은 철학자 데카르트다. 데카르트는 나와 세계에 대한 확실한 지식의 체계를 세우고 싶어 했다. 데카르트는 의심했다. 확실성을 확보하기 위해 의도적으로. 데카르트의 회의를 그래서 '방법적 회의'라고 말한다.

감관을 통해 들어오는 모든 것, 이런 것들은 확실하다고 할 수 없다. 어떻게 감각기관을 믿을 수 있겠는가? 그것은 늘 오류를 범하지 않는가? 외부세계라는 것도 나보다 우월한 어떤 존재가 내게 있는 것처럼 조작할 수 있잖은가? 하지만 내가 생각하고 있다는 사실만큼은 확실하지 않은가?

이 귀족 출신의 천재 철학자가 전쟁터 막사의 난로 옆에 앉아 도달한 결론은 '코기토(나는 생각한다)'였다. 코기토는 확실하기 때문에 '생각하는 나'의 존재는 더 이상 의심할 수 없는 결론이었다. 그 '나'가 바로 '마음', 심리적 실체. 데카르트에게 마음이란 존재론적으로 독립적이고 인식론적으로 명확한 '존재'였다. 마음과 물체는 세계를 구성하는 두 단위, 두 개의 실체였다. 마음이라는 실체는 의식을 속성으로 갖는다. 사고, 감정, 의도 등은 의식의 양상이다. 데카르트는 그렇게 설명했다.

마음은 물질인 몸과 명확히 구분되는 실체이기 때문에 몸 없는 마음이 존재하는 것은 당연하다. 데카르트는 그것을 영혼이라고 불렀다. 나는 영혼이며 잠시 몸을 빌려 이 세상을 살다 간다. 데카르트 이전에도 이런 관점은 마음에 대한 보통 사람들의 상식이었다. 플라톤적 철학과 중세 기독교 역시 비슷한 견해를 갖고 있었다. 물론 우리 시대에도 아직 이런 상식을 갖고 사는 사람이 적지 않다.

데카르트의 이원론적 철학은 물질과 마음의 인과관계를 설명하지 못하는 데서 난관에 부딪쳤다. '몸이 손상되면 아픔을 느낀다'는 명제는 그의 철학 체계 안에서 시원스레 설명되지 못했다. 방법론 역시 마찬가지였다. 데카르트가 세우고 싶어 했던 확실한 지식의 체계를 현대 철학자들은 '데카르트의 신화'라고 부른다. 데카르트의 철학은 왜 신화가 되었을까?

'퍼레이드는 언제 오느냐'는 질문의 희극성

조크를 조크로 알아듣지 못하는 사람을 막힌 사람이라고 한다. 반어법이나 은유를 써서 말을 했는데, 곧이곧대로 듣는 사람 역시 트인 사람은 못 된다. 앞서 마음에 대한 많은 표현이 은유적 표현이라고 지적했다. 데카르트가 아무리 근대 수학과 철학의 아버지라는 칭호를 듣는 사람이라고 하더라도 마음에 대한 견해에 관한 한 꽉 막힌 사람이라고 비판받아 마땅하다. 왜냐하면 그는 물체를 모델로 마음을 이해하려고 했기 때문이다.

검다거나 무겁다는 건 물체의 속성이다. 마음이 검다거나 무겁다는 표현은 두말할 것 없이 은유적 표현이다. 그런데 데카르트는 생각한다는 속성을 가진 '무엇'이 있어야 한다고 생각했다. 그리고 그 '무엇'이 바로 마음이라고 주장했다.

"나는 생각한다. 고로 나는 존재한다." 이런 데카르트의 명제에서 생각한다는 속성이 자아의 존재를 논리적으로 함축하지는 않는다. 그래서 그 명제는 유명하지만 부당한 명제가 된다. 영국 옥스퍼드 철학자 길버트 라일은 데카르트의 이런 주장을 명쾌하게 비판했다.

어느 마을 축제일에 퍼레이드가 벌어졌다. 악대가 지나가고 가장행렬이 지나가고 퍼레이드가 끝났다. 그런데 누군가 "그런데 왜 퍼레이드는 오지 않느냐?"고 물었다. 퍼레이드를 마치 퍼레이드 속 하나의 행렬로 잘못 생각했기 때문에 나온 질문이다.

느끼고, 생각하고, 의도하는 등의 작용을 통틀어 마음이라고 일컬을 수

166

있다. 즉 마음은 여러 심리적 양상을 뭉뚱그리는 개념일 수 있다. 하지만 데카르트는 '마음'을 심리적 현상들 안에 속하는 개념으로 이해했다는 것이 라일의 비판이다. 심리적 현상들을 가리키는 말과, '마음'이라는 개념은 범주가 다르다는 지적이다. 마치 퍼레이드가 지나간 뒤 왜 퍼레이드는 오지 않느냐고 묻는 어린아이처럼 데카르트의 질문은 난센스다. 라일은 마음을 '무엇'이라고 이해한 데카르트의 철학을 '범주오류Category Mistake'라고 불렀다.

기계 속 유령

미국의 서부 개척 시대, 서부의 물자들을 동부로 실어 오기 위한 철도가 건설됐다. 철로를 달리는 기차를 본 인디언은 기차 안에 기차를 움직이게 하는 마음(유령)이 들어 있다고 믿었다. 인디언의 상식은 가히 데카르트적이었다. 데카르트에게 사람이란 기계인 몸에 깃들인 영혼이었다. 심지어 그는 사람을 제외한 동물들을 '자동기계'라고까지 생각했다. 사람만이 영혼을 갖는다고 봤기 때문이다.

데카르트의 이런 인간관은 무려 200년이 넘도록 인간의 상식에 파고들었다. 우리가 사는 이 시대에 데카르트적 상식을 가진 사람은 많지 않다. 그런데 이상하다. 컴퓨터도 마음을 가질 수 있느냐는 질문이 여전히 기세등등하다니?

알파고와 이세돌의 대결은 가히 세기적이었다. 온갖 물음표 세례를 이 시대에 쏟아 부었기 때문이다. 컴퓨터를 사람의 뇌처럼 복잡하고 정교하게 만들면 컴퓨터도 마음을 갖게 되느냐는 물음이 대표적이었다. 컴퓨터에 마음을 불어넣을 수 있다면, 데카르트는 승리하는가?

물론 아직 이 물음에 대한 명쾌한 답은 없다. '인간이란 무엇인가' 하는 문제는 철학의 절반쯤을 차지할 만큼 중요하다. 현대의 지성인들은 인간학이나 심리철학에서 데카르트의 인간관을 극복하는 데 많은 시간을 보냈다. 그리고 이제 데카르트의 인간관은 '기계 속 유령'으로 비판받는다. 그의 확실성 추구는 그렇게 '데카르트의 신화'가 됐다.

심리 현상의 배후에 무엇이

데카르트 철학의 성격을 규정한 것은 변하지 않는 존재에 대한 믿음이었다. 불변하는 것만이 참 지식의 대상이 될 수 있고, 불변하는 것만이 영원하다는 믿음, 그것은 플라톤 이후 서양 주류 철학의 전제이고 전통이었다.

그런데 왜 그래야 하는가? 왜 세상에는 불변하는 무엇이 꼭 있어야 한단 말인가? 세상이 변하는 것들로만 구성돼 있으면 안 되는 까닭이 무엇인가? 마음이 왜 불변하는 영혼이어야 하는가? 영원하다는 것, 그것은 혹시 우리의 생각이 만들어 낸 건 아닐까? 죽음에 대한 두려움이나 영속적 삶에 대한 기대가 영혼론을 만들어 냈다는 견해는 지나치게 극단적일까?

'우리는 무엇을 마음이라고 하는가'라는 원초적 질문으로 돌아가 보자. 우리가 '마음'에 대해 살필 수 있는 건 무엇인가? 우리가 살필 수 있는 건 일어나고 사라지는 심적 현상뿐이다. 심적 경험에는 불변하는 그 무엇도 없다. 변하지 않는 무엇이란 추측이나 믿음이 만들어 낸 것이 아닐까?

마음은 불멸인가

플라톤의 이데아

많은 사람들이 영혼을 믿는다. 영혼은 육신과 관계없는, 순수한 마음이기 때문에 불멸이다. 당연히 육신의 죽음 후에도 사라지지 않는다. 이런 생각은 특히 서양 사상의 전통에서 오랫동안 상식의 지위를 차지했다.

플라톤은 '안다'라는 단어에 관심을 쏟았다. 그는 줄곧 오류 없는 확실한 앎이 어떻게 가능한지를 물었다. 그리고 앎에 오류가 발생하는 것은 육체와 관련된 정신의 기능 즉 감각 때문이라고 생각했다. 감각을 통한 앎은 우리를 속인다. 확실한 앎을 갖기 위해서는 여기에서 벗어나야 한다. 그런데 육체와 관계없는 정신의 작용이 있다.

플라톤은 대화록 『메논』에서 기하학을 배운 적이 없는 노예 소년에게 기하학의 한 정리를 이해시키는 과정을 통해 누구나 이런 능력 즉 이성을 갖고 있다는 것을 증명해 보이려 했다. 이성은 육체와 섞이지 않은 정신의 순수한 작용이다. 그리고 순수한 그 정신이 영혼이다.

이런 사상은 사도 바울에 의해 기독교에 수용됐고, 아우구스티누스의 철학으로 잘 버무려져서 토마스 아퀴나스가 출현할 때까지 기독교 세계를 지배했다. (아퀴나스 철학은 아리스토텔레스 철학의 종교적 버전이라고 일컬어진다. 아퀴나스는 생전에 교단의 박해를 받았다.)

'근대는 중세의 극복'이라는 말은 그저 한 시대의 상식일 뿐이다. 철학사가들은 데카르트-스피노자-라이프니츠로 이어지는 대륙 합리론이 적어도 이성주의와 영혼론에서는 플라톤의 계승이라고 기술한다.

데카르트 이원론의 뿌리는 그래서 플라톤이다. 사람이 가진 이성이 무엇인지에 대한 논의는 오늘날에도 여전히 활발하다. 하지만 플라톤이나 데카르트의 '영혼'을 믿는 사람은 거의 없다.

단순해서 불멸이다

단자론을 주장했던 라이프니츠는 데카르트주의자였다. 하지만 단자론의 결론은 데카르트 이원론과는 빨강과 파랑만큼 색깔이 다르다. 라이프니츠는 세계를 정신적인 것들이 모여서 만들어졌다고 보았다. 그 정신적인 것들을 '단자'라고 불렀다. 단자는 아주 작은 알갱이가 아니다. 알갱이는 아무리 작아도 쪼갤 수 있기 때문이다. 그것은 쪼갤 수 없을 정도로 단순하기 때문에 '단자'라고 부른다.

쪼갤 수 없기 때문에 정신적인 것이고, 물질과 달리 공간을 차지하는 속성이 없다. 여기서 라이프니츠는 정신적인 것은 공간을 차지하지 않기 때문에 물질과 다르다는 데카르트의 생각을 그대로 이어받는다. (미분을 창안해낼 만큼 창조적인 수학자였던 라이프니츠는 논리적인 사람이었다. 그는 열세 가지 스텝을 밟아 가면서 정신적인 것 즉 영혼의 불멸성을 증명한다. 증명의 골자는 영혼 즉 순수 정신적인 것은 공간을 차지하는 특성, 외연이 없기 때문에 쪼갤 수 없고 그래서 단순하다는 것이다.)

단자론은 그럴 듯하다. 단자는 정신적이고, 서로가 서로에게 독립적이다. 그래서 '창 없는 단자'라고 부른다. 하지만 단자 하나하나가 세계 전체를 반영하고 있다. 마치 화엄의 주장과 흡사하다. 그런데 라이프니츠는 오늘날 철학계에서 스캔들의 주인공이기도 하다. 남들보다 먼저 동양 사상을 접했고 단자론의 철학은 『주역』에서 힌트를 얻은 것이라는 주장이 설득력을 얻고 있다. 그런데 과연 라이프니츠 주장대로 단순한 것은 곧 불멸인 것일까?

단순하면서도 사라지는 것이 있다

영혼이 공간을 차지하지 않는 성질을 갖고 있기 때문에 불멸이라면, 우리의 상식적 믿음과는 다소 거리가 있다. 내 경우 제사를 지낼 때마다 돌아가신 모친이 강조하셨던 지침이 있다. '문을 조금 열어놓을 것과, 현관에 벗어 놓은 신발을 모조리 치울 것'이다. 그것이 조상님들이 쉽사리, 그리고 불쾌하지 않게 다녀가시도록 해 드리기 위한 후손들의 기본적인 예의라고 모친은 믿으셨다.

그런데 '다녀가시는 것'이 공간의 이동을 뜻한다면, 공간을 차지하지 않는다는 영혼의 이동 방식은 무엇일까? 우리의 상식은 단순한 실체로서의 영혼보다는 살아 있을 때와는 다른 어떤 기운(혹은 기氣) 같은 것을 염두에 두고 있는지 모른다. 유가에서는 사람의 정신은 혼과 백으로 돼 있고, 사람이 죽으면 혼은 하늘로, 백은 땅으로 돌아간다고 믿는다. 서양의 형이상학과는 꽤 다른 발상이다.

라이프니츠의 '단순해서 불멸'이라는 생각에 제동을 건 철학자는 다름 아닌 칸트였다. 칸트는 영혼이 기하학처럼 증명되는 그런 것이라고 생각하지 않았다. 생명이 있는 것이 죽어 갈 때의 모습을 보라. 서서히 생명력이 사라지는 것을 볼 수 있다.

생명력은 곧 힘의 한 형태다. 힘은 공간을 차지하는 특성(연장)을 갖고 있는가, 그렇지 않은가? 힘이란 공간과는 거리가 멀어 보인다. 그렇다면 공간을 차지하지 않으면서도 영원하지 않는 것을 '힘'의 경우에서 볼 수 있지 않은가? 동양 사상의 혼과 백의 사상은 사람의 정신을 일종의 힘으로 보는 점에서 플라톤과 대륙 합리론의 합리적 심리학의 견해와 대척점에 서 있다고 보겠다.

칸트의 불멸하는 영혼

라이프니츠에게 피니시블로를 날렸던 칸트 자신은 영혼에 대해 어떤 견해를 갖고 있었을까? 혹시 유가나 주자의 견해처럼 마음이 '기' 같은 힘이라고 생각하고 데카르트-라이프니츠 전통의 대척점에 섰을까?

천만의 말씀이다. 칸트는 잘 알려진 대로 대륙 합리론과 잉글랜드 경험론의 철학적 성과를 잘 버무린 '종합의 철학자'였다. 하지만 철학이 '존재', 다시 말하면 '나와 세계(타인 포함)'에 대한 해명이라면 칸트의 접근은 매우 창조적이었다. 그의 철학은 과학적 인식(뉴턴의 물리학)이 어떻게 가능한가에 대한 답을 찾는 데서 시작됐다. 그는 그 해답을 인식의 주체인 인간의 정신에서 찾았다. 존재에 대한 이해를 객관적 관점에서 주관적 관점으로 바꿔 놓았다. 칸트에게 존재는 인식의 주체와 대상이었다. 칸트의 구성론이 그것이다. 그리고 인식의 주체, 곧 정신은 칸트 철학의 제1주제였다. 인간 정신의 능력을 고찰함으로써 그는 과학적 인식의 가능성을 확보했다.

정말 그럴지도 모르겠다. 세상에 마음 아닌 것이 어디 있겠는가? 하지만 과학적 인식의 가능성 밖의 세계, 곧 순수이성의 세계는 우리 정신 능력을 넘어서 있다고 봤다. 이를 '외적 존재에 대한 불가지론'이라고 한다. 그러니까 영혼이 불멸하는지 아닌지는 우리 정신이 알 수 있는 바가 아니다.

바로 여기가 칸트의 실천이성비판 철학의 출발이다. 그는 영혼 불멸의 문제를 실천이성의 영역에서 다루면서 '영혼은 불멸한다'가 아니라 '영혼은 불멸해야 한다'고 주장했다. 그 근거는 무엇이었을까?

덕과 복은 일치해야 한다

사실적 진리의 세계는 순수오성의 영역이고, 도덕적 가치와 의무의 세계는 실천이성의 영역이다. 칸트는 영혼 불멸의 문제를 이 영역에서 다루었고 '영혼은 불멸해야 한다'고 결론지었다. 그의 논점은 이렇다.

"사람 사는 세상을 보라. 모든 덕 있는 자가 복 받고 잘 살지는 않는다. 또 덕 없는 자가 복을 누리며 사는 경우도 적지 않다. 완전한 세상은 그래서는 안 된다. 덕 있는 자가 복을 받는 세상이어야 한다. 영혼이 한 세상으로 끝나 버린다면 덕과 복은 결코 일치할 수 없다. 그런 세상은 얼마나 우스꽝스러운가? 그러므로 덕과 복이 일치하려면 영혼은 불멸해야 한다."

하지만 좀 억지스럽지 않은가? 세상이 왜 완전해야 하는가? 왜 덕과 복은 일치해야 하는가? 칸트의 분류대로 가치의 세계는 사실의 세계와 다른 영역의 것처럼 보인다. 이 문제는 지난 한 세기 동안 벌어졌던 뜨거운 논쟁의 주제였다.

논쟁은 공리주의의 슬로건 '최대 다수의 최대의 행복'을 둘러싸고 더욱 뜨거워졌다. '행복은 쾌락'이라는 쾌락주의가 공리주의의 전제라고 지적하고 두 영역을 혼동하면 '자연주의의 오류'에 빠진다는 G. E. 무어의 논변은 한 세기를 풍미할 정도로 강력했다.

이 논변은 도덕의 문제를 과학의 영역으로 끌어들이고 싶어 하는 '자연주의 철학자'들을 까부수는 '전가의 보도'였다. 하지만 금세기 철학의 바람은 '자연주의' 쪽으로 불어 가는 것 같다. 컴퓨터와 로봇과 인터넷의 출현은 사람의 '마음'을 자연주의적으로 이해하고 싶어 하는 트렌드에 기름을 붓고 있는 듯하다.

붓다의 가르침은 여러 가지 측면에서 서양 철학의 영혼론과 대척점에 서 있다. 불교는 결코 영혼이나 심리적 실체를 인정하지 않는다. 변하지 않는 것은 아무것도 없다. 변하지 않는 것이 있다면 그것은 마음이 만들어 낸 것이다. 변하지 않는 것은 실재가 아니다. 물리적 실체든 심리적 실체든 실체 따위는 없다. 그것은 마음이 만들어 낸 관념일 뿐이다. 붓다는 아닛짜(무상無常)와 아낫따(무아無我)라는 엄연한 사실이 통찰지에 의해 드러난다고 가르쳤다. 아닛짜는 변하지 않는 무엇도 없다는 가르침이고, 아낫따는 그 변화 속에 변하지 않는 요소는 아무것도 없다는 가르침이다.

붓다의 이런 가르침은 인간 각각의 마음에 우주(브라만)가 깃들어 있으며, 수행을 통해 참나(아트만)를 찾아야 한다는 힌두교의 전통적 가르침과 결별한다. 붓다는 혁명적 사상가였다.

유물론의 유혹

유물론, 이 시대의 강력한 상식

수행자들은 마음에 관한 한 전문가들이다. 수행이란 늘 '마음'과 씨름하는 일이기 때문이다. 하지만 '마음이란 무엇인가'라는 물음에 논리적이고 체계적으로 답변할 수 있는 수행자는 많지 않다. 위빠사나에서는 수행에 도움이 되도록 마음에 대한 불교의 이론 즉 아비담마에 대한 기본적 지식을 갖추도록 권장한다.

하지만 많은 수행자가 그렇게 하지 않는다. 보통 이 시대의 상식에서 시작한다. 많은 사람이 우리 몸이 죽으면 모든 것이 그만이라고 믿는다. 그런 믿음을 가진 사람들은 몸이란 어머니 뱃속에서 만들어져서 세상이 나와 존재하게 된 '우연' 그 자체일 뿐이라고 생각한다. 셀 수조차 없이 많은 정자들 가운데 특정한 그 녀석이 가장 먼저 난자에 도달한 것도 우연이요, 잘 수정되고 자라서 세상 밖으로 나온 몸 역시 우연일 뿐이라고 본다.

그렇다면 '마음'이란 무엇인가? 마음이란, 몸이 있으니 당연히 있는 우연의 산물이다. 이런 입장이 가장 단순하고 강력한 답변 중 하나다. 바로 유물론이다. 유물론은, 마음을 물질이거나 물질에 의존해서 존재하는 현상이라고 보는 입장이다. 이 시대의 상식이지만 붓다의 가르침과는 사뭇 어긋나는 견해다. 유물론에 대한 논의를 좀 더 진행해 보자.

유물론의 역사는 퍽 오래됐다. 원자론의 원조 데모크리토스에서 원형을 볼 수 있다. 물질을 쪼개고 쪼개면 더 이상 쪼갤 수 없는 상태에 이르게 된다. 이것이 원자인데, '아톰'이라는 말은 쪼개지지 않는다는 뜻이다. 데모크리토스는 이것을 모든 존재의 근원이라고 보았다. 이런 생각은 현대 물리학의 생각과 상통한다. 현대 물리학은 물질의 근원이 되는 6개의 퀴크를 찾아냈다. (이 분야의 논의를 더 깊게 진행할 필요도 능력도 내겐 없다.)

마음은 정녕 물질인가? 물질 없는 마음은 존재할 수 없는가? 마음이 갖는 비물질적 성질은 물질에서 파생된 것일 뿐인가? 이런 복잡한 질문들이 과학과 철학의 콜라보 전선에서 수없이 쏟아져 나온다.

유물론자는 사람이 갖는 심적인 것 즉 '의식'의 정체는 신경생리학이 지금보다 더 발전하면 완벽하게 드러날 것이라고 믿는다. 많은 뇌과학자와 심리학자가 이런 견해를 기본 입장으로 갖고 있다. 하지만 의식의 구조와 작용에 대한 이른바 '과학적 규명'은 이제 걸음마 단계에 지나지 않는다. 그리고 의식과 몸(더 자세히는 뇌)의 상관관계가 밝혀진다고 하더라도 그 둘의 차이를 부정할 수는 없다. '의식'은 엄연한 사실이기 때문이다.

유물론이 함축하는 생각들

"몸이 죽으면 모든 것이 끝난다. 몸의 죽음은 내 자아의 종말이다. 세계는 내가 죽어도 아마도 지속되겠지. 그것까지 부인할 생각은 없다. 하지만 내가 죽은 뒤의 세상이 무슨 소용인가? 나는 그저 하릴없이 세상에 왔다가 하릴없이 가는 그런 존재일 뿐, 내가 없으면 세상도 그저 그만이다."

이런 생각을 갖고 사는 사람들이 많다. 붓다가 물리치고자 했던 두 가지 극단적인 견해 중 하나다. 이른바 '단견'이다.

단견을 가진 이들은 보통 '삶은 현세의 삶 한 번뿐'이라고 믿는다. 살아 있는 동안 잘 살기 위해 모든 인간적 가치가 존재한다. 도덕과 예술이 인간의 차원에서 마음의 소산인 것은 맞다. 그것들은 사람의 삶에 의미를 부여하고 삶을 보다 풍요롭게 하기 위한 것이다. 우리가 사는 이 시대에 이런 상식의 힘은 너무도 강력하다.

변증법적 유물론이 세상의 반쪽을 지배하던 시절이 있었다. 그 반쪽은 도덕과 예술을 그 바탕 위에서 이해하는 정연한 이론 체계를 갖고 있었다. 하지만 인간과 사회에 대한 초월을 바탕으로 하는 종교에 대해서는 단호한 입장을 갖고 있었다. '종교는 아편'이었다.

유물론을 수용하는 입장에서 종교적 가치를 인정할 수는 없었다. 종교란 삶의 고통을 잠시 잊게 할 수는 있다. 종교가 가르치는 교리는 그 고통을 더 잘 다루게 만들어진 작품들이다. 이런 입장은 '마음이 무엇이냐'에 대한 유물론적 논의의 파생물이기도 했다.

금세기의 시작을 알렸던 소련과 동유럽의 해체, 이 역사적 사건으로 이런 입장이 세력을 잃게 될 것이라고 생각했지만 오산이었다. 현대 과학과 컴퓨터 기술의 성과가 물질과 정신의 연관성을 증명까지는 아니라 할지라도 이 명제에 대한 부인할 수 없는 정합성을 뒷받침하고 있기 때문이다.

많은 사람이 컴퓨터라는 물건이 사람의 두뇌를 흉내 내고 있다고 생각한다. 어떤 기능은 컴퓨터가 사람의 정신보다 훨씬 더 잘 수행한다. 사람의 정신은 컴퓨터가 대체할 수 있는 기능일 뿐이고, 컴퓨터는 알다시피 물질의 덩어리일 뿐이다. 인간이 컴퓨터와 다른 점은 인위가 아니라 자연적 과정을 거쳐 생성됐다는 점이다. 인간은 자연이 만든 기계다.

당신의 생각은 어떤가? 이 생각의 옹호자인가 아니면 비판자인가?

현대 유물론의 두 강자

유물론은 그 긴 역사만큼이나 여러 가지 버전을 갖고 있다. 전통적인 유물론은 그 단어 그대로 '세상에 존재하는 것은 물질뿐'이라고 주장한다. 이런 입장은 갖가지 강력한 비판에 부딪쳐 왔다. 과학의 화력 지원을 받기 전 사변으로서의 유물론은 이론을 뒷받침하는 논거가 그다지 풍성하지 못했다. 특히 종교가 세상을 지배하던 시기에는 이런 주장을 하는 사람은 화형

장으로 직행할 수도 있었다.

그러나 이제 유럽을 여행하는 사람들은 고풍스러운 교회들이 지키는 사람도 없이 빈 건물로 남아 있는 것을 보고 놀란다. 유럽인 가운데 내세를 믿는 사람들이 이제는 그다지 많지 않은가 보다. 그만큼 어떤 형태로든 유물론을 상식으로 갖는 사람들이 늘어나는 추세다.

상식의 저변에는 여러 철학적 이론의 각축장이 있다. 지금도 여러 버전의 유물론이 철학적 이론의 각축장에서 논리 싸움을 벌인다. 현대의 유물론은 전통적 유물론과는 달리 유물론의 냄새를 피우지 않는다. 이론의 논변들은 '심적인 것', '심리적인 것', '마음', '의식' 등이 무엇인가를 해명하는 데초점이 맞춰져 있다. ('의식'을 대표적 표현으로 선정해 논의를 진행한다.)

언어를 도구로 갖고 분석하기도 하고, 심리학이나 신경생리학의 영역을넘나들며 과학과 제휴해 공동 작업을 벌이기도 한다. '의식이 무엇인가'라는 질문에 대한 현대적 이론 가운데는 대략 두 가지 입장이 강력하다.

첫 번째는 '의식이란 몸의 일부분인 뇌의 신경생리학적 프로세스'라는 입장이다. 다시 말하면 의식은 곧 몸에서 일어나는 하나의 사건일 뿐이라는입장이다. 이런 이론을 '심신동일론'이라고 한다.

두 번째는 '의식은 물리적인 과정과는 분명히 다른 고유한 것'이라고 주장하는 점에서 심신동일론과는 다르다. 하지만 이 입장은 '의식은 물질의과정에서 비롯된 부대 현상'이기 때문에 물질 없는 의식이란 성립할 수 없다고 주장한다. 이 입장을 의식(또는 마음에 대한) 부현상론Epi-Phenomenalism이라고 부른다.

부현상론

1831년 12월, 케임브리지 대학 출신의 젊은 학자 한 사람이 '비글'이라는배에 올랐다. 그리고 이 사건은 향후 가히 세계사적 사건이 됐다. 5년의 항해 동안 상습적인 뱃멀미에 시달렸지만 그는 딱정벌레부터 거대한 포유류의 화석에 이르기까지 광범위하게 자료를 채집했다. 지리적으로 고립된 갈라파고스 군도에서 광범위한 종의 관찰을 통해 우리가 사는 세상에 대한 새롭고도 독창적인 통찰을 갖게 됐다.

그는 찰스 다윈이었고, 진화론은 바로 그의 이런 통찰에서 시작됐다. 진화론은 이제 우리 시대의 상식으로 확고한 지위를 굳혔다. 철학적 이론들은 진화론적 상식과 정합성을 갖지 않으면 설득력을 갖지 못하게 됐다. 진화론적 상식에 가장 부합하는 의식에 대한 유물론적 이론이 바로 부현상론이다. 부현상론은 진화론이라는 막강한 우군을 얻어 심신 이론의 강자로 군림한다.

부현상론은 의식의 고유성과 존재론적 지위를 인정한다. 하지만 물질 없는 의식을 인정하지 않는 점에서 부현상론은 심신이원론과 다른 입장을 취한다. 의식 현상은 물리 현상의 작용 과정에서 나타나는 부대 현상이다. 그러하니 마음이란 결국 물질에서 나온 것이라고 할 수 있다는 점에서 전통적 유물론의 냄새를 피우지 않는 유물론의 한 버전이라고도 볼 수 있다.

부현상론의 또 다른 강점이 있다. 몸 또는 뇌의 어떤 신경생리학적 과정이 의식을 산출하는지 밝혀야 하는 부담을 질 필요가 없는 철학이라는 점이 그것이다. 그 과제를 과학의 분야에 느긋하게 맡겨 둘 수 있다. 왜냐하면 부현상론은 동일론과 달리 '의식은 뇌의 신경생리학적 과정이다'라는 따위의 주장에서 자유롭기 때문이다.

향후 과학과 철학의 분야에서 더 활발한 논의가 진행될 것이다. 마음에 대한 불교의 견해와 접점이 모색될 수도 있을 것이다. 불교의 아비담마는 형이상학이 아니기 때문이다. 아비담마는 심리적 현상에 대한 기술의 차원을 벗어나지 않기 때문에 그런 모색은 충분히 가능하다.

렌즈 갈던 철학자

통증은 신경 C섬유의 떨림이다

유물론의 유력한 한 버전 동일론에 대해 좀더 논의를 진행해 보자. '동일하다'는 '같다'는 말이다. '심신동일론mind-body identity theory'은 '마음과 물질은 사실상 같은 것'이라고 주장한다. 이 버전은 신경생리학의 발전과 더불어 성장했다. 몸과 마음은 서로 성질이 다른 것처럼 보이지만 사실상 같은 것이라는 입장이다. 유물론의 한 형태라고 여겨지지만 반드시 '사실상 같은 그것'이 '물질'이라고 말할 필요는 없다. 그런 점에서 '유물론'을 넘어서는 유물론이라고도 할 수 있다. 이론의 주창자들은 자신들의 주장이 '유물론'보다는 그저 '동일론'으로 불리기를 선호한다.

동일론의 대표적인 명제가 있다. "통증은 신경 C섬유의 떨림이다"가 그것이다. 몸에서 느끼는 통증은 광범위하게 분류하면 '의식'의 범주에 들어간다. (불교의 어느 분파에서는 '통증'을 몸에 속하는 것으로 보기도 한다. 몸과 마음의 카테고리를 어떻게 나누느냐에 따라 그렇게 볼 수 있는 여지도 있다.)

의식을 존재론적으로 다루는 철학의 한 분야인 심리철학에서는 통증 같은 직접적이고 일차원적이고 주관적인 감각을 '날감각raw-sensation'이라고 부른다. 아무튼 동일론자들은 이 날감각이 신경 C섬유(신경은 세 가닥으로 돼 있는데 각각 A섬유, B섬유, C섬유로 명명한다)의 떨림이라고 주장한다.

'통증'은 마음에서 일어나는 심리적 과정이고, 신경 C섬유의 떨림은 물리적 과정이다. 그 두 과정은 매우 성질이 달라 보인다. 하지만 두 과정은 각각 따로따로 일어나지 않는다. 사람이 통증을 느낄 때는 그 사람의 신경 C섬유의 떨림이 있다.

여기서 반드시 짚고 넘어가야 할 것이 있다. 두 과정은 결코 인과관계가 아니라는 점이다. 즉 신경이 떨리기 때문에 아픔이 일어나거나, 아프기 때문에 신경섬유가 떨리는 게 아니다. 동일론의 중요한 요지는 바로 이것이다. 두 과정이 서로 달라 보이지만, 사실은 '같은(동일한) 것을 지칭하고(가리키고) 있다'는 주장이다. 정말 그럴듯하다. 동일론을 심신 이론의 강자로 군림케 할 정도로. 강력한 이런 주장은 도대체 어디에서 비롯된 것일까?

렌즈 갈던 철학자, 스피노자

"…저주하고 제명하여 영원히 추방한다. 잠잘 때나 깨어 있을 때나 저주받으라. 나갈 때도 들어올 때도 저주받을 것이다. 주께서는 그를 용서 마옵시고 분노가 이 자를 향해 불타게 하소서! 어느 누구도 그와 교제하지 말 것이며 그와 한 지붕에서 살아서도 안 되며 그의 가까이에 가서도 안 되고 그가 쓴 책을 봐서도 안 된다."

스물세 살 청년에게 내려진 종교 공동체의 포고문이다. 그렇게 그는 파문됐다. 개인에게 내려진 가혹함의 극치였다. 왕따의 결정판이었다.

1632년 네덜란드 암스테르담에서 태어난 포르투갈계 유대인 스피노자, 그는 세속의 모든 혜택을 누리며 랍비의 길을 갈 수 있었음에도 힘든 사상의 자유를 선택했다. 그리고 마흔넷의 짧은 생을 렌즈 깎는 일로 유지했다. 렌즈 깎는 기술이 비상시 생업이 될 기술 하나를 익혀야 한다는 '유대인 교육'의 혜택이었다는 점, 또 이 기술이 죽음으로 이끈 폐병의 원인이 됐다는 점은 두 번의 아이러니다.

파문 전 랍비에게 철학과 신학을 배웠지만, 아라비아와 르네상스를 거쳐 데카르트 사상에 영향을 받았다. 서른 살쯤에는 독자적 사상을 갖게 됐으나 관심을 갖는 사람은 많지 않았다. 사후에도 오랫동안 인정받지 못했고,

그의 모든 저작이 가톨릭교회의 금서 목록에 올랐다. 서른여덟 살까지 네덜란드 곳곳을 방랑하며 살다가 이후 헤이그에 정착했다. 죽기 직전 대표 저작인 『에티카(윤리학)』를 완성했지만 출판하지는 못했다.

운명에 굴하지 않았던 스피노자의 삶은 "내일 세상에 종말이 오더라도 나는 오늘 사과나무를 심겠다"는 말로, 그의 사상은 바로 이 『에티카』로 요약된다. 열악한 환경에서 렌즈 가는 일로 생계를 유지했지만, 당시 독일 최고의 하이델베르크 대학의 초빙 제의를 단호히 거부했다. 자유로운 철학 활동을 보장하지 않는 곳에서 일하고 싶지 않다는 이유였다. 스피노자는 오로지 철학적 진리를 구현하는 한 길의 삶을 살았다. 고난의 삶을 살았지만 그의 삶은 결코 불행하지 않았으리라.

스피노자의 복권

'데카르트 에디피스' 철학적 지식의 체계를 튼튼한 기초 위에 세우고자 했던 데카르트 방법론을 '건물'에 비유한 말이다. 데카르트의 이 이념을 더욱 철저하게 밀고 나간 철학자는 다름 아닌 스피노자였다. 그는 기하학의 논증법을 빌려 윤리학을 공리와 정리로 구조화하려고 시도했다. 『에티카』는 그래서 기하학의 딱딱함으로 가득한 저술로 보인다. 하지만 『에티카』는 그의 독창적 형이상학과 철학적 영감을 표현한 명제로 가득하다.

스피노자 철학에서 신·자연·실체는 동일한 것을 지칭하는 다른 이름이다. 그것들은 하나뿐인 같은 것을 가리키며, '정말로 존재하는 하나'에 대한 이름이다. '자연이 곧 신'이라는 주장 곧 '범신론'은 스피노자 형이상학의 골자이기도 하다. 이런 주장은 정통 기독교도에게는 참을 수 없는 헛소리다. '인격'을 갖고 인간의 삶 속에 '역사하시는' 하나님과 인간의 고리를 끊어 버리는 터무니없는 개똥철학이 아닐 수 없다.

하지만 스피노자는 데카르트·라이프니츠와 함께 철학사에서 대륙 합리주의의 세 거두로 자리매김했다. 종교적 신념을 가진 사람들에게 스피노자는 '신을 모독한 저주받을 무신론자'였지만, 후대 사상가들에게 끼친 영향은 가히 메가톤급이다. 특히 루소, 괴테, 헤겔, 피히테 등은 시간적 갭에도 불구하고 스피노자의 제자들이었다.

무신론적 성향이 강한 일원론적 범신론의 철학은 독일 관념론에 큰 영향을 끼쳤고, 계몽주의·사회주의에도 적잖은 영향을 주었다. 18세기 독일 계몽주의 극작가 레싱은 "스피노자 철학밖에는 진정한 철학이 없다"고 말할 만큼 그의 왕 팬이었다. 지난 세기 삶의 철학자 앙리 베르그송은 이렇게 말했다. "모든 철학자는 두 가지 철학을 갖고 있다. 자신의 철학과 스피노자의 철학을."

스피노자는 대략 100년마다 재해석된다. 금세기에도 스피노자 철학은 끊임없는 영감의 원천이다. 지금 우리가 논의를 진행하고 있는 심신동일론도 그중 하나다.

영원의 상하

스피노자 철학의 일차적 관심은 무엇이었을까? 그의 저작이 형이상학의 형태를 취하면서도 제목은 왜 『에티카』 즉 '윤리학'이었을까? 윤리학은 인간의 삶과 행위의 가치를 다루는 철학의 분야가 아닌가? 스피노자의 철학은 앞서 언급한 대로 범신론이며 일원론이다. 신이며 실체인 자연이 어떻게 인간의 삶과 연관을 맺는가?

니체가 말했다. "신은 죽었다"고. 그러나 그보다 200여 년 전 스피노자는 같은 생각을 갖고 있었다. 인격신을 부정했던 스피노자가 당시 삶을 누릴 수 있던 곳은 네덜란드 말고는 없었다. 스피노자는 인간이 주인이라는 사실을 처음으로 보여 준 철학자였다.

스피노자에게 신은 바로 우리 자신이 가진 생산력과 창조력이었다. 그는 이 '역량' 또는 '힘'을 '코나투스'라고 불렀다. 윤리학적 맥락에서 코나투스는 자아를 보존하고 완성하려는 욕구의 의미다. 스피노자의 '행복'은 바로 코나투스의 완전한 표출이다. 그는 정치 체제에 대해서도 뭇 사람이 행복할 수 있는 즉 코나투스를 발휘할 수 있는 체제가 최선이라고 보았다.

하나뿐인 자연 역시 코나투스적인 힘이라고 할 수 있으며, 두 측면을 갖고 있다. 무한자의 측면과 유한자의 측면이다. 무한자는 '능산적 자연' 즉 산출하는 자연이며 무언가를 만들어 내는 궁극적인 힘이다. 유한자는 '소산적 자연'으로 산출된 자연이다.

무한자를 신 또는 자연이라고 부르며, 유한자는 바로 우리 자신이다. 그 둘은 어떻게 관계하는가? 유한자가 무한자의 변용태에 불과하다는 주장을 '스피노자주의'라고 부른다. 따라서 이 세계에서 일어나는 모든 사태는 신의 필연성에 따라 일어난다. 유한자는 무한자의 필연성을 수용함으로써 그것과 관계를 맺을 수 있다. 그렇게 인간은 신과 결합하고 행복을 얻는다. 신에 대한 지적 직관으로 신의 입장에 선다. 스피노자는 이 입장을 '영원의 상하' 즉 '영원의 입장 아래' 서는 일이라고 말한다.

어떤가? 스피노자에게서 언뜻 불교가 보이지 않는가? 현상을 떠나 있는 그대로를 보라는. 또 '법은 어디에나' 있고, 일어나는 모든 것이 '자연의 이치일 뿐'이라는.

스피노자의 옷을 입은 현대 철학자들

개밥바라기는 샛별이다

이제 스피노자를 떠나 논의의 주제였던 유물론으로 돌아가 보자. 하지만 우리 시대 가장 강력한 심신 관계 이론인 동일론이 스피노자 형이상학의 한 변주임을 간과해서는 안 될 것이다. 철학사에서는 데카르트-스피노자-라이프니츠로 이어지는 대륙의 합리주의를 '실체의 개수를 수정하는 철학'으로 규정한다. 데카르트의 두 개의 실체는 스피노자에서 하나로, 라이프니츠에서 무한한 여럿으로 수정된다. 하지만 스피노자의 철학을 데카르트 철학의 아류나 변종으로 보는 시각은 이미 구시대의 것이다.

스피노자 형이상학에서 물리적인 것과 심리적인 것은 하나의 실체인 자연의 두 측면이다. 심신동일론은 심리적 프로세스와 물리적 프로세스는 속성이 서로 다르지만 사실상 같은 '것'을 '지칭'한다고 주장한다. 이런 주장을 잘 표현하고 있는 명제를 하나 들어보자.

"개밥바라기는 샛별이다."

우리 시대의 반려동물로 호강하는 '개'는 하루 여러 차례 고급 사료를 먹지만 옛날 견공들의 식사는 하루 한 차례만 제공됐다. 1일 2식의 가난했던 시절, 귄님들이 이른 저녁 식사를 마친 뒤 견공들은 남은 밥을 된장국이나 남은 찌개에 꾹꾹 말아 주는 식사를 기다렸다. '개밥바라기'는 바로 이 시각에 떠서 서쪽 하늘에 유난히 빛나는 별 즉 샛별이다.

'바라기'는 '작은 그릇'을 의미하기도 하고 개가 밥을 '바란다'는 중의적 표현이기도 하다. '샛별'은 모두 아는 대로 새벽 시간 동쪽 하늘에 빛나는 별이다. 이 두 개체가 사실상 같은 '금성'이라는 별이라는 건 천문학의 탐구 성과다.

스피노자 식으로 얘기하면 개밥바라기와 샛별은 금성의 두 측면이다. 이제 동일론의 주장을 이해할 수 있다. 앞서 예로 든 명제, '통증은 신경 C섬유의 떨림이다'를 통해 동일론이 주장하고자 하는 바는 마음에서 일어나는 아픔이라는 프로세스와 몸의 신경에서 일어나는 신경 C섬유의 떨림이라는 프로세스가 사실상 같은 과정을 가리킨다는 것이다.

여기서 바로 제기되는 의문이 있다. 그렇다면 두 프로세스를 두 가지 측면으로 갖는 하나인 그 무엇은 무엇일까? 스피노자 식으로 말한다면, 실체이며 신이며 자연인 그것은 과연 무엇일까?

꼬집으면 아프다

앞에서 제기한 '하나인 무엇'이 무엇인지 논의하기 전에 짚어야 할 문제가 있다. 필자의 친구 중 이 글들을 꼼꼼하게 읽어 주고 자주 댓글로 자신의 생각을 표현해 주는 고마운 친구가 있다. 실명은 밝히지 않고 그저 '운암 선생'이라고만 밝힌다. 운암 선생이 동일론의 명제와 관련해서 이런 댓글을 달았다. "안면마비는 12개 뇌신경 중 7번째인 안면신경이 마비돼 나타나는 증상."

상식적으로 너무 당연한 신경생리학의 참 명제로 보인다. 하지만 철학적 사고와 주장은 상식과 어긋날 때가 많다. 그래서 철학하는 사람은 보통 비상식적이고 반사회적인 사람으로 여겨지는 경우가 적잖다. 대낮에 등불을 켜고 다니며 사람을 찾았다는 디오게네스를 흉내 내 어떤 철학도는 여름에 코트를 입고 다니기도 했단다. (실제로 필자의 대학 시절 철학도들은 물들인 군복과 목 자른 워커를 즐겨 신었다. 실크해트를 쓰고 다녔던 철학도도 있었다.)

사설이 길어졌지만, 앞의 명제에서 짚을 대목은 '…신경이 마비돼 나타나는…'이다. 이 대목에서 데카르트 식 사고와 스피노자 식 사고의 다름을 언급할 수 있다. 물론 우리의 상식은 아직 데카르트적이다. 데카르트는 정신과 물질이 두 개의 실체라고 주장하면서도 두 개의 실체가 서로 어떻게 영향을 주고받는지에 대해서는 설명하지 못했다.

"꼬집으면 아프다"는 명제는 어떤가? 데카르트에 따르면 '꼬집는다'는 물리적 자극이 어떻게 '아프다'는 심리적 과정을 일으키는가? 엄연히 서로 다른 두 개의 실체인데. 데카르트는 이 대목에서 그저 얼버무리고 만다. 당시로서는 꽤 깊은 해부학적 지식을 갖고 있었던 그는 이런 변환의 과정이 송과선(소나무열매 곧 솔방울 모양의 내분비샘)에서 진행된다고 주장했다.

물론 이 주장은 과학적 사실도 아니고 철학적 사유도 아니었다. 그렇다면 안면신경의 마비가 원인이 돼 안면 마비가 온다는 인과율적 상식의 사고는 받아들일 만한가? 지나치게 깐깐한 논의가 될지 모르지만 스피노자 식 버전으로 이 명제를 바꿔 보자. "안면신경 마비와 안면 마비는 한 사건의 두 가지 측면이다." 상식적이진 않을지 몰라도 철학적이긴 하지 않은가?

스트로슨의 '사람'

동일론이 신경생리학과 동맹을 맺고 세련된 모습으로 출현하기 전, 스피노자 형이상학의 현대적 변용이 출현한 적이 있다. 몸과 마음은 '무엇'의 두 측면이라는 생각이 그것이다. 그 '무엇'을 영국의 철학자 피터 스트로슨은 '사람'이라고 불렀다.

마음이 무엇인지를 밝히는 심리철학에서 '타인의 마음 문제'는 풀어야 할 중요한 철학적 아포리아(난제)다. 물리적 과정은 측정 가능하고 객관적 관찰이 가능한 반면, 심리적 과정은 주관적이고 직관적이다. 다시 말하면 일인칭적이다. 일인칭적·심리적 과정을 삼인칭으로 기술할 수 있다고 주장하려면 환원적 유물론이나 행동주의의 입장을 취하지 않을 수 없게 된다.

스트로슨은 이 난제를 해결하기 위해 심리적 술어의 논리적 독특성에 주목했다. 그는 심리적 술어는 일인칭적 사용과 삼인칭적 사용의 의미가 동일하다는 특성을 갖는다고 주장했다. 이러한 의미의 동일성은 '사람'이 심리적 측면과 물리적 측면을 동시에 갖는 개별적 존재이기 때문에 가능하다. 개별자로서의 사람은 언어를 사용하면서 개념적 능력을 갖는 존재다. 사람이 언어를 학습할 수 있는 것은 타인의 마음을 이해함을 조건으로 한다. 그러므로 '사람 이론person theory'에서 타인의 마음 문제라는 아포리아는 해소된다.

'사람 이론'은 인간이라는 존재가 구체적인 시간과 공간 속에 존재하며 동시에 경험과 사유의 주체라는 상식과 잘 부합한다. 그러나 사람 이론에는 약점이 있다. 스트로슨이 지적하는 '사람' 개념 안에는 동물도 포함되지 않는가 하는 비판이 가능하다. 동물도 인간만큼 복잡하지는 않지만 심리적 과정을 갖지 않는가?

현대 철학에서 형이상학적 논의는 매우 논리적이고 개념적인 과정을 거친다. 정교한 언어 분석과 범주 분석으로 무장한 철학적 논변이 작업의 핵심을 이룬다. 물론 스트로슨의 작업도 그렇다. 그렇게 현대 철학의 논리적 논의를 거쳐 스피노자가 재해석되고 있는 셈이다. 스트로슨의 사람 이론을 포함한 이런 입장들을 '양면 이론double aspect theory'이라고 통칭한다. 물론 심리적 과정과 물리적 과정이 달라 보이지만 사실은 같은 것을 지칭한다는 동일론도 그 가운데 하나다.

188

불교는 유물론도, 유심론도 아니다

오로지 마음이다

유물론은 우리 시대의 상식이지만 그 대칭선상에 있는 '유심론'의 세력 또한 결코 무시할 수 없다. 유심론은 '세상에 정말로 존재하는 것은 마음뿐'이라는 주장이다. 물질, 물질적인 것은 존재하는 것처럼 보일지 모르지만, 사실은 그 자체로 정신적인 것이거나 '마음'에 의존해 존재하는 것이다. 지금 눈앞에 무엇이 보이는가? 책상, 스탠드, 컴퓨터 모니터 등이 내게 보인다. 그 보이는 것들은 물질인가 정신인가? 그것들은 물론 물질이라고 생각하겠지? 하지만 그 생각은 상식에 기초한다.

철학은 상식을 의심하는 데서 시작한다고 했다. 그렇다. 상식에 물음표를 찍는 순간 철학은 시작된다. 보이는 대상이 정말 물질인가? 그것이 물질임을 어찌 아는가? 물질임을 아는 것은 물질인가 정신인가? 그렇다면 정신에 포착되지 않는 물질이란 과연 있는 것인가? 물질이 물질일 수 있는 까닭은 정신에 포착되기 때문이 아닌가? 결국 물질인 대상들 모두 정신의 대상이고 정신에 의존한다는 철학적 결론에 도달할 수밖에 없지 않은가?

이는 유심론의 대표적이며 가장 단순한 논변 중 하나다. 유심론은 이보다 더 세련된 논리로 무장하고 다양한 논변의 옷을 입고 나타난다. 모두들 이 시대를 사는 상식인으로서 이런 비상식적인 생각에 반박하고 싶어 목구멍이 간질간질하리라. 하지만 논리를 정연히 갖춰 대응하기란 결코 녹록치 않다. 우리가 비상식으로 여기는 이런 생각들이 상식의 주류를 이루던 때가 그리 오랜 과거가 아니다.

이런 사상들의 역사는 유구하다. 양의 동서를 막론하고 널리 퍼져 있는 믿음이었다. 다시 말해 유심론은 동서고금에 가장 기본적 믿음의 하나라고 감히 말할 수 있다. 철학의 역사에서도 커다란 줄기를 형성해 왔다. 가장 최근에는 '독일 관념론'이라고 부르는 피히테·셸링·헤겔의 철학이 두드러진다. '관념론'은 인식론적 개념이지만, 형이상학의 '유심론'과 거의 대체 가능한 말이다. 서양 철학의 거대한 한 줄기 플라톤과 칸트의 철학도 관념론에 속하며 부분적으로 유심론적 경향을 보인다. 정신을 중시하는 철학의 기본적 성향이다.

마음 밖의 세상

마음은 대상을 인식한다. 상식은 그 대상을 존재라고 여긴다. 존재? 있는 것, 있음? 인간은 수천 년 전부터 그것에 관심을 가져 왔다. 도대체 있는 것은 뭐고 없는 건 또 뭐란 말인가? 많은 사람이 눈에 보이고 귀에 들리는 '것'의 밖에 '무엇'인가 있을 거라고 생각하고, 그것이 무엇인지를 탐구했다.

서양 철학에서 철학 최초의 물음은, "만물이 무엇으로 되어 있는가"였다. 자연철학은 그렇게 있는 것의 근원을 물었다. 최초의 물음은 아직도 계속된다. 자연철학자 중 한 명은 '더 이상 쪼갤 수 없는 것' 즉 아톰이라고 답변했는데, 이 답은 매우 근대적이다. 자연과학자들의 결론이 이와 근사하기 때문이다.

인간의 사고가 더욱 사변적이고 추상적이 되면서 답은 논리성을 갖추게 된다. 드디어 형이상학이 시작된다. 파르메니데스의 '유'는 '있음 그 자체'다. '유'가 없다고 할 수는 없다. 왜냐하면 '유'라는 말 자체가 '있다'는 말이기 때문이다. 그래서 유는 변하지 않는 존재가 아닐 수 없다.

헤라클레이토스는 '있음 자체'란 '말장난'이라고 일축하고 눈을 뜨고 사방을 둘러보라고 말한다. 그대로 있는 무엇이란 사람의 정신이 만들어 낸

190

허구일 뿐이며 존재하는 모든 것은 변화 속에 있다고 주장한다. '강'은 정신 속에만 있어서 변하지 않는 무엇일지 모르지만 "같은 강물에 두 번 다시 발을 담글 수 없다." (그가 모든 것이 변화하고 그 변화에는 법칙인 로고스가 있다고 주장한 것은 『주역』의 사고와 비슷하다고 하는데 나는 잘 모르겠다.) 그에게 존재란 우리에게 인식되는 그대로다. 그런 철학적 입장을 (존재에 대한) '현상론'이라고 하고, 그에 대비되는 입장을 '실재론'이라고 한다.

테라바다 불교는 어떤 입장일까? 파르메니데스보다는 헤라클레이토스와 가깝다. 존재는 여섯 가지 감각기관을 통해 우리에게 알려지며, 그 너머에 변하지 않는 무엇은 없다. 그래서 존재는 '알려지는' 것이 아니라 '형성된다'고 하는 편이 낫겠다. (이 점에서 헤라클레이토스와 미묘한 차이가 있다.)

안眼·이耳·비鼻·설舌·신身·의意가 그 여섯이다. 외부 세계란 감각기관이 그것에 주어지는 여섯 가지 조건과 만나 이루어질 뿐 독립해서 존재하는 실체가 아니다. 그 여섯 조건은 색色·성聲·향香·미味·촉觸·법法이다. 전자를 안의 감각장소, 후자를 밖의 감각장소라고 한다. 합해서 12개의 감각장소라고 한다. 세상은 딱 그것, 12개의 감각장소다. 그 밖의 세상이란 없다.

왜 '장소ayatana'인가? 고속도로 만남의 광장을 염두에 두면 설명이 쉬워질 듯하다. 만남은 장소에서 이루어지기 때문이다. 중국에서 아야따나는 '곳'을 뜻하는 '처處'로, 또는 '들어온다'는 뜻의 '입入'으로 번역됐다. (12연기 중 '6입'은 장소의 뜻과 같다.)

테라바다의 '존재'는 그래서 사람의 감각기관과 그것에 주어지는 것, 12처 딱 그것이다. '세상'이라는 개념을 이렇게 해체하면 무상無常·고苦·무아無我의 특성이 극명하게 드러난다는 것이 바로 붓다의 가르침이다.

존재란 지각되는 것

'Esse ist Percipi'는 '존재란 지각되는 것이다'라고 번역된다. 영국 경험주의 철학자이면서 유심론자였던 버클리의 유명한 명제다. 버클리는 외부 세계란 마음에 들어온 지각의 묶음일 뿐이라고 주장했다. 상식과 매우 동떨어진 주장이다. 상식론자들의 비판이 바로 이어졌다.

"뜰 앞 나무가 내가 안 볼 땐 존재하지 않는가?"

버클리는 대답한다.

"다른 사람의 지각 속에 있지 않나?"

"그럼 사람이 존재하지 않는 곳엔 나무도 자라지 않나?"

"그건 신의 지각 속에 있다."

어딘지 좀 옹색해 보인다. 하지만 버클리의 철학은 논리적으로는 매우 설득력 있어서 후대 철학자들의 많은 주목을 받았다. 쇼펜하우어는 버클리를 "주관적 관점을 진지하게 취급한 최초의 철학자. 주관성의 절대적인 필요성을 반박할 수 없게 논증했다. 그는 유심론의 아버지다"라고 평가했다.

상식은 자주 사람을 속인다. 상식 자체가 시대의 한계이기 때문이다. 있는 것처럼 보이는 세상의 속성이 무상·고·무아라는 붓다의 가르침을 상식적인 사람들은 믿지 않는다.

"이처럼 '살맛 나는 세상'이 고통스럽다니?"

"세상 모든 것이 흘러가도 사랑은 영원하지 않은가?"

"두 눈이 시퍼렇게 살아 있는 '나'를 없다고 하는 가르침은 이해할 수 없다!"

상식인들은 그렇게 말한다. 뭔가 '과학적'으로 보여 줘야 믿는다. 그런데 '과학'이 보여 주는 많은 것이 상식과 크게 어긋난다는 사실은 어떻게 받아들여야 하는가?

다시 테라바다로 돌아가 보자. 테라바다는 안의 6처와 밖의 6처가 만나 12처가 형성되면 반드시 그에 상응하는 알음알이(식識)이 생겨난다고 한다. 눈과 형색이 만나면 눈의 알음알이(안식眼識)이, 귀와 소리가 만나면 귀의 알음알이(이식耳識)이 생겨난다. 육식六識이 그것이다. 12처와 6식을 합해서 18계界라고 한다. '계dhatu'는 '요소'라는 뜻이다. 상식인들이 말하는 '존재'의 18가지 요소다.

이제 '마음'에 대해 이야기할 때가 되었다. 이 '식識'이 바로 테라바다에서 말하는 '마음'이다. 붓다는 12처에 덧붙여 왜 식을 얘기했을까? '마음'이란 독립해서 존재하는 실체가 아님을 설명하기 위해서다. 마음은 12처를 조건으로 생겨나는 것이지 결코 절대적인 무엇이 아니다.

마음 역시 붓다의 기본적 가르침인 연기의 일부일 뿐이다. 연기는 조건이 되면 발생하는 법칙이다. 세상의 일어남과 사라짐은 연기의 법칙이 보여주는 현상이다. 마음도 그런 세상의 요소라는 가르침이다.

지각의 묶음

세계에 대한 버클리의 견해는 테라바다의 외부 존재에 대한 그것과 흡사하다. 하지만 버클리는 정신을 실체화했고 정신의 절대성을 신에게서 찾으려 했다. (그는 성공회 주교였다.) 버클리의 논리를 더 철저하게 밀고 나간 경험주의자가 데이비드 흄이다.

스코틀랜드 사람 흄은 변호사의 아들로 태어나 열두 살에 에든버러 대학에 조기 입학해 법학과 철학을 공부했다. 십대 시절을 온통 읽고 쓰는 데 보냈던 흄은 신경쇠약을 앓았고 평생 독신으로 살았다. 약관 스물여섯 살의 나이에 낸 첫 철학 저서 『인간 본성에 관한 논고』는 철학사에서 매우 주목받는 저술이다. 이 책에서 흄은 인간의 심리 현상을 경험주의에 입각해 해석하려는 시도를 보인다. 인간의 심리 현상은 '관념'에 대한 해명에서 시작되는데, 관념은 정신에 주어지는 '인상'에서 비롯된다. 인상과 관념의 관계는 지각인데, 이는 필연적 인과관계가 아니라 습관에 의한 우연적 관계다.

흄은 매우 지성적이고 비판적인 사람이었다. 경험적으로 검증되지 않는 모든 이론이 공허하다고 생각했다. 형이상학에 대한 경험주의의 불신은 흄에 와서 극에 이른다. 이런 흄의 정신은 20세기 영미철학으로 이어진다. '논리실증주의', '논리적 원자주의' 등의 영미 분석철학은 흄에서 본원을 찾을 수 있다.

현대 과학철학의 난제인 이른바 '귀납의 문제'를 제기한 최초의 인물도 바로 흄이다. 칸트는 흄의 회의주의적 철학에서 과학과 형이상학을 건져 내기 위해 두 권의 비판서를 썼지만, 경험주의 전통에서는 아직도 칸트보다는 흄의 철학을 신뢰하는 경향이 있다. 로크나 버클리가 실체로 인정한 정신이 흄에게는 우연적으로 형성된 '지각의 묶음bundle of perception'일 뿐이다. 마음 또는 정신은 실체가 아니라 그런 지각 묶음을 부르는 이름일 뿐이다.

마음에 대한 테라바다 부디즘의 견해는 흄의 철학을 연상시킨다. 마음은 세상을 형성하는 18가지 요소의 일부일 뿐이다. 18계는 '모든 법이 중생이니 영혼이니 하는 실체가 없고 공함을 드러내기 위해 붙여진 이름'이다. "18계의 가르침은 마음 또는 알음알이란 절대적인 것이 아니라 안의 감각장소와 밖의 감각장소가 만나서 생기는 조건 발생이요, 찰나적인 흐름일 뿐임을 보여 준다"(각묵, 『초기불교입문』에 인용된 상윳따 니까야 주석서). 이런 테라바다 부디즘의 견해에 따른다면, 대상은 마음 밖에 독립해서 존재한다고 할 수 없다. 마음 그것도 일어났다 사라지는 찰나적 흐름일 테니까.

마음은 일어났다 사라지지만 마치 지속하는 실체인 것처럼 보인다. 불교에서는 이런 현상을 '심상속心相續'으로 개념화해서 설명한다. 마음이 흐르는 강물의 물방울 하나하나라면 '심상속'은 강에 비유된다. 어제의 강은 오늘도 강이지만 어제의 강물은 오늘의 강물이 아니다. 강은 늘 흐르지만 개념일 뿐 실체가 아니다. 마음이 그러하다. 불교가 유심론이 아닌 까닭은 바로 이것이다.

불교는 마음을 이렇게 본다

테라바다와 『비슈디마가』

불교는 '마음'을 어떻게 이해하는가? 또 많은 사람들이 여기고 있는 것처럼 과연 불교는 유심론인가? 이 물음들에 답하기 위해 테라바다 부디즘이 그려 놓은 마음의 지도를 따라가 보자. 물론 그 지도는 붓다 자신이 그려 놓은 건 아니다. 붓다의 제자들, 테라바다 논사들이 수세기에 걸쳐 완성해 놓은 것이다.

붓다의 가르침은 5부 니까야(경)로 집대성됐는데, 한자문화권인 우리에게는 아함경 4부로 전해졌다. 5부 니까야가 어떻게 4부 아함이 되었을까? 니까야는 본래 팔리어로 편집됐는데, 수세기 뒤 불교의 수호자를 자처한 아소카 왕이 성스러운 경전은 성스러운 언어로 기록돼야 한다며 산스크리트어로 번역·편찬했다. 중국에 전래돼 한역되는 과정에서 이 경전은 여러 부파의 경전을 나름대로 체계를 세워 4부로 편집돼 한역 대경장에 편입됐다. 그 오리지널인 5부 니까야는 스리랑카에 전해져 팔리어로 남아 있다가 19세기 초 발굴, 영어로 번역됐다. 이후 이 팔리본 니까야는 초기 불교를 비롯한 불교 전반의 연구에 귀중한 텍스트가 되고 있다.

아무튼 아함 또는 니까야의 주요 사상은 사성제와 연기다. 이를 바탕으로 마음의 철학을 세련되고 구체적으로 다듬어 간 사람들은 후대의 승려들이다. 붓다의 사후 100년경에 제자들 사이에 붓다의 법을 해석하는 데 견해 차이가 생겨 크게 두 파로 갈리게 되는데, 이를 근본 분열이라고 한다.

보수적인 상좌부와 진보적인 대중부로 갈리고 두 부파로부터 여러 갈래의 분열이 일어나는데, 이 시대의 불교를 통칭해 '부파불교'라고 부른다. 참고로 대승불교는 대중부 계통의 부파에서 비롯됐다는 이론이 설득력이 있지만 확정된 학설은 아니다.

부파불교에서 활약했던 학승들을 '논사'라고 부르는데, 이들의 저술이 '논서'다. 보통 경·율·논을 삼장이라고 하는데 논서論書들을 모아 놓은 것이 '논장論藏'이다. (과거 독재정권 시대 동숭동에 '논장서적'이라는 책방이 있어 그곳에서 금서들을 사다 많이 읽었다. 지금도 그 책방이 있는지 궁금하다.) 논사들의 해석과 사상을 담은 불교의 논서들은 여럿이다. 북방 부파의 구사론, 성실론, 발지론, 대비바사론 등 10여 종, 대승의 대승장엄경론, 대승기신론, 대지도론, 중론, 백론, 성유식론, 성실론 등 30여 종, 선불교의 간화결의론, 이입사행론 등 수십 종이 있다.

그러나 테라바다의 논서는 『해탈도론』, 『청정도론』, 『아비담맛타상가하』 등이 전부로 많지 않다. 이 가운데 『비슈디마가』 즉 『청정도론』이 테라바다 수행자들의 사상을 대변하고 수행의 텍스트가 돼 왔다. 불법에 대한 테라바다의 견해는 비교적 일관성이 있어서 수행자들을 많이 헷갈리게 하지 않는다는 장점이 있다. 우리가 따라가 볼 마음의 지도는 테라바다의 것이다.

마음이 하는 일은 알아차림뿐

현대 심리학은 프로이트에서 시작된다고 한다. 그는 빙산이 자신의 실체를 거의 바닷물 속에 감추고 있듯, 현상적 마음의 심연에 숨겨진 저변의 마음이 있다고 주장한다. 감춰진 마음이 행동을 지배하는 숨은 조정자이며, 인간을 알기 위해서는 알게 모르게 드러나는 그 조정자의 정체를 밝혀야 한다고 말한다.

현대에 와서 그의 이론은 지지보다는 비판을 많이 받지만, 반대 진영까지를 포함한 심리학의 원조임을 부인할 수는 없다. 프로이트는 자신이 받은 영감을 지나치게 체계화하려는 욕구 때문에 비판자를 양산한 셈이다. 하지만 마음의 정체가 심층적으로 보일 만큼 복잡다단하다고 본 점에서는 옳았다. 요가짜라(유식론)는 식의 흐름이 마치 폭포와 같다고 말한다. 폭포는 그것을 이루는 물방울이 무수하여 거대한 하나의 흐름으로 보인다. 한 순간도 쉬지 않고 흐르는 폭포도 해체해 보면 물방울의 모임이듯, 의식이 폭포처럼 흐르지만 마음이란 순간순간 일어났다 사라지는 현상이다. 테라바다 논사들이 살아나 프로이트와 논쟁을 벌인다면 그가 이런 마음의 특성을 간과했다고 비판하리라. 그래서 폭포를 보고 물방울을 못 보듯 프로이트 계통의 심리학이 마음 자체가 무엇인지에 대한 궁리가 없다고 말하리라.

테라바다 부디즘(결국은 요가짜라를 위시한 모든 부디즘)에서 마음은 '대상을 아는 작용'이다. 마음은 이렇게 실체가 아니며, 수시로 일어났다 사라지는 현상일 뿐이다. '대상'이란 안·이·비·설·신·의, 여섯 개의 문을 통해 들어오는 색·성·향·미·촉·법이다.

『아비담맛타상가하』라는 논서에는 대상 하나에 마음이 17번 일어난다고 씌어 있다. 하나의 대상에 마음이 17번 일어나는지 18번 일어나는지를 둘러싸고 논사들 사이에 논쟁이 치열했다고 한다. 찰나에 일어나고 사라지는 마음일진대 그 수를 어찌 센단 말인가? 수행이 궁극에 도달하면 알게 된단다.

아무튼 테라바다에서 마음이란 '알아차리는 작용'을 이르는 말이다. 그러니까, 화엄이나 대승기신론에서 말하는 '일심一心'이나 '진심眞心'과는 퍽 발상이 다르다는 점을 알아 두었으면 한다.

왕은 홀로 오지 않는다

상식적으로 우리는 생각하고 느끼고 사랑하고 미워하고 후회하고 기대하고 … 등등, 이런 모든 것을 마음의 작용이라고 본다. 그러나 테라바다 부디즘은 오직 분별하는 작용만 마음이라고 일컫는다. 그렇다면 우리가 심적 작용이라고 하는 현상들은 무엇인가? 그것은 마음에 따라오는 것들, '마음부수'라고 부른다.

상식의 세계에서는 마음과 마음부수를 통틀어 마음이라고 하지만, 논사들은 '마음'이 대상을 알아차리면 거기에 마음부수들이 따라온다고 말한다. 마치 왕이 시종을 거느리듯. 그래서 마음을 '심왕'이라고 하고, 마음부수를 '심소'라고 칭하기도 한다. 아비담마(논서)는 마음은 하나이고, 마음과 함께 일어나는 마음부수가 52가지 있다고 분석해 놓았다.

그런데 마음이 일단 일어나면 반드시 함께 일어나는 마음부수 일곱 가지가 있다. 『아비담맛타상가하』에서는 그래서 마음을 '항상 일곱 대신을 거느리고 다니는 왕'에 비유한다. 마음의 이 여덟 가지 측면이 우리의 정신세계를 구성하는 기본 골격이라고 설명한다. 이런 설명은 현대 심리학의 어떤 이론보다도 정교해 보인다.

심리학은 정신 치료나 광고, 심지어 대중 조작까지 현실적 필요에 따라 발전했다. 아비담마 역시 필요에 따라 발전했다. '생로병사'라는 인간에게 주어진 한계를 어떻게 극복할 수 있을까'라는 종교적 난제를 풀기 위해 사람의 마음에 대해 알아야 했기 때문에 나온 이론들이라고 본다. 그리고 그 이론들은 붓다의 가르침을 충실하게 보전하고 전파하기 위한 필요에서 발전했다.

하지만 부디즘이 시간적으로 확대되고 공간적으로 확장되면서 많은 논서의 주장들이 붓다의 사상과 어긋난다는 비평도 적지 않다. 특히 대승불교의 논서들이 부디즘의 핵심인 연기, 공, 반야(지혜) 등의 개념을 재해석하면서 그것들을 실체화했다는 논란이 끊이지 않는다. 이런 문제들은 관련되는 여러 학자들이 머리를 맞대고 풀어야 할 과제들이다.

왕과 일곱 대신

왕은 어디에나 출현한다. 하지만 혼자 오지 않는다. 왕의 곁에는 늘 일곱 대신이 따른다. 왕이 하는 일은 대신들의 도움이 없다면 성취되지 않는다. 심왕(마음)은 육문을 통해 들어오는 대상들을 무엇이든 알아차릴 수 있다. 하지만 지각하고 느끼고 생각하는 일은 혼자 할 수 있는 일이 아니다. 심왕을 따르는 일곱 가지 심소의 도움을 받아야 한다. 마음과 함께 반드시 따라오는 일곱 가지 마음 부수는 촉觸(감각접촉), 수受(느낌), 상想(인식), 사思(의도), 심일경心一境(집중), 명근命根(생명 기능), 작의作意(마음 새김)다.

이쯤 되면 아비담마는 복잡하고 정교한 심리학이 된다. 마음이 일어나면 이 일곱 가지 심리적 현상이 '반드시' 함께 일어난다는 견해는 논사들의 통찰이다. 논사들이 '마음'이라는 주제를 놓고 수백 년 동안 관찰하고 논쟁해 내놓은 결론이다. 그들은 왜 그런 수고를 아끼지 않았을까? 실재를 이해하기 위해 '해체해서 보라'는 붓다의 가르침 때문이다.

일곱 가지 마음 부수에 대한 간략한 설명이 필요할 듯하다. 촉은 십이인연의 요소들 중 하나이기도 하다. 십이연기에서 명색名色 즉 몸과 마음이 있으면 바로 따라오는 것이 촉이다. 『비슈디마가』는 촉을 '대상을 정신적으로 만지는 것'이라고 비유적으로 설명한다. 나는 그것을 육경·육근이 만나 십이처가 되는 메커니즘을 일컫는 것으로 이해한다.

수(느낌)는 십이인연의 고리에서 촉 바로 다음에 따라 나온다. 수는 순수 느낌이다. 마음이 일어나는 모든 곳에 느낌이 있다. 상식적으로 느낌의 종류는 엄청나게 많은 듯싶지만 아비담마는 느낌을 세 종류로 분류한다. 좋은 느낌, 나쁜 느낌, 좋지도 나쁘지도 않은 느낌. (느낌은 수행에서도 매우 중요한 마음부수로 친다. 느낌은 통찰수행의 네 가지 대상 중 하나이며 마음을 아는 좋은 방편이다.)

인식과 의도도 함께한다고 아비담마는 본다. 알아차림에 판단이 가미되면 상(지각)이 된다고 보통은 설명하는데, 엄격히 따지면 알아차림(식識)이 일어나면 반드시 판단이 덧붙여지는 것처럼 보이는 지각이 따라온다고 할 수 있다. "한 생각도 일으키지 말라"는 어느 선사禪師의 가르침은 이런 견해에서 보면 말이 안 된다. 의도는 행위를 촉발하는 마음의 작용이다. 더 섬세하게 말하면 마음이 일어나면 행위를 촉발하는 의도가 함께 따라온다. 마음이 일어나면 이렇게 느낌·인식·의도가 꼭 함께 따라오는 것이다.

집중, 생명 기능, 마음 새김이 마음과 함께 일어난다는 견해는 더욱 섬세한 관찰의 결과일 것이다. 아비담마의 마음에 대한 이런 통찰은 현대의 어떤 심리학이나 심리철학보다도 정교해 보인다.

마음은 왜 왕인가

비 오는 날이면 마음이 우울해진다. 나이가 들면 들수록 우울의 강도가 점점 높아져 간다. 마음도 늙어 가는 것인가? 이런 상황을 우리는 어떻게 이해해야 할까? 상식의 세계에서는 그렇게 믿고 그렇게 말한다. 마음을 몸에 빗대어 무엇처럼 표현한다.

하지만 마음에 대한 기술들은 거의 모두가 은유적이다. 마음은 데카르트의 건축물이 아니다. 마음은 일어나고 사라질 뿐이다. 그러면서 여러 가지 심리적 작용들을 끌고 다닌다. 아비담마에서는 마음에 끌려 다니는 작용들이 52가지라고 보았다.

마음이 왕인 까닭은 이것들을 끌고 다니는 '주체'이기 때문이다. 논서들은 '마음은 알아차리는 행위'라고 정의한다. '찌따(마음)'라고 부르기도 하고 '윈냐냐(알음알이)'라고 부르기도 한다. 아비담마에서 찌따와 윈냐냐는 완전한 동의어로 쓰인다. 알음알이의 발생 자체가 마음이다.

논사들은 왜 이 점을 강조하는가? 주체이지만 실체는 아니라는 점을 보여 주고 싶은 것이다. 알음알이란 단지 아는 행위일 뿐이고 그 행위는 일어났다가 사라진다. 일어났다 사라지는 모든 것은 무상하다. '참마음', '참나', '아트만', '우주 자체인 브라만' 등은 그래서 어불성설이다. 그것들은 개념(빤냐띠)이고 생각 속에 존재할 뿐이다. 개념은 변하지 않는 것처럼 보인다. 아비담마는 그런 개념들이 모두 산야(想想, 지각)에 속하는 것이라고 본다.

실체는 아니지만 마음은 주체다. 마음은 주체와 대상의 구조를 지닌다. 12개의 장소(십이처)에서 마음은 일어나는데 18개의 요소가 세상을 이룬다. 그래서 세상 모두가 주체인 마음 없이 성립하지 않는다. 칸트가 세상을 인식의 선험적 주체인 정신과 대상의 구성으로 설명하려 했던 시도는 아비담마의 발상과 흡사한 면이 있다.

『반야심경』으로 '마음' 복습

불교 의식이 열리는 곳이면 어느 곳에서나 의식의 말미에『반야심경』을 독송한다. 내 경우, 솔직히 말하면 수십 년『반야심경』을 외면서도 수십 년 동안 그 뜻이 확연하지 않았다. 갓 불교에 입문했던 20대 이래 어느 누구도 속 시원히 뜻풀이를 해 주는 이 없었다. 그저 '그거 알면 깨닫는다'는 따위의 무책임한 말들만 주위에 무성했다. 앎에 대한 욕구가 스펀지처럼 왕성하고 충만했지만 좋은 스승이 없었던 것 같다. 여담이고, 『반야심경』에서 가장 유명한 구절을 떠올려 보자.

사리자 색불이공 공불이색 색즉시공 공즉시색 수상행식 역부여시(舍利子 色不異空 空不異色 色卽是空 空卽是色 受想行識 亦夫如是)
사리자여, 색은 공과 다르지 않고, 공은 색과 다르지 않으니, 색이 곧 공이요, 공이 곧 색이라, 수상행식 역시 이와 같으니라.

색도 공하고 수·상·행·식도 공하다는 말이다. '공空'은 대승을 거쳐 중국 불교가 성립하면서 더욱 풍부한 함의를 갖게 되지만 '무상하다', '실체 없다'가 기본적 의미다. (논의를 불필요하게 복잡하게 만들 필요는 없다.) 색·수·상·행·식은 무상하며 실체가 없다는 말이다. 색·수·상·행·식이 무엇이던가? 오온五蘊이다. 인간이란 존재가 바로 오온 즉 몸과 마음이다. 다른 말로는 명색名色인데, 색은 몸, 명 즉 수·상·행·식은 마음이다. 또 달리는 십이처가 색이요, 육식과 그에 따라오는 마음부수가 명이다. 세상은 그렇게 18가지 요소로 해체된다.

인간과 세상이 복잡한 것 같지만 해체해서 보면 그렇다는 말이다. 그런데 그 오온이 공하다는 것이 『반야심경』의 요지다. 그런 진리를 아는 것이 지혜(반야)요, 그 지혜로 관자재보살이 일체의 고액을 넘어감을 사리불 존자에게 가르쳐 준다. 그것이 『반야심경』의 줄거리다(照見五蘊皆空 度一切苦厄).

『반야심경』에서 명名을 수·상·행·식으로 해체해 설명한 것은 아비담마의 전통이다. 식은 대상을 만나 일어났다가 사라지는 주체로서의 마음이다. 일단 마음이 일어나면 반드시 따라 일어나는 일곱 가지 마음부수가 있다고 앞서 설명했다. 그 가운데 느낌과 인식이 수受와 상想이다. 그렇다면 52가지 마음부수 가운데 수와 상을 제외한 50가지는 어디로 갔는가?

그 50가지 마음부수를 뭉뚱그려서 행行(상카라)이라고 한다. 사실은 52가지 마음부수 모두를 상카라라고 할 수 있지만, 그 가운데 수(웨다나)와 상(산야)이 너무도 특별한 성질을 갖기 때문에 별도로 분류한 것이라고 논서들은 설명하고 있다. 이런 설명들을 염두에 두고 논의의 처음으로 되돌아가 불교의 마음에 대한 견해를 요약해 보자.

세계는 물질(색色)과 마음(명名)으로 되어 있다. 마음은 오직 알아차리는 기능만을 하는 심왕(식識)과 심왕이 일어날 때 따라오는 심부수(수受·상想·행行)로 나누어 볼 수 있다. 그 다섯 가지 색·수·상·행·식을 오온이라고 하니, 결국 세계는 오온으로 되어 있다.

제3부
수행의 로드맵

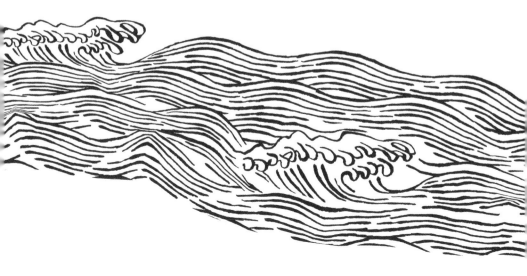

삶은 왜 괴로운가

삶 속에 결코 행복은 없다

사람 사는 것은 모조리 괴로움이고, 진정한 행복이란 적어도 삶 속에는 없다는 것이 붓다의 통찰이었다. 보통 불교에서 '괴로움'으로 번역되는 '두 카dukkha'는 몸이나 마음의 아픔을 의미하는 '괴로움'보다는 '불완전함'의 개념에 가깝다. 우리가 일상에서 행복이라고 여기는 것들이 오래 지속되지 않는다는 속성을 갖고 있어서 완전하지 않다는 것, 그래서 지고의 행복이나 영광·축복 따위는 결코 없다는 것이다.

의사가 병을 치료하는 데는 병의 원인을 아는 것이 가장 중요하다. 원인을 무시하고 나타난 증상만 완화시키는 치료법을 대중요법이라고 한다. 병은 대중요법만으로 치료되지 않는다. 병을 말끔하게 낫게 하는 것을 근치라고 하는데, 근치를 위해서는 반드시 병의 원인을 알아야 하고 원인을 제거하면 병은 낫는다.

붓다는 괴로움에서 벗어나는 길이 있다고 가르쳤다. 바로 괴로움의 원인을 알고 원인을 제거하면 된다고 말했다. 붓다의 유명한 명제 "이것이 있으므로 저것이 있다. 이것이 없어지면 저것이 없어진다"를 연기설이라고 부른다. 그렇다면 우리의 삶은 왜 괴로운가? 다시 말해 괴로움의 원인은 무엇인가?

괴로움의 원인에 대한 발견은 붓다의 사상 가운데 가장 철학적이고 심오한 부분으로 일컬어진다. 고苦의 발견이 붓다의 첫 번째 업적이라면 고의 원인의 발견은 두 번째 업적이다. 이는 자신이 만들어 낸 것이 아니라 있는 진리를 발견했다고 붓다 스스로 말했다. 삶이 어디서 와서 어디로 가는지, 왜 인간은 고의 세계를 벗어나지 못하고 머물러 살아야 하는지를 설명해 낸 부분이 바로 이 부분이다. 이는 매우 철학적이고 정교하며, 불교 철학의 대부분을 차지하는 핵심적인 부분이다.

'십이연기설'로 불리는 이 부분에 대한 설명은 잠시 미뤄 두자. 복잡하고 이해하기가 쉽지 않기 때문이다. 그 대신 이 난해한 철학적 이론에 대한 이해의 바탕을 마련해 보자.

붓다는 뭘 깨달았을까

어느 날 H 법사가 내게 물었다.

"도대체 붓다가 깨달은 게 뭘까요?"

뜬금없는 질문이었다. 하지만 이 기초적인 질문에 나는 즉각 답변하지 못하고 더듬었다. 말문이 꽉 막혔다. 스스로 제법 불교를 안다고 행세했는데 이 느닷없는 질문에 도무지 대처가 안 됐다.

사성제, 팔정도, 십이연기, 삼법인…, 더 나아가서는 유식, 반야, 천태, 화엄…, 펴면 우주 법계를 채우고 거두어들이면 이 한마음一心이라는 진리, 붓다가 깨달았다는 이 세상 모든 진리. 불교의 지식들이 주마등처럼 스쳐 지나간다. 팔만대장경의 언설을 어찌 몇 문장으로 요약할 수 있단 말인가?

선문답처럼 손가락 하나를 세워서 대답해야 하나? 아는 건 많은데 뼈대가 없기 때문이었을 것이다. 허약한 뼈대 위에 뒤룩뒤룩 살만 찌워 왔기 때문이었을 것이다. 지식의 비만 탓이었을 것이다. 순간적으로 만감이 교차하고 창피해졌다.

나중에 알고 보니 불교깨나 안다고 깝죽대는 인사들을 다루는 H 법사의 상투 전략이었다. 나는 그 전략에 말려 한 마디 대답도 못 하고 말았다. 진정 견해가 없기 때문일 것이다. 그렇다. 진리는 단순하다. 그만큼 장광설은 공허하다.

　나는 그대들이 급류 흐르듯 하는 유창한 달변을 가졌어도 인정하지 않는
다. 나는 그대들의 총명한 지혜를 인정하지 않는다. 오직 그대들의 진정견해
가 투탈자재하기를 바랄 뿐이다. 수행자들아! 설사 백 권의 경과 율을 잘 해설
할 수 있다 해도 꾸밈없는 현재를 사는 한 사람의 삶이 더욱 위대한 것이다
(『임제록臨濟錄』「시중示衆」).

　붓다가 깨달음을 얻은 후 외친 선언은 '깨달음'이다. '깨닫다'라는 말은 몰
랐던 것을 알게 됐다는 뜻이다. 종교학자들은 그래서 불교를 주지주의적 종
교라고 부른다. 붓다가 깨달아 알게 된 것은 무엇일까? 그것을 보통 '세 가
지 밝은 지혜' 즉 삼명三明의 지혜라고 일컫는다.
　첫째, 무수한 중생이 괴로움을 겪고 있다는 사실을 환하고 철저하게 알
았다. 살아 있는 존재 가운데 괴로움을 벗어난 존재는 없다. 괴로움은 삶 자
체의 속성이다.
　둘째, 중생이 겪는 이 괴로움은 시작도 끝도 없이 계속된다는 사실을 환
하고 철저하게 알았다. 불교 교리는 전자를 천안통天眼通, 후자를 숙명통宿命
通의 신통과 연결 지운다. 모든 중생의 삶의 현실을 꿰뚫어보는 지혜의 눈
이 천안통이다. 모든 중생의 삶의 궤적을 꿰뚫어보는 지혜의 눈이 숙명통
이다. 전자는 공간을 꿰뚫는 지혜요, 후자는 시간을 꿰뚫는 지혜다.
　붓다의 업적은 고 즉 괴로움의 발견이다. 괴로움은 진리다. 괴로움은 그
것에서 벗어나기 위해 알아야 할 진리이기에 성스럽다. 붓다가 발견한 이
두 가지 진리는 삶이 괴로움의 바다를 헤매고 있다는 사실이다. 적어도 이
사실을 부정하면 붓다의 가르침을 따르는 불교도가 아니다.
　'삶 속에 어찌 괴로움만 있겠느냐. 그래도 살다 보면 기쁨도 즐거움도 행

복도 있게 마련이지' 하는 견해를 갖고서도 자신을 불교도라고 우기는 사람이 많다. 그런 사람들의 견해는 붓다의 가르침과는 거리가 멀다. 우리가 즐거움·기쁨·행복이라고 생각하는 것들이 사실은 고의 특성을 본질로 갖고 있기 때문이다. 모든 살아 있는 것은 괴로움의 바다를 헤맨다.

하지만 그것은 숙명도 운명도 아니다. 붓다가 깨달은 세 번째 진리 때문이다. 붓다는 숙명처럼 지워진 괴로움의 질곡에서 헤어 나오는 길이 있다고 선언한다. 그리고 자신이 그 질곡에서 벗어났다. 괴로움을 벗어나는 길은 붓다가 걸었던 길이다. 벗어날 수 있다는 사실을 환하고 철저하게 알았다.

모든 이뤄진 것에는 원인이 있다. 그렇다면 괴로움의 일어남에도 원인이 있다. 괴로움의 원인을 제거하면 괴로움에서 벗어날 수 있다. 붓다는 그 괴로움의 원인이 사람의 행위에서 비롯된다고 보았다. 괴로움의 원인은 집착하는 행위(땅하tanha) 때문이다. 이 단어는 '애욕'으로 번역되기도 하는데, 우리가 일상 언어 속에서 쓰는 애욕과는 다소 다른 뉘앙스를 갖고 있다.

'땅하'는 '의지'처럼 모종의 힘을 갖는다. 그리고 그것이 모이면 괴로움이 일어선다(집기集起). 삶은 이런 괴로움의 조건들이 충족되어 시작된다. 태어남도 죽음과 마찬가지로 괴로움인 까닭은 바로 이 때문이다. 이것을 사성제 중 두 번째 진리인 집성제集聖諦로 교리에서는 정리한다. 그리고 괴로움의 세계를 보다 자세히 그려 놓은 것이 바로 십이연기다.

인생의 비밀, '열두 개의 고리'

윤회의 이유

도올 선생이 달라이라마를 만나고 와서 대중 강연에서 이렇게 말했다. "내가 달라이라마에게 '당신은 부처입니까?' 이렇게 물었지. 그랬더니 그가 이렇게 대답했어. 'I'm incarnation of my previous life.' 그래서 내가 그를 존경하게 되었어." 대략 이런 내용이었던 것으로 기억한다. 스스로를 깨달은 자라고 내세우지 않고, 다만 전생의 화신이라고 말한 달라이라마의 정신세계를 존중한다는 그런 뜻이었을 게다.

아무튼 불교도는 윤회를 믿는다. 미심쩍어 하는 사람들도 있지만 윤회를 믿지 않고 삶이 이번뿐이라거나, '무아'라서 윤회의 주체가 없으니 윤회 자체가 있을 수 없다고 쉽게 말해 버리거나, 물질이 특정한 방식으로 모여 삶이 되고 흩어져 죽음이 일어난다고 믿는 유물론자라면 엄격하게는 불교도라고 할 수 없다. (물론 현생의 행복만을 가치 있게 여기는 그런 불교도 적지 않다.)

사람은 왜 나고 죽음을 되풀이하는가? 십이연기는 그것을 열두 개의 고리로 설명하고 있다. 붓다의 깨달음의 핵심이라고 할 수도 있지만, 붓다 당시 이렇게 정교한 이론이 있지는 않았을 것으로 학자들은 본다. 붓다의 열반 500년쯤 뒤 부다고사라는 뛰어난 학승이 출현해 당시 정통의 불교 교리를 종합하고 정리했다. 그가 정리한 논서가 바로 『비슈디마가(청정도론)』이다. 십이연기는 여기에서 비로소 정교하고 세련된 이론으로 출현한다.

첫 번째 고리는 무명이며, 마지막 고리는 늙고 죽음이다. 그 중간에 열 개의 고리가 존재한다. 사실상 열두 개의 고리에는 시작과 끝이 없다. 자전거

체인처럼 처음과 끝이 맞물려 돌아가기 때문이다. 윤회는 존재의 바퀴다. 붓다가 보리수 아래서 깨달은 건 바로 이 인생의 비밀이었다.

고통의 바다가 존재하는 양상이 바로 이것이다. 그래서 이 비밀을 먼저 이해해야 비로소 윤회의 바퀴에서 벗어날 방법을 알 수 있다. 열두 개의 고리 중 한 곳만 집중 공략해서 무너뜨리면 바퀴 자체가 무너진다. 붓다가 제자들에게 가르친 수행법은 바로 이것이다.

생사의 고리 열두 개

십이연기는 사찰의 학생 불자들에게 기초 교리로 가르칠 만큼 기본적인 것이다. 기초적이기는 하지만 이해가 쉽지는 않다. 마음에 대한 이해가 전제돼야 하기 때문이다.

열두 개 고리의 개념 자체가 매우 철학적이고 정교해서 혼란도 불가피하다. 그 개념들이 (불교의 다른 대부분의 개념들이 그렇듯) 인도 말인 본래 개념이 한자로 번역되어 우리에게 전해졌기 때문이다. (오히려 영어로 된 개념 번역이 이해하기 쉬운 건 이 때문이다.)

① 첫 번째 고리는 무명이다. 하지만 '존재'의 시작으로 이해하지 않는 게 좋다. 따라서 "그럼 무명의 원인은 무엇인가" 따위의 질문은 하지 않는 게 좋다. 기독교의 원죄처럼 인간 존재의 바탕이다. "하나님은 왜 인간이 죄를 짓도록 창조하셨냐'고 질문하는 크리스천은 입문자임에 틀림없을 테니까. 무명은 계속해서 물려내려 온 습관적 힘이다. 이 힘이 윤회의 바퀴를 돌리는 동력이다. 없을 '무無' 밝을 '명明'이다. 밝지 못함이고 지혜 없음이다. 지혜 닦는 일을 불교에서 그토록 강조하는 까닭이다.

② 무명이 조건이 되어 행行이 된다. 행은 습관적 힘, 성향, 성품이다. 모든 정신적 현상의 바탕이다. 그래서 행의 바탕에는 지혜 없음, 무명이 있다. 우리가 살아가는 중 습관적으로 일으키는 마음은 그래서 대부분 어리석기

210

짝이 없다.

③ 행이 조건이 되어 식識이 성립한다. 십이연기에서 말하는 식은 인간의 마음을 뜻하는(knowing mind) 식과는 구별되는 인간 존재의 발생식을 의미한다. 한 삶의 마지막에 일어나는 식이 다음 삶의 첫 마음이 된다고 논서들은 쓰고 있다. 그 마음이 앞서의 삶과 새 삶을 연결한다. 새 삶의 쪽에서 보면 '발생식'이지만, 앞뒤의 두 삶을 아울러 보면 '연결식'이 된다. 이 마음은 '재생연결식再生連結識'으로 개념화되어 있다.

④ 식이 조건이 되어 명색名色이 생겨난다. '명'은 정신, '색'은 물질로 '명색'은 물질과 정신의 혼합체인 구체적 인간의 성립을 말한다.

⑤ 여섯 개의 감각기관(안眼, 이耳, 비鼻, 설舌, 신身, 의意)이 명색으로부터 성립한다. 육입六入이라고 부른다.

⑥ 감각기관이 있으므로 외부 대상과의 접촉觸이 성립한다.

⑦ 촉으로부터 느낌受이 성립한다.

⑧ 느낌이 생기면 좋아함愛이 생긴다. 좋은 느낌은 즐기고 싶고, 싫은 느낌은 피하고 싶다. 이 고리에서부터 본격적으로 업을 짓게 된다.

⑨ 좋아하면 집착하게 된다(取).

⑩ 좋아하고 집착하는 데서 업의 힘이 생긴다. 유有는 행과 비슷한 업의 힘으로, 다음 생의 조건이 된다.

⑪ 유의 업력으로 다음 생이 시작된다(生).

⑫ 태어났으니 늙고 죽을 수밖에(老死).

이렇게 열두 개의 고리는 꼬리에 꼬리를 문다. 하지만 자전거 체인이 고리 하나만 빠지면 그 기능을 하지 못하는 것처럼 열두 개의 고리 중 하나만 부수면 바퀴 전체는 무너진다. 붓다는 첫 번째 무명의 고리와 여덟 번째 애착의 고리가 가장 부수기 쉽다고 가르쳤다.

무명과 애착을 어떻게 끊을까

누군가가 그랬다. "미얀마까지 가서 명상은 왜 하느냐. 차라리 그 시간에 아프리카 봉사나 가지. 인간의 집착이 끊겠다고 끊어지느냐? 누리는 데까지 다 누려 봐야 끊을 수 있는 게 집착 아니더냐? 싯달타가 왕자의 신분으로 다 누려 봤기 땜에 집착을 끊고 붓다가 될 수 있었던 게 아니더냐?"

극단적 견해에 나는 잠시 할 말을 잃었다. 겨우 정신을 수습해 반문했다. "누릴 것 다 누리고 집착을 끊은 사람을 본 적이 있느냐?"고. 좋은 대상에 대한 욕망·애착과 싫은 것에 대한 혐오는 그대로 두면 커질 대로 한없이 커진다. 욕구는 결코 충족되지 않는다. 충족하면 또 다른 욕구가 생긴다. 부자나 권력자가 만족하기란 참 어렵다.

십이연기를 이해한다면 '욕구를 충족시켜서 집착을 끊는다'는 견해를 가질 수 없다. 집착을 끊으려면 삶의 실상을 이해해야 한다. 삶의 실상을 알면 하찮은 대상에 더 이상 집착하지 않게 된다. 삶은 열두 개의 고리가 이어져서 한없이 돈다. 그 실상을 모르면 무명이라고 하고, 실상을 알면 지혜라고 한다. 무명을 거두려면 지혜를 닦아야 한다. 무명은 어둠에, 지혜는 빛에 비유된다. 지혜를 강조하는 경전들을 반야부라고 일컫는데, '반야般若'는 산스크리트어 '프라즈나prajna(지혜)'를 음사한 한자어다. 반야부 경전의 꽃인 『금강경』은 지혜를 다이아몬드에 비유해 지은 제목으로 영어로는 'Diamond Sutra'라고 번역됐다.

지혜는 있는 그대로의 실상을 아는 것이다. '나'라고 불리는 것에 대해 알고, '마음'에 대해서 알고, 마음에 나타나는 대상에 대해서 아는 일이다. '나'는 이름뿐이고 실체는 없다. 이름뿐인 것은 빤냐띠(관념)이며 실제의 모습인 빠라맛따(법)와 구분된다. 그 실상을 알게 되면 집착할 것은 아무것도 없게 된다. 그것이 바로 지혜다. 불교의 수행은 '지혜를 얻어 법을 보고 고통에서 벗어나는 것'이라고 요약할 수 있다.

누가 윤회하는가

그래도 '나'는 소중하지 않은가? "거꾸로 매달려도 살아 있는 이승이 좋다"는 속담이 있다. 생사를 거듭하며 열두 고리로 된 윤회의 바퀴를 돌지만, 그래도 나는 여전히 소중하다. 어느 누구도 부인할 수 없는 엄연한 사실이다. 붓다도 결코 이런 사실을 부인하지 않았다.

붓다의 신도 가운데 빠세나디 왕이 있었다. 그가 자신의 왕비 말리까와 나눈 대화의 결론을 갖고 붓다를 찾아왔다. '누구에게나 이 세상에서 가장 사랑스러운 존재는 바로 자기 자신'이라는 결론이었다. 이 말을 듣고 붓다는 이런 게송을 읊었다.

> 마음으로 사방을 찾아보건만
> 자신보다 사랑스러운 자 볼 수 없네.
> 이처럼 누구에게나 자신이 사랑스러운 법.
> 그러므로 자기를 사랑하는 자,
> 남을 해치지 말아야 하네(「말리까경」).

고통의 바다를 헤매고 있다고 해서 내가 하찮은 존재인 건 아니다. 내 몸과 마음을 한번 돌아보라. 불과 수십 년 지탱하는 몸이지만 그 자체로 멋지고 훌륭하다. 인간이 온갖 지력을 동원해 만들어 낸 그 어떤 기계보다 정교하고 섬세하다.

사람의 마음은 어떤가? 비록 이세돌이 알파고에게 바둑을 지긴 했지만,

알파고를 만들어 낸 건 사람의 마음 아니던가? 이것은 사람뿐만 아니라 살아 있는 모든 것에 해당하는 원리다. 이 원리는 하찮다고 여기는 개미 한 마리, 심지어 혐오하는 바퀴벌레 한 마리라고 적용되지 않는 건 아니다.

불교에서 가장 강조하는 덕목인 자비는 바로 이 원리에서 출발한다. 비록 중생이 가없는 윤회의 바다를 표류하는 존재들이지만, 더 나아질 수 있고 더 훌륭해질 수 있는 존재가 아닐 수 없다. 그래서 몸을 가진 모든 것은 성스럽다. 그것들은 살기를 원하고, 세상의 어떤 존재도 그것들의 삶을 망가뜨릴 권리는 없다.

'나'는 다섯 가지 무더기

'나'가 소중한 이유는 내가 영원하기 때문이 아니다. 한없이 덧없는 존재라고 하더라도 나는 소중한 존재다. 그렇다. '나'는 덧없는 존재다. 붓다가 그렇게 보았다. 영원한 '나'란 없기 때문이다. 어째서 그런가? 붓다는 초기 경전 곳곳에서 '나는 오온五蘊'이라고 딱 부러지게 얘기했다.

오온은 '다섯 가지 무더기'라는 뜻이다. 다섯 가지가 합하여 '나'가 이루어지고 흩어져 '나'가 사라진다. 사람은 몸과 마음으로 이루어진 덧없는 존재다. 몸은 물질이며 세상으로 통하는 감각기관을 갖는다. 마음은 느낌, 지각, 의도, 의식 등 심리적 기능과 현상을 통틀어 그렇게 일컫는 것이다. 그 이상도 이하도 아니다.

부품들을 조립해서 '마차'라는 이름이 생기는 것처럼 무더기들이 있을 때 '중생'이라는 인습적 표현이 있을 뿐이다(『와지라경』).

뼈대와 바퀴와 말을 매는 끈과 마부가 앉는 의자, 이런 것들이 모여 마차가 되지만 마차를 해체하면 부품만 남을 뿐 어디에도 '마차'는 없다. 그렇게

'마차'는 이름뿐이다. 몸에서도 마음에서도 변하지 않는 '나'란 찾아볼 수 없다. '나'는 이름뿐이다.

붓다가 그렇게 '나'를 다섯 가지 무더기로 보라고 가르친 데는 모종의 전략이 깔려 있다. '어디에도 내가 없다'는 것을 가르치기 위한 전략이었다. '나'를 다섯 무더기로 해체해서 보면 다섯 무더기 하나하나가 모두 끊임없이 변화하며 오래 지속되지 않는다. 즉 무상하다는 사실을 쉽사리 이해할 수 있게 된다. 다섯 무더기에는 무상한 것만 존재할 뿐 '나'라고 할 만한 그 무엇도 없다. 이렇게 '내가 없다'는 '무아無我'의 원리는 불교의 가장 핵심적인 가르침의 하나가 되었다.

'나'가 윤회하지 않는다

평생 무속을 연구했던 서정범 교수는 윤회에 대한 믿음이 무속인에게는 매우 일반적인 것이었다고 쓰고 있다. 사람에게 전생이 있다는 믿음, 전생의 삶이 현생의 삶과 깊은 연관을 갖고 현세의 삶이 내생의 삶과 깊은 연관을 갖는다는 무속인의 생각은 어쩌면 불교의 영향일 수 있다. 무속인말고도 그렇게 믿는 사람이 적지 않다.

하지만 이런 생각에 이의를 제기하는 사람도 많다. 설령 과거에 '나'가 살았다고 하더라도 내가 모르는 '나'가 무슨 의미가 있는가? 그 '나'가 '나'라는 근거 또한 없잖은가? 윤회가 '한 번뿐인' 인생의 연속이라면 구태여 '윤회'라고 부를 것도 없잖은가?

그렇다. 윤회의 주체가 누구인가 하는 문제는 참 설명하기 어렵다. 초기 경전 『미란다 팡하』의 비유를 참고해 보자. 하나의 등불이 다른 등불에 불을 옮겨 주고 기름이 다하여 꺼진 경우 불이 계속됐다고 볼 수 있는가? 등불은 꺼졌지만 불은 지속되는 것 아닌가? '나'는 조건이 되어 생겼다가 인연이 다하면 흩어져 사라지는 다섯 무더기에 지나지 않는다. 나는 하나의 등불이었다가 인연이 다하여 꺼지지만 불은 다른 등불에 옮겨 붙어 계속 타오르듯 윤회의 삶은 지속된다.

삶은 이어지지만, 그렇게 이어지는 삶의 주체는 어디에도 없다. 이렇게 삶을 이해한다면, 이 원리는 우리의 일상의 삶에도 적용된다. 10년 전 '나'는 어디에 있는가? 10년 전 '내가 지니고 있던' 몸은 '내 몸'인가? 사람의 몸을 이루고 있는 세포는 일정 시간이 지나면 모두 새것으로 교체된다. 그렇다면 현재의 내 몸은 과거의 내 몸이 아니다.

마음 역시 격류처럼 끊임없이 흐른다(데카르트주의자는 인정하지 않겠지만). 강물은 흘러갔지만 어제의 강이 오늘의 강인 것은 그렇게 부르기 때문이다. 그처럼 어제의 나는 '편의상' 오늘의 나라고 불리지만, 기름이 다하면 꺼지고 끊임없이 새로 켜지는 등불처럼 삶이란 순간순간 꺼지고 다른 곳으로 옮겨 붙는 불과 같다.

윤회란 삶과 죽음을 이어가는 것을 일컫지만, 어찌 보면 우리의 삶 속에서도 끊임없이 일어나는 현상일 수 있다. 그렇다면 우리 삶의 찰나가 모두 윤회라고 할 수 있을지도 모르겠다.

내가 없다고?

영화 〈인셉션〉의 마지막 장면을 기억하는지? 남의 꿈속에 들어가 꿈을 조작하고, 조작한 꿈이 현실에 영향을 미치게 하려는 작전을 수행하기 위해 모인 사람들의 이야기다. 꿈속에서는 시간이 더디 간다. 꿈속에서 흐른 며칠이 현실에서는 몇 분이다. 현실의 잠깐 동안 꿈속에서 몇 겹 꿈속에 들어가 수십 년을 살다가 현실로 돌아오기도 한다.

꿈, 꿈속의 꿈, 또 그 꿈속의 꿈 …. 꿈의 세계는 이렇게 다중적이지만 현실은 하나뿐이다. 주인공은 현실과 꿈을 구별하기 위해 팽이를 돌린다. 팽이가 멈추지 않고 돌아가면 여전히 꿈속이다. 영화의 마지막은 현실로 돌아

온 주인공이 돌린 팽이가 계속 돌아가는 장면을 클로즈업한다.

여기서 우리는 현실과 꿈의 구분 문제만이 아니라 꿈속의 '나'와 현실의 '나' 가운데 누가 진짜 나인가 하는 문제를 제기할 수 있다. 매일 밤 우리는 꿈을 꾸고 꿈속의 나는 현실의 나와 다른 삶을 산다. 나는 도대체 뭐란 말인가? 『장자』 「제물론」의 '나비의 꿈'은 이렇게 문제를 제기한다. "장주가 꿈에 나비가 된 것인가? 나비가 장주 꿈을 꾸고 있는 것인가?"

여러분은 어떻게 생각하는가? 둘 다 '나'가 아니라는 대답을 내놓으면 문제가 깔끔하게 해소된다. 이 문제에 관한 한 나는 불교의 입장을 그렇게 해석한다.

'나'란 이름뿐이고 실제로는 없다

많은 사람이 '내가 없다'는 붓다의 가르침에 동의하지 않는다. 데카르트주의자처럼 '나'라는 정신적 실체의 존재를 주장하는 사람은 말할 것도 없고, 이 시대의 상식인 대부분은 지금 여기 시간과 공간 속에 존재하며 세계를 구체적으로 체험하는 주체인 '나'가 어떻게 없겠느냐고 항변한다. 불교는 시간과 공간 안의 체험 자체를 부인하지 않는다. 다만 체험의 주체인 '나'를 인정하지 않을 뿐이다.

체험은 있어도 체험의 주체는 없다. 나는 없고 마음과 대상이 있을 뿐이다. 마음과 대상의 만남이 체험이다. 인간이란 존재는 일시적으로 조건이 맞아서 성립했다가 조건이 다하면 흩어지는 그런 존재일 뿐이다.

내가 없어서 슬프다?

한 비구니 스님이 서럽게 울면서 사야도를 찾아왔다.

"스님, (엉엉) 내가 없어요. … (엉엉)"

수행처에서 이런 일들이 이따금 일어난다고 한다. '무아'의 이치를 지성적으로 이해하는 차원을 넘어서서 체험으로 '알게 되는' 사건들이다. 그런데 '무아의 이치'를 체험하게 되면 기뻐해야 하지 않을까? 서럽게 울어야 할 일이 아니잖은가?

'무아'를 지성적으로 이해하고 우는 일은 없을 것이다. 하지만 체험으로 알게 되면 눈물이 난다고 한다. 사야도는 눈물이 나오는 것은 모하(무명. 어리석음) 때문이라고 설명했다. 무아를 체험했어도 모하가 남아 있기 때문이다. 마음에 남은 모하가 사라지면 '무아'의 체험은 마음을 평온으로 이끈다.

사사나 스님의 법문에서 비슷한 체험을 들었다. 스님이 무아의 법을 체험하고 하루 종일 울었다고 한다. 하릴없이 눈물이 나더라고 했다. 다음 날 사야도와의 인터뷰가 있었는데, 사야도가 먼저 말씀하셨다.

"스님, 어제 하루 종일 울었다면서요?"

누군가 이 사건을 미리 사야도에게 귀띔했던가 보다. 사야도는 어떤 처방을 내렸을까?

"그건 '나'가 있어서 그런 거다."

사야도의 답변이 그랬다고 한다.

무아의 법을 체험으로 안다고 해도 마음에 모하가 남아 있게 마련이다. 철석같이 믿었던 '나'에게 배신을 당한 서러움이라고나 할까? 시작도 끝도 없이 '나'를 믿고, 섬기고, 의지하고, 그렇게 살아왔는데, 그 '나'가 없음을 체험으로 알게 되면 얼마나 황당할까!

무아를 체험했다고 해서 그동안 '나'를 섬기던 습성에서 곧바로 벗어나게 되지는 않는가 보다. '나'가 있다고 믿는 것은 모하 때문이어서 이 모하에서 벗어나면 무아를 체험하게 되겠지만, '나'에 집착해 온 습성을 단박에 버리기란 쉽지 않겠구나, 하는 선에서 나름대로 이해해 본다.

어리석음과 탐욕

웨다나와 산야

윤회의 바퀴를 돌리는 열두 개의 고리, 그 고리를 부수면 윤회는 끝난다. 붓다는 열두 개 고리 가운데 첫 번째 무명(아비자)과 일곱 번째 느낌(웨다나) 이 가장 공략하기 쉽다고 가르쳤다. 첫 번째 고리는 어리석음이고, 일곱 번째 고리는 애착·탐욕과 연관된다. 어리석음과 탐욕, 그리고 화는 삶을 망치는 세 가지 독소, 삼독三毒이라고 불린다. '번뇌'라고 불리기도 한다.

왜 붓다는 번뇌를 얘기하는가? 붓다는 왜 중생의 삶을 불행하게 하고, 고통의 질곡에서 헤매게 하는 주범으로 번뇌를 지목하는가? 이 질문에 답하기 위해 '마음'에 대한 논의를 좀 더 살필 필요가 있겠다. 앞서 마음부수는 52가지라고 설명했다. 오온 가운데 몸과 관계된 색色을 제외하고 마음에 속하는 수受·상想·행行·식識 가운데 심왕인 식을 제외한 수·상·행이 52가지라는 뜻이다. 이들 52가지를 모두 행(상카라sankara)라고 할 수 있지만 그 가운데 두 가지가 매우 특별한 것이라서 별도로 떼어낸 것이 수와 상 즉 웨다나vedana와 산야sanna다.

웨다나와 산야는 마음이 일어날 때 반드시 함께 따라오는 일곱 가지 마음부수에 속한다. 기억하시리라. 일곱 명의 대신에 둘러싸여 출현하는 왕의 비유를. 논서는 웨다나를 '몸으로 생생하게 체험하는 느낌'이라고 설명한다. 즉 온몸으로 경험한다는 의미다. 정서적인 의도가 반응이나 반작용으로 발전하면 상카라 즉 행行이 되는데, 그렇게 되는 단초가 되는 경험이 바로 웨다나다.

웨다나 즉 느낌을 좋은 느낌, 나쁜 느낌, 좋지도 나쁘지도 않은 느낌의 세 가지로 논서는 구분한다. 수카sukkha(樂)와 두카dukkha(苦), 그리고 아두캄아수카adukkham-asukkha(不苦不樂)가 그것이다. 아비담마에서는 다섯 가지로 분류하는데, 육체적으로 수카와 두카, 정신적으로 소마나사sommanasa(기쁨)과 도마나사domanasa(불만족), 그리고 우뻬까upekkha(육체와 정신적 평온)다. 아비담마는 육체적 괴로움과 정신적 괴로움이 서로 다른 것이어서 동시에 일어나지 않는다고 보기 때문이다.

수카에는 보통 집착이 따라오고 두카에는 분노가 일어나기 십상이다. 그렇게 웨다나는 쉽사리 상카라로 발전한다. 우뻬까는 평온하고 무관심한 느낌이다. 사마타로 선정을 닦거나 위빠사나로 지혜를 닦으면 우뻬까의 느낌이 따라온다. 웨다나에 대해서는 일단 이 정도만 얘기해 두자.

다음은 산야 즉 상想이라는 마음부수를 이해해 보자. 산야는 보통 우리가 생각이라고 알고 있는 마음의 작용이다. 서양 철학에서 중시하는 '이성理性'도 이에 속한다. 산야는 a1, a2, a3 …를 보고 A라고 뭉뚱그려서 아는 작용을 한다. 마음이 알아차리면 산야가 따라와 판단을 한다. 마음이 소리를 알아차리면 산야가 분별하여 종소리, 새소리, 천둥소리 등을 판단한다.

선정을 닦아 궁극에 가면 산야와 웨다나가 사라진다고 한다. 무색계 사선정四禪定까지 닦아 비상비비상처정非想非非想處定의 단계를 넘어서면 상과 수가 멸하는 상수멸想受滅의 경지에 이른다고 한다. 아마도 유식이나 대승의 논서들 가운데 이런 경지를 강조하는 것들이 있지 않나 싶다.

아무 생각이 없는 '무념무상의 경지'를 궁극의 경지로 여기는 법문들도 있는데, 근거가 매우 모호하다. 어쨌든 무색계 사선정도 경험하지 못한 필자가 어찌 웨다나와 산야가 함께 사라지는 상수멸의 경지를 짐작이나 하겠는가?

고약한 심리적 성향들

무엇이 삶을 불행하게 하는가? 무엇이 삶을 고통스럽게 하는가?

싯달타는 불행하고 고통스러운 삶의 원인으로 심리적 성향 몇 가지를 지목했다. 논서에 보면 52가지 마음부수 가운데 웨다나受와 산야想를 뺀 상카라行 50가지 중 해로운 것들이 이에 속한다. 이런 심리적 성향 가운데 대표적 악질들을 번뇌(아사와asava)라고 부른다. 불교의 상식에서 번뇌는 세 가지 심리적 성향을 지칭한다. 탐貪·진瞋·치癡 즉 욕심·분노·어리석음이 그것인데, 이것 때문에 삶이 행복하지 못하다.

초기 불교에서는 이 세 가지에 사견邪見을 더해서 네 가지를 번뇌라고 한다. 논서는 이렇게 쓰고 있다. "네 가지 번뇌가 있으니, 감각적 욕망의 번뇌, 존재의 번뇌, 사견의 번뇌, 무명의 번뇌가 그것이다." 앞에서부터 욕심·분노·사견·어리석음을 그렇게 표현한다. 무명을 '지혜 없음'으로 해석한다면, 지혜가 없어서 사견을 갖게 되는 만큼 사견을 무명의 번뇌에 포함시킬 수 있겠다. 그렇다면 번뇌는 탐·진·치 세 가지가 된다. 탐이 감각적 욕망인 것은 이해하기 어렵지 않다. 그러나 진이 존재의 번뇌인 까닭은 무엇인가? 진심瞋心에 대해 다시 살필 기회가 있겠지만, 짜증, 분노, 싫음 등 진심의 범주에 속하는 심리적 성향들은 모두 자신의 존립에 대한 위험에서 비롯된다는 통찰이 놀랍다.

당연히 이것들도 마음부수에 속한다. 번뇌라는 심리적 성향은 왜 악질적인가? 어원으로 따지면, 아사와는 '흐르는 것'에서 온 말로 종기에서 흘러나오는 고름이나 오랫동안 발효된 술 등을 뜻했다고 주석가들은 말한다. 번뇌라는 심리적 성향이 감각기관에서 형상으로 흐르기 때문이다. 논서는 "눈으로부터 형상으로 흐른다, 흘러간다, 굴러간다. 그렇게 흐른다는 뜻에서 번뇌다. … 귀로부터 소리로 … 등등"이라고 설명한다.

감각기관을 통해 들어오는 것은 알아차리는 마음의 대상이다. 그것에 반응하는 마음은 알아차림뿐만 아니라 일단 웨다나와 산야 등 일곱 가지 반드시 따라오는 마음부수 외에 일반적으로 악질적 마음부수 즉 번뇌가 악착같이 들러붙는다.

물의 흐름을 되돌리기 쉽지 않듯 번뇌의 흐름을 되돌리기 어렵다. 그래서 사람이 아무리 표정 관리를 잘해도 번뇌는 밖으로 삐질삐질 스며 나오게 마련이다. 새어 나온다고 해서 한자로는 '누漏'로 번역하기도 했다. 마음을 속박하는 마음부수지만 보통 사람의 경우 어찌 해 볼 도리가 없다. 번뇌의 흐름은 폭포와 같기 때문이다. 깨달음의 길은 번뇌와의 싸움이다. 그래서 열반을 소극적으로 표현하면 '번뇌의 불이 꺼진 상태'가 된다.

눈이 밥통보다 크다

쇼펜하우어는 "세계는 의지가 표상화된 것"이라고 주장했다. 이 못생기고 괴팍한 독일 철학자의 대표 저서는 그래서 『의지와 표상으로서의 세계』다. 쇼펜하우어의 촌철살인의 문체와 표현에 매료된 젊은 니체는 잘 나가던 삶을 송두리째 던져 버리고 이미 이 세상 사람이 아닌 그의 사상적 노선을 따라 걸었다. 이른바 '삶의 철학'은 이렇게 시작됐다.

배고픈 야생의 육식동물은 보통 자신의 식사량보다 훨씬 큰 먹잇감을 사냥한다. 쇼펜하우어는 『의지와 표상으로서의 세계』에서 이런 자연의 현상을 "눈이 밥통보다 크다"고 표현했다. '탐욕lobha'이란 '밥통보다 큰 눈' 바로 그런 것이다. 사람의 탐욕은 어느 동물과 비교할 수 없을 정도로 크다. 일단 마음이 탐욕에 뿌리박으면 마음은 탐욕을 일으킨 대상 이외의 다른 아무것도 돌아보지 않는다. '탐욕에 뿌리박은 마음'을 '욕심慾心'이라고 한다.

십 수 년 전 지인의 전원주택에서 뱀 한 마리가 작은 개구리 한 마리를 탐하여 공중을 나는 장면을 본 적이 있다. 뱀이 그토록 동작이 빠르다는 걸 그때 알았다. 개구리는 삼켰지만 지인의 회초리에 뱀은 목숨을 잃고 말았다.

인간 사회도 크게 다르지 않다. 탐욕 때문에 패가망신하고 목숨을 잃는 사례를 너무 많이 접한다. 탐욕은 번뇌의 대표주자다. 논서는 이를 '감각적 욕망의 번뇌'라고 설명한다. 『청정도론』의 설명을 잠깐 인용해 보자.

> 마치 끈끈이처럼 대상을 거머쥐는 특징을 가진다.
> 달구어진 냄비에 놓인 고깃덩이처럼
> 달라붙는 역할을 한다.
> 염색하는 안료처럼 가시지 않음으로 나타난다.
> 족쇄에 묶이게 될 법들에서
> 달콤함을 봄이 가까운 원인이다.
> 탐욕은 갈애의 강물로 늘어나면서
> 마치 강물의 거센 물살이 큰 바다로 인도하듯
> 중생을 잡아 악처로 인도한다고 알아야 한다.

탐욕을 채우면 삶이 행복해질 것 같지만 사실은 그 반대다. 채울수록 커지는 탐욕의 속성 때문이다. 결코 탐욕을 채워서 없앨 수는 없다. 논서의 스승들은 탐욕에 뿌리박은 마음이 일어날 때 항상 두 가지 마음부수가 함께 일어난다고 통찰한다. 사견邪見(ditthi)과 아만我慢(mana)이 그것이다. 이것이 내 것이다(貪), 이것이 나다(邪見), 이것이 나의 자아다(慢). 모든 종류의 탐심에는 항상 이런 세 가지 측면이 함께한다.

아만에는 거만·교만 등도 포함된다. 그것은 남들보다 뛰어나다, 동등하다, 못하다 하는 식의 모든 생각을 말한다. 그래서 열등감도 여기에 포함된다. '나'라는 존재를 어떤 식으로든 남과 비교해서 평가하는 태도이기 때문이다.

자만의 특징은 오만함이다.

건방진 역할을 한다.

허영심으로 나타난다.

사견으로부터 분리된 탐욕이 가까운 원인이다.

광기와 같다(『청정도론』).

화는 들불처럼 번진다

화, 존재의 번뇌

동물의 뇌에는 아미그달라Amigdala(편도체)라는 부분이 있다고 한다. 외부 대상과 접할 때 그것이 자기 개체에게 위협이 되는지 아닌지를 판단하는 기능을 갖는 부분이라고 한다. 뇌 생리학자들이 동물 실험을 통해 이런 사실을 확인했는데, 아미그달라가 마비된 쥐는 고양이를 전혀 두려워하지 않는다고 한다. 물론 사람의 뇌에도 아미그달라가 있다. 아미그달라의 작동 원리는 단순하다. 자기 개체에게 이로운지, 해로운지, 이롭지도 해롭지도 않은지를 판단한다. 해롭다고 판단되면 아미그달라에 경고등이 '팍' 켜진다.

아비담마에서 웨다나(느낌, 受)를 이 세 가지로 나누는 통찰과 딱 맞아 떨어지는 분석이다. 나쁜 느낌은 바로 도사dosa(瞋)로 이어진다. 도사는 분노, 싫음, 짜증, 화 등등의 모든 부정적 느낌을 통칭한다. 도사가 바로 자기 개체의 존재를 위협하는 경우 작동하는 원리에 비추어 논서가 왜 도사를 '존재의 번뇌'라고 표현했는지 이해할 수 있다.

사람의 뇌는 보통 20년에 걸쳐 성장하는데, 아미그달라는 최초 5년 동안 형성돼 완성된다. 그러니까 다섯 살 어린아이나 스무 살 청년이나 예순 살 노인이나 아미그달라는 똑같은 메커니즘으로 작동한다는 말이 된다. 아무리 어른이라고 해도 화낼 때는 다섯 살짜리 이상도 이하도 아니다. 누구든 화가 나면 앞뒤를 재지 못한다. 자신뿐만 아니라 타인의 마음을 함께 상하게 한다. 좋았던 인간관계도 보통 이 화에 의해 무너진다.

화는 내면 낼수록 커지는 속성이 있다. 마치 들불처럼 번진다. 화를 낸다고 결코 분풀이가 되지 않는다. 『청정도론』의 표현을 보자.

> 두들겨 맞은 독사처럼 잔인함을 특징으로 가진다.
> 한 모금의 독처럼 퍼지는 역할을 한다.
> 자기의 의지처를 태우는 역할을 한다.
> 마치 숲속의 불처럼.
> 성내고 있음으로 나타난다.
> 마치 기회를 포착한 원수처럼.
> 성을 낼 대상이 가까운 원인이다.
> 독소가 섞인 오줌과 같다고 알아야 한다.

화를 참기란 참 어렵다. 하지만 화를 내서 상대방을 제압할 수 없는 관계라면 참는 수밖에 없다. 화를 참으면 병이 된다. 요즘말로 스트레스이고, 만병의 근원이다. 만만한 상대라서 화를 터뜨리면 잠시 시원하지만 점점 더 강한 자극을 필요로 한다. 빈도가 높아지고 습관화되고 몹쓸 인격을 형성시킨다.

화를 다루는 유일한 방법은 화나는 마음을 지켜보는 것이다. 아미그달라에 경고등이 켜진 뒤 90초 동안 별다른 위험이 없으면 자동적으로 꺼진다고 한다. 분노의 열차가 지나가는 90초 동안 마음의 건널목을 지켜보면서 기다리는 방법이다. '화가 나면 수를 세라'는 세간의 지혜는 근거가 있고 유용하다.

수행의 길을 가는 자는 늘 마음을 살펴야 한다. 일부러 약을 올리고 화를 내는지 안 내는지를 살피는 것은 도인 판별법 중 하나다. 별것도 아닌 일에 벌컥벌컥 화를 내는 인격을 가진 도인은 없다. 화를 극복해야 자비라는 덕이 갖춰지지 않겠는가?

옻통 같은 마음

마음에 색깔이 있다면, 아마도 새까맣지 않을까? 불교는 중생의 마음에는 어리석음이 운명처럼 도사리고 있다고 통찰한다. 모하moha(어리석음, 치痴)는 모든 해로운 마음부수가 일어날 때 항상 함께 일어난다. 오히려 그것의 바탕이라고 해야 옳겠다.

모하는 아비자avijja(무명無明)와 동의어다. 무명은 마음의 어두운 상태를 가리킨다. 그 어둠은 예로부터 옻통(칠통漆桶)에 비유돼 왔다. 가구나 목기에 검은색을 입힐 때 쓰는 옻칠을 담은 통이 옻통이다. 그야말로 까만색의 정수라고 할 수 있다. 우리 마음이 그러하다니, 마음 색깔은 새까만 색일 수밖에 없겠다. 『청정도론』은 모하에 대해 이렇게 쓰고 있다.

통찰하지 않는 역할을 한다.
대상의 본성을 덮어 버린다.
바른 수행의 결여로 나타난다.
지혜 없이 마음에 새김이 가까운 원인이다.
모든 해로움의 뿌리가 된다.

어둠의 저편에 빛이 있듯, 모하의 맞은편에는 지혜가 있다. 모하는 어둠에, 지혜는 빛에 비유된다. 지혜는 있는 그대로 아는 능력이다. 마음에 지혜가 있으면 바른 견해를 가질 수 있다. 반면 지혜가 없으면 그릇된 견해를 갖게 된다.

그릇된 견해를 딧띠ditthi(邪見)이라고 한다. 논서들은 어리석음과 사견 즉 모하와 딧띠를 각각 네 가지 번뇌 중 두 가지로 분류하고 있다. 이 둘은 인과관계로도 이해할 수 있지만 사실상 하나라고도 할 수 있다. 바늘 가는 데 실 가니 둘을 통틀어 '반짇고리'라고 부르듯, 마음 깊숙이 도사린 모하가 딧

따로 드러나는 그런 관계로 이해할 수 있다. 중생의 눈을 가리는 사견을 경전이나 논서는 경계하고 또 경계한다.

삿된 견해보다 더 큰 허물은 없다(『청정도론』).

비구들이여, 이보다 더 큰 허물은
단 한 법도 보지 못하나니,
그것은 바로 삿된 견해다(증지부).

사견 가운데 가장 대표적이고 보편적이며 엄청난 집착을 부르는 것이 바로 유신견有身見(sakaya-ditthi)이다. 유신견은 몸을 가진 내가 있다는 견해다. 붓다의 근본 가르침인 '무아無我'와 상대되는 견해다. 무아를 이해하지 못하는 것은 유신견 때문이다. 유신견에서 벗어나기란 어렵고도 어려운 일이다.

초기 불교의 수행론은 유신견을 버리면 성인의 반열에 든다고 가르친다. 유신견에서 벗어나려면 지혜를 닦아야 한다. 붓다가 가르친 수행법은 그래서 지혜를 닦고 기르는 데로 귀착한다. 사마타는 선정을 얻는 수행이고, 위빠사나는 지혜를 닦는 수행이다. 선정과 지혜는 수레의 두 바퀴에 비유되는 수행의 두 바퀴가 된다.

삼계, 중생의 세계

삶은 왜 되풀이되는가

'유정有情' 또는 '중생衆生', 살아 있는 것들. 흙 속 벌레에서 하늘을 나는 새, 만물의 영장이라는 사람까지. 이 모든 존재를 함께 일컫는 단어. 그 개념에서 온갖 복잡한 문제가 파생돼 나온다.

'삶, 도대체 산다는 게 뭐냐? 어찌 살아야 잘 사는 거냐? 사람들은 스스로만이 이렇게 질문한다고 믿는다. 인간이 아닌 중생은 그저 '살기만 한다'고 믿는다. 어떤 철학자는 인간의 이런 특성이 인간을 불행하게 한다고도 생각했다. 소크라테스는 그래도 그 불행을 선택하겠다고 선언했다. "행복한 돼지가 되기보단 …."

불교는 이 문제에 어떤 답을 내놓았을까? 붓다의 해법 키워드는 '지혜'다. 왜 중생은 육도六道를 윤회하는가? 지혜가 없기 때문이다. 십이연기설의 시작은 무명無明 즉 지혜 없음이다. 중생은 지혜의 정도에 따라 삼계를 옮겨 다니며 생사를 거듭한다. 지혜란 마음의 깨어남의 척도다. 삶 자체를 사유의 대상으로 삼는 일은 지혜의 일이다. 삶과 죽음의 고통에서 벗어나려면 그것 자체를 이해해야 하기 때문이다.

중생 생사의 터전이 바로 삼계다. 삼계는 욕계, 색계, 무색계다. '윤회'는 세상을 뜻하기도 하고 중생의 마음 상태를 의미하기도 한다. 지금 우리가 사는 세상, 또는 지금 우리가 갖는 마음의 상태가 욕계다. 욕계는 여섯 곳으로 이뤄져 있어서 육도라고 한다. 지옥, 아귀, 축생, 아수라, 인간, 천상이다.

해탈의 원인이 되는 공덕이 없고 행복이 없는 곳, 또는 그런 마음 상태가 지옥이다. 인간보다 지혜 없는 마음 상태를 갖고 네 발로 걷는 중생이 축생이다. 분별력은 있지만 마음에 욕심과 분노·어리석음이 넘쳐흐르는 중생이 인간이다. 인간의 마음에는 번뇌가 끊이지 않는다는 통찰이다. 번뇌를 요약하면 108이요, 구체적으로는 8만 4천이다.

천상에 사는 존재인 천신天神은 '빛나는 존재'라는 뜻이다. 인간보다 고귀한 마음 상태를 갖지만 역시 윤회하는 존재다. 천신의 일부를 제외한 중생은 모두 욕계의 중생이다. 식욕·수면욕·음욕이 있기 때문에 욕계라고 한다. (천신들 가운데도 욕계를 벗어나지 못한 중생이 있다. 천신의 세계는 28곳인데 그 가운데 6곳이 욕계에 속한다.)

불교의 이런 복잡한 세계관을 염두에 두고 '어떤 삶을 살아야 하는가'라는 최초의 문제로 돌아가 보자. 붓다의 가르침은 당연히 고통스러운 삶에서 벗어나라는 것이다. 어떻게? 지혜를 얻고, 그 힘을 기르고 키워서. 지혜의 정도에 따라 그에 걸맞은 세상을 사는 존재가 중생이기 때문이다. 그렇다면 욕계 중생을 넘어서는 존재, 색계와 무색계를 사는 중생의 마음 상태는 어떨까?

색계, 사마디의 세계

명칭에서 보이는 것과는 달리 색계色界는 '물질의 세계'가 아니다. 상식에서 물질은 흔히 욕망과 연관된다. 그러나 색계는 물질에 대한 욕망과는 거리가 먼 세상이다. 오히려 욕계의 욕망을 떠난 세상이다. 색계의 중생은 깊은 명상을 통해 얻어지는 사마디(선정)의 마음 상태를 갖는다.

하지만 욕계의 중생도 사마디의 마음 상태를 가질 수 있다. 인도에서 파생된 종교 대부분이 사마디의 경지를 설파하고 있다. 사마디는 마음을 고도로 집중하면 얻어지는 경지다. 테라바다 부디즘의 사마디에 대한 이론은 매우 체계적이고 섬세하다.

사마디는 사마타(집중) 명상의 목적이다. 테라바다의 가장 중요한 논서인 『비슈디마가(청정도론)』는 팔정도의 교리를 계정혜 3학으로 나누어 논파하는데, 정학定學 분야에 사마디에 대한 상세한 설명이 있다. 부다고사는 "대상을 명상하기 때문에, 혹은 반대되는 것을 태우기 때문에 선정(사마디)이라고 한다"며 선정을 정의한다.

여기서 명상은 집중을, 반대되는 것이란 감각적 욕망, 악의, 해태와 혼침, 들뜸과 후회, 의심의 다섯 가지 장애(오개五蓋, nivarana)를 뜻한다. 이런 선정의 경지들은 사마타 수행으로 얻어진다. 사마타 수행은 대상을 한 가지 정해서 마음을 그 대상에 고착시킨다(심일경心一境, cittassa ekaggata). 그렇게 모든 정신적인 혼란을 제거한다. 장애가 억압되고 마음이 그 대상에 완전히 몰입되면 선정을 얻을 수 있다.

이런 선정의 세계, 사마디의 세계가 바로 색계다. 물질과는 멀어진 이 세계를 왜 '색계'라고 부르는가? 사마타 명상에서 대상을 취할 때 보통 물질적인 것에서 취하기 때문이다. 이를테면 흙으로 동그란 형상('까시나'라고 불린다)을 만들어 마음을 그것에 집중하면 눈을 감아도, 길을 걸어도 동그란 형상이 마음에서 떠나지 않게 된다. 이것이 사마타 명상의 본격적인 시작이다. 이런 형상을 보통 물질에서 취하기 때문에 '색계'라는 명칭을 얻게 되었다. 그런 만큼 색계를 '물질의 세계'로 오해해서는 안 된다.

중생의 수명

천신은 인간보다 뛰어난 존재지만 해탈한 존재는 아니다. 인간과 똑같은 중생일 뿐이다. 중생은 생사를 거듭하는 존재다. 천신도 수명이 다하면 자신의 업에 걸맞은 세상에 다시 태어난다. 모든 중생이 살기를 원하고 죽기를 두려워한다. 오래 사는 것은 중생이 추구하는 복된 것 중 하나다. 천신은 인간보다 수승한 존재이니 복이 많고, 당연히 수명도 길다. 천신이 사는 천상에 따라 수명이 정해져 있다.

천신들의 수명에 대한 『아비담맛타상가하(아비담마 길라잡이)』의 설명을 요약해 보자.

욕계 1천인 사대왕천의 수명은 천상의 해로 500년이고 인간의 수명으로 계산하면 900만 년이다. 제석천의 수명은 그것의 4배다. 야마천은 제석천의 4배, 도솔천은 야마천의 4배 …. 욕계천은 이렇게 각 단계마다 4배씩 증가해서 6천인 타화자재천의 수명은 인간의 수명으로 계산해서 92억 1,600만 년이다.

색계 천신의 수명은 이보다 훨씬 길다. 색계 1천인 범중천의 천신은 3분의 1겁을 산다. 그렇게 색계 최고인 색구경천의 수명은 1만 6천 겁이다. 무색계 공무변처의 천신은 2만 겁, 식무변처 4만 겁, 무소유처 6만 겁, 비상비비상처의 천신은 8만 4천 겁을 산다. 이런 설화적인 스토리는 세상에 따라 시간이 상대적이라는 점을 보여 준다. 천신의 시간은 인간세상에서보다 훨씬 천천히 간다.

공간도 마찬가지다. 열악한 중생의 공간은 천신의 세계보다 훨씬 좁다. 한 수행자가 선정에 들었다가 깨어 보니 오랜 시간이 흘러 미륵의 세상이 와 있었다. 그런데 미륵세상의 중생은 이 수행자보다 몸이 수천 배 컸다. 그새 공간이 늘어났기 때문이었다는 그런 설화가 있다. 우주가 팽창하고 있다는 현대 물리학 이론과 교묘하게 맞아떨어지는 설화다. 은진 미륵이나 법주사 미륵, 동해안 낙산사 미륵불상을 커다랗게 만드는 까닭도 이런 공간관 때문이다.

아무튼 열악한 존재들은 쏜 화살처럼 빠르게 흘러가는 시간과 좁고 답답한 공간 속에서 구차한 삶을 살아야 한다. 반면 천신보다 열악한 존재들, 인간과 축생 등의 욕계 중생은 수명의 한계가 정해지지 않는다는 특징을 갖는다. 즉 언제 죽을지 모른다는 점이 특징이다.

　인간세상의 많은 슬픔과 비탄이 이런 특징과 관련돼 있다. 병에 걸려서, 혹은 전쟁이나 사고 때문에 보통의 수명도 채우지 못하고 짧은 삶을 마감하는 경우가 너무도 많다. 요절하는 당사자는 물론이고 가까운 이의 죽음을 겪는 사람들의 비탄은 말로는 표현이 안 된다. 그래서 인간은 아무리 복된 삶을 누리더라도 고통스럽고 슬픈 존재일 수밖에 없다.

사마디禪定

네 가지 사마디

아리스토텔레스가 그랬던가? '신神은 영원한 명상'이라고. 그의 통찰은
테라바다의 그것과 일맥상통하는 바가 있는 듯하다. 색계 마음은 색계선정
色界禪定(rupajjhana)이라고 불리는 선정, 사마디의 상태다. 이런 마음은 색계의
중생들 사이에서 주로 일어나지만, 마음과 세상이 반드시 상응하지는 않는
다. 색계 마음에서 거친 물질은 사라진다. (이때 물질은 우리가 이해하는 물리적
인 것이 아니라, 여섯 가지 감각기관을 통해서 들어오는 대상을 말한다.) 하지만 아주
미세한 물질은 남아 있다. (명상의 대상이 순수한 형상이지만, 몸이나 흙 등 물질로
만든 형상에 바탕을 두고 있기 때문이다.)

『비슈디마가』는 이런 색계 마음 즉 사마디의 마음 상태를 네 가지 단계
로 분류하고 있다. 물론 이런 분류는 저자인 부다고사가 임의로 한 것이 아
니라 명상 수행자들의 오랜 경험을 바탕으로 한 것이다.

첫 단계인 초선初禪에 들면 다섯 가지 마음 상태가 따라온다. 각覺·관觀·
희喜·낙樂·일심一心이 그것이다. 한자 한 글자로 표현되는 마음의 상태를 하
나하나 설명할 필요는 없겠다. 하지만 그 가운데 희와 낙은 좀 더 주목할 필
요가 있다. 명상 수련 중 나타나는 네 가지 단계 중 첫 단계인 초선정을 얻
으면 마음이 기쁨으로 가득 차고 삶 자체가 즐겁기 그지없게 된다. 사마디
로 얻어지는 기쁨은 충만한 기쁨이다. 원하던 것을 얻을 때의 만족이나 노
력해서 얻은 결과의 보람 같은 기쁨과는 차원이 다른 기쁨이다. 진리와 관
계있는 기쁨이라고 해서 '법열法悅'이라고도 부른다. 법의 맛은 바로 이 기쁨

의 맛이다. 명상을 통해 작은 법열이라도 맛본 사람은 결코 그 맛을 잊지 못한다. 이런 사람에게 명상은 평생 삶의 일부가 된다.

두 번째 단계인 이선二禪에서는 내정內淨(tranquility)·희喜·낙樂·사捨(equanimity, 마음이 초연한 상태)가 지배적인 마음 상태가 된다. 이선정에서는 초선정의 마음에 평온하고 초연한 느낌이 더해진다. 더해지는 느낌은 팔리어의 우뻬까인데, 느낌의 세 가지 가운데 좋지도 나쁘지도 않은 느낌을 뜻한다. 느낌에 반응하지 않는 마음이라서 평온함이고 초연함이다. 우뻬까의 맛은 법열의 맛보다 한 차원 높다고 한다.

세 번째 단계인 삼선三禪의 선정을 얻게 되면 희열이 없어지고 초연함이 지배적인 마음 상태가 된다. 희열의 마음 상태보다는 초연한 마음 상태가 한 수 위인 셈이다. 삼선정에서는 이와 더불어 염念·혜慧·낙樂·일심一心이 있다. 염念은 아는 대로 사띠다.

마지막 단계인 사선四禪의 마음은 불고불락不苦不樂이다. 괴로움도 없지만 즐거움도 없다. 기쁨에 이어 즐거움까지도 사라지는 마음의 상태가 된다. 초연한 마음(捨)과 염念·일심一心이 있다. 혹자는 사선정에 가면 물질이 더욱 미세해져서 호흡이 사라진다고 주장하기도 한다. 얼마 전 티베트에서 200년 된 승려의 미라가 발견됐는데, 명상 전문가가 그 미라는 죽지 않고 깊은 명상에 들어 있다고 주장해서 화제가 되기도 했다. 그런 주장이 이런 이론과 연관돼 있지 않나 내 나름대로 생각했다.

바른 선정(正定)

이 네 가지 선정이 팔정도의 정정正定에 속한다고 논사들은 해석한다. 논사들은 선정의 기준으로 이 네 가지 선정을 세운 셈이다. 선정의 기준이 왜 필요했을까? 바른 선정이 있다면 바르지 않은 선정도 있겠다. 마음이 한 대상에 집중하면 앞서 본 것처럼 여러 가지 마음 상태가 따라온다. 세간에 전해오는 명상법들은 대부분 마음을 한 곳으로 집중시켜 마음의 평화를 얻거나 모종의 심적 능력을 얻으려 함을 목적으로 한다.

이런 명상들이 종교와 연관을 맺는 사례도 많다. 집중을 통한 명상으로 남다른 능력을 얻기도 한다. 기도를 통해 신과 직접 소통하는 능력을 갖춘 신앙인도 있다. 독실한 기독교인이 방언으로 기도하는 장면을 곁에서 지켜본 적이 있는데 매우 경이로웠다. 귀신처럼 남의 과거를 알아맞히는 점쟁이도 만난 적이 있는데 3년 동안 산 기도를 통해 갖게 된 능력이라고 했다.

이런 이야기들은 작고한 서정범 교수의 저술을 통해 세간에 많이 알려졌다. 하지만 명상을 통해 얻은 남다른 심적 능력으로 자신을 속이고 세상을 속인다면 올바른 선정이 아니지 않겠는가? 아마도 선정의 이런 특성 때문에 선정에 대한 논사들의 기준이 필요하지 않았을까 싶다.

테라바다에서도 색계 사선정만을 바른 선정으로 규정하고 색계를 벗어난 무색계 사선정을 이에 포함시키지 않는다. 그것은 무색계 사선정이 초월적인 심적 능력을 수반함에도 불구하고 궁극적인 가치인 열반을 얻는 데 아무런 도움이 되지 않기 때문이다. 그래도 궁금하지 않은가? 무색계 사선정이 무엇인지?

무색계 사선정

무색계란 더 이상 명상의 대상이 물질적인 것에 의존하지 않는 세계라는 뜻이다. 색계 사선정의 단계를 초월하여 형상에 의지하지 않는 무색계 선정은 무엇을 대상으로 하는 것일까? (마음은 항상 대상에 대해 일어나기 때문에 대상 없는 마음이란 있을 수 없다.)

공간 자체가 그 대상이 된다. 어떻게 공간 자체를 대상으로 삼을 수 있을까? 색계 선에서 대상으로 했던 형상을 한없이 확장시킨다. 그런 다음 그 형상을 걷어내면 무한한 공간만 남는다. 대상이 된 공간이 경계가 없다고 해서 공무변처空無邊處라고 한다. 그것을 대상으로 하는 마음의 상태는 공무변처정空無邊處定이다. 무한을 체험하는 탕탕무애蕩蕩無礙의 경지다.

그러나 '끝이 없다'는 것도 장애다. 이 장애를 걷어내기 위해 허공을 가득 채운 알음알이를 대상으로 공간을 걷어내는 다음 단계가 존재한다. 바로 끝없는 알음알이, 식무변처識無邊處다. 논서들은 이 경지가 한없이 고요하다고 쓰고 있다. 필자가 체험이 없어 좋은 표현이 나오지 않아 죄송할 뿐이다. 그저 '한없이 확장된 마음의 경지' 정도로 이해할 수 있지 않을까? (맹자의 호연지기가 연상된다.)

다음 단계는 무소유처無所有處인데 알음알이가 없는 상태다. 알음알이가 떠나가 텅 비어 버려 더욱 고요해진 마음의 상태다. 하지만 알음알이가 없다는 무소유처에 대한 집착을 완전히 초월하면 비상비비상처非想非非想處의 경지에 머문다. 이 마음의 상태가 인식을 가진 것도 갖지 않은 것도 아니라서 이 같은 명칭이 붙었다. 거친 인식은 없지만 미세한 인식은 있다는 그런 뜻이다. 비상비비상처정은 무색계 선정 중 가장 고요하고 수승한 경지다. 『청정도론』은 4무색정에 대한 설명을 다음과 같이 요약한다.

물질인 표상을 초월했기 때문에 첫 번째이고, 허공을 초월했기 때문에 두 번째이고, 허공을 대상으로 일어난 알음알이를 초월했기 때문에 세 번째이고, 허공을 대상으로 일어난 알음알이의 떠남을 초월했기 때문에 네 번째이다. 모든 곳에서 대상을 극복했기 때문에 이 무색계증득은 네 가지가 있다고 알아야 한다.

'신통'에 관심 있으세요

신통神通을 얻으려고 도를 닦는다?

'수도' 즉 '도 닦음'에 대해 보통 사람이 갖고 있는 상식 또는 선입견이 있다. 도를 닦으면 남다른 능력을 갖게 된다는 생각이 그것이다. 땅을 줄여 이동하는 축지법이라든지, 남의 마음을 꿰뚫어 아는 관심법이라든지, 타인의 살아 온 과거를 알고 미래를 미리 아는 그런 능력을 얻기 위해 도를 닦는다는 그런 통념이다.

물론 불교의 경전이나 논서들도 이런 부분들을 다루고 있다. 하지만 그런 것들은 도 닦음의 목적이 결코 아니다. 보통 사람이 갖지 못하는 그런 능력을 '신통'이라고 부르는데, 신통은 도 닦음의 부산물로 얻어지는 현상일 뿐이다. 특히 사마타 수행으로 사마디 즉 삼매가 깊어지면 신통이 나온다. 『비슈디마가(청정도론)』는 이를 "삼매 수행은 초월지의 이익을 가져온다"고 기술한다. 즉 신통은 삼매가 충만해서 나타나는 현상이라고 설명한다. '초월지'는 모든 종류의 신통을 나타낸다. 초월지는 여섯 가지인데, 한자로는 '육신통六神通'으로 번역됐다.

그렇다면 삼매가 얼마나 깊어져야 신통이 나오는 것인가? 사마타 수행으로 얻는 네 가지 삼매를 모두 얻어야 비로소 신통이 가능하다. 『청정도론』은 색계 사선을 얻은 수행자를 대상으로 초월지 즉 신통을 닦는 방법을 세밀하게 설명하고 있다. 게다가 삼매가 충만해 신통을 얻은 장로들의 이야기들까지 곁들이고 있다. "초월지를 성취하기 위해 수행자는 땅의 까시나 등에서 얻은 제4선으로써 수행해야 한다"고 『청정도론』은 못 박고 있다.

더구나 흙으로 둥근 형상을 만들어 그것을 대상으로 얻은 표상에 집중하는 땅의 까시나 수행 등 특정한 수행법을 통해서만 신통을 얻을 수 있다고 한다. 사선정에 든 수행자가 있다는 얘기를 풍문으로라도 듣기 힘든데, 사선정을 성취한 뒤 별도로 닦아야 하는 신통을 보기 드문 건 당연하다고 하겠다.

여섯 가지 신통 가운데 대표적인 신통이 신족통神足通이다. 신족통을 신통변화라고도 부른다. 신통변화는 하나인 몸이 여럿이 되기도 하고 여럿이 되었다가 하나가 되기도 한다. 돌연 나타났다가 사라지고, 벽이나 산을 허공처럼 통과한다. 땅에서도 물속에서처럼 떠오르기도 하고 잠기기도 한다. 물 위를 땅처럼 걷는다. 가부좌한 채 허공을 새처럼 날아다닌다. 해와 달을 손으로 쓰다듬기도 하며 저 멀리 범천의 세계에까지도 몸을 나툰다.

이 밖에도 먼 곳까지 보고 먼 곳까지 듣는 귀와 눈의 신통, 남의 마음을 아는 신통, 전생을 기억하는 신통, 죽음과 다시 태어남을 아는 신통이 있다. 아무튼 나는 이런 신통을 본 적이 없어서 잘 믿어지지 않는다. 하지만 그런 일이 곁에서 일어난다고 해도 대수롭다는 생각은 들지 않을 것 같다. 왜? 삼매가 깊어지면 자연스레 나타나는 현상이라니까.

티베트 성자 밀라레빠

'신통변화' 하면 즉각 떠오르는 사람이 있다. 티베트 성자 밀라레빠, 그는 가부좌한 채 하늘을 날아다녔다고 한다. 히말라야 설산의 동굴에서 수십 년 삼매를 닦았고, 쐐기풀만 삶아 먹어서 급기야는 온몸이 파랗게 변했다고 한다. 당시 많은 티베트 사람들이 사람의 형상을 한 파란 물체가 하늘을 날아다니는 장면을 목격했다고 한다. 동굴을 떠나면서 솥을 챙기는데 솥 안에 두텁게 눌어붙은 쐐기풀이 솥 모양으로 떨어져 나갔다고 전한다.

알려진 대로 티베트 불교는 밀교의 전통을 이어받았다. 밀교의 수행은 전형적인 사마타로 깊은 삼매를 얻을 수 있다고 한다. 밀라레빠(1040~1123)는 티베트 밀교 카큐파의 성자다. 카큐파의 창시자는 그의 스승 마르빠다. 마르빠에게 밀교의 수행법을 전수받는 밀라레빠의 이야기는 눈물겹다. 돌탑을 쌓으라는 스승의 지시로 반년 이상 돌탑을 쌓아 놓으면 스승은 "내가 언제 이곳에 돌탑을 쌓으라 했느냐. 저곳으로 옮겨 쌓으라"는 등 온갖 구박을 했다. 이런 일들이 일어나면 스승과의 인연이 없나 보다 생각하고 떠나려던 밀라레빠를 마르빠의 아내가 달래서 주저앉힌다. 스승 내외의 사전 모의 역할극이다. 스승이 이렇게 그에게 수년간 돌탑만 쌓게 한 것은 그의 업장을 소멸시키기 위함이었다. 가득 찬 그릇에는 아무것도 담을 수 없기 때문이다.

수도의 길을 가기 전 밀라레빠는 복수를 위한 흑마술을 배웠다. 아버지를 일찍 여의고 여동생과 함께 백부에게 맡겨진 그는 백부에게 전 재산을 빼앗기고 비참한 삶을 산다. 어른이 되면서 복수를 결심하고 흑마술을 배워 친족 40명을 죽여 복수를 했지만, 그의 삶은 더욱 고통스러워진다.

마르빠를 만나 수행의 길에 들어선 이후 40년을 목숨을 건 수행으로 결국 해탈의 경지에 오른다. 깊고도 깊은 삼매를 성취한 그는 신족통 즉 신통변화를 얻었다고 전한다. 도를 성취한 뒤 그는 고을고을을 돌며 자신의 깨달음을 즉흥적인 노래를 불러 전하는데, 중복되는 노래가 하나도 없었다고 한다. 노래 하나하나마다 경이로운 이야기들과 깨달음의 경지가 펼쳐져 있다. 이 노래들은 지금까지 『밀라레빠 10만송』으로 전한다. 잠시 한 곡조 들어보자.

투명한 마음을 그대들은 아는가?
그대, 마음 쉬는 법을 아는가?
흘러가게 버려두는 것이 비결이라네.
구태여 하고자 하지 않고
노력도 하지 않으며

그 마음 평안하게 쉬도록 버려두는 것,

아기가 평화롭게 잠이 들듯

고요한 바다에 잔물결 일지 않듯

그리하면 밝고 찬란한 등불과 같이

그대, 밝은 깨달음 속에서 편히 쉬리라.

눈과 귀의 신통

몸으로 나투는 신통, 신족통 또는 신통변화에 대해 설명했다. 신족통이 신통들 중 가장 기본적인 것인지 어떤지는 모르겠다. 하지만 논서에는 가장 먼저, 그리고 가장 자세하게 설명이 돼 있다. 그 밖의 신통에 대해서는 비교적 설명이 간단하다.

천이통天耳通 즉 귀의 신통은 멀든 가깝든 모든 소리를 듣는 신통이다. 다른 우주의 먼 소리도 듣고, 자기 몸에 붙어사는 생물들의 가까운 소리까지 듣는다. 그런 신통을 가질 수 있는 까닭은 '담즙과 가래와 피 등의 방해를 받지 않고, 오염원에서 벗어났기 때문'이다. 천이통은 천상의 마음과 비슷하다고 해서 '신성한 귀의 요소'라고 부른다. 신족통과 마찬가지로 색계 제4선정을 바탕으로 한다. 물론 다른 신통도 마찬가지다. 즉 사선정을 얻어야 이런 신통들이 가능하다.

타심통他心通은 남의 마음을 아는 지혜다. 이것이 지혜인 까닭은 '마음을 아는 것이 지혜'이기 때문이다. 타심통은 천안통과 관계가 밀접하다. 남의 마음을 아는 신통은 신성한 눈으로 성취한다. 논서는 신성한 눈으로 보면 남의 마음이 기쁠 때 심장의 피가 붉게 보이고 슬플 때는 검게 보인다고 쓰고 있다. 신통이 깊어지면 물질(피)을 보지 않고 "마음으로 마음에 다가가 욕계 54가지 마음과 색계 15가지 마음, 무색계 12가지 마음을 모두 꿰뚫어 안다"고 했다.

다음은 숙명통宿命通, 전생을 기억하는 신통이다. 윤회했던 자신의 과거와 남의 과거에 일어났던 경험을 기억하는 신통이다. 다시 말하면 죽음과 다시 태어남을 아는 지혜다. 논서에는 여섯 부류의 사람들이 전생을 기억한다고 기술하고 있다. 외도들, 평범한 제자들, 뛰어난 제자들, 상수제자들, 벽지불들, 부처님들이 그들이다. 외도들은 통찰지가 약하기 때문에 40겁 만을 기억한다. 평범한 제자들은 백 겁과 천 겁, 80명의 뛰어난 제자들은 십만 겁, 벽지불은 2아승지겁과 십만 겁, 부처님들은 한계가 없다.

싯달타가 보리수 아래서 얻은 깨달음의 내용을 논사들은 천안통과 숙명통으로 설명한다. 천안통으로 보니 살아 있는 모든 것이 하염없는 고통 속에 있고, 숙명통으로 보니 그런 고통의 시간이 끝없는 과거에서 끝없는 미래로 이어지더라는 사실을 알게 됐다는 것이다.

하지만 이 모든 신통은 그저 신통일 뿐이다. 마음을 아는 지혜를 통해 해탈의 길에 이르는 길에서 어느 정도 벗어나 있다. 스스로의 마음을 남김없이 아는 지혜 즉 통찰지를 통해서만 해탈의 길을 갈 수 있다. 그렇게 성취한 신통을 여섯 번째 신통인 누진통漏盡通 즉 번뇌가 다한 신통이라고 한다.

성자들의 신통

깨달은 사람, 깨달음의 삶을 사는 사람을 '도인'·'도사'·'성자'라고 부른다. 우리가 사는 세상에는 도인이 너무 많다. 도인을 자처하는 사람도 있고, 주위에 의해 떠받들어지는 도인도 있다. 그러나 진정한 도인은 그다지 보이지 않는다. 내 경험으로 볼 때 자칭 도인이나 소문난 도인 중에는 진짜 도인은 거의 없는 것 같다.

어느 날 나는 『청정도론』의 신통에 대한 기술을 보고 무릎을 탁 쳤다. '성자들의 신통'이라는 개념이 그것이다. 이 신통은 마음이 자유자재한 경지에 달한 성자들에게만 일어나기 때문에 성자들의 신통이라고 한단다. 그런 뒤로 나는 아무리 알려진 도인이라도 이 신통을 얻지 못했다면 도인으로 치지 않기로 했다. 궁금하지 않으신가? 성자들의 신통이 무엇인지. 『청정도론』의 한 구절을 그대로 옮겨 본다.

무엇이 성자들의 신통인가? 여기 비구가 만약 혐오스러운 것에 대해 혐오스럽지 않다고 인식하면서 머물리라고 바라면 그것에 대해 혐오스럽지 않다고 인식하면서 머문다. 평온하게 마음 챙기고 알아차리면서 머문다.

살다 보면 주위에 혐오스러운 것이 너무 많다. 누구에게나 혐오스러운 것도 있고 자신에게만 특별히 혐오스러운 것도 있다. 똥처럼 더러운 것, 뱀처럼 징그러운 것 등을 예로 들 수 있겠다. 누구나 혐오스러운 대상을 만나면 마음이 부정적으로 반응하게 마련이다. 마음이 흔들리게 마련이다.

이런 원리는 사람과 사람의 관계에도 적용된다. 미운 사람과 같은 공간에 있는 것처럼 괴로운 일도 없다. 성자들의 신통이란 누구나 혐오스럽다고 하는 것들을 대상으로 만난다고 하더라도 마음이 부정적으로 반응하지 않는다. 이런 것을 부동심, 흔들리지 않는 마음이라고 한다.

이런 얘기들은 『노자』나 『장자』, 선의 어록 같은 책에도 무척 많이 등장한다. 도인은 마음이 잔잔한 호수와 같아서 대상으로 오는 모든 것을 그대로 비춘다. 기러기 날면 비추고, 날아가고 나면 자취가 없다. 똥 같은 오물이 혐오스럽지 않다고 인식하면서 머물고 싶다면 그대로 할 수 있는 것도 아무나 할 수 없는 신통이다. 성자만이 보일 수 있는 성자들의 신통이다.

'원수를 사랑하라'는 그 어려운 성경 말씀을 그대로 실천할 수 있다면 도인이고 성자가 아닐 수 없다. 좋은 것을 만나도 마음은 흔들린다. 어쩌면 혐오를 피하는 것보다 좋은 것을 사랑하고 집착하지 않기가 더 어려울지도 모른다. 성자들의 신통은 아무리 좋은 것을 대상으로 만나도 마음이 흔들리지 않음을 포함한다. 『청정도론』의 설명을 좀 더 이어가 보자.

이 신통을 갖춘 번뇌 다한 비구는 혐오스럽고 원하지 않는 대상에 대해 자애로 가득 채우거나, 혹은 물질일 뿐이라고 마음을 추스르면서 혐오스럽지 않다고 인식하면서 머문다. … 눈으로 형상을 보고서 기뻐하지도 않고 … 혐오스러운 것과 혐오스럽지 않은 둘 모두를 제거하고 평온하게 마음 챙기고 알아차리며 머문다.

적어도 이 정도가 맘대로 되지 않으면 결코 도인이라고 할 수 없지 않을까?

깨달음으로 가는 도움길

이 법을 누구에게 전할까

싯달타가 깨달음을 얻어 붓다가 됐다. 후대에 전해지기로는 몸을 괴롭히는 고행의 부질없음을 알고 중도의 길을 걸었고, 보리수 아래서 일주일을 용맹 정진한 끝에 깨달음을 얻었다고 한다. 붓다는 '깨달은 사람'이라는 뜻이다. 깨달음을 얻은 뒤 붓다는 중생의 세상을 떠날 생각이었다. 무여열반無餘涅槃 즉 '찌꺼기를 남기지 않는 열반'에 들려고 했다. 깨달은 내용을 설명해도 이를 알아듣거나 믿을 사람이 있을 것 같지 않아서였다. 천신이 붓다에게 청했다. 그 깨달음을 중생에게 전해 주기를.

불교의 경전들은 그렇게 전하고 있다. 자신에게 수행법을 가르쳐 준 여섯 외도들은 이미 세상에 없었다. 그래서 찾아간 것이 함께 도를 닦다가 고행을 포기한 싯달타를 변절했다며 떠나가 버린 다섯 수행자들이었다. 그들을 상대로 고苦·집集·멸滅·도道의 사성제四聖諦를 설명한다.

불교의 교리는 이 사건을 초전법륜이라고 명명한다. 초전법륜은 2,500년 불교의 정체성을 결정짓는 잣대가 된다. 불교의 모든 가르침은 사성제로 귀결되기 때문이다. 그렇기에 수행자들은 사성제에 사무쳐야 한다. 삶이 괴로움임을 사무치게 알고, 그 괴로움의 원인을 사무치게 알고, 괴로움을 벗어남이 가능함을 사무치게 알고, 괴로움을 벗어나는 길을 사무치게 알아야한다. 그래서 사성제는 십이연기와, 열반과, 열반에 이르는 길인 팔정도를 포괄한다. 불교의 교리는 요약하면 사성제가 되고, 펼치면 5부 니까야, 경·율·론 3장, 급기야 팔만대장경이 된다. 그래서 사성제를 이해하지 않고서는 불교를 이해할 수 없다.

경전상 '깨달은 자'는 셀 수 없이 많다. 싯달타 이전의 붓다들이 있고, 아라한과를 얻은 싯달타의 제자들과 가르침을 받지 않고 스스로 깨달은 벽지불(연각 또는 독각이라고도 부른다)이 있다. 하지만 모든 깨달은 자가 법을 설할 수 있는 것은 아니다. '아는 것과 가르치는 건 별개'라는 서양의 경구도 있지 않은가? 오직 석가모니 붓다만이 법을 장엄(멋진 형상으로 꾸밈)할 수 있었다고 불교는 주장한다. 석가모니가 설한 가르침을 바로 '불교'라고 부른다. 그 가르침은 놀랄 만큼 체계적이다. 그리고 어찌 보면 단순하기 그지없다.

진리는 단순하다

석가모니가 설한 장엄한 법이 단순하다? 앞서 말한 대로 모든 법이 사성제로 요약되기 때문에? 아니면 체계적이라서? 사실 그렇다. 단순하다. 불법의 체계를 순서대로 따라가기만 하면. 그 체계를 요약하면, 온蘊·처處·계界·근根·제諦·연緣과 37보리분법菩提分法이 된다. 온·처·계·근·제·연은 교학 체계를, 37보리분법은 수행 체계를 요약한 것이다.

교학 체계를 잠시 요약하고 가자.

'나'는 누구인가? 이 물음에 대한 답은, 그 누구도 그 아무도 아니라는 것이다. 다시 말하면 실체가 없는, 곧 '무아無我'이다. '무아'를 알려면 '나'를 해체해 보면 된다. 해체해서 보면 '나'는 다섯 무더기, 오온일 뿐이다. 오온은 색色·수受·상想·행行·식識이다. 색은 물질(몸)을, 수·상·행·식은 마음에 속한다. 명색名色으로 요약하기도 한다. 결국 '나'는 오온이고 명색일 뿐이다. 그것은 다섯 개의 개념이고, 두 개의 개념일 뿐이다.

경經이나 논論은 오온을 순차적으로 설명하지만, 오온의 발생은 순차적이 아니라 동시적이다. 대상(色)을 받아들여 느끼고(受) 지각하고(想), 그런 다음 의도를 일으키고(行), 그것이 마음에 새겨진다(識)는 설명은 얼토당토않다.

오온은 매 순간 함께 일어나고 함께 사라진다.

그렇다면 내 밖의 세계는 무엇인가?

십이처十二處·십팔계十八界다. 그것의 바탕은 육문, 안眼·이耳·비鼻·설舌·신身·의意의 여섯 감각기관이다. 십이처는 안의 감각장소(內處)인 안·이·비·설·신·의와 밖의 감각장소(外處)인 색色·성聲·향香·미味·촉觸·법法을 통틀어 일컫는 것이다. 십팔계는 안의 감각장소와 밖의 감각장소가 만나 생겨나는 알음알이의 요소 6개를 더한 것이다. 결국 세계란 여섯 감각기관에 마음이 작용하여 형성된다. 그렇다면 세계는 마음에 의존하여 존재한다. 엉성하게 말하면, 결국 내 밖의 세계는 없다. 제는 사성제, 고·집·멸·도다. 연은 십이연기, 생사의 원리다.

이제, 수행 체계를 요약한 37보리분법이 무엇인지를 알면 붓다가 설한 장엄한 법의 체계를 이해한 셈이 된다.

깨달음을 위한 37가지 도움길

괴로움은 중생의 삶을 사는 존재의 어쩔 수 없는 숙명이다. 이것이 붓다의 최초 통찰 내용이다. 그러나 그것이 숙명이긴 하지만 그로부터 벗어날 수 없는 건 아니다. 벗어날 수 있지만, 그냥 사라지지는 않는다. 수행을 해야만 없앨 수 있다. 고통을 없애는 수행을 초기 불전은 37보리분법으로 정리한다. '보리분법'은 '보디 빡키야 담마bodhi pakkhiya dhamma'를 직역한 것으로 '깨달음의 편에 있는 법들'이라는 뜻이다. "깨달았다는 뜻에서 깨달음이라고 이름을 얻은 성스러운 도의 편에 있기 때문이다. 편에 있기 때문이라는 것은 '도와주는 상태에 서 있기 때문'이라는 뜻이다."

중국에서는 '도와주는 상태'라는 뜻을 살려서 '37조도품助道品'으로 옮겼다. 『수릉엄경』 등 대승 경전은 약간의 변형을 거쳐 거의 그대로 이를 수용하고 있다. 보리분법은 가짓수로는 37가지이지만, 주제로 분류하면 7가지가 된다. 5부 니까야 가운데 붓다의 가르침을 주제별로 모은 『상윳따 니까야』가 그렇게 분류하고 있다. 그 7가지 주제는 다음과 같다.

- 사념처四念處: 네 가지 사띠의 확립
- 사정근四正勤: 네 가지 바른 노력
- 사여의족四如意足: 네 가지 성취 수단
- 오근五根: 다섯 가지 기능
- 오력五力: 다섯 가지 힘
- 칠각지七覺支: 일곱 가지 깨달음의 징조
- 팔정도八正道: 여덟 가지 요소의 성스러운 징조

첫 번째 카테고리인 사념처를 '네 가지 사띠의 확립'이라고 옮겼다. '사띠'는 보통 '마음챙김' 또는 '알아차림'이라 옮기는데, 각각의 단어를 선택하는 측이 지지하는 뉘앙스와 논리 차이가 있다. 이 문제는 매우 복잡하고 민감하므로 차라리 음 그대로 '사띠'라고 옮기고, 차후 설명하는 방식을 취한다.

이 일곱 가지 카테고리를 구성하는 각각의 요소의 수는 4+4+4+5+5+7+8=37이 된다. 그래서 '37보리분법'이라고 부른다. 수행자는 깨달음으로 가는 길의 매뉴얼로 이를 숙지하고 수행을 점검할 수 있다. 매우 간편하지 않은가?

비구들이여, 수행에 몰두하지 않고 머무는 비구에게 그러나 그의 마음은 결코 취착 없이 번뇌들로부터 해탈하지 못한다. 그것은 무슨 이유인가? 수행하지 않았기 때문이다. 무엇을 수행하지 않았기 때문인가? 사념처, 사정근, 사여의족, 오근, 오력, 칠각지, 팔정도이다(『까꿔자루경』).

사띠, 수행의 키워드

사띠 없이 수행 없다

많은 영적 스승의 가르침이 공통적으로 강조하는 것이 있다. '지금 여기를 살아라' 하는 가르침이다. 쉽사리 알아들을 것 같지만, 이게 도무지 간단치 않다. 도대체 어떻게 지금 여기를 살 것인가? 열심히만 살면 지금 여기를 살 수 있을까? 자신을 끊임없이 돌아보고 반성하는 삶을 살라는 뜻인가? 지금 여기를 사는 구체적 노하우는 없을까? 사띠sati에 대해 이해하면 이 물음에 답을 얻을 수 있지 않을까 싶다.

사띠의 기본 의미는 '기억'이다. 하지만 이 단어는 기억이라는 일상적 의미 외에 수행과 관련된 매우 전문적인 의미를 갖고 있다. 사띠는 한자로는 '염念', 우리말로는 '마음챙김' 또는 '알아차림', 영어로는 'mindfulness', 'awareness'로 번역된다. 사띠는 '마음을 지키고 보호하는 기능'을 한다. 불교의 중국 전래 초기, 호흡을 알아차리는 수행을 설하는 『아나빠나 사띠 수트라』가 『안반수의경安般守意經』으로 번역됐다. 여기에서 '수의守意'는 '마음을 지킨다'는 뜻이다.

사띠는 마음이 들뜸으로 치우치는 믿음, 정신, 통찰지로 인해 들뜸에 빠지는 것을 보호하고, 게으름으로 치우치는 삼매(定)로 인해 게으름에 빠지는 것을 보호한다. 그러므로 이 사띠는 모든 요리에 맛을 내는 소금과 향료처럼, 모든 정치적인 업무에서 일을 처리하는 대신처럼 모든 것에서 필요하다. 그러므로 이와 같이 설하셨다. 사띠는 모든 곳에서 필요하다고 세존께서 설하셨다. 무슨 이유인가? 마음은 사띠에 의지하고, 사띠는 보호로서 나타난다. 사띠 없이는 마음의 분발과 절제함이 없다(『청정도론』).

사띠 없이 수행은 불가능하다. 수행은 사띠에서 시작하고 사띠에서 끝난다. 테라바다 스승들은 한결같이 "사띠를 이어지게 하고, 사띠의 힘을 키우라"고 가르친다. 사띠는 그래서 수행의 키워드라고 할 수 있다.

마음은 사띠를 의지해 선다

"마음을 보호하고 게으름에 빠지지 않도록 지켜주는 사띠? 그런 게 있다면 좋겠지. 하지만 구체적으로 잘 이해가 안 되네. 예를 들어서 설명해 주시면 안 될까?" 그렇다. 수행에 관심을 가진 사람이라면 당연히 이렇게 물어야 한다.

마음은 항상 대상을 갖는다. 좀 더 구체적으로 말하면 마음은 알아차리는 일을 하고 알아차림은 대상을 갖는다. 그런데 알아차림은 두 개의 차원을 갖는다. 눈·귀·코·혀·피부의 다섯 가지 감각의 문을 통해 들어오는 대상을 직접적으로 받아들이는 알아차림은 마음이 하는 일이지만, 이를 '사띠'라고 하지는 않는다. 사띠는 이보다 한 차원 더 높은 작용인데, 직접적인 감각 내용을 대상으로 하는 알아차림이다.

X가 듣는다.(감각의 작용)
X가 들음을 안다.(사띠의 작용)
들리는 소리가 새소리다.(산야의 작용)

그러니까 사띠는 감각적 알아차림보다는 한 차원 더 높은 알아차림이다. 논서에서는 이를 여섯 번째 감각 마노Mano(意根)의 작용이라고 설명한다.

250

"바라문이여, 다섯 가지 감각 기능은 마노를 의지한다. 마노가 그들의 대상과 영역을 경험한다."

"고따마 존자시여, 그러면 마노는 무엇을 의지합니까?"

"바라문이여, 마노는 사띠를 의지한다."

"고따마 존자시여, 그러면 사띠는 무엇을 의지합니까?"

"바라문이여, 사띠는 해탈을 의지한다."(『상윳따 니까야』)

이 전거에 의하면, 사띠는 마노를 거친 알아차림이며, 마음과 해탈을 이어주는 역할을 한다. 이것이 초기 불교에서 사띠를 그토록 중시하며 수행의 키워드로 삼는 이유다.

사띠의 네 가지 대상

마음은 알아차리는 일을 한다. 마음을 통한 알아차림은 두 개의 차원을 거친다. 마노意根를 거치는 두 번째 차원의 알아차림이 사띠다. 바로 이 사띠를 통해 대상을 깊숙이 알아차리는 일이 명상이요, 수행이다.

사띠는 대상에 깊이 들어가는 것이다. 사띠는 대상을 통해서 불선법이 일어나는 것을 막는다. 사띠는 대상을 거머쥐는 것이다. 사띠는 대상에 대한 확립이다. 사띠는 마음을 보호한다(『청정도론』).

사띠의 대상이 되는 것이 넷 있는데 이를 '사념처'라고 부른다. 그 네 대상은 신身·수受·심心·법法 즉 몸과 느낌과 마음과 법이다. 수행자는 그 네 가지 대상 중 하나를 택해서 명상을 수련하는데, 그 수련 방식마다 신념처·수념처·심념처·법념처라는 명칭이 붙는다. 한 가지 유념할 것은 그 넷 가운데 다른 것보다 더 좋고 우월한 수행은 없다는 점이다. 오히려 수행자의 성향과 인연에 따라 각자에 맞는 수행법을 만난다는 생각이 든다.

『대념처경』에 따르면 네 가지 대상의 카테고리를 더욱 세분하면 몸에 관련된 대상 열네 가지, 느낌에 관련된 대상 아홉 가지, 마음과 관련된 대상 열여섯 가지, 법과 관련된 대상 다섯 가지 등 마흔네 가지가 된다. 하지만 느낌과 마음을 한 가지 주제로 간주하면 스물한 가지가 된다.

이런 세밀한 분류를 여기서 일일이 설명하는 것은 별 의미가 없을 듯하다. 다만 호흡을 대상으로 한 '아나빠나 사띠'가 신념처에 속하고 '사성제' 등 교리를 사띠의 대상으로 하는 수행이 법념처에 속한다는 정도를 이해하고 넘어가자. 느낌과 마음을 대상으로 수행하는 수념처와 심념처에 대해서는 별도로 설명하려고 한다.

그런데 사띠의 대상이 왜 이 네 가지인가? 이 질문과 그에 대한 답은 매우 중요하다. 이 질문에 답하기 위해서는 붓다가 이 문제에 어떻게 접근했는지를 상기해야 한다.

'사람'이란 무엇인가? 사람은 명과 색, 마음과 몸이다. 사람을 이해하려면 마음과 몸을 이해해야 한다. 그에 대한 이해를 얻기 위한 붓다의 방법은 '해체'다. 구체적으로 말하면, '나'가 개념일 뿐 실체 없음을 보이기 위해 색·수·상·행·식의 오온으로 해체해서 무상無常·고苦·무아無我를 드러내는 방법이다. 사띠 역시 '나'라고 불리는 마음과 몸, 명색, 좀 더 해체하면 오온을 대상으로 한다. 사념처는 '나'를 몸·느낌·마음·법으로 해체하고, 이에 속하는 주제 중 하나를 사띠의 대상으로 선택해서 통찰하여 이것들의 무상·고·무아를 체득하는 수행법이라고 할 수 있다.

사띠에 대한 세 가지 비유

붓다의 설법은 많은 비유를 통해 이루어졌다. 지혜가 부족한 중생에게 법을 쉽게 설명하기 위해서였다. 사띠 역시 매우 전문적인 개념이어서 이해가 쉽지 않다. 사띠에 대한 더 철저한 이해와 사띠빠따나(사티의 확립) 수행에 도움이 되는 경전의 비유를 정리해 본다.

밧줄과 기둥의 비유. 사띠를 밧줄에, 사띠의 대상을 기둥에 비유한다(『상윳따 니까야』의 여섯 동물 비유 경). 여섯 동물은 육식六識의 비유다. 길들여지지 않은 동물들을 밧줄로 기둥에 묶어 두면 제각각 이를 벗어나려고 용을 쓰다가 지치면 앉거나 눕게 되고, 결국 길이 들 것이다. 기둥과 밧줄이 튼튼해야 동물을 길들일 수 있다.

덧문의 비유. 여러 경전에서 사띠는 안·이·비·설·신·의의 여섯 가지 감각 기능의 문을 보호하는 덧문에 비유된다. 감각 기능이 컨트롤되지 않으면 욕심과 짜증 등 나쁜 법들(不善法)이 침범한다. 사띠는 이렇게 여섯 문을 단속하고 문을 통해 들어오는 나쁜 법들은 제어하는 역할을 한다.

고향 마을의 비유. 『상윳따 니까야』의 「새매경」은 매에게 채여 가는 메추리의 탄식을 적고 있다. 메추리가 자신의 활동영역을 벗어났다가 매에게 잡혔다는 탄식이다. 사띠는 고향 마을이고, 고향 마을을 벗어나면 안전을 보장받지 못한다.

비구들이여, 고향 마을을 벗어나 행동하지 말라. 고향 마을을 벗어나지 않는 자에게 마라(魔)는 내려앉을 곳을 찾지 못하고, 마라는 대상을 얻지 못할 것이다. 비구들이여, 무엇이 다니고 행동할 수 있는 고향 마을인가? 바로 이 네 가지 사띠의 확립이다(「새매경」).

개념을 버리고 법을 보라

왜 사띠를 이어지게 하고 왜 사띠의 힘을 키워야 하는가? '있는 그대로' 보기 위해서다. 중생이 겪는 괴로움은 '있는 그대로' 못 보기 때문이다. 괴로움의 원인을 알고 괴로움의 원인을 제거하면 괴로움에서 벗어날 수 있다.

붓다의 가르침이 '해체'라는 점을 다시 한 번 상기하자. 해체의 대상은 '빤냐띠pannatti(개념적 존재)'다. 산·강·들 등의 자연적 존재에서부터 비행기·자동차·배 같은 인공적 존재에 이르기까지 개념적 존재들은 마치 시공을 초월해 존재하는 것처럼 보인다. 서양 철학에서는 이런 개념들을 '보편자universal'라고 부른다. 어떤 철학적 전통에서는 여기에 존재적 지위를 부여하기도 한다. 불교 철학은 그러나 '개념'은 개념일 뿐 존재성을 갖는 실체가 아니라고 본다.

'나', '자아', '아트만' 등의 개념은 마치 존재성을 갖는 것처럼 보인다. 하지만 이를 해체해서 보면 그것은 빤냐띠(개념)일 뿐이다. 중생은 이런 사실을 알지 못하고 '나'를 '있는 무엇'으로 보고 그것에 집착한다. '나'에 대한 집착은 모든 집착 가운데 가장 커다란 집착이다. 개념적 존재에 대한 집착을 끊으려면 반드시 그것을 해체해서 봐야 한다. 개념적 존재의 정체가 밝혀지면 '있는 그대로'인 법이 드러난다. 있는 그대로인 법이 빠라맛따이다.

무상·고·무아는 빠라맛따의 세 가지 속성이다. 해체하여 법을 보고 법의 속성인 무상·고·무아를 구체적이고 투철하게 통찰한다. 이로써 대상에 대한 염오厭惡가 일어난다. 그리하면 집착과 탐욕을 끊고(離欲) 해탈에 이르러 구경해탈지를 체득한다. 사념처의 수행 구도는 바로 이것이다.

> 비구들이여, 네 가지 사띠의 확립을 닦고 많이 공부 지으면 그것은 염오로 인도하고, 탐욕의 빛바램으로 인도하고, 소멸로 인도하고, 고요함으로 인도하고, 최상의 지혜로 인도하고, 바른 깨달음으로 인도하고, 열반으로 인도한다(「욕망의 빛바램 경」).

호흡과 수행

우파니샤드의 호흡

스트레스가 많은 현대인에게 탈출구는 많지 않아 보인다. 하던 일을 툴툴 털어 버리고 잠시나마 어딘가로 표표히 떠나면 좋겠지만, 그렇게 마음 먹기조차 쉬운 일이 아니다. 여기저기 온라인 공간에서 '마음을 쉬라'고 조언하지만 어떻게 마음을 쉬어야 하는지 알기 쉽게 가르쳐 주는 곳은 찾기 어렵다. 명상은 마음 쉬기의 전형적인 노하우에 속한다.

누군가의 가르침을 받지 않고 인터넷 등의 자료만을 통해 독학으로 명상을 익히기란 무척 어렵다. 마음내기가 쉬운 일은 아니지만 시정 간에 명상을 가르치는 곳이 적잖다. 최근에는 헬스나 골프클럽처럼 회원제로 운영되는 명상클럽도 생겨났다. 명상을 가르치는 곳마다 다양한 노하우가 있는 것 같다. 그 다양성만큼이나 명상법은 수백 수천 가지일 수 있지만, 공통점은 있다. 거의 모든 명상이 거의 예외 없이 호흡에서 시작한다는 점이 그것이다. 어떤 명상은 숨쉬기의 길이나 강도를 조절하는 데서 시작하고, 또 어떤 명상은 숨쉬기에 소리를 싣거나 관념을 얹기도 하며, 또 다른 명상은 숨을 참거나 단위 시간당 호흡수를 줄이는 데 포인트를 두기도 한다. 숨쉬기에 그토록 다양하고 현란한 기교가 가능하다는 점이 참으로 놀랍다.

호흡을 이용한 다양한 명상법들의 기원을 거슬러 올라가면 '우파니샤드'에 가서 닿는다. 인도 대륙에서 명상의 기원은 지금으로부터 적어도 4,500년을 거슬러 올라간다. 인더스 문명 모헨조다로-하라파의 유적에서 명상하는 사람의 모습을 새긴 인장이 증거로 발굴됐기 때문이다.

오랜 역사를 관통하는 명상의 노하우는 무엇이었을까? 알 수 없다. 다만 수천 년 베다 시대의 세계관에서 오랜 노하우의 역사를 가늠할 뿐이다. 베다는 우주를 생성-유지-파괴의 과정을 반복하는 거시적 전체로 봤다. 인간은 제사를 통해 그 과정에 개입할 수 있다. 제사 행위는 그래서 매우 중요한 숭배 형태가 된다.

'우파니샤드'는 '가까이 와서 앉다'라는 뜻인데, 비밀스런 노하우를 귓속말로 전하는 광경을 연상시킨다. 우파니샤드는 '베단타'라고도 불리는데 '베다 시대의 끝'을 의미한다. 베다 시대를 마무리하는 사상의 정리와 집대성의 시대라고 할 수 있다.

보통 사상의 마무리 시대에는 자유롭고 대담한 사변이 가능하다. 베단타 시대가 그러하다. 제사는 왜 지내는가? 우주 전체인 브라만에 대한 숭배 아닌가? 그렇다면 숭배의 정신이 중요하지 않은가? 꼭 제사를 안 지내도 그 마음가짐이 경건하면 되는 거 아닌가?

이렇게 우파니샤드는 제사 행위보다는 제사의 정신을 강조한다. 우파니샤드는 한 발 더 나아가 그런 정신의 주체인 인간을 '작은 브라만'이라고까지 본다. 그 작은 브라만, '아트만'은 곧 '브라만'이다.

베다는 오래전부터 브라만의 생성-유지-파괴를 우주의 호흡이라고 보았다. 아트만 역시 그처럼 들숨-정지-날숨의 호흡에 의해 유지되지 않는가? 힌두교의 많은 명상이 이렇게 호흡과 연관된다. 호흡과 호흡의 과정에 대한 집중을 통해 아트만은 브라만이 된다. 호흡을 명상의 중심에 두고 에너지의 샘인 몸의 특정 부위 차크라를 일깨우는 등, 요가와 같은 다양한 수행법이 전래되고 있다. 그런데 테라바다의 사념처는 이런 전통과는 사뭇 다른 수행법이다.

256

아나빠나 사띠

요가의 호흡법과 사념처는 같은 수행인가? 다르다면 차이는 무엇인가? 결론부터 말하면, '사띠의 있고 없고'가 차이점이다.

테라바다 부디즘에도 당연히 호흡 명상이 있다. 사념처를 설명하면서 불교의 호흡 명상인 '아나빠나 사띠'를 설명하지 않을 수 없다. 초기 경전 중 호흡 명상에 대한 주요 세 가지 경전이 있는데 '수행 3경'이라고 불린다. 「대념처경」, 「염처경」, 그리고 「들숨날숨에 사띠하기 경」이 그것이다. 그 세 가지 경전에 공통된 키워드가 '염念' 즉 '사띠'다.

사띠 명상 또는 위빠사나 명상은 몸과 마음에서 일어나는 것들을 대상으로 그 대상을 통찰하는 명상이다. 몸을 대상으로 사띠하는 것을 '신념처身念處'라 한다. 신념처에 열네 가지 대상이 있는데 그 가운데 가장 대표적인 대상이 호흡이다. 호흡은 몸에서 일어나는 '사건' 중 하루 24시간 쉬지 않고 일어나는 사건이다. 이를 대상으로 하는 명상법은 매우 단순하다. (호흡을 알아차림으로 하지 않고 호흡에 집중만 하면 사마타 명상이 된다.)

단순하다고? 정말 그렇다. 「아나빠나 사띠 경」(『맛지마 니까야』)의 첫머리를 인용해 보자.

들이쉬는 숨이 길면 '길게 들이 쉰다'고 꿰뚫어 알고, 내쉬는 숨이 길면 '길게 내쉰다'고 꿰뚫어 안다. 들이쉬는 숨이 짧으면 '짧게 들이쉰다'고 꿰뚫어 알고, 내쉬는 숨이 짧으면 '짧게 내쉰다'고 꿰뚫어 안다. '호흡의 전 과정을 경험하면서 들이쉬리라'며 공부 짓고 '호흡의 전 과정을 경험하면서 내쉬리라'며 공부 짓는다. '호흡을 고요히 하면서 들이쉬리라'며 공부 짓고 '호흡을 고요히 하면서 내쉬리라'며 공부 짓는다.

단순하지 않은가? 이후 주석가들은 수행자의 편의를 위해 한 호흡을 여섯 또는 여덟 단계로 나누어 단계마다 친절한 설명을 붙이기도 한다. (『청정도론』의 예: 헤아림-연결-닿음-안주-주시-환멸-청정-되돌아봄.) 하지만 필자가 느끼기론 그 친절함이 사태를 더 복잡하게 만드는 것 같다.

아무튼 초기 불교에서 아나빠나 사띠의 지위는 가장 근본적이고 중요하다. 주석서들은 이 호흡 명상을 통해 얻은 초선이 붓다의 깨달음의 초석이라고까지 언급하면서 그 중요성을 강조한다. 그뿐만 아니라 아난다 등 직계 제자들도 이 수행법을 통해 아라한과를 얻었다고 적고 있다. 아나빠나 사띠 수행법은 현대 불교에서도 가장 쉬우면서도 중요한 수행법으로 강조하고 즐겨 가르치는 명상법이다. 미얀마 마하시 센터와 그 방계 센터들에서도 아나빠나 사띠를 매우 강조한다.

위빠사나 수행처 중 세계적으로 가장 많이 파급돼 있는 고엔까 센터에서 가장 전형적인 예를 볼 수 있다. 고엔까 센터는 '10일 집중수행'을 강조하는데, 수행자들은 처음 3일은 아나빠나 사띠만, 나머지 7일은 몸의 느낌을 대상으로 하는 '바디 스캔'을 한다. 아무튼 호흡 명상은 모든 명상의 기본이 된다는 점은 확실하다. 어떠신가? 들이쉬고 내쉬는 숨 하나하나가 소중하다 생각되지 않으신지.

수념처와 심념처

사마디는 좋은 것이여

명상에 처음 입문하는 사람들에게 '사띠'를 이해시키기란 쉽지 않다. 그들은 보통 '대상에 집중하는 것'을 명상으로 안다. 이를테면 촛불을 켜고 정신을 그 한 곳에 집중시키면 마음의 힘이 커지고 '스트레스도 사라진다' 정도의 선입견을 갖고 있다. 사띠에 대한 설명을 들으면 잘 납득하려 들지 않는 사람도 있다. "마음을 비우는 걸 명상의 원리로 아는데 '사띠'로 마음이 비워지느냐"고 묻는다. 그런가 하면 어떤 또 사람은 "마음을 한 곳에 집중해야 힘이 생길 텐데, '사띠'로 집중이 되겠느냐"고 의문을 제기한다.

이 정도 나오면 '사띠'를 이해시키는 일은 일단 접어야 한다. 그리고 이렇게 말해야 한다. "맞다. 한 곳에 마음을 집중하면 마음에 힘이 생기는 거 맞다. 그걸 사마디, 삼매라고 한다. 그거 참 좋은 거다. 사마디가 생기면 많은 것이 달라짐을 스스로 느낀다. 명상하는 보람이 생긴다."

"그러면 되는 게 아니냐? 그러기 위해 명상하는 게 아니냐"고 그렇게 끝까지 강변하는 사람도 있다. 그렇다면 인연은 대략 여기서 끝이다. '사마타' 명상을 권하는 선에서 그냥 마무리한다.

앞서 설명했듯, 사마타 명상과 위빠사나 명상은 목적이 같지 않다. 사마타는 사마디를 얻기 위함이요, 위빠사나는 지혜 얻음을 목적으로 한다. 사마타는 빤냐띠(관념)를 대상으로 선택해서 그 한 대상에 집중하는 방식의 수행이요, 위빠사나는 빠라맛따(법, 실제로 일어나는 것)를 대상으로 통찰하는 방식의 수행이다. 사마타의 대상은 무엇이든 상관없다. 촛불이어도 좋고, 등 그런 접시, 흐르는 물, 바람, 들숨날숨, 그 어느 것이든. 그 대상과 '닮은 표상'이 마음에 떠올라 앉든, 눕든, 밥을 먹든, 길을 걷든 사라지지 않을 때까지 그 하나에 집중한다. 바로 이 '닮은 표상'은 순전히 관념적인 것이다. 그것을 통해서 마음에 사마디를 얻는다. 사마디를 얻으면 세상이 사뭇 달라 보인다. 네 가지 단계의 마음 상태가 오죽하면 천상세계에 사는 중생의 마음 상태와 같다고 말하겠는가? 그러니까 사마타 수행자들의 "사마디는 좋은 것이여"라는 말은 당연하지 않겠는가?

하지만 논서들은 말한다. "사마타 수행은 위빠사나 수행을 잘하기 위한 선행 수행일 뿐, 열반을 얻기 위해서는 결국 위빠사나의 길로 가지 않으면 안 된다"고. 그 까닭은 통찰을 통해 얻는 '지혜'만이 사견·어리석음·무명을 거두고 해탈의 길로 갈 수 있는 힘이기 때문이다. 그래서 지혜는 곧 '어리석음 없음'을 뜻하기도 한다. 한 줄기 빛이 어둠을 몰아내듯, 빛과 어둠이 배타적 상대 개념인 것처럼.

느낌에서 느낌으로

하던 일을 잠시 멈추고 편안히 앉아 보자. 눈을 감고 마음을 활짝 열어 보자. 열린 마음에 들어오는 것들을 거부하거나 판단하지 말고 수동적으로 알아차리기만 하자. 어떤 것들이 들어오는가? 가려움, 통증, 결림 등 몸과 연관된 감각 내용, 기쁨 또는 슬픔, 아늑함, 편안함 등 감각과 연관 없는 느낌들, 떠오르는 생각, 과거에 대한 기억, 미래에 대한 계획, 뭔가 하려는 의도 등 무수한 것들이 일어났다 머무르고 사라지지 않는가?

그 모든 것이 주체인 마음의 대상들이다. 마음이 하는 일은 알아차리는 일이다. 이 가운데 느낌을 대상으로 하는 수행법이 사념처 중 수념처가 된다. 느낌은 마음이 일어났을 때 반드시 따라오는 7가지 마음부수 중 하나다. (7대신에 둘러싸인 왕의 비유를 상기하시라.) 그러하니 이론상, 대상인 느낌은 주

260

체인 마음이 찾아다닐 필요 없이 늘 함께 있는 셈이 된다. 특정 느낌은 세 가지(혹은 다섯 가지) 부류 중 하나에 속한다. 좋은 느낌, 나쁜 느낌, 좋지도 나쁘지도 않은 느낌. 좋거나 나쁜 느낌이 몸과 연관되느냐, 마음과 관련되느냐에 따라 나누면 느낌의 부류는 다섯 가지가 된다. 마음이 일어남과 늘 함께 있는 이 느낌을 사띠의 대상으로 삼는 수행이 곧 수념처가 된다.

좀 더 구체적으로 느낌은 어떻게 발생하는가? 십이연기의 설명에 따르면, 느낌은 촉에서 발생한다(觸-受-愛). 논서는 '촉觸(phassa)'을 '나타난 대상을 마음이 정신적으로 만지는 것'이라고 설명한다. 좀 더 자세하게 말하면, 근根(indriya, 기능)과 경境(visana, 대상) 그리고 식識(vinna, 알음알이), 이 세 가지가 맞부딪치는 것이 촉이다(三事和合爲觸). 쉽게 말해 '감각접촉'이다.

십이연기에서 촉부터 정신적 영역에 속한다. 『청정도론』은 '닿는다' 해서 '촉'이며, 닿는 특징, 부딪치는 역할을 한다고 설명한다. "형상이 눈에 부딪치고 소리가 귀에 부딪치듯 촉은 마음과 대상을 부딪치게 한다." 그래서 느낌의 근원이 된다. 사띠가 없을 때 느낌은 곧바로 상카라行로 옮겨 간다.

십이연기의 '촉-수-애 고리'를 다시 상기해 보자. 수는 애로 이행한다. 애는 애착이다. 한자의 생김새로 이 이행을 설명하는 이도 있다. '수受' 안에 마음 '심心'을 보태면 '애愛'가 되듯, 느낌을 마음으로 받아들이면 애착이 된다는 것이다. 십이연기에서 느낌이 애착이 되면 바로 취取-유有-생生-노사老死로 이어져 윤회의 고리는 계속 돌게 된다.

일상의 경험은 말해 준다. 느낌이 좋으면 애착이 생기고 느낌이 나쁘면 짜증이 나는 것을. 애착은 탐욕(로바)에, 짜증은 화(도사)에 속한다. 느낌은 로바·도사 즉 번뇌를 일으킨다. 수념처는 이런 고리를 끊기 위한 수행이다. 마음과 함께 일어난 느낌을 그저 알아차리고 바라보라. 느낌이 애착이나 화로 옮겨 가지 않도록. '느낌에서 느낌으로.' 좋지도 나쁘지도 않은, 평온한 느낌(우뻬까) 그대로.

마음이라는 대상

사념처 수행을 요약하면 '몸과 마음에서 일어나는 것들을 사띠의 대상으로 두는 것'이다. 그 대상들을 크게 분류하면 네 가지가 되는데, 그 네 가지를 대상으로 하는 수행 가운데 가장 직접적이고 이해하기 쉬운 것이 몸을 대상으로 하는 신념처다. 그래서 거의 모든 위빠사나 수행처들이 호흡과 걸음걸이 등 몸의 움직임과 몸에서 느끼는 감각 등을 직접 관찰하는 데서부터 수행을 시작하도록 가르친다. 이렇게 구체적으로 수행을 시작하면 신념처와 수념처가 무엇인지 어렵지 않게 이해할 수 있게 된다.

하지만 심념처와 법념처를 이해하기란 도무지 쉬운 일이 아니다. 법념처는 오온이나 사성제 등 교리상 설명되는 다섯 가지 세부 대상을 대상으로 하는 수행법이라고 두루뭉수리 이해하면 될 듯해 보인다. 하지만 심념처의 대상인 '마음'을 도대체 어떻게 대상으로 삼는단 말인가?

쉐우민 수행법을 익히면 얼마간 이에 대한 답이 나온다. 쉐우민 수행법은 그래서 위빠사나 진영에서 제 나름대로 독특한 진영을 형성하고 있다. 다른 수행처에 비해 가르침이 톡톡 튄다. '수행을 시작하기 전에 마음부터 점검하라', '열심히 하려는 마음이 로바(탐욕)가 아닌지를 살펴라' 등의 지침에서부터. '몸의 움직임, 느낌, 그 무엇이든 하나의 대상만을 집중해서 관찰하지 말라'는 지침은 그야말로 파격이다.

쉐우민 수행법도 좌선하면서 호흡을 보고, 느낌을 보고, 경행하면서 몸의 움직임을 본다. 그렇게 시작한다. 하지만 그것은 사띠의 힘을 키우기 위한 방편이다. 사띠의 힘이 커지면 하나의 대상에 집중해서 보지 말고 여러 개의 대상을 한꺼번에 보라, 그래야 힘이 있다, 이렇게 가르친다. 그러고는 급기야 대상을 보는 마음을 보라고 가르친다. 또는 아는 것을 다시 알아라, 또는 대상과 마음을 함께 보라, 이렇게도 가르친다. 물론 이런 가르침들 사이에는 경험하지 않은 사람이라면 느끼지 못할 미묘한 뉘앙스 차이가 있다.

262

마음을 사띠의 대상으로 둘 수 있게 되는 데서부터 비로소 수행은 시작된다. 쉐우민 수행법이 심념처인 까닭은 바로 이런 가르침 때문이다.

이해가 쉽지 않겠지만 한 발 더 나가 보자. 아는 것을 다시 알 때는 대상과 마음이 함께 있다. 대상이 빠지고 아는 마음을 대상으로 사띠를 두면 대상들은 희미해지고 그 대상들이 어떤 것이든 상관없다. 보든, 듣든, 냄새를 맡든 상관없이 마음을 대상으로 사띠는 지속된다.

떼자니아 사야도에게 이렇게 질문한 적이 있다.

"마음이 보이지 않을 땐 먼저 대상을 보고, 그다음 대상을 보는 마음을 보고, 대상과 마음을 함께 보고, 그런 다음 마음에 직접 사띠를 두면 됩니까?"

사야도의 답이 이랬다.

"이렇게도 해 보고, 저렇게도 해 보고, 다양하게 해 보는 것도 좋겠다."

길을 찾으면 길은 있지만, 왕도는 없다. 답변을 듣고 나는 그런 생각을 했다.

마음이 마음을 알다

"눈이 눈을 볼 수 있는가?" 이 물음은 무척 난센스 해 보인다. 당연히 눈이 눈을 볼 수 없을 것이다. 사실은 눈을 통해 대상을 보는 것이라는 답이나, 거울을 통해 자신의 눈을 볼 수 있다는 답변 따위는 이 물음의 의도를 읽지 못한 것이다. 볼 수 없는 것을 봐야만 한다는 '난센스의 센스'를 잡아내야 한다.

논서는 앞서 언급한 아나빠나 사띠의 열여섯 가지 호흡 가운데 아홉 번째에서 열두 번째까지의 호흡이 심념처에 해당한다고 해석하고 있는데, 그 네 가지 호흡을 참고해 보자.

'마음을 경험하면서 들이쉬리라'며 공부 짓고 … '마음을 기쁘게 하면서 들이쉬리라'며 … '마음을 집중하면서 들이쉬리라'며 … '마음을 해탈케 하면서 들이쉬리라'며 …

마음을 경험하고, 기쁘게 하고, 집중하고, 해탈케 한다? 도대체 무슨 뜻인가? 마음이 하는 일이 아는 일인데, 아는 일을 하는 마음 자체를 마음이 알 수 있는가? 집합론의 패러독스를 해결한 버트런드 러셀의 방식처럼 마음의 레벨을 나눌까? 아무튼 사념처 중 심념처는 마음을 사띠의 대상으로 삼는 수행이다. '마음이 마음을 알아차리는' 수행법이다. 경론에서는 이 문제를 그다지 심각하게 다루지 않는다.

사띠의 대상이 되는 마음을 열여섯 가지 세부적 주제로 나눈다. 이들 세부 주제들은 탐욕(성냄, 미혹)이 있는(없는) 마음, 위축된(산란한, 고귀한) 마음 등으로 마음의 상태를 가리키는 것처럼 기술하고 있다. 하지만 여기에는 그렇게 단순하지만은 않은 함축이 들어 있는 것 같다. 마음에 탐욕이나 성냄, 미혹 등이 있는지 없는지 마음의 상태를 살펴보는 것이 그 의미라는 해석은 어딘지 좀 단순해 보인다. 오히려 '마음이 대상에 어떻게 작용하는지를 살핀다'고 보면 좀 더 역동적인 해석이 되지 않을까?

이 정도의 역동적 해석으로 심념처가 이해될 수 있다면 얼마나 좋겠는가? 수행하지 않고 수행에 대한 설명만으로 수행을 이해하기란 힘든 일이다. 마음이 마음을 대상으로 사띠할 수 있는지 없는지는 실제로 수행해 보면 그 여부를 알 수 있다. 수행이 깊어지면 수행에 대한 이해도 더불어 깊어지리라.

거문고 줄 고르듯

네 가지 바른 노력(四正勤)

"왕이시여. 길에는 왕께서 다니시도록 만들어 놓은 왕도가 있지만, 기하학에는 왕도가 없습니다." 그리스 수학자 메가라의 유클리드가 자신의 학생인 이집트 프톨레마이오스 왕에게 한 말이다. 노력 없이 길은 뚫리지 않는다.

37보리분법에 노력을 강조한 범주가 사정근四正勤(네 가지 바른 노력)이다.

> 네 가지 바른 노력은 아직 일어나지 않은 해로운 법들은 일어나지 못하게 하고, 이미 일어난 해로운 법들은 제거하고, 아직 일어나지 않은 유익한 법들은 일어나게 하고, 이미 일어난 유익한 법들은 증장시키는 것이다(각묵, 『초기불교입문』).

노력하는 방법, 참 간단하다. 바른 방향의 노력이란 뜻을 강조하느라 '정正(사마sama)'이 붙었다. 간단하긴 하지만, 오해 없도록 해야 한다. 무엇이 해롭고 무엇이 유익한 법인지를 모르고서는 사정근을 이해할 수 없다. 직관적으로 좋고 나쁜 그런 것이 아니다. 아비담마를 통해 분명히 밝혀 놓았다. 위빠사나 수행에서 아비담마의 기본을 알아야 한다고 강조하는 이유이기도 하다. 37보리분법은 당연히 선법이다. 해탈에 유익하기 때문이다.

불선법 열 가지와 해로운 마음부수 법 열네 가지가 악법에 속한다. 구체적으로 들자면, 생명을 죽임, 주지 않는 것을 가짐(테라바다 계율은 절도를 이렇게 정의한다), 삿된 음행, 거짓말, 중상모략, 욕설, 잡담, 탐욕, 악의, 삿된 견해가 열 가지 불선업 즉 나쁜 행동이다. 어리석음, 양심 없음, 수치심 없음, 들뜸, 탐욕, 사견, 자만, 성냄, 질투, 인색, 후회, 해태, 혼침, 의심이 열네 가지 불선법 즉 마음의 나쁜 성향이다.

그러니까 네 가지 바른 노력, 사정근은 계를 지키는 일이기도 하다. 37보리분법의 일곱 가지 범주를 구성하는 요소들은 여러 번 중복되는 것이 많다. 그 가운데 노력 또는 정진이 대표적이다. 정진은 37보리분법의 마지막 일곱 번째 범주인 팔정도에도 속해 있다. 사정근은 어떻게 노력해야 하는가를 규정한, 정진의 구체적인 내용이다. 세 번째 범주인 사여의족四如意足에는 정진이, 다음 범주인 오근五根에도 정진근이 있다. 일곱 가지 깨달음의 요소인 칠각지七覺支에도 정진각지로 강조된다.

그렇다. 노력 없이 되는 일이 어디 있던가? 하지만 노력하는 것도 노하우가 있어야 한다. 무작정 하는 노력이 비효율과 불행을 초래하는 사례도 얼마든지 있다. 조폭이나 범죄자들도 제 나름대로 장삼이사보다 훨씬 많은 노력을 한다. 노력도 바른 노력이어야 하는 이유다. 동기가 바르고, 목적이 뚜렷하고, 수단이 합당해야 바른 노력일 수 있다. 37보리분법 가운데 한 범주를 정진의 내용으로 채운 경전 편집자들의 고심을 이 대목에서 이해할 수 있다.

네 가지 성취수단(四如意足)

'사여의족四如意足'이라는 단어는 참 괴상하다. 여의도 족발집을 연상케 하는 '여의족'이라니? 어찌 이런 한역이 나왔을꼬? 팔리어로는 '잇디빠다iddhi-pada'란다. '잇디'는 신통이나 성취를, '빠다'는 다리를 뜻한다. 다리는 교통수단이니 '수단'의 뜻? '뜻대로 되는 것'이 성취이니 '여의如意', 다리는 '족足'이니, 맞네. 맞아. 그렇긴 해도 원 단어를 들먹이며 한참 설명을 해야 알아들

266

을 번역은, 좋은 한역은 아닌 거 같다.

무엇을 위한 성취 수단인가? 경전은 사마디와 신통과 열반을 성취하기 위한 수단이라고 못 박는다. 경전의 이곳저곳에서 이 네 가지를 때로는 사마디를, 때로는 신통을, 때로는 열반을 얻기 위해 닦아야 한다고 쓰고 있다.

비구들이여, 네 가지 성취 수단을 닦고 많이 공부 지으면 그것은 염오로 인도하고, 탐욕의 빛바램으로 인도하고, 소멸로 인도하고, 고요함으로 인도하고, 최상의 지혜로 인도하고, 바른 깨달음으로 인도하고, 열반으로 인도한다(『염오경』).

그렇다면 네 가지 성취 수단은 무엇인가? 열의chanda·정진viriya·마음citta·검증vimamsa이 그것이다. 열의는 일상적 단어이고, 정진은 앞서 충분히 설명했으니 더 설명할 필요는 없겠다. 그런데 '마음'이 수단이라니? 게다가 '검증'이라니? 도대체 네놈들의 정체가 뭐냐? 이를 명확하게 설명하는 책들이 거의 없다. 오히려 어느 법사의 인터넷 글에서 시원한 설명을 본다(다음 카페, '법구경 이야기'). 그 글을 요약하면 이렇다.

열의는 목표에 대해 열망을 끊임없이 유지하도록 한다. 목표에 대한 열의가 에너지를 발생시킨다. 이 에너지가 정진력이다. 정진력은 마음을 수행 주제로 향하게 한다. 이것이 사띠다. 깨달음이라는 목표를 성취하기 위해 마음은 사띠를 이어가야 한다. 사띠가 법에 대한 관찰과 조사를 불러일으킨다. 법이란 몸과 마음에서 일어나는 현상들이다. 탐욕이 일어나면 탐욕이 왜 일어나는지 원인을 관찰하고, 분노 또는 어리석음이 일어나면 그것이 왜 일어나는지 조사한다. 어떤 번뇌가 일어나든지 그 일어난 원인을 알아차리고 지혜를 개발한다. 이것이 검증의 성취 수단이다.

삼매를 얻거나 도과道果를 성취하기 위해서는 이 네 가지가 항상 기능해야 한다. 목표를 성취하려는 열의를 항상 유지하는 것이 열의의 성취 수단이다. 정진력을 항상 유지하는 것이 정진의 성취 수단이다. 마음을 수행 주제에 항상 기울이는 것이 마음의 성취 수단이다. 법에 대한 조사가 끊임없이 이루어지는 것이 검증의 성취 수단이다. 이 네 가지를 항상 유지해야만 깨달음을 성취할 수 있으므로 이것을 성취 수단이라고 하는 것이다.

오근과 오력

'철학적 인간학'은 수십 년 전 필자가 다니던 대학에서는 교양필수과목이었다(철학개론, 윤리학을 포함해 세 과목 9학점이 졸업 필수 학점이었다). 그 과목을 가르치시던 외국인 교수님이 학기 첫 시간 칠판에 커다랗게 "인간은 누구십니까"라고 썼던 장면이 생생하다. 유창하지만 세밀하지는 않은 한국말 실력을 지녔던 그 교수님, 'Who is the man'의 우리말 표현이었다.

인간은 누구신지, 그 덕분(?)에 오랫동안 이 문제에 대한 관심의 끈을 놓지 않았던 것 같다. 이 문제에 대한 테라바다의 접근은 사뭇 다각적이다. 인간을 해체해서 보면 오온五蘊이다. 그래서 인간에게 자아나 실체는 없다.

그렇다면 실체 없는 인간이 무엇을 할 수 있는가? 이 물음에 대한 답은 '보고 느끼고 살고 지혜를 닦아 해탈할 수도 있다'이다. 다시 말하면 인간은 수행할 수 있는 존재다. (즉각 제기될 수 있을 '실체가 없다는데, 해탈의 주체는 누구인가'라는 물음에 대한 답은 그냥 미뤄 두자.)

수행과 관련된 기능 다섯이 37보리분법에 반복돼 나타나는데, 이것이 '오근五根'이다. 인간이 수행할 수 있는 존재인 것은 바로 이 다섯 가지 기능 때문이다. 그 다섯 가지는 바로 믿음의 기능, 정진의 기능, 사띠의 기능, 사마디의 기능, 통찰지의 기능이다. 인간이 이 다섯 가지 기능을 갖고 있기에 해탈과 열반이 가능한 존재가 된다. 그러니까 이 다섯 가지는 '어떻게 수행할 것인가'에 대한 구체적인 답변이라고도 할 수 있다. 다시 말하면 수행이란 마음의 이 다섯 가지 힘을 자라게 하는 것이라고도 할 수 있다.

37보리분법의 다음 범주인 오력五力도 오근의 내용과 같다. 이 다섯 가지가 '기능'과 '힘'으로 반복되는 것이다. 이 다섯 가지가 얼마나 중요하면, 아비담마 22근에서 뽑아다가 37보리분법에 다섯을 다시 넣고, 그것도 모자라 다음 범주인 오력에 또다시 반복하고 있겠는가? 사실 이 다섯 가지는 해탈과 열반으로 가기 위해 어떤 수행의 길로 가야 하는지 요약하고 있다고도 봐야 한다. 『상윳따 니까야』에는 다음과 같이 서술되어 있다.

비구들이여, 믿음의 기능은 어디서 봐야 하는가? 믿음의 기능은 여기 네 가지 예류자預流者의 구성 요소에서 봐야 한다(불법승계佛法僧戒). 비구들이여, 정진의 기능은 어디서 봐야 하는가? 정진의 기능은 여기 네 가지 바른 노력에서 봐야 한다(四正勤). 비구들이여, 사띠의 기능은 어디서 봐야 하는가? 사띠의 기능은 여기 네 가지 사띠의 확립에서 봐야 한다(四念處). 비구들이여, 사마디의 기능은 어디서 봐야 하는가? 사마디의 기능은 여기 네 가지 선에서 봐야 한다(四禪). 비구들이여, 통찰지의 기능은 어디서 봐야 하는가? 통찰지의 기능은 여기 네 가지 성스러운 진리에서 봐야 한다(四聖諦).

다시 한 번 반복하건대, 수행은 믿음·정진·사띠·사마디·통찰지의 다섯 가지 기능을 바탕으로 한 다섯 가지 힘으로 하는 것이다. 이 다섯 가지를 잘 추슬러 밀고 나아가야 해탈과 열반의 길을 갈 수 있다.

거문고 줄을 고르듯

붓다의 제자 중 소나 존자는 출가 전 집안이 부유했다. 그는 무척 열심히 수행했지만 해탈하지 못해 고민했다. 그래서 세속으로 돌아가 재물을 즐기고 보시 공덕이나 닦아야겠다고 결심했다. 다음은 소나와 붓다와의 대화.

"수행이 어려워 집에 가려느냐?"

"그렇습니다."

"소나여, 재가자였을 때 거문고의 줄 고르기에 능숙했지?"

"그렇습니다, 세존이시여."

"소나여, 어떻게 생각하는가? 거문고 줄이 팽팽하면 선율이 아름답고 연주가 편하던가?"

"그렇지 않습니다, 세존이시여."

"소나여, 어떻게 생각하는가? 거문고 줄이 느슨하면 선율이 아름답고 연주가 편하던가?"

"그렇지 않습니다, 세존이시여."

"소나여, 거문고의 줄이 팽팽하지도 느슨하지도 않고 적당하면 선율이 아름답고 연주하기에 편하게 된다."

"그러합니다, 세존이시여."

"소나여, 그처럼 정진이 지나치면 들뜨고 지나치게 느슨하면 나태해진다. 소나여, 정진을 고르게 유지해야 한다."(「소나경」)

유명한 거문고 줄의 비유다. 오근·오력은 잘 고른 거문고 줄처럼 균형이 맞아야 한다. 앞서 말한 바대로, 오근과 오력은 같은 내용을 다른 측면에서 본 것이다. 근根 즉 기능은 통제의 측면에서, 력力 즉 힘은 반대되는 것에 흔들리지 않는 것을 뜻한다. 믿음의 힘은 불신에 흔들리지 않고, 정진의 힘은 게으름에 흔들리지 않고, 사띠의 힘은 놓아 버림에 흔들리지 않고, 사마디의 힘은 산란함에 흔들리지 않고, 통찰지의 힘은 무명에 흔들리지 않는다. 이 다섯 가지 힘이 한쪽으로 쏠리지 않고 잘 균형을 이뤄야 한다.

이런 원리를 도표를 그려 설명하는 이도 있다. 통찰지·믿음·정진·사마디·사띠를 각각 동·서·남·북·중앙에 위치시켜 동서와 남북이 서로 대응하는 짝이 된다. 통찰지가 강하면 믿음이 약해져 불신에 흔들리고, 그 반대가 돼 통찰지가 약해지면 무명에 흔들린다. 따지기 좋아하고 지적으로 날카로운 사람이 일반적으로 종교적 믿음에 냉소적이다. 반대로 믿음이 좋은 사람은 자칫 맹신에 빠질 수 있다(東西). 정진이 강하면 사마디가 약해져 산란해지고, 반대로 사마디가 너무 강해지면 정진이 약해져 게으름에 빠진다(南北).

수십 년 선방에 다니는 고참 수좌 스님에게 들은 얘기가 있다. 선방에서는 시간을 정해 두고 입선(참선 시작)과 방선(참선 끝)을 반복한다. 그런데 사마디가 강해지면 방선 시간에 소변이 마려워도 화장실 가기가 싫어진다고 한다.

아무튼 두 쌍의 힘이 마치 잘 골라진 거문고 줄처럼 균형이 맞아야 한다. 그 균형을 맞추는 역할을 하는 것이 바로 중앙에 놓인 사띠다. 이처럼 사띠의 힘은 오력에서도 가장 중심적 역할을 하는 힘이다.

깨달음으로 이끄는 마음 1

깨달음은 우연인가

깨달음을 얻었다고 자처하는 '도인'들을 이따금 만날 수 있다. 그 도인들의 깨달음이 무엇인지 어떻게 깨닫게 됐는지를 알고 싶고 묻고 싶지만 대개는 참고 만다. 그들은 보통 자신의 경지를 스스로 토로해 내는데, 분명 뭔가 있는 듯 보인다.

마하보디 선원장 사사나 스님에게서 들었던 얘기 하나. 십여 년 전 깨달음을 얻었다는 비구 한 분이 쉐우민 센터에 나타났다. 떼자니아 사야도를 만나 자신의 경지를 설명하고 인가를 요구했다. 사야도가 물었다.

"잘 알겠다. 그런데 어떻게 그런 경지에 이르게 됐는가?"

비구의 말문이 막혔다. 사야도는 더 이상 상대해 주지 않았다. 센터에서 한 철 나겠다던 비구는 사야도에게 무시를 당했다며 화가 나 어찌할 바를 모르더니 온 지 사흘 만에 돌아가 버렸다.

이런 도인들은 곳곳에 참 많다. 깨달음을 얻었는데, 그 깨달음을 어떻게 얻게 됐는지 모르는 도인들. 이들에게 깨달음은 어쩌다 오게 된 것이다. 그래도 그렇게 온 깨달음 중에 진짜가 있을 법도 하다.

이렇게라도 진짜 깨달음을 얻은 존재들을 수행의 세계에서는 스승 없이 홀로 깨달았다고 해서 '독각獨覺', 혹은 인연이 충족돼 깨달았다고 해서 '연각緣覺', '프라트예카 붓다'를 음역해서 '벽지불辟支佛'이라고 한다. 벽지불은 자신이 얻은 깨달음의 과정을 설명할 수 없다는 특징이 있다. 하지만 독각·연각·벽지불이 그리 흔하든가? 그래서 이렇게 깨달은 '도인들' 중에는 진짜

보다 가짜가 훨씬 많을 수밖에 없다.

독각은 깨달음의 과정을 설명하지 못할 뿐, 그렇다고 그 깨달음이 결코 우연은 아니다. 원인 없는 결과는 없다. 수행의 세계에도 이 원칙은 철저하다. 특히 37보리분법이라는 수행의 로드맵을 따라가는 사람에게 수행의 원인과 결과는 분명하다. 이를테면 수행을 이끄는 다섯 가지 힘, 오력 가운데서도 위리야(정진)는 원인이고 사마디는 결과다. 믿음은 원인이고 통찰지는 결과다. 사띠는 원인이고 사마디와 통찰지는 결과다.

수행자에게 통찰지가 있다면 어떤 원인에 어떤 결과가 따르는지 모를 수 없다. 원인과 결과를 아는 것이 바로 통찰지인 까닭이다. 수행 과정을 세세하게 스스로 들여다보고 그것이 원인이 되어 나타나는 경계를 점검할 수 있다면 수행의 길을 제대로 가고 있는 것이다.

해탈을 얻은 사람은 해탈을 얻었다는 것을 스스로 분명하게 알아야 한다. 그것을 '해탈지견解脫知見'이라고 한다. 한국 불교의 대표적 예불의 첫 구절이 이렇다. "계향戒香 정향定香 혜향慧香 해탈향解脫香 해탈지견향解脫知見香 …" 불전에 향을 사른 뒤, 계·정·혜를 닦을 수행의 각오를 다지고, 해탈의 원을 세우며, 해탈한 뒤 해탈을 알게 되기를 빈다. 해탈한지를 스스로 알아야 완전한 해탈인 셈이다.

무엇이 깨달음의 원인이 되는가? 이 질문에 대한 답이 37보리분법 가운데 여섯 번째 범주인 칠각지七覺支 즉 깨달음의 일곱 가지 요인이다.

깨달음의 일곱 가지 요인

도토리가 땅에 떨어져 싹을 틔우고 세월을 잘 견디면 커다란 참나무가 된다. 씨앗은 아무리 작아도 그래서 완전하다. 가능성으로서 완전하다. 그러나 그 가능성을 현실로 바꿔 놓으려면 내리쬐는 햇볕과 내리는 비, 숲을 흐르는 바람 등이 적지도 많지도 약하지도 강하지도 않게 보태져야 한다.

깨달음의 씨앗을 싹틔우고 자라서 완성케 하는 것들은 무엇일까? 그것이 봇장가bojjhanga다. 봇장가는 깨달음의 요인이라는 뜻이다. 한역으로는 '각지覺支'고 일곱이라서 '칠각지七覺支'다. 왜 일곱인가? 논서의 주석들은 '모자라지도 더하지도 않게 일곱'이라며 딱 일곱이면 된다고 설명한다. 그 일곱은 무엇인가?

① 사띠 봇장가(念覺支)

② 법을 간택하는 봇장가(擇法覺支)

③ 위리야 봇장가(精進覺支)

④ 희열의 봇장가(喜覺支)

⑤ 고요함의 봇장가(輕安覺支)

⑥ 사마디의 봇장가(定覺支)

⑦ 평온의 봇장가(捨覺支)

역시 사띠가 처음이다. 사띠의 중요성은 강조하고 강조해도 부족한가 보다. 사띠와 위리야(정진)와 사마디에 대해서는 이미 충분히 설명했기 때문에 염각지·정진각지·정각지의 설명은 건너뛰어도 되겠다. 택법각지·희각지·경안각지·사각지는 별도로 설명의 공간이 필요하다.

깨달음의 이 일곱 가지 요인은 유기적으로 연관을 맺고 있다는 설명도 있다. 즉 선택한 명상 주제에 대한 사띠에서 시작해서(念覺支) 이를 바탕으로 특정한 법이 해탈에 도움이 되는지 여부를 가리고(擇法覺支), 선법은 증장하고 불선법은 없애도록 노력해야 한다(精進覺支). 정진의 결과로 커다란 희열이 생기고(喜覺支), 이를 바탕으로 마음은 고요해진다(輕安覺支). 그래서 마음은 사마디에 들고(定覺支) 흔들리지 않는 우뻬까 즉 평온을 얻게 된다(捨覺支).

칠각지는 그렇게 수행의 지침이 된다. 주석서는 칠각지가 '혼침과 들뜸이라는 불선법을 없애고 모든 곳에 이롭다'고 쓰고 있는데, 그 세밀한 뜻은 이렇다. 혼침과 들뜸은 수행에 대표적인 장애다. (혼침과 들뜸이 무엇인지는 별도

274

의 설명이 필요하다.) 칠각지는 이들 장애를 건너게 한다. 택법·정진·희열은 혼침과 반대되고, 경안·사마디·우뻬까는 들뜸과 반대된다. 그리고 사띠는 모든 곳에 이롭다.

뾰족지붕 집의 서까래들은 모두 꼭대기 쪽으로 향하고, 꼭대기 쪽으로 쏠리고, 꼭대기에서 합쳐진다. 그래서 꼭대기를 그 모두의 정점이라고 부른다. 비구들이여, 그와 마찬가지로 칠각지를 닦고 많이 익힌 비구는, 열반으로 기울고, 열반으로 쏠리고, 열반으로 나아간다(『상윳따 니까야 5』).

다섯 가지 장애

수행의 길을 가로막는 장애를 경과 논은 다섯 가지로 정리했다. 이 다섯 가지 장애의 한역은 '오개五蓋', 다섯 덮개다. 그 다섯 가지는 다음과 같다. ① 관능적 욕망, ② 악의, ③ 혼침, ④ 들뜸, ⑤ 의심이 그것이다.

① 갈애라고도 부르는 관능적 욕망에 대해서는 더 이상 설명할 필요가 없겠다. 다만 '기쁘고 즐거운 것이 있는 거기에 갈애는 생겨나고 뿌리내린다'는 「염처경」의 경구로 대신해 두자.

② 악의는 싫은 대상에 따라오는 나쁜 마음부수를 가리킨다. 불쾌한 것에 대한 반감, 의기소침, 분노 등이 이에 속한다.

③ 혼침과 ④ 들뜸은 개념이 모호한 구석이 있고 중요한 개념이어서 보다 상세한 이해를 위해 설명을 잠시 미뤄 둔다.

⑤ 의심은 팔리어 '위찌끼차vicikiccha'인데 '고칠 약이 없음'을 뜻한다고 한다. '정신적 가려움증'이라는 주석도 있다. 현대적 고질병인 아토피를 생각하면 이해하기가 쉽다. 그 병의 증세는 어떤가? 주석서는 '분명하게 결정하지 못하는 것'이라고 기술하고 있다. 눈앞에 위험이 닥치는데도 어쩔 줄 몰라 곤혹을 겪는 사람의 병은 깊다. 확신 없는 자는 한 발자국도 앞으로 나아

가지 못한다. 수행뿐만 아니라 모든 분야에서 그렇다.

이제 미뤄 뒀던 설명으로 돌아가 보자.

'혼침과 도거掉擧(들뜸)가 선 수행을 가로막는 가장 큰 걸림돌'이라는 구절은 선 어록 곳곳에서 찾아볼 수 있다. 하지만 적어도 내 경우 혼침과 들뜸에 대한 상세한 설명을 어느 선사의 법문에서도 들은 적이 없다. 선방에서는 선 수행 중 몰려드는 정신적 혼미함이나 졸음을 혼침으로, 화두가 들리지 않고 생각이 꼬리를 무는 상태를 들뜸으로 이해하는 경향이 있다. 하지만 이 개념들은 초기 불교의 중요한 수행 개념이고, 경전 곳곳에서 분명하게 설명하고 있는 개념이다.

혼침은 티나thina와 밋다middha라는 한 쌍의 나쁜 심리 상태로 이루어진다. 티나는 마음의 나른함이고, 밋다는 마음부수의 음울함이다. 마음이 느슨해져 있으면 마음 상태는 음울해진다. 혼침은 육신의 피로가 아니라 정신의 해이함·나태함이다. 해이하고 나태한 정신은 정신적 발전을 지체시킨다. 혼침은 굳어 버린 버터나 숟가락에 들러붙은 물엿에 비유된다. 해이하고 나태한 정신은 결국 무감각과 무관심으로 발전해서 도덕적 올바름과 정신의 자유를 가로막는 치명적 장애가 된다. 정신적 노력, 위리야를 통해 극복이 가능하다.

들뜸은 '웃다짜uddhacca'와 '꾹꾸짜kukkucca'의 결합으로 되어 있다. 들뜸과 회한 또는 동요와 걱정이다. 아라한의 경지에 가서야 완전히 없어진다고 한다. 모든 불선에 존재하는 원초적인 동요다. 그래서 나쁜 행위를 하는 사람의 마음은 들떠 있게 마련이다. 죄를 짓거나 참을성 없는 사람들은 이 장애로 고통 받는다. 이들의 마음은 마치 '흔들리는 벌통 속 벌떼'와 같다. 이런 정신적 흔들림은 수행을 방해하고 정신적 향상의 길을 막는다.

바람결에 출렁대는 물결처럼, 바람에 부딪혀 흔들리는 깃발처럼, 돌에 맞아 흩어지는 재처럼 산란한 움직임으로 나타난다(『청정도론』).

걱정으로 속 태우는 마음 역시 그렇다. 나쁜 짓에 대한 반성은 꼭 필요하지만 후회는 부질없다. 엎지른 우유에 후회는 헛되고 소용없다. 이런 마음 씀씀이는 "강 건너려는 사람이 강 건널 생각은 안 하고 건너편 강둑더러 이리 오라"(『디가 니까야』)고 하는 것처럼 헛되고 또 헛되다.

담마위짜야

칠각지 즉 깨달음의 요인 일곱 가지 가운데 첫 번째인 사띠에 대해서는 더 이상 설명하지 않아도 되겠다. 두 번째인 담마위짜야, '택법각지擇法覺支'에 대한 설명은 필요할 것 같다.

담마 곧 법法은 '있는 그대로의 것'을 뜻한다. 범위를 좁혀서 얘기하면 수행의 대상인 '몸과 마음에서 실제로 일어나는 것'이다. 이 대상들은 어느 순간 일어나서 절정에 이르고 이내 사라진다. 마치 홍수 때 강물이 절정에 이르러 범람하다가 차츰 세력이 꺾이는 것과 같다.

대상들이 이렇게 일어나고 사라지는 것을 시간으로 따져 보면 그야말로 찰나지간이다. 전광석화처럼 일어났다가 사라진다. 우주 안에서 일어나는 모든 것이 그와 같아서 한 대상이 찰나라도 지속하거나 반복되는 법이 없다. 하지만 모든 것은 원인과 조건과 결과라는 틀 안에서 일어나는 것이다.

수행자는 이런 대상을 어떻게 다뤄야 하는가? 있는 그대로 보기 위해 냉철하게 따져야 할 필요가 있지 않겠는가?

먼저 깨달은 사람의 가르침까지도 스스로 따져 보라고 붓다는 말한다. 한번은 니간타 나타뿟따(자이나교 교주)의 열성스런 제자인 우빠알리가 붓다를 찾아와 법문을 듣고 신심이 일어나 그 자리에서 붓다에게 귀의하겠다는 의사를 밝혔다. 붓다는 "우빠알리여, 어떤 진리든 철저히 검토·확인해 보도록 하라"고 말씀하시고 우빠알리를 만류하셨다(『맛지마 니까야』).

붓다는 수행자들에게 자신의 설법까지도 철저한 검증을 거칠 것을 권했다. 먼저 길을 간 사람에 대한 추종이나 믿음보다 스스로의 검증이 더 우선이라는 태도다.

> "그렇다면 이제, 이와 같이 알고 이와 같이 보면서 '우리는 우리 스승을 존경하니까 그분에 대한 존경심에서 그분의 가르침을 존중한다'라고 말할 수 있겠는가?"
>
> "그렇지 않습니다. 세존이시여."
>
> "비구들이여, 그대들이 주장하는 것은 그대 자신들이 스스로 알고, 보고, 터득한 것이 아니겠느냐?"
>
> "그렇습니다. 세존이시여."(『맛지마 니까야』)

찰나간 명멸하는 대상은 결코 맹목적 믿음으로는 다룰 수 없다. 칠각지 중 첫 번째인 사띠를 통해 그것들을 포착해야 한다. 그런 다음 마음이 알아차린 대상을 식별하고 추론하고 검토해야 한다. 대상에 대한 이런 날카로운 분석이 바로 택법각지다.

시퍼렇게 살아 있는 이런 정신을 통해서만 통찰지의 개발이 가능하다. 통찰지가 개발되면 이를 바탕으로 무상하여 괴로움으로 가득 찬 세계의 실상, 실체 없이 공空한 세계의 실상 즉 무상·고·무아라는 세 가지 특성을 사무치게 알게 되는 것이다.

깨달음으로 이끄는 마음 2

기쁨은 추진력이다

칠각지의 세 번째는 위리야(정진)다. 위리야는 각 범주마다 반복되는 요소다. 설명이 이미 충분한 만큼 건너뛴다. 네 번째 각지는 기쁨의 각지, 희각지喜覺支다. 37보리분법에 단 한 번 나오는 요소인 만큼 설명이 필요하겠다.

『청정도론』은 기쁨이 "몸과 마음을 강하게 하는 역할을 하며, 표면적으로는 의기양양함으로 나타난다"고 기술하고 있다. 다시 말하면 기쁨은 몸과 마음의 활력소로 삶의 원동력이 된다. 기쁨이 없는 삶은 우울하고 지겹다. 기쁨이 없는 사람에게 삶은 지옥이다.

『청정도론』은 기쁨을 다섯 가지로 나누어 설명한다.

①몸의 털을 곤두서게 하는 작은 기쁨

②번갯불 같은 순간적 기쁨

③해안의 물결처럼 되풀이해서 일어나는 기쁨

④몸을 공중에 뛰어오르게 하는 '들어 올리는 기쁨'

⑤충만한 기쁨

이처럼 기쁨은 다섯 단계가 있다.

충만한 기쁨을 얻은 사람의 삶은 그야말로 '기쁨으로 충만한 삶'이 되겠다. 진리를 알고 얻는 기쁨을 법열法悅이라고 하는데, 그것은 충만한 기쁨에 해당한다. 깨달음의 인자인 칠각지에 기쁨piti이 들어가는 것은 그래서 당연하다고 하겠다. 삐띠는 몸과 마음 양면에 두루 영향을 미치는 특성을 갖고 있다. 이 특성을 갖추지 못하고서는 깨달음을 향한 길을 계속해 나아갈

수가 없다. 삐띠가 없으면 수행이 시큰둥해진다. 『법구경』과의 연관된 이야기 하나.

붓다가 어느 땐가 탁발을 나갔다가 음식을 얻지 못하고 빈 발우로 돌아왔다. 그때 어떤 방정맞고 부질없는 자가 붓다가 배가 고파 괴로울 거라고 말했다. 그 말을 들은 붓다가 다음과 같은 게송을 읊었다.

아, 장애를 여읜 우리는 언제나 행복하게 산다네.
광음천光音天의 신들처럼 기쁨을 먹고 살리(『법구경』).

광음천은 색계 이선천의 세 번째 하늘이다. 여기 사는 신들은 의사소통할 때 음성을 사용하지 않고 입에서 나오는 빛을 사용하기 때문에 광음천이라고 한다.

사마타(집중명상)를 닦아 얻는 사마디의 첫 단계인 제1선정에서 삐띠는 필연적인 동반 심리 상태로 나타난다. 명상을 하고 선을 닦는 수행자들이 수행 중 나타나는 삐띠(법열)를 한 번이라도 체험하게 되면, 그 '명상의 맛'을 결코 잊지 못하게 된다. 무슨 일을 하고 어떤 삶을 살든지 그 맛은 마치 고향집 어머니가 만들어 주시던 음식의 손맛 같아서 고향 그리워하듯 그리워하며 살게 된다.

그러나 수행 중 나타나는 기쁨, 삐띠는 가장 낮은 단계에서 나타나는 심리 현상이다. 보다 높은 단계에 가면 오히려 삐띠는 사라지는 대신 평온함이 나타나 흔들리지 않는 마음이 된다. 기쁨은 그렇게 수행의 원동력이긴 하지만 수행의 궁극은 결코 아니다.

기쁨과 즐거움은 어떻게 다른가
어느 날 담마토크에서 '행복'이란 무엇인가 하는 주제로 토론이 벌어졌

다. 윤리학 교과서에 쓰고 있는 것처럼 행복은 만족과 같은 것이 아니라는
데는 대략 의견이 일치했다. 싯달타는 왕궁의 태자였을 때 불행했고, 맨발
로 걸식을 하며 행복했다. 논의의 초점은 자연스럽게 즐거움과 기쁨이 어떻
게 다른가로 옮겨 갔다.

칠각지에 기쁨은 있는데 왜 즐거움은 없는가? 아비담마에서 즐거움은
좋은 웨다나(느낌)다. 좋든 나쁘든 느낌은 거의 자동으로 애착이나 싫음으
로 옮겨 간다. 좋은 느낌인 즐거움은 덧없는 것이다. 덧없기에 괴로움의 넓
은 범주에 들어간다. 한순간의 즐거움이 괴로움의 근원이 되기 일쑤다.

어떤 대가를 치러서라도 순간의 쾌락을 취하는 행위는 동물과 다를 바
없다. 하지만 지각 있는 사람이라면 즐거움보다는 '참된 행복'을 얻고 싶어
한다. 논의의 시작으로 돌아가면, 행복은 물질이나 욕구의 충족과는 아무
관련이 없다. 참된 행복은 오히려 지족知足의 기쁨에서 온다. 족함을 아는
것, 지족은 탐욕을 줄여야 얻는다. 진정한 기쁨은 버림으로써 얻어진다. 지
족은 행복한 사람만이 갖는 특성이다. 지족은 우연히 얻어지지 않는다.

일상생활에서 부딪치는 난관에 용기와 결단력으로 대응하고, 스스로의
나쁜 성향들을 제어하며, 경솔하게 행동하려는 충동을 억제해야 한다. 사
람의 마음은 늘 갈등한다. 마음에 갈등이 있는 한 지족은 없다. 갈등의 원인
이 되는 나쁜 성향과 욕구의 족쇄를 풀어야 한다. 그 길은 청정의 길이다.
청정의 길을 가지 않고 지족과 기쁨을 계발할 수 없다. 계·정·혜를 닦는 붓
다의 길이 청정의 길이다.

남들은 사람을 해치더라도 나는 남을 해치지 않으리.
남들은 살아 있는 것의 목숨을 빼앗더라도 나는 살생하지 않으리.
남들은 행실이 나빠도 나는 청정하게 살리.
남들은 거짓말을 하더라도 나는 진실만을 말하리.

남들은 사람을 비방하고 거친 말을 하고 잡담을 일삼더라도 나는 화합을 돕는 말, 듣기에 좋고 사랑으로 가득 차고 마음을 즐겁게 해 주고 정중하고 마음에 담아 둘 만하고 때에 알맞고 적절하고 합당한 그런 말만 하리.

끝까지 겸손하고 진리와 정직함에 있어서는 확고부동하고, 평화롭고 성실하고 만족하고 너그럽고 진실 되리(『디가 니까야』,『맛지마 니까야』).

마음의 고요함에 대하여

잔잔함 또는 고요함은 평화의 이미지다. 평화로운 삶을 사는 것은 많은 사람의 소망이다. '평화로운 삶'에 상대되는 개념은 '시달리는 삶'이 되겠다. 사회 속에서 우리는 일의 부하와 인간관계의 갈등으로. 보통 여유를 갖지 못하고 시달리며 산다. 하지만 마음을 늘 추스르고 반성하는 삶을 사는 사람은 바쁘고 복잡한 일상에 시달리지 않는다. 빳삿띠passaddhi는 잔잔함과 고요함을 의미하며 칠각지 즉 일곱 가지 깨달음의 인자 가운데 하나로 꼽힌다. 한역은 '경안輕安', 가뿐하고 편안함 정도의 뜻으로 이해된다. '빳삿띠'는 걷다 지친 사람이 나무 그늘에서 쉴 때 경험하는 행복에 비유된다.

마음은 한순간도 쉬지 않는다. 논서들은 대상 하나에 마음이 열일곱 번 일어난다고 쓰고 있다. 마음의 방황은 제멋대로여서 종잡을 수 없다. 오죽하면 '백팔 번뇌'라는 말이 있겠는가. 마치 땡볕에 황야를 걷는 나그네와 같다. 빳삿띠는 나그네가 나무 그늘을 만나 쉬듯 쉬는 마음을 일컫는다.

사마디 즉 마음의 집중도 빳삿띠를 닦지 않으면 얻을 수 없다. 물질적 풍요와 온화한 인간관계 속에서 빳삿띠를 얻기란 어렵지 않다. 하지만 궁핍과 억압, 인간관계의 갈등을 겪으면서 마음의 안정을 지니기란 결코 쉽지 않다. 하지만 '어려워서 가치가 더 크다'는 말도 있잖은가?

경전에는 빳삿띠를 닦는 사람은 세간의 여덟 가지 어려움을 만나도 흔들리지 않는다고 씌어 있다. 여덟 가지 어려움은 이득과 손실, 좋은 평판과 나쁜 평판, 칭찬과 비난, 고통과 행복을 말한다. (이득, 좋은 평판, 칭찬, 행복도 마음을 흔들리게 하는 어려움에 속한다.)

이치에 맞게 정신활동을 일으키는 것 즉 요니소 마니시까라yoniso manisikara가 빳삿띠를 돕는다. 어떤 어려움이 닥쳐도 그것을 조건 지워 일어나고 사라지는 것으로 보게 되면 마음의 안정을 얻을 수 있다. 『본생담』에는 사랑하는 아들을 잃고서도 슬퍼하지도 고통스러워하지 않는 어머니 얘기가 나온다. 그 여인은 이렇게 얘기한다.

그 아이는 내가 오라고 해서 온 것도 아니고 가라고 해서 간 것도 아닙니다. 왔듯이 그렇게 가 버린 것인데 한탄하고 울고 통곡하는 것이 무슨 소용이 있겠습니까?(「뱀에 관한 본생담」)

어쩐지 좀 비정한 얘기처럼 느껴지기도 한다. 하지만 이런 마음가짐은 삶을 대상으로 적절한 거리를 두고 조망함으로써 삶 자체를 객관적으로 이해할 수 있다. 요니소 마니시까라는 빳삿띠를 돕고 빳삿띠는 깨달음으로 가는 씨앗이 된다.

우뻬까

칠각지 중 마지막 일곱 번째는 우뻬까다. 평온함 정도로 번역되고 한역은 버릴 사捨다. 양쪽 극단을 버린다는 뜻일 것이다. 그렇다고 우뻬까가 무관심은 아니다. 마음의 고요함과 집중에서 비롯된 정신의 평온함이다.

우뻬까를 얻은 사람은 세간의 여덟 가지 어려움 즉 이득과 손실, 좋은 평판과 나쁜 평판, 칭찬과 헐뜯음, 고통과 행복에 흔들리지 않는다. 우뻬까를 얻은 수행자는 거세게 부는 바람에도 바위처럼 견고하다.

누군가가 물었다. "성자들은 왜 성자일까요?"

이런 답이 있다. "그분들은 쾌활하기 어려울 때도 쾌활하고 참기 힘들 때도 참습니다. … 매우 단순합니다. 그렇지만 매우 어렵습니다."(호더, 『고요한 마음이라는 건강위생법』)

다음은 경전의 한 구절.

선한 분들은 진실로 모든 것에 대해서 욕구를 버린다. 선한 분들은 갈망에서 쓸데없는 말을 하지 않는다. 행복이 오든 고통이 오든 현자들은 우쭐대지도 소심해지지도 않는다(『법구경』).

우뻬까는 중도에 이르는 길이다. 우뻬까는 모든 존재를 치우침 없는 눈으로 바라볼 수 있도록 도와주기 때문이다. 아비담마에서 우뻬까는 마음부수에 속한다. 웨다나(느낌)의 일종이다. 아비담마에서는 '중립성'이라는 말로 설명을 요약한다.

그래서 우뻬까는 '치우치지 않는 느낌'이다. 느낌은 세 부류로 나눌 수 있다. 좋은 느낌, 나쁜 느낌, 좋지도 나쁘지도 않은 느낌이 그것이다. 좋지도 나쁘지도 않은 느낌이 우뻬까다. 좋은 느낌은 애착을 낳고 나쁜 느낌은 분노를 낳는다. 느낌에 휘둘리지 않는 중도의 길, 흔들리지 않는 평온함은 해탈의 요인이 된다. 사마디를 닦는 사마타 수행을 하다가 어느 정도의 경지에 가면 우뻬까가 갖춰진다. 우뻬까는 희열이나 즐거움이 나타나는 경지보다 높은 경지에서 나타난다고 논서는 설명한다. 즉 희열과 즐거움까지도 사라진 색계 사선정의 상태에서는 우뻬까만 남는다.

위빠사나를 닦는 수행자들은 사띠가 증장되면 사마디가 따라온다고 말한다. 그것을 '사띠 사마디' 혹은 '위빠사나 사마디'라고 하는데, 이때 우뻬까가 함께 갖춰진다. 그러니까 사마타든 위빠사나든 우뻬까는 수행의 진척도를 재는 중요한 척도가 아닐 수 없다. 논사들이 칠각지의 마지막에 우뻬까를 배치한 뜻을 나는 그렇게 이해한다.

여덟 겹의 길

지도를 지니고 길을 떠나다

지금이야 스마트폰에까지 내비게이션 기능이 있어서 차 안에 비치됐던 지도책이 거의 자취를 감췄지만 과거에는 차를 길가에 세우고 지도를 펼쳐 보는 풍경을 심심치 않게 볼 수 있었다. 낯선 곳을 운전해 갈 때 지도와 이정표를 보며 가는 길을 머릿속으로 그린다. 하지만 실제로 가는 길과 머릿속으로 그리는 풍경은 사뭇 다르다. 이는 누구나 갖는 경험이다.

처음 길을 떠나는 사람은 목적지와 목적지로 가는 길에 대해 추상적으로나마 알아야 한다. 지도를 잘못 해석하거나 이정표를 잘못 보면 목적지와 오히려 멀어지거나 길을 헤매게 된다. 37보리분법은 길을 떠나는 사람이 지니는 지도와 이정표에 비유할 수 있다. 즉 수행의 길을 위한 지도다. 실제로 가는 길과 지도를 보고 머릿속으로 그리는 풍경이 다를 수 있듯 37보리분법을 이해하고 수행의 길을 가는 수행자는 곳곳에서 낯선 풍경과 만나게 된다.

어떤 이는 처음 보는 풍경에 넋을 잃고 가야 할 길을 잊을 수 있다. 또 어떤 이는 잘못 든 길에 쏟은 수고가 안타까워 오던 길을 되돌아가기를 주저할 수도 있다. 그래서 붓다는 수행자들에게 스스로 점검하고 검증하면서 길을 가라고 권한다. 심지어 붓다 자신이 갔던 길까지도 맹목으로 따르지 말라고까지 말한다.

37보리분법의 일곱 가지 범주 가운데 마지막 범주는 팔정도八正道다. 팔정도는 37보리분법이라는 지도의 핵심이라고 볼 수 있다. 팔정도는 붓다의 최초 설법이자 최후의 설법이라고 일컬어진다. 사성제 중 도성제의 내용을 이루며 열반으로 가는 노하우다.

　　비구들이여, 그러면 어떤 것이 여래가 완전히 깨달았으며, 안목을 만들고 지혜를 만들며, 고요함과 최상의 지혜와 바른 깨달음과 열반으로 인도하는 중도인가? 그것은 바로 여덟 가지 구성요소를 가진 성스러운 도이니 즉 바른 견해, 바른 사유, 바른 말, 바른 행위, 바른 생계, 바른 정진, 바른 사띠, 바른 삼매다(『초전법륜경』).

　　팔정도는 여덟 겹의 길이다. 비유컨대 목적지로 가는 길에 여덟 개의 정거장이 있는 건 아니다. 여덟 개의 포인트 개념으로 팔정도를 이해해서는 안 된다. 그 여덟 가지는 오히려 높은 산을 오르기 위해 반드시 지녀야 할 여덟 가지 장비와 같다. 이를테면 방한복, 장갑, 스틱, 산소통 같은 장비에 비유할 수 있다. 그렇다면 해탈과 열반으로 가기 위한 여덟 가지 장비란 어떤 것들인가?

해탈의 길에 갖춰야 할 장비 여덟 가지

　　앞서 『초전법륜경』에서 인용한 대로 해탈의 길을 가는 데 갖춰야 할 여덟 가지 장비는 다음과 같다.

① 바른 견해(正見)

② 바른 사유(正思)

③ 바른 말(正語)

④ 바른 행위(正業)

⑤ 바른 생계(正命)

⑥ 바른 노력(正精進)

⑦ 바른 사띠(正念)

⑧바른 사마디(正定)

붓다의 '첫 가르침이자 마지막 가르침'으로 일컬어지는 만큼, 적어도 그 여덟 가지가 의미하는 것이 무엇인지 명확히 해 두지 않으면 붓다의 가르침을 이해했다고 할 수 없겠다.

①바른 견해(正見)는 고苦·집集·멸滅·도道 사성제에 대한 지혜를 말한다. 연기의 가르침이 정견이라고 쓰고 있는 경전도 있다. 「바른 견해경」에는 정견의 내포를 보다 넓혀서 십이연기와 사성제를 꿰뚫어 앎에다가 '유익함과 해로움을 꿰뚫어 앎'을 보태고 있다.

미지의 나라를 여행하는 사람은 무작정 떠나지 않는다. 그 나라에 대한 사전 지식을 많이 갖추면 갖출수록 여행은 수월해진다. 또 지도를 보면서 미지의 목적지를 상상으로나마 그려 본다. 사전 지식을 갖는 것이 중요하다. 정견이 바로 그런 일이다.

죽고 태어남의 고통을 지성으로나마 이해하고 고통의 원인이 열두 가지 고리를 따라 돌고 돌며, 그 고리에서 벗어나기 위해 무엇이 도움이 되고 무엇이 해가 되는지를 '꿰뚫어 알게 되면' 해탈의 길을 퍽 수월하게 갈 수 있지 않겠는가? 경전들이 팔정도 중에서도 정견을 맨 처음 위치에 둔 까닭이 이것 아니겠는가?

②바른 사유(正思)의 '사유'는 '생각'보다는 '의지'나 '태도'에 가까운 말이다. 나는 '마음씀씀이'나 '심보' 같은 뜻이라고 본다. 경전은 수행자의 본분을 추스르고, 나쁜 마음을 갖지 않으며, 남을 해치지 않는 마음을 갖는 것이 바른 사유라고 가르친다. 한마디로 '나쁜 놈'이 되지 말고 '좋은 사람'이 되라는 가르침이다. 나쁜 놈, 악인을 정의하면 '나쁜 마음 또는 악의惡意를 가진 사람'이 되지 않을까?

적극적으로는 바른 사유란 네 가지 거룩한 마음가짐을 뜻한다고 교리는 해석한다. 네 가지 거룩한 마음가짐은 자비회사慈悲喜捨의 사무량심四無量心을 가리킨다. 자애와 연민으로 살아 있는 것을 대하고 기쁨과 평온한 마음으로 살아가는 삶의 태도가 바로 여덟 겹의 길 가운데 두 번째 길 정사正思인 것이다.

③바른 말(正語)은 '거짓말과 남을 헐뜯는 말, 욕설과 잡담을 삼가는 것'이다. 경험상 참 지키기 어렵다.

④바른 행위(正業)는 '살생과 도둑질, 삿된 음행을 삼가는 것'이다.

⑤바른 생계(正命)는 생명을 유지하는 데 대한 붓다의 가르침이다. 다시 말하면 '먹고 살되 똑바로 먹고 살라'는 가르침이다. 재가자는 정당한 직업을 갖고 먹고 살아야 한다. 가져서는 안 되는 직업으로 무기장사·사람장사·동물장사·술장사·독약장사를 들고 있는데, 붓다 생존 당시의 사회상을 반영했을 것이다. 지금 우리가 살고 있는 세상에서는 가져서는 안 되는 직업이 이보다 훨씬 많지 않을까?

출가자는 생업에 종사하지 말고 걸식으로 삶을 영위해야 한다. 생업에 종사하는 시간을 해탈의 길을 가는 데, 또 그 길을 널리 알리는 데 쓰기 위해서다. 당연히 재산을 가져서는 안 된다. 얻은 것을 내일을 위해 비축해서도 안 된다. 청정한 무소유의 삶을 살지 않으면 출가자라고 할 수 없다. 사주·관상을 봐 주거나 점을 쳐서 생계를 유지해서는 안 된다. 이런 가르침은 우리 한국 불교가 처해 있는 환경에 대해 많은 생각을 갖게 한다.

⑥바른 노력(正精進)은 이미 앞서 충분히 언급했지만 다시 간략히 정리한다. 바른 위리야는 수행에 이익이 되는 방향으로 하는 노력이다. 이미 일어난 유익한 법들은 잘 보전하고 이미 일어난 해로운 법들은 사라지도록 노력한다. 아직 일어나지 않은 유익한 법들은 일어나도록, 아직 일어나지 않은 해로운 법들은 일어나지 않도록 노력한다.

⑦바른 사띠(正念) 역시 다시 얘기할 필요가 없을 정도로 많이 설명했다.

이렇게 요약해 본다. 몸과 마음에서 일어나는 대상에 사띠를 둔다. 그 대상은 몸·느낌·마음·법의 네 가지로 분류된다. 사념처가 그것이다. 바른 사띠야말로 팔정도 중 가장 구체적인 수행 노하우라고 할 수 있다. 사띠가 왜 구체적 노하우일 수 있는가? 법(진리)이란 지금 이곳을 벗어나 저 멀리 있지 않다는 점을 경전의 이곳저곳에서 가르치고 있기 때문이다. 법은 우리 손이 닿을 수 있는 곳에 있다. 그래서 법은 우리 자신의 내부에서 실현된다. 사띠란 바로 '우리 자신의 내부 지켜보기'다. 위빠사나 명상은 우리의 몸과 마음에서 일어나는 것들을 대상으로 '사띠 두기'다.

⑧마지막으로 바른 사마디(正定)는 사마디를 닦아 네 단계의 사마디에 들어 머무는 것이다. 세상에는 수백 가지 명상이 있다. 대부분의 명상이 마음을 대상 한 곳에 집중하는 방식으로 이뤄진다. 마음이 한 대상에 집중하면 사마디를 얻는다. 사마디를 얻으면 일상에서 만나지 못하는 높은 차원의 기쁨, 즐거움, 평안 등이 따라온다. 이렇게 사마디의 마음은 다양한 체험을 하게 된다. 갖가지 신통도 사마디에서 나온다. 하지만 사마디로 얻어지는 체험들과 신통들은 결코 궁극이 아니다. 그저 부수적인 현상일 뿐이다. 그것들에 집착한다면 '바른' 사마디가 아니다.

너희 자신의 섬이 되어라

사마디만으론 부족하다

팔정도의 마지막 여덟 번째 항목은 바른 사마디다. 사마디가 마지막에 위치해 자칫 사마디만 잘 닦으면 해탈의 길에 이를 수 있다고 오해할 수 있겠다. 그러나 사마디만으로는 충분치 않다. 사마디를 얻으면 마음이 고요해지고 안정되며, 여러 심리적 현상(마음부수)을 컨트롤할 수 있고, 행복해지고 평온해지며, 활기찬 삶을 살 수 있다. 그러나 괴로움의 굴레에서 벗어나 해탈에 이르기 위해서는 팔정도를 '있는 그대로의 법'을 보는 도구로 사용해야 한다. 있는 그대로의 법을 보는 능력이 바로 통찰력이다. 그래서 수행자는 팔정도의 여덟 요소 각각이 통찰력(또는 통찰지)을 얻는 데 기여하도록 수행해야 한다. 팔정도를 '여덟 겹의 길'이라고 부르는 까닭이 바로 이 때문이다.

또한 바른 견해와 바른 사유의 두 요소는 새로운 차원에서 재가동돼야 한다. 바른 견해와 바른 사유는 지혜 즉 통찰지와 직접 연관돼 있는 요소이기 때문이다. 부연하자면 이 두 요소는 『비슈디마가』를 저술한 부다고사가 불교의 전 교리 체계를 계戒·정定·혜慧의 삼학三學으로 분류한 가운데 혜에 속하는 요소이기도 하다.

앞에서 바른 견해와 바른 사유를 해탈과, 해탈로 가는 길을 그려 놓은 지도에 비유했는데, 여행자가 실제로 가는 길을 하나하나 확인하면서 지도의 의미가 달라지듯 수행자의 견해와 사유는 실제로 수행의 길을 가면서 점점 차원이 높아질 것이다. 같은 현상을 바라보더라도 개념적이고 추상적으로 파악하는 차원과 현상을 꿰뚫어 보고 그 성질을 파악해 내는 차원은 사뭇 다를 것이다.

다른 하나의 예를 들어보자. 붓다는 시종일관 '나'는 없다고 가르쳤다. 교리상으로는 '무아無我'로 개념화한다. 불교에 갓 입문한 사람이라도 '무아' 개념을 추상적으로 이해하는 데는 별 무리가 없다. 하지만 '무아'에 대한 앎은 추상적 이해만으로 완성되지 않는다. 뭇 수행자들이 '무아'를 체득하기 위해 몸을 던지는 노력을 마다하지 않는다. 이를테면 공동묘지에서 먹고 자며 수행하는 두타행頭陀行이 그런 수행의 하나다.

수행자들은 '나'의 개념이 '지긋지긋한 빤얏띠(개념)'라며 몸서리친다. '나'만 버려도 성자의 첫 부류, 수다원의 흐름에 들어간다. 사마디만 얻어서는 결코 이 몸서리쳐지는 개념의 굴레를 벗어날 수 없다. 그것은 오로지 통찰지, 지혜를 증장시켜야만 가능하다. 한 차원 높은 견해와 사유는 곧 개발된 통찰지이며, 증장된 지혜다. 지혜는 그래서 사띠와 함께 붓다의 가르침의 가장 중요한 키워드가 된다.

번뇌의 세 계층

'지혜'는 '사띠'와 더불어 붓다의 가르침 중 가장 중요한 키워드다. 이 점은 대승불교나 중국 불교에서도 마찬가지다. 대승불교에서 지혜를 뜻하는 산스크리트어 '프라즈나prajna'는 중국에 와서 '반야般若'로 번역된다. 대승불교의 반야부는 지혜의 증장을 수행의 구체적 지침으로 삼는다. 『대품반야경』, 『소품반야경』, 『금강반야경』, 『반야심경』 등 반야부 경전들은 '지혜의 완성'으로 번역된다.

왜 지혜를 개발해야 하는가? 마음의 집중과 사마디의 성취만으로 해탈의 길을 갈 수 없기 때문이다. 사마디가 번뇌를 없앨 수는 있지만 번뇌의 토대를 허물지는 못한다. 붓다는 번뇌가 세 계층으로 이루어져 있다고 간파

했다. 즉 잠재적 성향의 단계, 드러나는 단계, 범함의 단계가 그것이다.

가장 깊이 자리 잡은 번뇌는 잠재적 성향의 단계의 것이다. 이 단계에서 번뇌는 아무런 활동도 하지 않고 잠복하고 있을 뿐이다. 두 번째 '드러나는 단계'의 번뇌는 특정 자극에 영향을 받고 강화된다. 이 단계에서 번뇌는 생각, 감정, 의욕 등의 형태로 나타난다. 이런 번뇌는 마치 폭포에서 물이 쏟아지듯 해변에 파도가 밀려오듯 해서 거스르기에는 불가항력이다.

세 번째 수준인 '범함'의 단계에서는 번뇌가 마음에 드러나는 데 그치지 않고 몸이나 말로 업을 짓게 한다. 이런 세 계층의 번뇌를 다루는 데는 각각 다른 전략을 구사해야 한다. 세 번째 '범함' 단계의 번뇌는 계율을 지켜서 몸과 말을 제어하면 다룰 수 있다. 의식의 표면에 떠오른 두 번째 번뇌는 사마디를 닦아서 제어한다. 마음을 한 대상에 집중하는 것을 통해 얻는 사마디는 의식의 표면에 떠올랐거나 떠오르려 하는 번뇌로부터 마음을 지켜 낼 수 있다.

하지만 사마디는 잠복해 있는 잠재적 성향의 번뇌에 대해서는 속수무책이다. 번뇌의 뿌리를 뽑아내기 위한 사마디 이상의 무엇이 필요하다. 마음을 한 곳으로 모아 얻어지는 고요함을 넘어서는 지혜가 필요하다. 지혜의 증장은 번뇌의 뿌리를 뽑기 위한 유일한 노하우다.

지혜의 칼을 갈아라

세상에 도 닦는 사람은 많다. 그들은 왜 도를 닦는가? 내가 명상을 한다고 하면 많은 이들이 이렇게 묻는다. "혹시 공중부양이 되느냐?" 그들의 탓이 아니다. 도 닦는 많은 사람이 그러기 위해 도를 닦는다. 구름과 비를 부를 수 있을 만큼 도가 높아지고 싶어 한다. 돌사람이 고개를 끄덕이는 소식, 나는 그것이 뭔 소식인지 모르겠다.

"누군가 설법으로 구름과 비를 부르고 돌사람이 고개를 끄덕여도 생사를 끊지 못하는 그 지혜가 허망하고 허망하다"(부설거사). 부설거사는 신라 시대 마음을 닦던 수행자다. 본래 비구였는데, 인연의 무거움을 물리치지 못하고 여염의 처자와 혼인하여 아들딸을 낳고 세속에서 살았다. 하지만 수행이 출가 여부에 있지는 않은가 보다. 본인은 물론 아내와 아들·딸까지 모두 깨달음을 얻었다고 전해진다. 전라도 부안 땅 내변산에 있는 월명암 이라는 암자가 바로 부설거사의 수행터였다고 전한다. 부설거사의 사무치 는 이 게송은 생사를 끊어내는 지혜의 수승함을 웅변으로 말하고 있다. 번 뇌를 뿌리까지 끊어내는 지혜는 칼에 비유된다.

임제선사가 어떤 중에게 물었다.
"어떤 때 할은 금강왕의 보검과 같고, 어떤 때 할은 대지에 웅크려 앉은 황 금빛 털의 사자와 같으며, 어떤 때 할은 탐간영초와 같으며, 어떤 때 할은 할 의 작용을 하지 못하나니 그대는 이걸 아는가?"
그 중이 뭔가 말하려 하자, 임제선사는 바로 할 하셨다(『임제록』, 「감변 33」).

할은 말로 할 수 없을 때 상대방을 깨우쳐 주는 '크게 소리 지름'이다. 탐 간영초는 시냇물에 그늘을 만들어 물고기를 꾀어 잡는 장치다. 『임제록』의 위 구절은 매우 유명한데 깨우치지 못한 자를 깨우쳐 주는 할의 품질을 네 가지로 분류하고 있는 대목이다.
지혜는 '금강왕金剛王의 보검寶劍'과 같다. 견고한 금강석으로 만든 보검은 아무리 견고한 것이라도 깨부술 수 있다. 번뇌를 뿌리까지 파내기란 마음 의 집중만으로는 역부족이다. 지혜를 닦아 지혜의 힘을 키워야 한다. 그래 서 지혜는 빛에 비유된다.
번뇌의 뿌리는 모하(어리석음)라고 한다. 모하를 새까만 옻, 모하의 덩어리 인 자아를 옻통에 비유한다. 옻통 같은 시커먼 어둠 속에서 나고 죽고 고통

받는 것이 중생의 삶이다. 모하는 어둠이다. 한 줄기 빛이 어둠을 몰아내듯
지혜는 모하의 어둠을 몰아낸다. 그래서 지혜는 곧 '어리석음 없음'으로 정
의될 수 있다.

사마타와 위빠사나

번뇌가 세 계층으로 돼 있다는 붓다의 통찰과 계·정·혜 삼학으로 팔정도
를 해석한 부다고사의 주석은 엄밀한 대응관계를 이루고 있다. 다시 말하면
행동으로 나타나는 번뇌는 계율로 단속하고, 마음에 떠오르는 번뇌는 사마
디를 닦아 제어할 수 있다.

하지만 번뇌의 뿌리, 잠재적인 번뇌는 통찰지를 통해서만 제거가 가능하
다. 마음을 한 대상에 집중해 사마디를 얻는 수행을 사마타라고 한다. 수행
은 그래서 사마타만으로 완성되지 않는다. 통찰지를 얻기 위한 수행 즉 위
빠사나를 닦아야 한다.

『비슈디마가』에서 부다고사는 사마타 수행이 위빠사나 수행을 위한 예
비 단계의 수행임을 분명히 하고 있다. 번뇌를 완전히 멸하기 위해서는 아
비담마에 근거해서 마음을 안으로 들여다보고 번뇌를 꿰뚫어야 한다. 그러
나 마음의 집중 없이 위빠사나도 불가능하다고 부다고사는 주장한다.

마음의 집중 없이 어떻게 미세한 번뇌를 관찰하고 찾아내어 꿰뚫을 수
있겠는가? 그렇다면 사마타를 먼저 닦은 다음 위빠사나를 닦아야 하는가?
사마타를 수행하는 수행처(미얀마 파옥이 대표적이다)에서는 반드시 그래야 한
다고 가르친다. 위빠사나 수행처들은 사마타 수행이 위빠사나 수행에 도움
이 되겠지만 꼭 그래야만 하는 것은 아니라고 주장한다. 사마타 수행으로
어느 정도의 사마디를 얻으려면 수많은 세월을 닦아야 하기 때문에 사마타
를 거쳐 위빠사나로 오기란 사실상 불가능하다고 말한다. (사마타 수행을 마치
고 위빠사나를 수행하는 수행자를 여태껏 본 적이 없다고까지 말한다.)

사마타 수행자들은 사마디 없는 위빠사나를 '마른 위빠사나'라고 폄훼한다(이는 『청정도론』의 용어이기도 하다). 위빠사나 수행자들은 사마타 수행을 거치지 않는다는 뜻에서 '순수 위빠사나'라고 부른다. 그리고 위빠사나 수행에 사마디가 결코 없지 않다고 가르친다. 관련된 여러 주석서들이 위빠사나 수행에서도 사마디가 얻어진다고 설명하며 이를 '찰라 사마디'라고 명명한다.

사마타 수행처에서도 사마타 수행을 통해 얻어지는 네 개의 사마디에 늘 사띠가 있기 때문에 사실은 사마타에서 위빠사나를 닦고 있는 것이고, 두 수행이 사실상 구분되는 것이 아니라고까지 주장한다. 분명한 것은 사마타와 위빠사나가 어디까지나 대립 관계가 아니며 상보적인 관계라는 점이다.

수행의 역사에서 이런 논란들은 자리를 옮겨 중국에서도 전개된 적이 있다. 천태종에서 사마타를 '지止'로 위빠사나를 '관觀'으로 번역하고 정착됐다. 이후 육조 혜능의 『법보단경』에서 독창적 사상이 출현하는데, '정혜쌍수定慧雙修'의 사상이 그것이다. 정혜쌍수는 '선정과 지혜를 함께 닦는다'는 뜻이다. 조계선종의 수행론은 이 사상의 계승이다. 이런 배경에서 마조, 백장, 임제, 조주 등 뛰어난 선종의 인물들이 출현했다.

너희 자신의 섬이 되어라

너희가 너희 자신의 섬이 되어라.
너희가 너희 자신의 의지처가 되어라(『대반열반경』).

붓다가 마지막으로 남긴 말이다. 부모가 길을 떠나며 사랑하는 자식들에게 남기는 당부 같은 파토스가 짙게 묻어 있다. 나는 주어진 한 토막의 삶을 사실상 거의 살아 버린 처지지만 이 경구는 여전히 남은 에너지를 결집시키는 힘이 있다. 게으르지 말고 스스로 노력하고 스스로 비추어 길을 가라는 붓다의 격려가 따뜻하다. 붓다는 '게으름'이라는 말에 다음과 같이 부연한다.

> 애써 노력하지 않는 게으른 자, 젊고 힘은 있지만 게으름에 빠져 있는 자, 결단력과 생각이 모자란 자, 그런 나태하고 게으른 자는 지혜의 길을, 깨달음의 길을 찾을 수 없으리라(『법구경』).

붓다의 격려에 그의 많은 제자들이 가진 모든 것을 내려놓고 그가 간 발자국을 따라 밟았다. 무려 2,500년이 넘는 세월 동안. 그의 제자들이 제자들에게, 그 제자들이 자신들의 제자들에게, 그렇게 가르침은 끊이지 않고 전해졌다.

세계가 좁아질수록 가르침의 영역은 오히려 넓어졌다. 달마가 서쪽으로부터 중국에 와서 한국과 일본에도 그 법이 전해졌듯이, 이제 많은 달마가 세계 곳곳을 누비고 다닌다. 지혜의 길, 고통과 번뇌에서 벗어나는 길에 자신들이 전해 받은 가르침의 빛을 비춰 준다. 붓다의 발자취를 따라가면서 제자는 생각한다.

> 가죽과 힘줄과 뼈만 남을지라도, 피와 살이 말라붙을지라도 결단코 나는 이 추구를 포기하지 않을 것이고 청정과 깨달음의 길에서 벗어나지 않을 것이다(『맛지마 니까야』).

제4부
쉐우민의 가르침 108

참고문헌 약칭

케마왐사,『마음관찰(심념처)』, 오원탁(향원) 역, 스터디용 교재, 2018. Contemplation

   of the mind; Practising Cittanupassana, Bhikkhu Khemavamsa, www.buddhanet.net.

   약칭『마음관찰』

아신 떼자니아,『번뇌를 가볍게 여기지 마십시오. 번뇌가 당신을 비웃게 될 것입니

   다』, 쉐우민 수행센터, 2006. 약칭『번뇌』

아신 떼자니아,『마음가짐이 바르게 되었을 때 수행하십시오』, 쉐우민 수행센터,

   2010. 약칭『마음가짐』

아신 떼자니아,『알아차림만으로는 충분하지 않습니다』, 쉐우민 수행센터, 2011. 약

   칭『알아차림』

아신 떼자니아,『법은 어디에나』, 쉐우민 수행센터, 2015. 약칭『법은 어디에나』

OO1 혓바닥 쟁기질이 두렵다

다시 쉐우민에 다녀왔다. 혹독한 한국의 겨울을 또 한 번 수월히 넘겼다. 나이 들수록 겨울나기가 힘들다. 뼛속에서 바람이 부는 느낌이 점점 강해진다. 미얀마의 겨울은 선선하다. 딱 우리 가을 날씨다. 그래서 주위 많은 사람들이 부러워한다. 그러면서도 모두들 선뜻 나서지 못한다. 그게 바로 우리의 삶이다.

마조 선사가 땅바닥에 동그라미를 그려 놓고 "안에 들어가도 방망이 서른 대, 안 들어가도 방망이 서른 대"라고 했다지? 선불교의 '입야타불야타 入也打不也打 공안'이다. 우리 삶이 그렇다. 스스로 그려 놓은 동그라미, 몽둥이 서른 대가 두려워 들지도 나지도 못한다.

많은 이들이 뒷얘기만 쓰지 말고 배우고 느낀 게 있다면 그 내용을 써 보라고 핀잔이다. 정당한 지적이라는 생각이 들었다. 그래서 '쉐우민의 가르침'을 글의 제목으로 삼았다. 제목 자체가 주는 중압감이 적잖다. 옛말에 도 道를 잘못 전하면 혓바닥으로 쟁기질하는 지옥에 떨어진다고 했잖은가? 힘들겠지만 그래도 써 보기로 했다.

쉐우민 떼자니아 사야도의 법문집은 이미 여러 권 출판돼 나와 있다. 쉐우민에서 수행했던 수행자들 사이에는 사야도 인터뷰 법문을 정리한 노트가 복사돼 마치 비전처럼 떠돌기도 한다. 이런 노트는 여러 버전이 있다.

떼자니아 사야도의 스승인 꼬살라 사야도와 관련된 법문집은 딱 한 종류가 있다. 테라바다로 출가한 호주 사람 비구 케마왐사가 정리한 버전이다. 케마왐사 스님이 정리했지만, 정확히 말하면 이 책은 꼬살라 사야도의 법문을 정리한 책은 아니다. 케마왐사 스님이 직접 들은 꼬살라 사야도의 법문뿐만 아니라 전해들은 법문과 우 조티카 사야도 등 쉐우민 전통에 속하는 장로들의 법문도 들어 있다. 케마왐사의 체험담까지 책에 실려 있어서 꼬살라 사야도의 육성으로 사야도 자신의 가르침을 있는 그대로 전하는 '법문집'은 아니다. 하지만 쉐우민 전통의 수행의 개괄을 잘 정리하고 있어서 수행자들이 많은 도움을 받는다. 책 제목도 그래서 '찌따누빠사나' 즉 심념처다.

이 책에는 책의 출판과 관련한 뒷얘기가 실려 있다. 케마왐사 스님이 꼬살라 사야도의 가르침을 정리해 보려고 맘먹고 떼자니아 사야도를 찾아가 의논했더니 떼자니아 사야도가 이렇게 얘기했다고 한다. "꼬살라 사야도의 심념처 수행은 너무 단순하고 쉬워서 책이 필요 없다." 하지만 이런 일화 이후에도 쉐우민의 법문집은 날로 늘어 가는 추세다.

출판 순으로 따지면, 삽화를 풍부하게 삽입해 누구나 읽기 쉽게 만든 『번뇌를 가볍게 여기지 마십시오. 번뇌가 당신을 비웃게 될 것입니다』(2006)가 가장 먼저다. 『마음가짐이 바르게 되었을 때 수행하십시오』(2010), 『알아차림만으로는 충분치 않습니다』(2011)가 뒤를 잇고, 최근에 『법은 어디에나』(2015)가 출판됐다.

참고할 문헌이 너무 많아서 오히려 헷갈린다. 읽었던 법문집들을 다시 들춘다. 새롭게 느껴지지만 곱씹을수록 부담스럽다. 차라리 적당히 눙치고 얼버무릴까 생각도 한다. 내 수준에서 듣고 보고 느낀 범위 안에서만 써 보겠다는 배짱에 스스로 놀란다.

선가의 금언에 '금가루가 귀하지만 눈에 들어가면 병이 된다'는 말이 있다. 문자로 엮는 일이 꼭 그러하다. 지금 쓰려는 글이 병통이 되지나 않을까. 사실 나는 그것이 두렵다. 그래도 써 보기로 했다. 대신 '내 말'을 최소한으로 줄이기로 한다. 그리고 수행에 대한 문외한까지도 쉽게 이해하도록 기존 법어집과는 화법을 달리하기로 한다. 되도록 일상적이고 세속적인 화법을 채택하기로 마음먹는다. 격려와 질책이 함께 많았으면 좋겠다.

002 마음은 대상을 알아차린다

의식(마음, 앎, 아는 것)에 대해서 다음을 항상 기억하고 관찰하라.

의식은 일어나고 사라지는 것이다. 일어나는 모든 마음은, 다른 마음이고 새로운 마음이다. 의식은 대상으로 인하여 일어나고 대상으로 인하여 사라진다(『마음관찰』, 69쪽).

보고, 듣고, 맛보고, 냄새 맡고, 감촉하고, 생각하고, '나'도 아니고 '나의 것'도 아닌 것이 의식이다. 모든 감각대상을 경험하는 마음이 의식이다.

마음은 실체가 아니다. 변하지 않고 고정돼 있으며 여러 가지 속성을 담지하는 그런 것으로 이해해서는 안 된다. 끊임없이 일어나고 사라지는 어떤 힘 같은 것이다. 물리학의 개념을 빌리자면 입자보다는 파동에 가깝다.

아비담마에서 '마음(찌따ciita)'과 '생각하는 기관(마노mano)'과 '알아차리는 기능(윈냐냐vinnana)'은 같은 개념이다. '심心=의意=식識'은 그래서 아비담마의 공식 같은 것이다. 마음의 기능은 오로지 알아차리는 것이다. 우리가 심리적 현상이나 심리적 기능이라고 부르는 그 밖의 여러 가지 기능은 '심부수' 또는 '심소'라고 부른다. '마음에 따라오는 것'이라는 뜻이다. 알아차리는 마음은 그래서 하나이고 심부수들을 거느린다. 마음이 일어나면 일곱 가지 심부수가 늘 함께 일어난다. 이를 비유해서 마음을 '심왕心王'이라 부르고 '일곱 대신을 거느린 왕'에 비유한다. 마음은 홀로 일어나지 않는다. 반드시 대상을 만나야 일어난다. 만나는 대상을 알아차리는 일이 마음이 하는 일이다.

수행자들 가운데서도 마음이 시공간을 초월해 존재하는 '무엇'이라고 믿는 사람이 적잖다. 특히 '한마음一心'이나 '참마음眞心', '참나眞我'라는 단어는 그런 오해를 불러일으키기에 충분하다. 한국 불교에서 끊이지 않는 시빗거리가 되기도 한다. 이에 대한 논의는 이 공간에 어울리지 않으므로 피해가겠다.

위빠사나 수행은 마음에 대한 아비담마의 이해를 출발점으로 한다. 마음이란 앎의 주체이지만 절대적인 무엇이 아니다. 마음 역시 존재하는 다른 것들(담마, 법法)과 마찬가지로 일어나고 사라지며 실체가 없다. 즉 무상無常과 무아無我를 속성으로 갖는다. 아니 '속성'이라는 말 역시 부적절하다. 속성은 어떤 실체의 속성일 것이기 때문이다. 모든 있는 것, 존재는 무상하고 실체가 없다. 그것이 법法이다.

003 수행은 마음이 하는 일입니다

산책 중 빨간 장미꽃 한 송이를 만나는 상황을 설정해 보자. 마음과 대상이 만나는 상황이다. 마음은 그렇다 치고, 이 상황에서 대상들은 어떤 것들인가? 대상들은 감각기관들을 통해 알려지는 것들이다. 감각기관은 여섯이어서 '육근' 또는 '육문'이라고 부른다. 눈, 귀, 코, 혀, 피부, 마음이다. (여기서 마음은 감각기관으로서의 마음이다. 의근意根이라고 한다.) 눈을 통해 모양과 색이 들어온다. 그것이 대상이다.

이때 마음에서 어떤 일이 일어나는가? 아는 일이 일어난다. 마음이 하는 일은 아는 일 그뿐이다. 대상이 빨갛다, 꽃모양이다, 장미꽃이다, 향기롭다, 또는 한 발 더 나아가 낭만적 느낌이 든다, 떠나간 여인이 기억난다, 이런 것들은 마음 자체가 아니라 마음과 함께 일어나는 기능들이 하는 일이다. 마음과 함께 일어나는 이른바 '마음부수' 역시 '마음에서 일어나는 일'이다. 그것은 마음 자체가 아니다. 그러므로 그 역시 마음의 대상이 될 수 있다.

우리는 항상 대상과 접촉하고 만납니다. 무엇을 만나든지 마음에 사띠·사마디·지혜의 힘이 좋으면 번뇌는 일어날 기회를 얻을 수 없습니다. 그러므로 수행자가 해야 할 일은 자신의 마음에 사띠, 사마디, 지혜의 힘이 좋아지도록 항상 노력하는 것입니다(『마음가짐』, 94-95쪽).

'수행은 마음이 하는 일'이라는 말은 떼자니아 사야도가 늘 강조하는 말이다. 마음은 한 순간도 쉬지 않고 일어난다. 늘 대상과 만나기 때문이다. 과거 아비담마의 논사들은 한 대상에 마음이 몇 번 일어나는지를 두고 논쟁을 벌이기도 했다. (한 대상에 마음이 17번 일어난다는 게 정설이라고 하나, 나 범부중생은 그 심오함을 어림할 수 없다. 수행에는 별 중요한 사항이 아니라고 하니 위안을 받기도 한다.)

마음이 대상을 만나면 알아차린다. 그 알아차림과 동시에 많은 심리적 현상이 함께 일어난다. 심리적 현상은 순식간에 일어나게 되어 있다. 손쓰고 싶어도 손을 쓸 수 없다. 특히 감각적 접촉, 느낌, 생각, 의도 등을 비롯한 일곱 가지는 마음과 동시에 반드시 일어난다. 수행은 대상이 아니라 주체인 마음의 일이다. 마음을 바꾸기 위해 대상을 이용하는 일이다. 위빠사나 수행은 그런 것이다.

수행이란 기본적으로 '마음이 바뀌어지도록 노력'하는 것입니다. 나쁜 마음에서 좋은 마음이 되도록, 질이 낮은 마음에서 질이 높은 마음이 되도록 하는 것입니다. 바른 마음, 좋은 마음, 긍정적인 마음들을 기르고 사용하고 향상시켜 나가는 것을 '수행한다'고 말합니다. 그렇기 때문에 수행을 한다는 것은 '마음의 일'이지 '몸의 일', '대상의 일'이 아닙니다. 대상이 수행하는 것이 아니고, 마음이 수행하는 것입니다(『마음가짐』, 11-12쪽).

위빠사나라는 것은 어떤 대상이든지 대상을 원인으로 해서 사띠, 사마디, 지혜가 있도록 하는 것입니다(『마음가짐』, 36쪽).

004 마음에게 일을 시키십시오

알아차림에는 반드시 대상이 있다. 대상은 몸에서 일어나거나 마음에서 일어난다. 다시 말하면 몸과 마음에서 일어나는 모든 것이 대상이다. 마음과 만나지 않는 한 대상은 없다. 상식에 어긋나고 철학적 시비를 불러일으킬지도 모르지만 마음을 떠나 독립해 존재하는 대상은 결코 없다. 대상은 마음의 대상이기 때문이다.

수행은 마음이 하는 일이다. 아는 일은 마음이 하는 유일한 일이다. 알아차림 수행은 그래서 마음에게 아는 일을 시키는 일이다. 알아차림이 시키는 일을 '마음을 챙긴다'라고도 한다. 영어로는 'Be Mindful'로 표현한다. 이 '알아차림'을 어떻게 유지해 가느냐가 수행의 노하우가 된다. 쉐우민 센터의 떼자니아 사야도는 수행자들에게 늘 강조한다. "마음에게 일을 시키십시오"라고.

대상이란 마음으로 직접 알 수 있는 것, 알아차려지는 것(앎을 당하는 성질이 있는 것), 알아야 할 것을 말합니다. 사람에게는 몇 가지 대상이 있습니까? 육문에서 일어나는 여섯 가지 대상이 있습니다. 한 가지만 있는 것이 아닙니다. 알아야 할 대상들이 많이 있습니다. 그 대상들을 '마음'이 압니다(『마음가짐』, 12쪽).

현재 일어나는 상태를 아는 것도 수행하는 것입니다. 아는 것이 중요합니다. 잘하고 싶은 탐심이 있다면 수행이 안 됩니다. 좋든 나쁘든 대상을 알아 차리면 기뻐해야 합니다(2017년 1월 떼자니아 사야도 인터뷰 법문 중에서).

005 사띠, 수행의 시작이자 끝

마음이 하는 일, 알아차림은 수행의 가장 중요한 키워드다. 알아차림, 그 것을 사띠Sati라고 한다. '알아차림', '마음챙김' 등으로 번역하는데 수행자 들 사이에 번역어의 채택을 두고 다툼도 있다. 이 용어는 그래서 원어를 그 대로 음사해서 '사띠'로 쓰기로 한다. 사띠는 수행의 시작이자 끝이라고 할 수 있다. '싸띠 두기'와 '싸띠 잇기'는 수행에 대한 떼자니아 사야도의 기본 가르침이다.

수행자들은 첫째, 대상은 자연의 이치로 일어난다고 알아야 합니다. 둘째, 대상에 사띠를 둡니다. 셋째, 사띠가 이어지도록 해야 합니다. 수행자가 할 일 은 이 세 가지밖에 없습니다(2017년 1월 떼자니아 사야도 인터뷰 법문 중에서).

사람의 마음, 특히 나 같은 범부의 마음에서는 쓸데없는 생각, 나쁜 의도, 탐욕, 분노 등이 쉴 새 없이 일어난다. 그런 것들을 통틀어 '번뇌'라고 부른 다. 이것들은 힘도 세지만 종류도 가지가지다. 번뇌는 마음이 착용하는 다 양한 색깔의 안경 같은 것이다. 마음에 탐욕이 있으면 대상에서 탐욕이 일 어난다. 배가 고플수록 음식에 대한 집착이 커진다. 마음에 분노가 있으면 마주치는 대상마다 부정적인 마음이 일어난다. 마음 상태에 따라 대상이 달리보이고 달리 들린다. 있는 그대로 못 보고 못 듣는다. 있는 그대로 못 보는 삶을 보통 '꿈속을 헤매는 삶'으로 표현한다. 번뇌 속에 사는 중생은 그래서 '전도몽상顚倒夢想'의 세상을 산다.

수행의 목적은 뒤집어진 삶을 원상회복시키는 것이다. 번뇌는 사띠를 통해 극복된다. 그래서 사띠가 수행의 첫 단추가 되는 건 당연하다.

왜 사띠를 두고 있습니까? 사실을 사실대로, 있는 것을 있는 그대로 알고자 사띠를 두는 것입니다. 이 목적을 잊지 마십시오(『마음가짐』, 40쪽).

006 사띠가 이어지면

마음에게 일을 시키는 일 즉 사띠 두는 일은 수행의 시작이다. '시작이 반'이라지만 시작은 시작일 뿐이다. 사띠는 이어져야 한다. '싸띠 두기'가 수행의 알파라면 '싸띠 잇기'는 수행의 오메가다. 사띠는 그래서 수행의 알파이자 오메가다. 사띠가 이어지면 마음에 힘이 생긴다. 수행자들은 이것을 '사띠의 힘이 커진다', '사띠가 자란다', '사띠에 가속도가 붙는다' 등으로 표현한다. 사띠가 이어지도록 하기 위해 쉐우민 법의 수행자들은 좌선도 하고 경행도 한다.

사띠가 지속될 때, 이것 다음에 저것이 일어나는 진행 과정을 보아야만 원인과 결과를 볼 수 있습니다. 이어지도록 해 보십시오 정말로 지속이 되면 마음속에 힘이 하나 더해지는 것과 같습니다. 자신에 대한 신뢰에서 비롯된 마음의 힘이 더해집니다. 믿어지지 않으면 시험해 보십시오 스스로 체험해서 알았을 때 기쁠 것입니다. 왜 기쁘겠습니까? 알기 때문에 기쁩니다. 힘을 써서 집중하지 말아야 합니다. '이것 다음에 저것을 했다'는 것을 계속해서 알도록만 노력하십시오. 이 일 한 가지만 있지 다른 일은 없습니다(『마음가짐』, 69쪽).

'마음속에 힘이 더해진다'는 말의 뜻은 무엇일까? 체험과 이해가 생긴다는 뜻이다. 마음이 고요해지고 있는 그대로의 대상을 있는 그대로 보게 된다. 마음의 고요함을 사마디라고 하고, 있는 그대로 봄을 지혜라고 부른다. 요약하면 사띠가 이어지면 마음의 힘이 생기는데 바로 사마디와 지혜가 그것이다. 사띠의 이어짐이 원인이 되어 사마디와 지혜가 결과로 생긴다. 수행은 이 원인과 결과를 꾸준히 이어 가는 것이다.

우리는 원인에 영향을 미칠 수 있을 뿐, 결과는 어찌할 도리가 없다. 그래서 사마디와 지혜를 얻으려고 하는 수행은 시작부터 잘못됐다. 마음에 사띠를 두고, 그 사띠를 이어 가는 일이 수행자가 할 수 있는 일의 전부다. 사마디와 지혜는 싸띠 잇기의 결과일 뿐이다. '계속해서 알도록만 노력하라'는 쉐우민 가르침은 이렇게 이해된다.

007 대상은 대상일 뿐

일상에서 우리는 수많은 대상과 만난다. 마음이 활동하는 한 대상은 쉼 없이 일어난다. 심지어 꿈속에서도. 보통 사람이라면 대개 마음은 일어나는 대상에 이끌려 다니기 마련이다. 그게 일상의 삶이다. 맛있는 음식을 보면 먹고 싶은 마음이 일어난다. 예쁜 꽃을 보면 좋아하는 마음이 일어난다. 아름다운 음악을 들으면 즐기는 마음이 일어난다. 길 가다 똥을 밟으면 불쾌한 마음이 일어난다. 이처럼 보이는 것, 들리는 것 모두에 마음은 반응한다.

마음에 사띠를 두는 일은 대상을 대상으로 보는 일이다. 모든 것이 대상일 뿐 마음과는 상관없다. 마음에 사띠를 두면 마음이 반응하기 전에 마음은 알아차린다. 마음이 대상에 반응했다면 반응하는 마음을 알아차린다.

마음에 사띠를 두는 일은 그래서 수행이다. 사띠 두는 일 즉 수행의 차원에서 대상은 좋은 수행거리가 된다. '대상'은 사띠의 대상이기 때문이다. 대상은 조건이 맞으면 일어나고 조건이 다하면 사라진다.

대상은 당신이 원해서 일어나는 것이 아니라, 단지 조건이 맞으면 일어납니다(『알아차림』, 230쪽).

위빠사나 수행은 있는 그대로를 보는 것이지 무엇인가를 만들어 내는 것이 아닙니다. 있는 그대로를 보기 위해서는 그 방법을 먼저 배우고 익혀야 합니다. 올바르지 못한 마음가짐과 수행 방법으로는 지혜를 포함한 선한 마음을 기를 수 없습니다(『마음가짐』, 서문).

수행하는 마음에 '좋은 대상'과 '나쁜 대상'은 없다. 수행거리가 된다는 점에서 모든 대상은 좋은 대상이다. 수행의 시작에서 싸띠 두기가 익숙해지도록 하기 위해 하나의 대상을 선택할 수 있다. 그렇다고 그 대상이 좋은 대상인 건 아니다. 수행자 각자가 자신에 맞는 대상을 택해 수행을 시작하면 된다. 예를 들면 들숨과 날숨이라든지, 배의 부름과 꺼짐 같은 대상들이다. 하지만 그래도 대상은 대상일 뿐임을 잊어서는 안 된다. 마음이 대상을 어떻게 하려고 하지 말라는 뜻이다. 그저 알아차리기만 하면 된다.

대상은 대상일 뿐입니다. 모두 다 똑같을 뿐입니다. 알아차림과 지혜가 있는 것이 더욱 중요합니다. 어떤 대상에서 시작하든 상관없습니다. 갖가지 성향의 수행자들이 모여 있으므로 자신과 맞는 대상을 취하면 됩니다. 그러나 긴장하는 마음으로는 수행하지 마십시오. 마음이 왜 긴장하고 있습니까? 원하는 것과 불만스러운 것이 있기 때문입니다. 번뇌로 인하여 집중해서 보고,

만들어서 보며, 억눌러서 보고, 억제해서 보는 것입니다. 그것의 성품 그대로 두지 않고 무엇인가 일어나도록 하고 있는 것입니다. 그러므로 집중해서 보지 않고 만들어서 보지 않고 억제해서 보지 않고 억눌러서 보지 않습니다. 단지 지켜만 보십시오(『마음가짐』, 66-67쪽).

008 위빠사나 수행의 네 가지 대상

수행하는 마음이 대상으로 삼는 것을 분류하면 네 가지다. '사념처四念處'가 그것인데, 사띠의 네 가지 대상이라는 뜻이다. 다시 한 번 상기시키거니와 수행하는 마음은 알아차리는 마음, 사띠하는 마음이다. 그러니까 사띠 없이 수행 없다는 건 당연하다. 네 가지 대상은 신身·수受·심心·법法이다.

사띠란 '마음이 대상을 알아차림'이다. 이 대상을 몸, 느낌, 마음, 법의 넷으로 정리했기 때문에 네 가지 사띠의 확립이라고 부른다(각묵스님, 『초기불교입문』, 141쪽. 원서의 '마음챙김'이라는 용어는 일관성을 지키기 위해 '알아차림'으로 바꿨다).

호흡이나 몸의 움직임 등 몸에서 일어나는 모든 것이 신념처身念處의 대상이다. 수념처受念處는 몸과 마음에서 일어나는 느낌을 대상으로 한다. 그렇다면 심념처心念處란 무엇인가? 대상을 알아차리는 사띠의 주체인 마음, 바로 그 마음과 그 마음에서 일어나는 일을 대상으로 하는 수행법이다. (쉐우민의 가르침이 바로 심념처인 만큼 이에 대해서는 이후 좀 더 구체적으로 설명하려고 한다.) 법념처法念處는 오온이나 칠각지 등 담마(법法, 여기서는 '가르침'의 뜻이 강함)를 수행의 대상으로 삼는다. 논서들은 몸에 관련한 대상 열네 가지, 느낌에 관련한 대상 아홉 가지, 마음과 관련한 대상 열여섯 가지, 법에 관련한 대상 다섯 가지, 수행의 대상 즉 명상의 주제를 이렇게 마흔네 가지로 정리하고 있다. (느낌과 마음을 각각 하나의 대상으로 분류하는 논서도 있는데, 이에 따르면 명상 주제는 스물한 가지가 된다.) 수행자들은 이 마흔네 가지(또는 스물한 가지) 명상 주제 중 하나를 택하여 마음을 닦는다.

> 여기 마치 송아지 길들이는 사람이
> 기둥에다 묶는 것처럼
> 자신의 마음을 사띠로
> 대상에 굳건히 묶어야 한다(『디가 니까야』 주석서).

009 쉐우민 심념처

이미 여러 차례 언급했지만, 쉐우민의 수행법은 심념처다. 마음을 대상으로 알아차림을 키워서 사마디를 얻어 마음의 고요함을 유지하고, '있는 그대로를 보는' 지혜를 기르는 수행법이다. 대상을 알아차리는 주체인 마음과, 그 마음 안에서 일어나는 것들을 사띠의 대상으로 삼는다는 것이 심념처 수행의 골자다.

말은 쉽지만 실제로는 간단치 않다. 인식의 주체인 마음을 어떻게 객체(대상)로 삼는단 말인가? 도무지 이치에 맞지 않는다. 주체인 마음을 어떻게 대상으로 하는가? 쉐우민 심념처는 바로 그에 대한 노하우를 가르친다. 그래서 미얀마의 여느 위빠사나 수행처와는 가르침의 내용이 사뭇 다르다. 심지어 파격적이기까지 하다.

쉐우민에서는 하나의 대상에 집중하지 말라고 가르친다. 마음을 대상으로 삼기 위해서다. 대상에 집중하는 한 결코 마음 자체를 볼 수 없기 때문이다. 신념처나 수넘처로 수행을 시작한 수행자들이 쉐우민에 오면 생소한 가르침에 혼란을 겪는 경우가 많다. 집중을 통해 마음의 고요함 즉 사마디를 얻을 수 있다고 배웠기 때문이다. 집중하지 않으면 산란한 마음을 가지런하게 할 수 없다고 이들은 믿는다. 믿음을 바꾸는 것처럼 어려운 일이 없을지니, 어쩌면 당연한 일인지도 모른다.

하지만 수원 사는 사람이 남대문시장에 가려면 안양도 거치고 영등포도 거쳐야 한다. 주체인 마음을 대상으로 삼을 수 있게 되려면 거쳐야 할 여러 곳이 있다. 구체적인 것은 차차 얘기하겠지만 수원에서 남대문시장에 이르는 길이 있듯 길은 틀림없이 있다. 실제로 해 보면 그렇게 된다는 뜻이다. 실제로 해 보고 의문 나는 것을 묻고 스승의 조언을 듣는 방식으로 그 길을 간다. 그렇게 점점 익숙해진다. 마치 시절을 만나 과일이 익듯.

주시하는 마음을 주 수행 대상으로 삼고 다른 마음들은 대상으로 사용하라. 이 심념처 수행에서 주시하는 마음이 닻이다(『마음관찰』, 48쪽).

활기차기를 바라는 마음과 졸리는 마음이 다른 마음이라는 것을 볼 수 있는가? 이것들을 분리해서 볼 줄 안다면, 그것이 심념처다. 번뇌의 마음, 노력의 마음, 지혜의 마음이 각기 다른 마음이다. 항상 이렇게 알아야 하는데 사띠가 있으면 알 수 있다(『마음관찰』, 54쪽).

010 수행의 길에 왕도는 없다

많은 수행자가 센터들을 전전한다. 미얀마의 위빠사나 센터들의 일반적인 모습이다. 한 곳을 택해 진득하게 수행하는 수행자는 그다지 많지 않다. 여러 센터를 거친 뒤 정착하는 경우도 있고 수년을 그렇게 떠돌아다니는 수행자도 많다. 사마타 수행처와 위빠사나 수행처를 왔다 갔다 하고, 마하시에 갔다가 참메에 갔다가 빤디따라마에 간다. 각자의 인연 따라 오간다는 생각이 든다.

많은 수행자가 좀 더 쉬운 길, 확실한 길, 빨리 가는 길을 찾아 이리저리 헤맨다. 가던 길을 의심하고 다른 길을 찾아 나서기도 한다. 그러나 수행의 길에 왕도는 없다. 감기약은 감기에 듣고 설사약은 설사에 듣는다. 응병여약應病與藥이다. 세상에 가장 수승한 수행법이란 없다. 수행자의 기질과 병통에 듣는 수행법이 있을 뿐이다. 아무리 수승한 수행법이라고 해도 인연 없는 사람에게는 공염불일 뿐이다.

알아듣는 사람만 알아듣는 일은 수행의 세계에서는 흔한 일이다. '염화시중拈花示衆의 미소' 설화는 니까야 어느 곳에도 없다고 나는 알고 있다. 그렇다고 무의미한 건 아니다. 시적으로 아름다운 이 설화가 주는 의미는 무엇일까? 스승과 제자의 만남이다. 그것이 바로 수행의 세계다. 아는 사람만이 알아듣는 일, 제 수준에서만 알아듣는 일은 수행의 세계에서 너무나 흔한 일이다.

젊은 시절 나는 '돈오頓悟'의 신화에 경도됐다. 한순간의 깨달음으로 모든 것이 완성된다는 선언이 그토록 멋질 수 없었다. 수십 년을 그 믿음을 간직하고 살았다. 잭팟을 꿈꾸는 도박사처럼. 꿈에서 깨어 나오기가 좀처럼 쉽지 않았지만 이제는 그런 믿음을 버렸다. 살아갈 날이 얼마 남지 않은 나이에 비로소 스스로에게 정직해질 수 있었다.

수행의 길도 원인과 결과의 법칙에서 예외가 될 수 없다. 인과라는 붓다의 가르침은 수행에도 적용돼야 이치에 맞다. 닦아야 얻을 수 있다. 그래서 수행은 점진적 과정일 수밖에 없다.

알아차리게 되는 것은 점진적인 과정입니다. 수행 초기에 아는 마음이 있는 줄을 알아야 합니다. 처음에는 마음이 알 수 있는 것은 무엇이든지 알아차리도록 허용해야 합니다. 일단 알아차림이 있게 되면, 마음이 자연스럽게 많은 대상들을 알아차릴 것입니다. 이 단계에서 할 일이 있습니다. '지금 무엇에 주의를 기울이는 것이 더 중요한가?'라고 스스로에게 물을 수 있습니다. 그렇게 하면서 지켜보는 마음에 탐욕, 기대, 성냄이나 거부하는 마음이 있는지 없는지 보는 것을 점검해 보아야 합니다. 그리고 대상은 중요하지 않음을, 마음을 바라보는 것이 중요함을 스스로에게 지속적으로 일깨워주어야 합니다(『알아차림』, 77-78쪽).

011 최경주의 7번 아이언

나는 시간 여유가 있을 때 골프 중계를 즐겨 본다. 골프광도 아니고 골프를 잘하지도 못하지만 프로 골퍼들의 플레이 내용은 자못 흥미롭다. 파열음과 함께 멀리멀리 날아가는 드라이브 샷, 핀에 붙는 아이언 샷, 홀에 빨려 들어가는 칩 샷, 커다란 커브를 그리는 롱 펏의 거리와 방향의 조화, 이런 장면들은 잘 짜인 구성의 드라마 못지않게 멋지다.

그러면서 나는 골프와 수행의 구조적 유사성을 읽는다. 골프의 원리는 퍽 단순하다. 막대기로 공을 쳐서 구멍에 넣으면 된다. 수행의 원리 역시 그렇다. 마음으로 대상을 알아차려 지켜보면 그만이다. 하지만 둘 다 잘하려고 하면 문제가 몹시 복잡해진다. 기초를 탄탄하게 다지지 않으면 한 발자국도 앞으로 나갈 수 없다. 기본을 잘 배워도 잠시라도 한눈을 팔면 안 된다. 리듬이 깨지면 회복이 쉽지 않기 때문이다. '골프 황제'라고까지 불렸던 타이거 우즈가 바람피우다 이혼 당한 뒤 그대로 몰락하고 말았던 사례는 참

안타깝다. 수행자 역시 삶 자체가 수행이어야 한다. 수행의 리듬을 유지해야 하기 때문이다.

이론에 밝다고 골프를 잘 치는 건 아니다. 좋은 골퍼는 연습장에서 나온다는 말이 있다. 수행에 대해 많은 지식을 갖고 있다는 사실만으로 수승한 수행자가 되는 건 결코 아니다. 연습, 오직 연습뿐이다. '완도 촌놈' 최경주는 한국이 배출한 세계적인 골퍼다. 그를 만든 건 다름 아닌 연습, 또 연습이었다고 한다. TV에 출연한 그의 입담에 한동안 넋을 잃은 적이 있는데, 완도에 처음 생긴 골프 연습장에서 심부름을 해 주며 영업이 끝난 심야 시간을 틈타 연습했다고 말한다. 얼마나 지독하게 연습을 했는지 누군가에게 얻은 7번 아이언 클럽에 새겨진 '7'자가 닳아서 안 보이게 됐다고 한다. 이 클럽은 완도의 최경주 기념관에 가면 볼 수 있다고 하는데, 꼭 가서 한 번 보고 싶다.

이쯤 되면 연습은 연습의 차원을 넘어선다. 자연스럽게 몸에 붙는다. 연습의 목표는 사라진다. 기대도 욕구도 없다. 당초 세웠던 목표는 자연스럽게 드러나 어느새 곁에 있게 된다. 수행도 마찬가지다. 연습장에서 골퍼들이 단순한 동작을 반복하듯, 싸띠 두기와 싸띠 잇기를 반복하는 것이 수행이다. 같은 것을 수없이 반복하다 보면 당연히 익숙해진다. 그리고 앞서간 사람들의 가르침이 하나씩 이해된다. 수행 지침서의 구절들이 쏙 들어오는 순간이 있는데, 이렇게도 또 저렇게도 해 보면서 시행착오를 거듭해야 그런 순간이 온다. 메이저급 프로 골퍼들이 아이언으로 볼을 핀에 원 퍼트 거리로 붙일 수 있는 순간이 오듯이.

많은 수행자들이 가지고 있는 문제는, 현상들을 일어나게 하는 데 너무 익숙해 있다는 것입니다. 일상생활에서 그들은 스스로 목표를 세우고, 많은 노력을 기울여서, 원하는 것을 얻는 것에 익숙해져 있습니다. 그래서 수행할 때도 같은 식으로 합니다. 수행자들은 수행이 잘되기를, 아주 잘되기를, 최상이 기를 원합니다. 원하는 대로 되지 않으면 금방 실망합니다. 그렇기 때문에 신심이 없어지고 수행에 대한 관심이 없어집니다. 그러므로 수행에 대해서 더 이상 생각하지도 말고 왔다갔다 걷기만 하는 것이 당분간 최선일 수 있습니다. 진정으로 어떤 것도 더 이상 하려고 애쓰지 않자마자, 아무것도 기대하지 않고 모든 현상들을 내버려둘 때, 알아차림은 되돌아옵니다. 왜 그럴까요? 그것은 언제나 거기 있기 때문입니다(『알아차림』, 47-48쪽).

012 사띠빳따나, 사띠의 확립

떼자니아 사야도의 스승 우 꼬살라 사야도는 "수행자에게 가장 중요한 것은 사띠하는 것이지, 일을 끝내는 것이 아니다"(『마음관찰』, 76쪽)라고 말한다. 사띠가 이어지면 언젠가는 일이 끝나리라. 하지만 그 일은 내가 끝내고 싶다고 끝나지 않으리라. 사띠잇기는 그래서 중요하다. 심지어 우 꼬살라 사야도는 '이어지지 않는 사띠는 쓰레기'라고 까지 말하며 싸띠 잇기를 강조한다(『마음관찰』, 83쪽). 사띠가 이어지면 사띠는 자란다. 어린아이가 장정으로 자라듯. 사띠를 이어지게 해서 사띠의 힘을 키우는 것을 '사띠빳따나' 즉 '사띠의 확립'이라고 한다. 위빠사나 수행은 그래서 '사띠빳따나 수행'이 된다.

사띠의 확립이 가져다줄 '통찰지'라는 말은 일단 접어 두자. 하지만 그곳으로 가기 위해 지녀야 할 지도는 명백하다. 하지만 지도는 지도일 뿐 길을 떠나지 않으면 목적지에 이를 수 없다. 실전과 지도는 구조적 유사성은 지녔지만 같은 것은 아니다. 좋은 여행가라면 미리 지도를 구해 연구에 많은 시간을 쓰리라. 하지만 머릿속 지도와 실제 길을 떠나 얻은 경험 사이에는 커다란 갭이 존재한다는 사실은 경험 많은 여행가일수록 확실히 알 것이다. 일단 길을 떠나야 머릿속 지도가 구체화되듯 수행은 그런 것이다. 사띠의 확립은 우선 가야 할 지도상 일차적 목표가 된다. 통찰지는 사띠의 길을 가면서 자연히 얻어질 것이다. 왜 사띠의 '확립'이어야 하는가? 실제 수행을 시작해 보면 '사띠'가 얼마나 어려운 것인지 실감하게 될 것이기 때문이다.

사띠빳따나는 사띠를 키우는 것입니다. 그러므로 이어지게 하는 것이 중요합니다. 연속극을 보는 것조차도 계속해서 보지 않는다면 줄거리를 이해할 수 있겠습니까? 알아차림이 지속되지 않아서 대상이 보이다가 안 보이다가 하면서 끊어질 듯 말 듯 한다면 그것에 대해 이해할 수 없습니다. 지혜의 힘이 채워지지 않습니다. 그렇기 때문에 이어지도록 관찰하라고 하는 것입니다(『마음가짐』, 69쪽).

013 사띠에 가속도가 붙어야

떼자니아 사야도의 첫 법문집 『번뇌를 가벼이 여기지 마십시오』에 삽입된 삽화가 떠오른다. 땅을 겨우 뚫고 나온 새싹이 커다란 나무로 자라는 그림이다. 사띠빳따나를 설명하는 장면인데, 사띠 잇기를 통해 확립되는 사띠를 그린 것이다. 연약한 마음을 강하게 키우는 것은 바로 사띠 잇기다.

대상을 키워야 하겠습니까? 사띠를 키워야 하겠습니까? 대상은 이미 있습니다. 사띠를 키워 나가야 합니다. 사띠는 마음에 있습니다. 지금은 아직 사띠의 힘이 약합니다. 이 힘이 약한 사띠를 키워야 합니다. 그렇지요? 아직은 신심, 노력, 사마디, 지혜의 힘도 약합니다. 이 약한 마음의 힘을 키워 나가는 것을

318

'수행한다'고 말합니다(『마음가짐』, 19쪽).

'사띠가 이어지게 하라.' 사띠의 확립을 위해 금과옥조로 삼아야 할 가르침은 바로 이것이다. 사띠가 이어지면 '사띠에 가속도가 붙는다'고 쉐우민 수행자들은 표현한다. '제로 백', 자동차가 시속 제로에서 시작해서 백 킬로미터로 가속하듯 그 과정은 점진적일 것이다. 차종에 따라 걸리는 시간이 다르듯 수행자들 사이에 시간차도 존재한다. 하지만 모든 자동차가 엑셀 페달을 밟으면 가속이 되듯, 사띠 두기와 사띠 잇기를 지속하면 사띠는 자라기 마련이다. 수행은 그래서 짚불처럼 확 타오르는 불길이 아니라 서서히 오래도록 타는 장작불 같아야 하리라.

수행이란 '마음의 일'이라고 이미 말했습니다. 마음에 사띠가 있어야 하고 깨어 있어야 하며 관심이 있어야 하고 배워야 합니다. 조금 전에 말했듯이 끊임없이 지속해야만 가속도를 얻게 됩니다. 순간순간에서 가속도가 생기게 됩니다. 자연적인 가속도를 원합니다. 사람이 인위적으로 만든 짚불처럼 타오르는 가속도를 원하지 않습니다. 장작불, 숯불처럼 천천히 끊임없이 타오르는 종류의 가속도를 원합니다(『마음가짐』, 31쪽).

014 얻기 위해 수행하지 않는다

마음이 평화로운 사람은 겉으로 보아 대체로 알 수 있다. 수행처에서 오랜 시간을 보낸 수행자, 또는 산사에서 두문불출하고 도를 닦는 스님들에게서 그런 모습을 볼 수 있다. 그런 모습만 봐도 마음이 평화로워지는 경우도 있다. 많은 사람이 구도자의 그런 모습을 보고 찬탄하고 숭배의 염을 내고 때때로 자신의 삶을 송두리째 바쳐서 따르기도 한다. 따르는 사람들은 자신도 그렇게 되고 싶어 한다. 하지만 그런 숭고한 겉모습이나 덕목, 심지어 그들 스승이 지닌 내면까지도 도와 가까운 징조일지라도 도 그 자체는 아니다. 마음의 평화나 남들이 갖지 않는 능력은 수행에서 얻어지는 부산물일 뿐이다. 수행의 목적은 무엇을 얻거나 무엇이 되고자 함이 아니기 때문이다.

법의 성품은 이렇습니다. '법을 얻는다고 해도 당신은 행복해 하지 않을 것이고, 법을 얻지 못한다고 해도 당신은 불행해 하지 않을 것입니다.' 많은 수행자들이 어떤 것을 체험하면 아주 행복해하고 체험하지 못하면 매우 동요합니다. 이것은 법을 수행하는 것이 아닙니다. 법을 수행하는 것은 체험하는 것이 아니라, 이해하는 것입니다(『알아차림』, 226-227쪽).

한 비구가 사야도에게 물었다.
"식사 때 먹고 싶은 급한 마음을 알아차리고 식사를 늦추고 기다렸는데 그 마음이 없어지지 않았습니다."
사야도가 대답했다.
"사라지든 말든 그냥 지켜보기만 하십시오. 없애기 위해서가 아니라 이해하기 위해 지켜보는 것입니다."(2017년 1월 떼자니아 사야도 인터뷰 법문 중에서)

무엇을 어떻게 하려고 수행하지 않는다. 수행 중 얻어지는 체험은 수행의 부산물일 뿐이다. 체험을 얻기 위한 수행은 수행이 아니다. 체험은 오히려 얻으려 하면 할수록 멀어진다. 마음의 평화를 얻고 싶은가? 수행을 통해 그것을 얻을 수도 얻지 못할 수도 있다. 하지만 그것을 얻으려고 수행한다면 더 이상 수행이 아니다. 수행은 마음이 할 수 있는 것을 하는 것이다. 마음이

'평화'를 얻기 위해 할 수 있는 것은 아무것도 없다. 마음이 할 수 있는 건 싸 띠 두기와 싸띠 잇기뿐이다. 그래서 우 꼬살라 사야도는 "고요함이나 평화 로움을 얻으려 하지 말라. 주시하는 마음을 지켜보는 것 한 가지만 하라"(『마음관찰』, 87쪽)고 가르친다. 꼬살라 사야도의 다음 가르침들도 맥락이 같다.

수행이란 사띠와 이해로 지켜보면서 기다리는 것이다. 생각하거나 회고하 거나 판단하는 것이 아니다(『마음관찰』, 66쪽).

수행이란 좋은 것이든 나쁜 것이든 모두 받아들이고 긴장을 풀고 지켜보 는 것이다(『마음관찰』, 66쪽).

015 있는 그대로 받아들여라

제자들과 함께 맨발로 떠돌던 붓다는 어느 마을에 이르렀다. 그 마을 나 루터에는 물 위를 걷는 사람이 산다고 했다. 평생을 수련해서 물 위를 걷게 됐다고 했다. 그에 대한 붓다의 반응은 어땠을까? '불쌍한 사람! 돈 몇 푼이 면 물을 건널 수 있을 텐데, 평생을 그런 데 바치다니'였다고 한다.
수행은 마음이 하는 일이라고 했다. 그러나 마음을 한 곳에 집중해서 신 통력을 얻는 것은 수행의 목적이 아니다. 대상을 알아차리고 이해하고 배 워서 지혜를 얻기 위함이다. 지혜를 통해서만 있는 것을 있는 그대로 볼 수 있다.

위빠사나 수행은 어떤 것을 하려고 하거나 어떤 것을 일어나도록 하는 것 이 아님을 기억하십시오. 단지 일어나고 있는 것을 인식하는 것이며, 그것이 전부입니다. 아주 간단합니다(『알아차림』, 48쪽).

있는 그대로 못 보는 건 번뇌의 힘이 강하기 때문이다. 지혜가 없으면 번뇌로 대상을 본다. 결코 대상을 있는 그대로 보지 못한다. 수행해야 하는 까닭은 그것 때문이다. 수행한다는 건 있는 그대로 받아들이는 것이다. 원리는 이렇게 간단하지만, 실제로 좌선이나 경행을 해 보면 이처럼 간단한 원리를 실천하는 일이 녹록치 않다는 걸 알게 된다. 그 이유는 대상을 있는 그대로 보는 일을 해 본 적이 없었기 때문이다. 늘 번뇌를 달고 살아서 번뇌로 보고, 번뇌로 듣고, 번뇌로 먹기가 습관이 됐기 때문이다. 늦잠이 습관이 된 사람에게 일찍 일어나는 일이 고역이고 어렵기 짝이 없는 일이듯.

왜 수행을 해야 할까요? 번뇌의 힘이 강하기 때문입니다. '대상과 만나는 순간 탐심이나 진심이 먼저 일어나는가? 앎의 지혜가 먼저 일어나는가?' 하고 자신의 마음을 다시 보십시오. 마음에서 나쁜 마음, 질이 낮은 마음들이 일어났다면 어떻게 느껴지겠습니까? 불만족스러운 마음과 실망하는 마음이 일어납니까? 실망하면 진심이고, 받아들일 수 있다면 지혜입니다. 일어나는 것에 대해 생각이 잘못되면 불선한 마음이 일어나게 되고, 실망하게 됩니다. 생각이 바르면 받아들일 수 있습니다. 받아들인다는 것은 일어나는 것을 일어나는 그대로 받아들이는 것입니다. 나쁜 마음이 더 커지도록 받아들이는 것이 아닙니다(『마음가짐』, 95쪽).

016 번뇌로 수행하지 말라

무엇을 얻으려 하지도, 무엇이 되려 하지 말고 그저 알아차려라. 마음에 들어오는 대상을 받아들이고 받아들일 뿐. 단순하기 그지없다. 수행은 그렇게 단순한 것이다. 원리는 이렇게 단순해서 머리로는 쉽게 이해하지만, 실제 수행에서는 제대로 잘 안 된다. 평소에 해 보지 않았기 때문이다.

우리는 늘 뭔가를 원하거나 회피하며 살고 있다. 습관을 고치기가 여간 어렵지 않다. 하지만 바람직한 인격을 갖게 되려면 나쁜 습관은 고쳐야 하듯, 수행은 번뇌로 보고 듣고 먹는 습관을 고쳐야 한다. 그래야 비로소 올바르게 수행할 수 있게 된다.

원하는 마음과 되게 하고자 하는 마음이 강한 상태로 수행한다면 '탐심'으로 수행하는 것입니다. 불만족스럽고 성에 차지 않은 마음으로 수행한다면 '진심'으로 수행하는 것입니다. 확실하게 알지 못하면서 자신이 생각하는 것을 제멋대로 하고 있다면 '치심'으로 수행하는 것입니다. 이러한 것을 올바르지 못한 수행이라고 합니다(『마음가짐』, 14-15쪽).

탐심·진심·치심은 번뇌의 마음이다. 이것들이 알아차림의 주체인 마음에 있으면 대상에 올바르게 반응할 수 없다. 얻으려거나 버리려고 하는 수행은 올바른 수행이 아니다. 번뇌 없는 마음이 주체가 되는 수행만이 올바른 수행이다. 세상을 있는 그대로 보려면 마음에 끼고 있는 번뇌의 안경부터 벗어 던져야 한다. 마음에 번뇌의 안경을 쓴 채 사띠를 두면 대상은 있는 그대로 보이지 않는다. 팔정도에서 말하는 '삼마 사띠(正念)'가 바로 이것이다. 쉐우민에서는 그래서 수행이 잘되지 않는다면 무엇보다 마음가짐을 점검해야 한다고 가르친다.

힘을 쓸 때마다 마음의 힘이 좋아지는 것은 아닙니다. 힘이 다 소진될 때도 있습니다. 이해하는 지혜의 힘이 내재되어 있어야만 마음의 힘이 좋아질 수 있습니다. 수행하는 동안 번뇌로써 수행하게 되면 오래할수록 몸과 마음이 힘들게 되고 나태해질 것입니다. 또한 수행하고자 하는 마음도 줄어들 것입니다(『마음가짐』, 87쪽).

특히 경계해야 할 것은 뭔가를 얻기 위해 하는 수행이다. 얻으려는 마음은 '탐심'이다. 탐심 있는 마음에는 사띠보다 원하는 마음이 앞선다. 꼬살라 사야도는 원하는 마음이 싸띠 두기와 싸띠 잇기를 어렵게 한다고 강조한다.

사띠를 놓치게 하는 것은 다른 어떤 것보다 먼저 '원함'이라는 것을 알도록 하라(『마음관찰』, 79쪽).

좋아하고 싫어하는 마음을 항상 주시해야 한다. 왜냐하면 마음이 말려들어서 좋아하거나 싫어하게 되면 사띠가 사라지기 때문이다(『마음관찰』, 84쪽).

017 수행 중 마음가짐을 점검하라

떼자니아 사야도가 수행 지도를 위해 한국에 왔다. 경기도 남양주의 원불교 오덕수련원에 환영 플래카드가 걸렸다. 환영 메시지와 함께 플래카드에 적힌 문구는 "바르게 수행하면 재미있습니다"였다. '바른 수행'은 이처럼 쉐우민이 강조하는 전통이다. 그래서 떼자니아 사야도의 주요 법문집 제목도 『마음가짐이 바르게 되었을 때 수행하십시오』다.

사띠는 두었는데 이 알아차리는 마음에 바르지 않은 마음이 일어나고 있다면 어떻게 하겠습니까? 수행하는 마음, 알아차리는 마음, 일하는 마음이 바르게 되어야 하며, 또한 선한 마음이 되도록 해야 합니다. 불선한 마음으로 수행하면 바르지 못한 수행을 하는 것이고, 선한 마음으로 수행할 때 비로소 수행의 단계에 이르게 됩니다(『마음가짐』, 14쪽).

쉐우민에서는 따라서 "바깥 대상과 마음 중에 마음에 유의하라"고 가르친다. 마음이 대상에 대해 번뇌로써 반응하고 있는지를 항상 점검해야 한다. 대상을 알아차리는 마음에 번뇌가 있는지 어떤지를 살펴야 한다.

많은 수행자들에게 중요한 문제점은, 어떤 형태의 기대심이 관찰하는 마음속으로 슬며시 끼어드는 것을 인지하지 못하는 것입니다. 무언가를 하기 전에 항상 마음가짐을 점검하십시오. 결과를 기대하지 마십시오. 마음에 아무런 욕심이 없을 때는 모든 것이 아주 분명합니다. 너무 열심히 보려고 할 필요가 없습니다. 마음이 일단 선한 방향으로 움직이면, 계속해서 그 방향으로 나갈 것이고, 현상들은 자연스럽게 드러날 것입니다(『알아차림』, 110-111쪽).

특히 수행의 결과에 대한 어떤 기대도 갖고 수행해서는 안 된다. 수행의 대상도 수행의 주체도 모두 '나'와는 상관없는 자연적인 것이기 때문이다. 수행을 통해 얻을 것도 집착할 대상도 없다. 어떤 수행자가 떼자니아 사야도에게 물었다. "음악을 좋아하고 즐기는 것도 탐심입니까? 음악은 좋고 가치 있는 것 아닌가요?" 사야도가 단호하게 대답했다. "탐심입니다. 즐기지 말고 알아차리십시오. 자신이 음악을 좋아하고 즐기는 줄 아십시오."

자연적인 것을 자연적인 것으로만 보아야 합니다. 알아야 할 것을 단지 알아야 할 것으로만 보아야 합니다. 대상을 대상으로만 보아야 합니다. 좋다고 생각하면 집착하게 됩니다. 나쁘다고 생각해도 집착하게 됩니다. 사실을 사실대로, 있는 것을 있는 그대로 알고 있으면 집착들이 놓아집니다. 집착을 놓기 위해 수행하고 있는 것입니다. 수행을 할 줄 모르면 집착이 더 강해질 수도 있습니다. 편안하게 하십시오. '수행하는 마음이 바르게 되었는가? 정말 평온한가?' 하는 것을 반복하여 점검하십시오(『마음가짐』, 79쪽).

018 마음을 자유롭고 편안하게

'번뇌로 수행하지 말라, 바른 마음가짐으로 수행하라, 수행 중 마음가짐을 점검하라.' 쉐우민의 가르침은 입버릇처럼 그렇게 강조한다. 하지만 자신의 마음을 명확하고 구체적으로 점검하며 수행하는 수행자는 그다지 많지 않은 듯하다. '자신의 마음 들여다보기'가 구체적으로 이해되려면 꽤 긴 수행의 시간이 흘러야 한다.

초심자는 이런 말들을 두루뭉수리 이해하기 십상이다. 수행은 세밀하게 해야 한다. 마음을 어떻게 구체적으로 살펴야 하는가? 떼자니아 사야도가 가장 단순하고 쉬운 기준으로 제시하는 것은 마음이 편안한지 아닌지를 스스로에게 묻는 것이다. 긴장하는 마음으로 수행하면 수행은 점점 힘들어진다. 수행하는 마음은 자유롭고 편안해야 한다.

마음이 힘들고 고통스러워하고 있다면 수행하는 데 무언가 결여되어 있다는 뜻입니다. 마음이 긴장해서는 수행할 수 없습니다. 몸과 마음이 힘들고 고통스러워지면 수행하는 것을 다시 점검해봐야 합니다. 올바른 마음가짐을 가지고 있습니까(『마음가짐』, 47쪽).

마음은 왜 긴장하는가? 마음이 원하는 바가 있기 때문이다. 대상을 좋아하거나 싫어하는 마음이 있기 때문이다. 좌선 중 이런 일이 자신도 모르게 다반사로 일어난다. 사띠가 이어지면 마음에 고요함이 생기고 그것은 좋은 느낌으로 온다.

> 어떤 것에 대해 불편함을 느낄 때마다, 사실 마음은 좋은 느낌을 원한다고 말하고 있는 것입니다. 수행을 제대로 이해하고 있는 수행자는 불편하거나 어려운 체험들에 개의치 않으며, 그것들을 도전의 기회, 배움의 기회로 봅니다. 이해가 없다면 괴로운 체험에 대한 저항이 즉시 생길 것입니다. 우리는 현상들을 있는 그대로 받아들이는 것을 배워야 하는데, 그것은 어려운 상황도 있는 그대로 받아들여야 함을 의미합니다(『알아차림』, 43-44쪽).

'느낌이 좋구나' 하고 알아차려야 하는데 순간 그 느낌을 즐기게 되기 십상이다. 떼자니아 사야도는 바로 이 점을 경계하는 것이다. 이는 아주 중요한 포인트다. 느낌을 즐기는 순간 사띠는 없다. 즐거움에 사띠를 빼앗기지 않도록 계속 점검해야 한다. 쉐우민은 이 포인트를 사띠와 함께 지혜가 있어야 한다고 가르친다.

> 어떠한 대상을 알아차리는 것과 동시에, '번뇌로써 즐길 것인가, 지혜로서 볼 것인가?'라고 다시 한 번 물어보도록 하십시오. 사띠와 지혜로써 보면 되지만, 그렇지 않다면 이미 번뇌와 함께 즐기고 있는 것입니다(『마음가짐』, 96쪽).

019 '원하는 만큼'이 아니라 '할 수 있는 만큼'만 얻는다

위빠사나 수행(적어도 쉐우민 수행법)에서 수행 주체인 마음에 대한 점검은 필수적이다. 바른 마음가짐으로 사띠를 이어 가면 수행은 진전된다. 수행에 대한 점검은 수행의 진전을 위해 필요하다.

수행이 발전하지 않는다고 여겨질 때는 자신의 마음가짐을 다시 점검해 보아야 합니다. 자신이 짐작한 만큼 되지 않았기 때문입니까? 자신이 원하는 만큼 얻지 못했기 때문입니까? 자신이 한 만큼은 얻었지만 얻은 줄 몰라서입니까? 자신이 한 만큼 자신이 얻은 줄을 왜 사람들이 알지 못할까요? 일하고 있는 마음 상태에 대해 유의하지 않았거나, 일어나고 있는 대상을 어떻게 되게 하고 싶은 마음으로 하고 있었기 때문입니다. … '수행에 진전이 있다 없다' 하는 것을 무엇으로 측정하겠습니까? 자신에게 없었던 사띠, 사마디, 지혜가 생기고 좋은 마음들이 보다 더 늘어나고 번뇌들이 줄어들었다면, 그것이 바로 수행이 진전된 것입니다(『마음가짐』, 90-91쪽).

수행 과정에서 또 한 가지 마음에 새겨야 할 사항이 있다. 수행은 원하는 만큼 진척되지 않는다는 점이다. 절대로 원하는 만큼 얻을 수 없다. 원하면 원할수록 수행은 오히려 후퇴한다. 수행하는 마음에 탐심이 있기 때문이다. 수행자가 할 수 있는 일은 사띠의 힘 즉 수행할 수 있는 힘을 키우는 것뿐이다.

원하는 대로, 원하는 만큼은 절대로 얻어지지 않습니다. 할 줄 아는 만큼, 할 수 있는 만큼만 얻을 수 있습니다. 이것을 이해한다면 원하는 마음이 줄어들고 할 줄 알기 위해 노력할 것입니다(『마음가짐』, 91쪽).

020 문사수의 지혜

붓다의 가르침을 요약하면 사성제와 팔정도라 할 수 있다. 사성제는 고통을 벗어난 열반과 '열반으로 가는 길'을 제시한다. 그런데 열반으로 가는 길은 여덟 겹의 바른 길 즉 팔정도뿐이다. 그 여덟 겹의 길 중 정념正念 즉 '바른 사띠'에 '바른'이라는 수식어는 왜 붙어 있을까? 바르지 않은 사띠도 있을 것이기 때문이다. 욕심으로, 무언가 이루는 방편으로 사띠를 둔다면 그것이 바로 '삿된 사띠'일 터이다. 바른 사띠는 바른 마음가짐으로 하는 알아차림이다. 바른 마음가짐이 되려면 수행의 주체인 마음을 살펴야 한다. 그러나 초기 수행자에게 무엇이 바른지를 아는 일은 결코 쉽지 않다. 떼자니아 사야도는 이와 관련해 다음과 같이 설명한다.

바른 견해에는 여러 단계가 있습니다. 수행 초기에 바른 견해를 진정으로 이해하지 못할 때에는 지혜를 빌려 와야 합니다. 이는 특정 상황에서 우리 자신을 돕기 위해 적절한 정보를 지성적으로 적용할 필요가 있다는 뜻입니다. 오랜 기간 동안 되풀이해서 이렇게 한 다음에, 마음은 점점 더 쉽게 바른 견해를 기억할 것이고, 결국은 마음이 그 진실을 이해할 것입니다(『알아차림』, 160쪽).

수행할 때 지혜의 역할은 중요하다. 떼자니아 사야도는 그렇게 가르친다. 당장 의문이 생기리라. "아니, 수행을 하면 지혜를 얻게 된다면서 수행하기 위해 지혜가 필요하다고? 순환논법의 주장 아닌가?" 이런 의문에 대한 답은 아비담마에서 찾을 수 있다. 불교 전통에서 지혜는 보통 세 종류로 분류된다. 들어서 아는 지혜, 생각해서 아는 지혜, 수행해서 아는 지혜, 즉 문혜聞慧·사혜思慧·수혜修慧가 그것이다. 보통 '문사수의 지혜'라고 말한다.

알아차림 하나만으로는 충분하지 않습니다. 그 알아차림의 성품을 알아야 하며 지혜가 있는지 없는지도 보아야 합니다. 일단 알아차리지 못할 때와 지혜로써 완전히 알아차릴 때와의 정신적 질의 차이를 알게 되면 당신은 결코 수행을 멈출 수 없을 것입니다(『알아차림』, 15쪽).

수행의 초기에서 사용하는 지혜는 첫 번째 단계의 지혜 즉 들어서 아는 문혜가 될 것이다. 그리고 사띠의 힘이 커지고 마음에 사마디가 생겼을 때 생각해서 얻는 사혜를 증장시킬 수 있다. 사혜를 얻기 위한 활동을 '조사'라고 부르는데, 쉐우민에서는 수행이 어느 정도 익숙해지면 조사를 권장한다. 조사를 통해 얻어지는 사혜는 수혜의 바탕이 되기 때문이다.

깨달음이 가까워지면서 나타나는 일곱 가지 현상인 칠각지 중 택법각지가 바로 '조사'다. 이런 수행 과정을 거쳐 수혜는 얻어진다. 수혜는 통찰지다. 그리고 수행자는 이 통찰지를 통해 법을 얻는다. (이런 점에서 위빠사나 수행은 '불립문자不立文字' 또는 '알음알이를 버려라'고 가르치는 선불교의 전통이나 '도가도비상도道可道非常道'를 천명하는 도가적 신비주의와는 사뭇 다른 전통에 서 있다고 볼 수 있다.)

올바르게 수행하기 위해서는 많이 배워야 합니다. 번뇌로써 수행하지 않도록 지혜와 보고 들은 지식이 있어야 합니다. 생각해 보십시오. 어떤 일에 대해서 한 번도 들어본 적이 없다면 생각할 수도 없고 어떻게 해야 할지도 모릅니다. 알아야 할 수 있습니다(『마음가짐』, 15-16쪽).

021 고요함을 즐기지 말라

'정적주의'는 수행의 역사에서 늘 비판받는다. 선정을 닦고 선정에서 얻는 마음의 상태들을 수행의 목적으로 삼는 태도를 정적주의라고 한다. (위빠사나와 사마타의 수행자들 사이에 존재하는 교리적 긴장도 이와 연관돼 있다.)

쉐우민 수행법은 사띠가 이어지고 마음이 고요해졌을 때 '조사'를 권장한다. 조사를 통해 생각해서 얻는 지혜 즉 사혜를 얻는다. 마음이 고요할 때 조사하지 않으면 마음은 자칫 마음에 생긴 사마디를 즐기게 될 수 있다. 고요함을 즐기게 되면 고요함에 집착하게 되고 수행은 더 이상 진전되지 않는다. 사마디는 수행의 목적이 결코 아님을 수행자들은 마음에 새겨야 한다.

마음이 고요해지면 지혜로써 조사할 준비가 된 것입니다. 지혜로써 관찰하기 위한 준비가 되었습니다. 지혜로서 수행해야 합니다. 이것을 이해하지 못하면 고요함을 탐심으로써 즐기게 되어서 수행이 중단될 수도 있습니다. 대체로 고요함과 평화로움에 집착하거나 탐착하곤 합니다. 그래서 수행하는 방법을 가르쳐 줄 때 물었던 것입니다. "고요해지기 위해 수행을 합니까? 바르게 알기 위해 수행합니까?"라고. 마음이 편안해지기 위해서만 수행하는 사람은 편안해지고 나면 계속해서 제대로 수행하지 않습니다. 그러나 바르게 알기 위해 수행하는 사람들은 정말로 알게 될 때까지 열심히 수행할 것입니다. 평온함은 목적지가 아닙니다. 부수적인 효과일 뿐입니다. 자연적인 성품을 깊이 이해하게 되면 평온함과 해방감은 이미 내재되어 있습니다(『마음가짐』, 88-89쪽).

마음의 고요함, 사마디를 즐기는 경향은 고참 수행자들에게도 많이 일어난다. 고요함에 집착하면 수행은 더 이상 앞으로 나아가지 못한다. 여러 수행 전통에서 이를 '장애'나 '마魔'로 여긴다. 떼자니아 사야도 역시 이렇게 경고하고 가르친다.

> 사야도: 오랫동안 수행한 사람들에게 자주 일어나는 것 중 하나가 사마디는 깊어지는데 지혜는 발전하지 않는다는 것입니다. 그럴 때에는 조사를 하거나 지혜를 사용해야 합니다. 일단 사마디가 좀 생겨서, 마음이 어느 정도 고요해지고 균형이 잡히면 스스로에게 질문해야 합니다. 마음속에서 무슨 일이 일어나고 있는지를 분명히 알아차리고 있는가? 대상과 마음에 대해서 얼마나 이해하고 있는가?
>
> 수행자: 그것은 마음을 알아차림의 대상으로 삼으라는 뜻이군요.
>
> 사야도: 그렇습니다. 마음이 고요하다는 것을 알아차리려고 해야 할 뿐만 아니라 그 고요함을 알아차리고 있는 마음도 알아차려야 합니다. 대상이나 체험과 함께 머물지 말고 대상이나 체험을 알아차리고 있는 마음 쪽으로 가십시오. 이 알아차림에 머물러서 계속해서 이 알아차림을 알고 있다면, 알아차림은 더욱 강해질 것입니다. 그러나 이렇게 하기를 잊어버리고 그 대신에 사마디만 바라본다면, 알아차림이 점점 약해지지만 우리는 그 사실조차 알아차리지 못할 것입니다(『알아차림』, 53-54쪽).

022 조사하라-담마위짜야

> 지혜는 무조건 믿지 않습니다. 지혜는 항상 조사합니다(『알아차림』, 224쪽).

수행을 통해 얻는 것은 수혜 즉 통찰지다. 통찰지를 통해 '법'을 얻는다.

법은 있는 그대로의 것이고, 법을 얻는다는 것은 있는 그대로를 안다는 뜻이다. 중생이 있는 그대로 보지 못하고 번뇌와 집착의 삶을 사는 것은 어리석음 때문이다. 지혜는 어리석음의 어둠을 몰아내는 빛이다.

통찰지는 궁극의 지혜이지만 수행 과정에서 지혜는 사띠와 함께 늘 있어야 한다. 생각해서 얻는 지혜 즉 사혜는 적극적인 정신적 활동을 통해 얻어진다. 마음의 지성을 충분히 활용해야 한다. 이것은 위빠사나 수행의 핵심 포인트 중 하나다. '조사', '법의 조사', '택법간지'는 '담마위짜야'를 번역한 같은 말이다. 담마위짜야는 사혜를 얻는 수행 중 활동이다. 위빠사나는 그렇게 비판 없는 믿음, 확인하지 않는 믿음, 맹목적 믿음을 권하지 않는다.

위빠사나 수행은 지성이 일하는 것입니다. 그렇기 때문에 법의 조사 즉 담마위짜야가 아주 중요합니다. 위빠사나의 목표는 지혜입니다. 지혜를 얻고자 한다면 지혜로써 시작해야만 합니다. 지혜를 좀더 얻으려면 지혜를 사용해야만 합니다. 그렇기 때문에 나는 가끔 수행자들에게 이렇게 묻습니다. "우리는 모두 범부이며, 범부의 정의는 번뇌로 가득 찬 사람입니다. 그러니 수행하기 위하여 번뇌 없이 어떻게 나의 지침을 따라올 수 있겠습니까?" 우리는 번뇌로 가득 차 있기에 번뇌 없이 수행할 수 없습니다. 그러니 어디에서 시작해야 하겠습니까? 범부는 아모하(어리석음이 없음) 즉 지혜에 대한 정보를 가지고 수행을 시작해야 합니다. 비록 모든 범부들이 번뇌로 가득 차 있기는 하지만 약간의 지혜도 역시 가지고 있습니다. 불교는 세 가지 종류의 지혜인 문혜와 사혜와 수혜를 구분해서 설명합니다. 문혜는 정보 및 일반적인 지식이고, 사혜는 자신의 지성과 이성적인 마음 및 논리와 추론을 사용하는 것이며, 수혜는 통찰입니다. 담마위짜야는 사혜에 속합니다(『알아차림』, 190-191쪽).

그런데 조사는 어떻게 하는 것일까? 고요한 마음상태에서 법에 대한 질문을 던지면 된다. 답은 내 생각이 아니라 지혜가 해줄 것이다. 한 수행자가 물었다. "통찰지는 어떤 때 생겨납니까? 조사는 내가 하려고 마음먹으면 할 수 있습니까?" 사야도가 이렇게 대답했다.

조사도 원인이 있을 때 하는 것이다. 지혜는 조건이 갖춰졌을 때 생기는 것이다. 맹하게 있을 때는 아무것도 일어나지 않는다. 조사도 원인이 있을 때 하는 것이다(2017년 2월 떼자니아 사야도 인터뷰 중).

아무튼 그렇게 생각으로 얻는 지혜, 사혜는 자라난다.

잘 생각해 보십시오. 탐심이 일어나야 하는 대상, 진심이 일어나야 하는 대상이라는 것이 있습니까? 불선한 마음 즉 탐·진·치라고 하는 번뇌들이 나쁘다는 것을 정말로 아십니까? 선한 마음 즉 사띠, 사마디, 지혜, 자애심, 연민심 등이 좋은 것이라는 것을 정말로 아십니까? 알고 싶으면 일어날 때마다 지혜로써 관찰해 보십시오. 자신을 사띠와 지혜로써 다시 보게 될 때마다 기쁨과 환희심이 생긴 적이 있었습니까(『마음가짐』, 89쪽).

023 담마위짜야와 봇장가

'담마위짜야'는 '법의 조사' 또는 '택법간지'로 번역되며 이를 통해 생각으로 얻는 지혜, 사혜를 얻는다고 앞서 설명했다. 그런데 담마위짜야는 '봇장가' 즉 '칠각지' 중 하나다. 칠각지는 깨달음이 가까워질 때 나타나는 일곱 가지 마음의 상태다. 적극적으로 말하면, '봇장가'는 '깨달음으로 이끄는 요인'이며 '통찰의 지혜를 이끌어 내는 인자'를 의미한다.

『상응부 경전』에 따르면, 칠각지를 닦고 많이 익힌 수행자는 열반으로 기울고, 열반으로 쏠리고, 열반으로 나아간다. 그러나 칠각지 일곱 가지 중 수행자가 할 수 있는 것은 사띠를 두고, 조사를 하고, 노력하는 것 세 가지다. 나머지 네 가지는 앞의 세 가지가 원인이 되어 결과로서 얻어진다. 그 네 가지는 기쁨, 편안함, 마음의 고요함, 평정심이다. 떼자니아 사야도는 담마위짜야의 중요성을 강조하면서 이 원리와 세 가지 지혜를 연관시켜 설명한다.

칠각지 가운데 세 가지는 원인이고 네 가지는 결과입니다. 원인은 사띠念覺支, 담마위짜야擇法覺支, 위리야精進覺支입니다. 당신은 이것들을 '입력'시킬 수 있고, 이것들을 능동적으로 할 수 있습니다. 결과는 삐띠喜覺支, 빠사디輕安覺支, 사마디定覺支, 우뻬까捨覺支입니다. 우리는 그것들을 창조할 수도 없고 일어나게 할 수도 없습니다. 세 가지 지혜를 설명할 때, 담마위짜야가 사혜에 속한다고 말했습니다. 칠각지 중의 우뻬까(평정심)는 수혜에 속합니다. 이 평정심은 진실한 이해로 인해 생기는 것입니다. 지성 혹은 지혜는 위빠사나에서 필수입니다. 담마위짜야는 일종의 지혜이므로 아주 중요합니다. 위빠사나는 지성적이며 스스로 생각할 줄 아는 사람에게 적합합니다. 그들은 쉽게 이해합니다. 즉 내적인 지혜가 많은 사람, 사혜가 강한 사람에게 수혜는 아주 쉽게 나타납니다. 사혜 즉 추리하는 능력, 논리적인 능력 등이 약한 사람들은 시간이 많이 걸립니다. 사혜가 약한 사람들은 문혜에 많이 의지해야 합니다. 많은 정보를 수집해야 하며 다른 사람들의 조언을 들어야 합니다. 그들은 스스로 답을 알아낼 수 없으므로 다른 사람들이 무엇을 해야 하는지 일러 주어야 합니다(『알아차림』, 192쪽).

칠각지는 수행의 점검 기준이 되므로 수행 중 마음을 점검하면서 이 기준에 따라 점검하는 지혜가 필요하다. 칠각지 중 원인이 되는 세 가지만 점검 대상이 된다. 그런데 중요한 포인트는 사띠와 조사보다 위리야 점검이 훨씬 더 어렵고 더 주의해야 한다는 점이다. 다시 말하면 내 노력이 바른지 그른지를 늘 점검하는 일이 매우 중요하다.

수행자: 칠각지도 항상 점검해야 합니까?

사야도: 그렇습니다. 칠각지는 원인과 결과로 나뉩니다. 당신은 원인인 사띠와 위리야와 담마위짜야만 점검하면 됩니다. 노력에 특히 주의해야 합니다. 이 세 가지 중에 어려운 것은 노력입니다. 알아차림과 지혜는 언제나 건전한 것이기 때문에 (즉 번뇌가 없기 때문에) 아무 문제가 없지만, 노력은 정말 문제가 됩니다. 번뇌와 함께 하는 노력은 잘못된 노력입니다. 대부분의 수행자들은 일종의 욕구를 가지고 노력하기 때문에, 번뇌를 가지고 노력합니다. 욕구에는 두 가지 종류 즉 불선한 욕구인 탐심(로바) 그리고 선한 욕구인 열의(찬다)가 있습니다. 당신은 로바로 노력하는지 찬다로 노력하는지 아주 분명히 볼 필요가 있습니다(『알아차림』, 196-197쪽).

024 담마위짜야의 일곱 가지 조건

떼자니아 사야도의 법문집은 담마위짜야를 생기게 하는 보다 상세한 조건을 싣고 있다. 수행에 참고 될 만하다는 생각이 들어 그대로 전한다.

경전에 따르면, 담마위짜야는 다음 일곱 가지 조건이 갖춰져야 생깁니다. 계속 담마(법)에 대해 질문하고, 담마의 성품을 주제로 이야기하고, 조사하고, 그것에 대해서 생각하기.

336

소유물을 안팎으로 깨끗이 하기. 이렇게 하면 마음이 청정해집니다. 마음의 청정은 지혜를 생기게 하는 조건의 하나입니다. (밖을 깨끗이 한다는 것은 가능한 정도까지 몸과 환경을 깨끗이 한다는 것입니다. 그러나 더 중요한 것은 마음의 번뇌들을 깨끗이 하는 것, 즉 안을 깨끗이 하는 것입니다.)

다섯 가지 정신적 기능(오력)의 균형 잡는 법 배우기. (여기서는 해야 할 일이 많습니다. 이 오력을 인지할 수 있게 되고, 무엇이 너무 많고 무엇이 너무 적은지 찾아내서 그것들의 균형이 잘 이루어질 수 있도록 해야 합니다.)

지혜 없는 사람들 피하기.

지혜 있는 사람들 사귀기.

심오한 지혜를 깊이 생각하기. 보다 더 심오한 현상들을 깊이 생각하거나 성찰해야 합니다.

지혜를 증장시키겠다는 원을 세우기(『알아차림』, 192-193쪽).

025 사띠 놓침은 자연스러운 일이다

다시 사띠 얘기로 돌아간다. 사띠는 수행의 알파요 오메가이기 때문에 새로운 포인트로 자꾸자꾸 언급할 필요가 있다.

어떤 수행자가 말했다.

"사띠를 놓치면 제 자신에 화가 납니다. 길을 걷다가 사띠를 놓치게 되면 사띠를 놓친 지점까지 뒷걸음질해서 그 지점에서부터 다시 걷습니다."

사야도가 웃었다. 그리고 의미심장한 한 마디를 던졌다.

"세상 사람들이 스스로를 괴롭히는 걸 보면 너무 불쌍하다. 시간은 결코 리와인드되지 않는다. 그것이 자연의 이치다"(2016년 1월 사야도 법문 중에서).

사띠는 놓치기 마련이다. 물론 개인차는 있겠지만 사띠는 쉽게 이어지지 않는다. 사띠를 놓치는 것이 오히려 자연스럽다. 우리가 마음이 하는 대로 내버려 두는 삶을 살아 왔고, 알아차리는 일이 습관이 되지 않았기 때문이다. 일상에서 우리는 대개 사띠 없이 살아간다. 수행자가 사띠를 놓친 줄 아는 것은 그래서 기뻐할 일이다. 적어도 사띠를 놓친 줄 아는 그 순간에는 사띠가 있을 것이므로.

알아차림을 놓쳤다고 해서 결코 실망하지 마십시오. 알아차림을 놓쳤다는 것을 알 때마다 오히려 기뻐해야 합니다. 왜냐하면 알아차림을 놓친 줄 안다는 것은 지금 현재 당신이 알아차리고 있다는 뜻이기 때문입니다(『알아차림』, 16쪽).

세상 모든 것은 굴곡이 있고, 장단이 있고, 좋고 나쁨이 있게 마련이다. 수행 역시 상태가 좋았다 나빴다를 반복한다. 그러니 방법은 하나밖에 없다. 자꾸 자꾸 알아차려야 한다. 끊어지면 이으면 된다. 하지만 한 가지, '알아차림만으로는 충분하지 않다.' 마음에 지혜가 있어야 하고 마음을 수시로 점검해야 한다. 쉐우민의 가르침은 그렇게 요약된다. 이렇게 자꾸 반복하다 보면 능숙해진다. '능숙한 알아차림'은 이렇게 얻어진다.

026 자꾸자꾸 알아야 한다

개콘의 '달인' 김병만은 우리 코미디사에 한 획을 그은 인물이다. 곡예사와 마술사나 가능한 묘기(?)들을 매주 선보이는 그의 연기를 보며 시청자들은 탄성을 금치 못했다. 잘 되지 않는 부분은 적당히 능치는 그의 '얼렁뚱땅'

까지도 웃기고 사랑스러웠다. 그의 연기의 비결은 눈물겹다. '될 때까지 한다'가 바로 요령이었다. 이런 점에서 그는 수행자이기도 했다. 사띠의 요령이 그렇다. '될 때까지, 능숙해질 때까지' 바로 그것이다.

한 수행자가 기쁨에 들떠서 자신의 체험을 이렇게 보고했다.

"있는 그대로 보기, 내가 개입되지 않고 보기, 좋든 나쁘든 알기만 하라는 말이 이거로구나, 하고 알게 됐습니다."

사야도가 대답했다.

"지혜가 생겨서 알게 된 것이다. 한 번 안 걸로는 안 된다. 자꾸자꾸 알아야 한다."

그러면서 이런 슬로건을 덧붙였다.

"늘 새롭게! 다시 시작하는 마음으로"(2017년 1월 떼자니아 사야도 인터뷰 법문 중에서).

쉐우민에서 수계한 스님들 가운데 가장 원로이시자 '한국 테라바다 불교' 이사장을 지내신 사사나 스님의 법문에서 들은 얘기 하나. 사사나 스님이 떼자니아 사야도에게 물었다. 도대체 사띠하는 일은 언제 끝나느냐고. 사야도 답은 명쾌했다. "닛빠나를 보면 끝난다." 그렇겠다. 끝을 보려는 마음에는 탐심이 들어가 있겠다. 그러니 수행자가 하는 노력에는 끝을 보려는 마음이 들어가 있으면 안 된다. 그래서 사띠의 가치를 상기하고 잊지 않음이 중요하다.

사띠 그 자체의 가치를 인식하는 것은 절대적으로 중요합니다. 사띠의 실질적인 작용에 우선가치를 둬야 합니다. 이 활동이 결과를 가져온다는 것을 이해해야 합니다. 사띠 그 순간에 우리는 알지 못함을 즉시 앎으로 바꿀 수 있습니다. 알 때만이 일어나고 있는 것에 대한 관심을 향상시킬 수 있고 이해할 수 있습니다. 일어나고 있는 것에 대한 이해는 마음에 평화를 가져올 것입니다. 일단 이 과정의 소중함을 이해하면, 당신은 기쁨을 느끼고 더욱 더 깊게 살펴보는 것에 대해서 항상 관심을 갖게 될 것입니다(『알아차림』, 35쪽).

우 꼬살라 사야도는 이렇게 수행자들을 다독인다. "사띠는 끊어지기 마련이다. 시작하고 또 시작하기를 되풀이해야 한다." 하지만 다독임은 거기서 그치지 않는다. 마음은 수행과 함께 향상됨을 상기시킨다.

마음이 할 일이 많을 때, 더 일하지 않으면 안 될 때, 마음은 더욱 향상된다. 언제나 마음을 지켜보라. 그러면 마음이 어떻게 일하는지 이해할 것이다(『마음관찰』, 46-47쪽).

027 환자처럼 수행하라

'도는 늘 무위이지만 하지 않는 일이 없다(道常無爲而無不爲).' 노자 『도덕경』의 경구다. 하려고 해서 되는 게 아니다. 그것이 우주 만물 자연 세상의 이치다. 사람 맘대로 되는 일은 '짜증나게 정말이지 하나도 없다.' 여염의 삶에서도 그 엄연한 사실을 받아들여야 편하다. 하물며 수행의 일에서이랴.

한 수행자가 몸살을 심하게 앓았다. 그런 뒤 사야도 인터뷰 때 이렇게 수행 보고를 했다.
"몸이 아파 열심히 할 수 없었습니다. 그냥 지켜볼 수밖에 없었습니다."
사야도의 답변은 의외였다.

"그것 좋습니다. 환자처럼 수행하라는 말은 바로 수행자들이 그러한 마음 상태를 가져야 한다는 뜻입니다. 그것은 천천히 걸어 다니라는 말이 아닙니다. 진정한 환자의 마음은 아무것도 하고 싶은 마음이 없으며, 그냥 상황을 수동적으로 관찰하고 받아들이는 것입니다"(『알아차림』, 37-38쪽).

골프 하는 사람들끼리 하는 말이 있다. '힘 빼는 데 3년.' 필드에서 초심자는 바로 눈에 띈다. 스윙에 잔뜩 힘이 들어간다. 용을 쓰지만 결과는 신통찮다. 세월이 가야 한다. 그래야 힘이 빠지고 리듬이 생긴다. 무도 고수의 동작은 춤추는 듯하다. 무슨 일이든 내공이 쌓일수록 동작이 편안해지기 마련이다. 쉐우민의 '환자처럼 수행하라'는 팁은 수행의 이런 측면을 지적하는 말로 이해한다.

느긋한 마음으로 지나치게 힘쓰지 않으면서 초점을 맞추라. 고요히 집중하고 있지만 활짝 깨어 있지 않다면, 그것은 좋은 것이 아니다(『마음관찰』, 83쪽).

대상을 대상으로 대할 줄 알면 힘이 빠진 거다. 대상은 대상일 뿐이다. 좋은 대상도 나쁜 대상도 없다. 대상에 마음이 가서 묶인다면 마음은 편안할 수 없다. 대상을 이용해서 마음의 품질을 높여가는 것, 그것이 수행이다.

보이는 것은 단지 보이는 것일 뿐입니다. 보이는 것이 선입니까? 불선입니까? 보이는 것은 선도 아니고 불선도 아닙니다. 보일 때마다 알아차림과 지혜가 없다면 불선한 마음들이 일어나게 될 것입니다. 마음가짐이나 생각, 견해가 바를 때 선한 마음이 일어날 수 있습니다. 수행을 한다는 것은 선한 마음이 생기도록 노력하는 것입니다. 보이는 것을 원인으로 해서 사띠, 사마디, 지혜가 생기도록 노력해야 합니다(『마음가짐』, 104-105쪽).

028 대상을 찾아다니지 말라

수행은 마음이 대상을 알아차리는 데서 시작한다. 수행처에 처음 와서 사띠의 개념을 이해한 수행자들은 보통 하나의 대상을 선택해서 사띠를 둔다. 일단 그것이 편하기 때문이다. 이를테면 들이쉬고 내쉬는 호흡, 들이쉬면서 부풀어 올랐다가 내쉬면서 꺼지는 배의 움직임, 또는 호흡의 들고 남에 따라 코밑에서 느껴지는 감각, 이런 것들을 대상으로 삼는다. 그런 대상들에 사띠를 두고 그 사띠를 이어 가는 요령으로 수행한다.

쉐우민에서도 처음에는 그렇게 시작하라고 가르친다. 하지만 시작은 그렇게 하되, 역량이 되면 대상 하나에만 사띠를 두지 말 것을 권한다. 이 가르침에 대해서는 곧 자세히 쓰겠다. 많은 수행자가 이 단계에서 한 차례 장애를 만난다. 이 대상 저 대상을 옮겨 가며 사띠를 이어 가도록 노력한다. 그러다 보면 마음이 대상을 찾아다니게 된다. 쉐우민은 이런 수행 방식을 경계한다. 일단 힘이 들고 자연스럽지 못하기 때문이다.

어떤 대상에서 시작하든지 알아차릴 수 없습니까? 소리에서 시작할 수는 없습니까? 소리를 찾아다녀야 합니까? 소리는 항상 있습니다. 소리가 들리면 알 수 있습니다. 더운 것은 알 수 없습니까? 시원한 것은 알 수 없습니까? 있는 대상을 취하십시오. 잡을 수 없는 미세한 대상을 억지로 찾으려고 하지 마십시오. 이런 식으로 편안하게 지속적으로 알아차리십시오. 마음의 힘이 좋아지고, 마음이 힘을 지니게 됩니다(『마음가짐』, 36-37쪽).

마음이 대상을 찾아다니게 되면 사띠는 이어질지 몰라도 마음이 쉬 피곤해져서 수행을 지속할 수 없게 된다. 수행은 자연스럽게 해야 한다. 애써서 하는 수행은 자연스럽지 못하다.

짧은 시간 동안 억지로 애를 써서 하는 알아차림은 잠시 동안만 유지됩니다. 자연스럽게 가속도가 생긴 사띠는 힘도 좋고 금방 약해지지도 않습니다 (『마음가짐』, 97-98쪽).

대상은 늘 있다. 찾아다닐 필요가 없다. 감각기관들을 활짝 열어 보라. 대상들이 쏟아져 들어오지 않은가? 마음은 또 어떤가? 마음에서도 많은 일들이 일어나고 있지 않은가? 그 모든 것이 대상이다. 찾아다니지 않아도 대상은 늘 있다.

보려고 하지 않아도 보입니다. 들으려고 하지 않아도 들립니다. 냄새를 맡지 않아도 냄새가 납니다. 이와 마찬가지로 억지로 애를 써서 알아차리지 않아도 자신을 알고 있을 수 있습니다. 알고 있다면 오랫동안 그렇게 되도록 유지하는 것과 올바르게 아는 것만이 필요합니다(『마음가짐』, 98쪽).

029 대상이 마음에 오게 하라

자, 수행은 그렇게 하는 것이다. 자연스럽게. 힘을 쓰지 않고. 쉐우민의 스승은 그래서 이렇게 말한다. "대상이 마음에 오게 하라"고. 그러나 말은 쉽지만 이 역시 하려고 하면 쉽사리 되지 않는다. 그럴 수밖에. 수행은 이론이 아니기 때문이다. 사띠의 힘이 강해지면 그렇게 된다. 마음이 대상을 쫓지 않고 대상이 마음에 온다. 이렇게 수행이 익어 가고 사띠는 자연스러워진다.

좌선할 때 사띠가 강해지면 마음이 다른 곳으로 가지 않고, 대상들이 앎의 영역으로 오는 것을 보게 될 것이다. 그러나 마음은 앎의 영역에서 대단히 빠르게 움직인다(『마음관찰』, 50쪽).

명심해야 할 한 가지. 마음에 오는 대상을 처리하는 마음의 처리 방식이다. 반응하지 말고 그저 알기만 하라. 좋아하거나 싫어하지 말라. 집착하지 말라. 대상을 그저 알아차리고 지켜보라. 우 꼬살라 사야도 법문집의 다음 구절에는 구체적인 노하우가 집약되어 있다. 더 이상의 설명이 필요 없을 정도로.

  (좌선할 때) 모든 것을 '아는' 그것과 함께 머물러라. 대상으로 가려고 하지 말라. 대상이 여러분에게 오게 하라. 대상에 반응하지 않도록 하라. 탐욕, 성냄, 통증, 가려움, 자애, 좋아하고 싫어함 등 무엇이 일어나든지, 그것에 말을 걸거나 집착하지 말고 평온하게 지켜보라. 중도에 머물러라. … 대상들을 마음으로 오게 할 때, 아는 마음의 대상에 주목을 고정시키지 말고, 그다음에 마음이 무엇을 아는지를 보라. 다음 순간은 어떤 소리를 아는 것일 수 있고, 그다음 순간은 배가 불러오는 것을 아는 것일 수도 있고, 그다음 순간은 몸이나 마음의 느낌을 아는 것일 수 있는 등이다. 편안한 자세로 매 순간 꾸준히 그 아는 것들의 대열을 따라가라(『마음관찰』, 23-24쪽).

떼자니아 사야도의 법문집에도 역시 같은 취지의 가르침이 있다. 다만 좀 더 구체적이다. 그 구체적 가르침은 '느낌에서 시작하고 느낌과 함께 머물러'다.

  자신의 느낌에 주의를 기울이는 것으로부터 시작하십시오. 귀를 기울이거나 말을 하면서 자신이 어떻게 느끼는지 아는 것은 아주 중요합니다. 어떤 식으로든지 반응하고 있지는 않습니까? 단순히 그것과 함께하십시오. 무엇을 느끼든 그것과 함께 머무십시오. 안정되고 모아졌다고 느낄 때는 언제나 마음은 확장되기 시작할 것이고 하려고 하지 않아도 당신은 다른 체험들을 알아차릴 수 있게 될 것입니다. 마음이 고요하고 받아들이는 상태일 때에는 마치 대상들이 당신에게로 오는 것 같을 것입니다. 자신의 마음이 어떻게 일하는지 이해하는 수행자는 단지 이러한 알아차림을 받아들이는 상태에 머물면서, 마음이 무엇을 알든지 만족할 수 있을 것입니다(『알아차림』, 119쪽).

030 '법이 제 할 일을 하도록' 하라

도의 길은 멀고 험하다. 그 길을 가는 사람이든 가지 않는 사람이든 모두들 그렇게 말한다. 그리곤 만화의 한 장면을 상상한다. 구름 걸린 기암절벽 위에 수염을 기르고 끝이 꼬부라진 지팡이를 쥔 노인과 젊은 제자를.

쉐우민의 수행자들도 입버릇처럼 말한다. '싸띠 두기와 싸띠 잇기'가 어려우니 업장은 두텁고 수행은 어렵다고. 하지만 쉐우민의 스승들은 늘 강조한다. '수행은 결코 어렵지 않다'고. 수행이 어려운 것은 '억지로 하려고 하기' 때문이라고. '사람'이 수행하려고 하니 그렇다고. '마음'에 맡기라고. 그저 알기만 하라고.

알든지 모르든지 마음은 자신의 일을 스스로 하고 있습니다. 모르면 번뇌가 시키는 것을 하고, 알면 지혜가 시키는 것을 할 것입니다(『마음가짐』, 106쪽).

수행이 어려운 것은 원하는 마음이 있기 때문이다. 볼 수 없는 것을 보려고 하면 보는 일은 어려워진다. 들을 수 없는 것을 들으려고 하면 듣는 일은 어려워진다. 마음이 원하는 것을 대상으로 삼으려 하면 사띠는 어려워질 수밖에 없다. 더 좋은 대상, 더 나쁜 대상이란 없다. 사띠를 둘 수 있다면 모든 대상이 좋은 대상이다.

알아차리는 것이 어렵다고 말합니다. 실제로 사띠가 있도록 하는 것과 사띠를 두는 것은 조금도 어렵지 않습니다. 자신이 원하는 대상을 관찰할 수 없는 것을 사람들이 어렵다고 말합니다. 어떤 대상이든지 사띠가 있도록 할 수 있습니다. 대상은 중요하지 않습니다. 마음에 사띠가 있도록 하는 것이 더 중요합니다. 수행자가 익혀야 하는 것은 '생기는 사띠를 어떻게 계속해서 유지할 것인가?' 하는 것입니다. 수행하는 마음에 대해서 살피고 알아야만 유지할 줄 알게 되고 키워 나갈 줄 알게 됩니다. 수행할 줄 아는 것, 수행을 유지할 수 있는 것, 수행을 더욱 키워 나가는 것들은 '지혜의 영역'입니다(『마음가짐』, 105쪽).

그러니까 결론은 결국 연습, 연습뿐이다. 억지로 하지 않고, 자연스러운. 쉐우민의 가르침을 이를 일러 '법이 제 할 일을 한다'고 한다.

억지로 애를 써서 알아차리려고 할 필요는 없습니다. 많은 연습만이 필요합니다. 규칙적으로 끊임없이 사띠를 키워 나간다면 자연스럽게 가속도를 얻어서 힘이 좋아질 것입니다. 그것을 '법(담마)이 제 할 일을 한다'고 말합니다 (『마음가짐』, 97쪽).

031 여러 대상을 한꺼번에 알아차려라

'환자처럼 원하는 것 없이', '대상을 찾아다니지 말고', '마음에 대상이 오도록' 하려면? 그렇다. 이제 그 얘기를 해야겠지. 어떻게 하면 수동적이고 수용적인 마음을 가질 수 있을까? 애석하게도 그건 내 맘대로 되는 일이 아니다. 결코 결단이나 결심만으로 그런 마음을 가질 순 없다. 여태껏 그렇게 살아 보지 않았는데 그리 쉽게 되겠는가?

　마음을 바꿔야 한다. 어떻게 마음을 바꿀 수 있을까? 오직 연습, 연습뿐이다. 연습은 당연히 노하우가 갖춰져야 한다. 쉐우민 심념처는 그 노하우를 갖추고 있다. 앞서 설명한 대로 수행을 시작하는 단계에서 들숨과 날숨이나 배의 부름과 꺼짐 등 하나의 대상을 선택해서 사띠를 둔다. 이런 방식의 싸띠 두기가 익숙해졌을 때 쉐우민의 스승들은 되도록 많은 대상을 한꺼번에 알아차릴 수 있도록 연습하라고 가르친다. 떼자니아 사야도는 법문이나 법문집에서 반복해서 이런 포인트를 강조한다. "많은 것을 함께 알도록 하십시오", "무엇을 더 알 수 있는가 하고 물으십시오" 등이다.

　바로 이 대목에서 당황하는 수행자들이 많다. 수행에 대한 선입관 때문이다. '명상 즉 집중'이라고 믿기 때문이다. 이 견해는 사실상 널리 퍼져 있는 명상에 대한 상식이기도 하다. 그러니 '대상 하나에 사띠 한 번'을 상식으로 여기고 있는 수행자들이 쉐우민의 이 가르침을 쉽사리 이해하지 못하는 것은 어쩌면 당연한 일인지도 모른다.

　사띠 수행을 하는 여느 위빠사나 수행처들도 얼마간 이런 상식적 측면을 받아들이고 있는 듯하다. 이를테면 마하시 계통의 수행처에서는 좌선 시에는 호흡과 관련된 몸의 움직임이나 느낌을 보고, 경행 시는 발걸음과 연관된 움직임과 몸의 감각을 집중해서 알아차리라고 가르친다. 사띠를 이어가기 위한 방편이다. 좌선 시에는 수행자가 무엇을 하고 있는지 겉으로 드러나지 않지만, 경행 시에는 어느 전통의 수행을 하고 있는지 확연히 드러난다. 마하시 계통의 수행을 하는 수행자들은 경행 시 무척 천천히 걷는다. 슬로우비디오를 보는 듯하다. 경행뿐만 아니라 식사나 다른 일상의 동작도 그렇다. 몸의 움직임 하나하나에 사띠를 둬야 하기 때문이다. 나열해 보면 마하시-빤디달라마-참메의 순으로 더 느리게 걷고 먹고 움직인다.

그러나 쉐우민의 가르침은 명확하고 단호하다. "대상에 골몰하면 마음을 볼 수 없다." 바로 이것이다. 쉐우민 심념처의 독특한 면이 바로 이 점이다. 대상 하나에 집중해서 보면 마음이 그 대상에 묶이게 된다. 심념처는 마음을 대상으로 하는 수행인 만큼 마음을 대상으로 삼을 줄 알아야 한다. 심념처 수행은 바로 마음을 대상으로 하는 그 시점에서 본격적으로 시작된다. 많은 대상을 한꺼번에 알도록 하는 가르침은 마음이 대상에 얽매이지 않도록, 그래서 '마음이 마음을 보도록 하는' 쉐우민만의 노하우인 셈이다. 이 지침대로 따라하다 보면 정말로 그렇게 된다. 대상이 한꺼번에 알아차려진다.

그렇다. 사띠의 힘이 강해지면 한꺼번에 많은 대상들을 알아차릴 수 있게 된다. 수행이 어느 정도 익숙해진 많은 수행자가 이런 체험들을 보고한다. 다음은 사야도 인터뷰 시 한 비구니 스님의 수행 보고다.

> 비구니 스님: 거의 동시에 일어나는 것 같은데 미세한 대상들이 다 알아차려졌습니다. 짧은 순간 여러 대상들이 들어와 놀라웠습니다. 책을 읽는 중에도 책 내용뿐 아니라 다른 대상들이 알아차려졌습니다. 평화롭고 황홀했습니다.
> 사야도: 그대로 계속하라(2017년 1월 떼자니아 사야도 인터뷰 중).

032 대상으로 꽉 찬 세상

한꺼번에 여러 대상을 알아차리라는 쉐우민 특유의 가르침은 사띠의 힘이 어느 정도 크기 전까지는 사실상 이해가 쉽지 않다. 체험이 이해를 이끌게 될 것이다. 그러하니 싸띠 두기와 싸띠 잇기가 능숙하지 않은 단계에서 일부러 여러 대상을 한꺼번에 알아차리려고 애쓸 필요는 없다. 자연스러운 수행이 좋은 수행이다. 꼬살라 사야도는 호흡에 따른 배의 부름과 꺼짐 같은 하나의 대상에 머물러도 괜찮다고 말한다.

> 좋아하는 경우에는 하나의 대상에만 머물러도 좋다. 예를 들면 부름과 꺼짐이다(『마음관찰』, 93쪽).

떼자니아 사야도 역시 '애를 써서' 여러 대상을 알아차리려고 할 필요는 없다고 조언한다.

수행자: 애써 여러 대상을 알아차리려 노력합니다.
사야도: 탐심이 있어서 그렇게 잘 안 될 겁니다. 탐심으로 수행하면 안 됩니다. 처음부터 다시 시작하십시오. 뭔가 되게 하려고 하지 마십시오. 처음에 여러 대상들이 알아차려 진 것은 바라는 마음이 없었기 때문입니다(2017년 1월 떼자니아 사야도 인터뷰 법문 중에서).

위빠사나 수행은 꼭 찬 그것들을 대상으로 사띠의 힘을 키우고 사마디와 지혜를 얻어서 궁극적으로 있는 그대로의 법을 통찰하는 수행이다. 대상은 늘 있는 것이니 마음이 대상을 찾아다닐 까닭이 없다. "대상은 늘 있습니다." 쉐우민의 스승들이 늘 강조하는 말이다. 눈이 열려 있다면 눈에 보이는 것이 있다. 보이는 것이 대상이다. 그것을 알아차림 하면 된다. 귀가 열려 있다면 귀에 들리는 소리가 있다. 들리는 것이 대상이다. 그것을 알아차림 하면 된다. 바람이 불면 피부를 스쳐 가는 바람의 감각, 코에 들어오는 갖가지 냄새, 그것들 모두 사띠의 대상이 된다. 식사할 때 혀에서 느껴지는 맛,

마음에서 일어나는 생각까지도 사띠의 대상이다. 아무리 조용한 곳이라고 하더라도 아주 작은 소리가 있다. 그렇다고 조용한 곳에서 소리를 찾으려고 애쓸 필요는 없다. 그래서 대상은 늘 있고, 세상은 대상으로 꽉 차 있다.

세상이 대상으로 꽉 차 있다고 하지만 수행 중 아무것도 대상이 없는 것처럼 느껴질 때도 있다고 보고하는 수행자도 이따금 있다. 이를테면 눈을 감고 좌선하다가 고요해지는 경우가 그렇다. 이런 경우 지혜 있는 수행자라면 고요한 느낌이 대상임을 알 테지만 보통은 혼란스러워 한다. 이때 사야도의 팁은 '눈을 떠라'다. 눈을 뜨고도 대상이 없다고 우길 수는 없을 테니까. 사야도는 그러면서 몸에 대상들이 꽉 차 있다고 선언한다.

몸 전체에 알아야 할 것이 꽉 차있다. 미세한 느낌들이 많다. 대상들이 없다고 느껴지면 눈을 뜨라(2017년 1월 떼자니아 사야도 인터뷰 법문 중에서).

033 사야도의 외출

떼자니아 사야도는 출가 전 시장에서 포목 장사를 했다. 부친을 여의고 23살 때 집안을 이끌어 가기 위한 방편이었다고 한다. 온갖 사람들로 붐비고 숨이 막히는 작은 공간에서 15년을 지냈다고 한다. 속인의 신분이었지만 스승 꼬살라 사야도로부터 배운 사띠빳따나 수행을 멈추지 않았다고 한다.

사야도와 인연이 오랜 말레이시아 수행자들이 한 가지 제안을 했다. 그 시절 사야도가 일했던 시장을 함께 방문하고 그것을 영상 기록으로 남기자는 제안이었다. 제작 장치로는 스마트폰이 사용됐다. 스마트폰으로 촬영하고 편집했지만 그 영상이 주는 감동은 결코 적지 않았다.

하루 종일 많은 고객을 상대하며 장사를 하면서도 사띠 잇기를 멈추지 않았다고 사야도는 회고한다. 놀라운 사실은 사야도가 일상 중에 이렇게 수행을 하고 있다는 것을 눈치 챈 사람은 주변에 아무도 없었다고 한다. 인터뷰 법문 시간에 한 수행자가 그 어려운 일상 중에 어떻게 수행할 수 있었는지를 물었다. 사야도의 답변은 처절했다.

장사할 때 손가락에 사띠를 번갈아 가면서 두는 연습을 했다. 마음을 놀리지 않고 어느 곳이든 사띠를 두면 사띠가 이어지게 된다(2017년 1월 떼자니아 사야도 인터뷰 법문 중에서).

이 대목엔 좀 설명이 필요하겠다. 젊은 시절 사야도는 우울증을 심하게 앓았다고 한다. 마음에 사띠가 없을 땐 우울증이 마음을 심하게 괴롭혔다고 한다. 괴롭지 않으려면 사띠를 이어 가야 했다고 한다. 그리고 결국에는 사띠빳따나 수행으로 우울증을 말끔하게 극복했다고 한다.

'손가락에 사띠를 번갈아 가면서 두었다'는 말은 거래를 위해 고객과 상담하는 등의 일상생활을 하면서도 사띠를 이어 가기 위해 인위적으로 손가락을 움직였다는 뜻이다. 좀 더 구체적으로 말하면 두 손을 모으고 두 손의 엄지 끝을 모으고 손가락의 움직임, 느껴지는 느낌, 마음 상태 등을 알아차리고, 다음엔 두 손의 검지 끝을 모으고 알아차리고, 이어서 중지·환지·약지의 순으로 차례차례 동작들을 반복하면서 사띠를 두는 방식이다. 사야도의 이런 수행 방법은 '마음을 놀리지 않기 위한' 방편이다. 그렇게 어느 곳이든 사띠를 두면 사띠가 이어지게 된다는 사야도의 경험담이 의미심장하다.

사띠를 잇기 위해서는 마음을 놀리지 않아야 한다. 마음을 놀리면 마음은 방황하기 시작한다. 망상을 하고 번뇌를 한정 없이 이어 간다. 마음의 속성이 바로 그러하다.

망상하는 마음이 끼어들지 못하게 많은 대상들을 보도록 하고, 관성이 생기도록 계속 노력하라. 관성이 약해지면 망상하는 마음의 조각들이 나타날 것이다(『마음관찰』, 74쪽).

034 '집중하지 말라'의 뜻

명상에 관심을 갖고 책을 읽거나 제 나름대로 수행해 본 사람들은 대체로 '명상은 곧 집중'이라는 견해를 갖는 경우가 많다. 이들은 어느 하나의 대상에 마음을 집중하면 명상적 체험을 할 수 있고, 이 체험들이 궁극적 깨달음으로 이끌 거라는 믿음을 갖고 있다. (물론 그 방향으로 가는 길도 있다.) 이들에게 위빠사나 명상, 특히 쉐우민 심념처를 이해시키기란 보통 어려운 게 아니다. 수행에 대한 이런 상식적 견해를 바꾸도록 만들어야 비로소 위빠사나를 이해시킬 수 있다.

너무 집중하면 마음을 보지 못합니다. 집중할 때는 장소, 거리, 방향 등을 대상으로 할 때입니다. 마음을 보기 위해 어디에 집중하시겠습니까? 지켜볼 수 있어야 마음이 알아차림 하는 것들을 알 수 있고, 일어나는 줄 알 수 있습니다. 집중해서 보면 대상 쪽만 보게 됩니다(『마음가짐』, 107쪽).

하나의 대상에 마음을 집중하면 사마디가 강해지고 마음은 고요해진다. 하지만 사마디는 위빠사나 수행의 목적이 아니다. 위빠사나는 지혜를 자라나게 해서 있는 그대로의 법을 이해하는 수행이다. 그렇게 하려면 대상보다는 마음에 방점을 찍어야 한다.

352

고요해지고자 하는 사람은 '대상'에 유의하고, 지혜를 얻고자 하는 사람은 '마음'에 유의합니다. 수행하는 마음에 번뇌가 있으면 지혜가 생길 수 없습니다. 고요해지고자 하는 사람은 대상과 관계합니다. '알고 싶다'면 여러 가지로 많은 것을 알아야만 합니다. 하나만 안다면 이해할 수 없습니다. 앎의 지혜가 약합니다. 들어오는 모든 대상과 있는 모든 대상을 다 살피고 관계해야 합니다. 그래야만 시야가 넓어지고 앎의 지혜가 자라납니다. 하나만 취한다면 고요해지기는 하겠지만 이해는 생기지 않습니다(『마음가짐』, 19쪽).

'집중하지 말라'는 쉐우민 슬로건을 이해하는 바탕은 바로 이것이다. 마음이 대상에 집중하면 마음 자체에 대해 관심이 가지 않는다. 마음을 살펴보라. 마음이 하나의 대상에 얼마나 머물러 있을 수 있는가? 하나의 대상에 마음을 머물게 하려면 마음을 써서 노력하지 않으면 안 된다. 이런 노력을 하는 마음을 볼 수 있는가? 지혜를 기르려면 마음을 구속하지 않는 게 좋다. 그리고 마음의 넓은 시야를 확보하도록 하는 게 좋겠다.

대상 쪽에만 유의하거나 집중하여 관찰하면 앎의 지혜가 완전해질 수 없습니다. 대상과 일하는 마음, 그리고 느끼는 마음 등 모두를 볼 수 있는 시야에서만 지혜가 생길 수 있습니다. 집중해서 보는 사람은 전체적인 시야를 볼 수 없습니다. 지혜로써 지켜볼 줄 알아야만 전체적인 시야를 볼 수 있게 됩니다. 폭넓은 시야가 필요합니다. 지혜로써 보는 사람은 밖에서, 혹은 옆으로 나가서 보는 듯이 느껴지고, 집중해서 보는 사람은 밀착해서 보고 있는 것처럼 느껴집니다. 그러므로 시야가 좁습니다. 그래서 '힘으로 집중해서 보지 않도록' 주의를 주는 것입니다(『마음가짐』, 94쪽).

035 집중해 보기와 지켜보기

앞서 살핀 것처럼 '집중'은 쉐우민 심념처 수행에서 가장 경계하는 단어다. 그리고 '지켜보기'를 그 대안으로 제시한다.

'집중해서 보는 것'과 '지켜보는 것'의 차이를 이해하시겠습니까? 고요해지고자 하는 사람은 원하는 대상을 취하고, 고요해지도록 만듭니다. 그렇기 때문에 필요 이상의 많은 노력을 해야만 합니다. 알고자 하는 사람은 대상을 고르지 않습니다. 대상에 몰입하지 않고 집착하지 않습니다. 어떤 대상으로든지 수행할 수 있습니다. 그리고 일부러 만들어 내는 일을 하지 않고 관찰하는 일을 합니다. 지혜의 힘을 사용합니다(『마음가짐』, 21쪽).

쉐우민에 오는 많은 수행자가 '집중'에 대한 견해를 바꾸려고 노력하지만 과거의 고정관념 때문에 어려움을 적잖이 겪는다. 수행자와 사야도 사이의 다음 문답을 보자.

수행자: 생각에 몰입하는 습관이 있고 집중에 가속도가 있는 듯합니다.
사야도: 낄레사(번뇌)가 자꾸 집중하게 만듭니다. 자신의 마음을 보는 연습을 자주 자주 하십시오.
수행자: 집중을 두려워하는 마음이 있습니다.
사야도: 사띠가 있으면 괜찮습니다. 걱정하지 말고 사띠만 챙기십시오(2017년 2월 떼자니아 사야도 인터뷰 법문 중에서).

문제는 대상이 아니라 사띠하는 마음이다. 집중은 사마디를 얻어서 마음을 고요하게 할 수 있을지 몰라도 지혜의 증장을 가져오지는 않는다.

354

대상을 늘릴 필요는 없습니다. 마음에 사띠, 사마디, 지혜 등을 향상시켜야 합니다. 그러므로 대상보다는 마음에 사띠, 사마디, 지혜를 키우는 것이 더 중요합니다. 잘 생각해 보십시오. 앉아서 어떤 한 대상에 집중하고 있거나 마음을 기울이고 있다고 해서 수행한다고 말할 수 있겠습니까? 그렇게 말할 수는 없습니다. 단지 집중했다고만 말할 수 있습니다(『마음가짐』, 14쪽).

그리고 또 하나, 마음가짐에 대한 점검이 보태져야 한다. 그것이 지혜이기 때문이다. 대상을 대상으로 보는 지혜다. 지혜가 없으면 대상을 대상으로 못 보고 대상에서 탐욕이나 분노 등 부정적 마음을 일으키게 된다. 사띠에 가속도가 생기도록 하기 위해서는 이런 지혜의 힘이 반드시 필요하다.

대상에 몰입하지도 않고 대상에 중점을 두지도 않습니다. 어떤 마음으로 수행하고 있는가를 거듭거듭 점검해야 합니다. 대상은 이미 있습니다. 대상이란 사띠가 있게 하기 위한 것입니다. 그러기 위해서는 '대상'을 활용해야 합니다. 바른 지식에 의한 지혜가 있는 사람은 대상을 원인으로 해서 사띠, 사마디, 지혜가 생기도록 합니다. 지혜가 부족한 사람들은 대상을 원인으로 해서 탐, 진, 치를 일으킵니다(『마음가짐』, 18쪽).

036 대상에 얽매이면 수행은 멈춘다

집중하지 말라, 지켜보라, 마음을 점검하라, 이런 가르침들은 원리를 이해하면 크게 어려울 것이 없다. 하지만 실전 수행에서는 녹록치 않을 때가 많다. 그럴 땐 지혜를 써 줘야 한다. 많이 듣고 많이 조사하고 이를 바탕으로 사띠가 가속도를 낼 수 있도록 해야 한다. 수행 점검에 필요한 법문 구절을 골라 보았다. 다소 길긴 하지만 수행자와의 대화하는 내용이어서 이해가 어렵지 않다.

사야도: 몸과 마음 중 어느 것이 수행을 합니까?

수행자: 마음이 수행을 합니다.

사야도: 이 마음에 대해 알지 못한다면 마음이 무엇을 생각하고 있는지, 얼마나 힘을 쓰고 있는지 알지 못합니다. 또한 어떤 사고방식을 가지고 있고, 어떤 견해가 있으며, 어떤 마음가짐이 있는지도 알지 못합니다. 그렇다면 수행에 대해 능숙해질 수 있겠습니까? 대다수의 수행자들은 수행 상태가 좋았다, 나빴다 하는 것을 경험합니다. 좌선하기 좋을 때는 좋았다가 나쁠 때는 나빴다가 하는데, 왜냐고 물으면 모른다고 대답하는 경우가 많습니다. 왜 모르냐면 자신이 하고 있는 일에 대해 관심이 없고 살펴보지 않았기 때문입니다. 자신이 무엇을 하고 있는지를 모르고 원인을 알지 못하므로 자신의 마음이 어떻게 작용하고 있는지 알지 못합니다. 마음이 어떻게 했기 때문에 어떻게 되었다는 것을 알아야만 원인과 결과를 이해할 수 있습니다.

대상에만 몰두해서 봐야 하겠습니까? 마음과 함께 봐야 하겠습니까? 마음과 함께 봐야 합니다. 대상에만 몰두하지 마십시오. 대상을 마음으로 알아차리십시오. 처음에는 몸에서 시작해야 합니다. 몸에서부터 시작하거나 대상 쪽에서 시작합니다. 알아차리면서 마음을 자주자주 보십시오. '어떤 마음으로 알아차리는가?', '알아차리는 순간에 마음이 편안한가? 힘든가?', '어떻게 생각하고 있는가?', 이러한 것들을 다시 점검해야 합니다. 몸에만 몰입해서 보고 있지 마십시오.

예를 들면, 걷는 것을 알아차림 하면서 어떤 마음이 일어나고 있는지 계속 보아야 합니다. 걸을 때 '서두르고 있는가? 차분한가?' 이러

356

한 것을 아는 것이 어렵습니까? 어렵지 않습니다. 그저 다시 한 번 보기만 하면 됩니다(『마음가짐』, 30쪽).

037 듣는 것과 들리는 것

다음은 대상을 다루는 노하우에 대해 쓴다. 앞서 설명한 대로 대상은 찾아다녀서는 안 된다. 대상이 마음에 오게 하는 것이 노하우의 초점이다. 한 대상에 집중해서는 안 되고 여러 대상을 한꺼번에 알아차릴 수 있으면 좋다. 여러 대상을 알아차리는 것은 대상을 알아차리는 마음을 대상으로 삼아 알아차릴 수 있도록 하기 위해서다. 소리라는 대상을 어떻게 다뤄야 하는지 사야도의 법문 한 구절을 살펴보자.

> 하나의 특정한 소리에 대해서 주의를 기울이지 마십시오. 듣고 있음을 알아차리기만 하십시오. 들리는 것이란 마음이 소리를 안다는 것을 당신이 안다는 것, 즉 당신이 소리와 아는 마음을 알아차리고 있다는 뜻입니다. 들리는 것을 알아차리면 다른 많은 소리들을 알아차릴 수 있습니다. 하나의 특정한 소리에 집중한다면, 개념 즉 소리의 원인이 무엇인지, 어느 쪽에서 소리가 나는지 등에 사로잡혀서, 마음을 알아차리지 못할 것입니다. 그러니 들리는 대상이 아니라 들리는 과정에 주의를 기울이십시오. 보이는 것도 마찬가지입니다(『알아차림』, 118쪽).

이 법문의 구절은 무척 전문적이고 섬세한 내용을 담고 있다. 하지만 매우 중요한 부분이다. '들리는 것'의 의미를 섬세하게 짚어 볼 필요가 있다. 음악회에 간 청중은 연주자의 연주를 보통 마음을 기울여 '듣는다.' 여기에서 마음의 집중을 걷어 내면 소리들이 들린다.

'들음'과 '들림'의 대비는 쉐우민의 '집중하지 말라'는 슬로건과 긴밀하게 연관돼 있다. 마음은 하나의 특정한 소리에 주의를 기울여 '듣는다.' 이 경우 마음은 하나의 대상에 집중한다. 반면 집중하지 않고 마음에 포인트를 두면 소리들이 '들린다.' 전자는 '들음', 후자는 '들림'이다. 이 대비는 일상 언어에서 빌려온 것이지만 쉐우민 심념처에서 매우 전문적으로 사용되고 있는 셈이다.

위의 대비에서 심념처는 '들림'을 강조한다. 들리는 것은 들림의 일어남이며, 그 일어남이 대상이 되는 앎을 강조한다. 들림에서 이미 한 번의 체험이 일어나고, 그 체험을 대상으로 사띠를 둘 수 있다. 그것이 쉐우민 심념처의 요지다. 마음에서 일어나는 것(통상 '마음'이라고 부를 수 있겠다)을 대상으로 사띠를 두도록 쉐우민은 가르친다. 한국 테라바다협회 이사장 사사나 스님은 쉐우민의 이 원리를 '사띠의 더블 클릭'이라는 비유로 설명한다. 들림이 일어날 때 한 번의 알아차림이 있고, 그것을 대상으로 할 때 또 한 번의 사띠가 있는 심념처 수행법에 대한 비유인데, 아주 절묘하다.

아무튼 지금까지 소리를 예로 설명했지만, 이 대비는 안眼·이耳·비鼻·설舌·신身·의意 육문을 통한 모든 일어남에 적용된다. 집중하지 않고 마음을 대상으로 하면 사띠는 자연스럽게 이어질 수 있다.

소리를 듣기보다는 들림이 일어나고 있음을 알아차려야만 합니다. 들림에는 소리가 있다는 앎이 있는데, 그래서 '들린다'고 하는 것입니다. 그러므로 모든 것이 거기 있습니다. 나는 지금 말하고 있고, 당신은 듣고 있습니다. 당신은 나로부터 나오는 소리를 듣고 있습니까, 아니면 이미 당신의 체험이 된 소리, '저기 밖에' 있는 것이 아니라 이미 당신에게 있는 소리를 듣고 있습니까? 그러므로 자기 자신과 함께 있기만 하면 모든 것을 알 수 있습니다(『알아

358

차림』, 121쪽).

038 들어오는 대로 알아지는 대로

다시 한 번 정리해 보자. 마음이 대상을 쫓지 않고 대상이 마음에 오게 하라. 한 대상에 집중하지 말고 여러 대상을 한꺼번에 알 수 있으면 좋다. 대상을 아는 마음을 대상으로 하면 쉽사리 그리될 수 있다. 이런 원리들을 뭉뚱그려 표현한 슬로건이 있다. "들어오는 대로 알아지는 대로, 알고, 알고 …"가 그것이다. 사사나 스님은 수행자들의 귀에 못이 박히도록 이 슬로건을 강조한다. 이 슬로건은 초보 수행자들에게 특히 유용하다. 수행의 모든 원리가 어쩌면 이 슬로건에 집약돼 있다고 해도 지나치지 않다.

복잡한 이론을 따질 필요 없이 그저 이대로만 하면 그만이다. 마음을 활짝 열고 육문을 통해 들어오는 대상들을 알고, 또 알고. 그렇게 하면 사띠는 자연스럽게 이어진다. 눈에 보이는 광경들, 귀에 들리는 소리들, 코를 통해 들어오는 냄새들, 그것들은 언제 어디에나 있다. 그것들을 알아차리기만 하면 되니 사띠빳따나 수행이 어려울 턱이 있겠는가?

어떤 대상에서 시작하든지 알아차릴 수 없습니까? 소리에서 시작할 수는 없습니까? 소리를 찾아다녀야 합니까? 소리는 항상 있습니다. 소리가 들리면 알 수 있습니다. 더운 것은 알 수 없습니까? 시원한 것은 알 수 없습니까? 있는 대상을 취하십시오. 잡을 수 없는 미세한 대상을 억지로 찾으려고 하지 마십시오. 이런 식으로 편안하게 지속적으로 알아차리십시오. 마음의 힘이 좋아지고, 마음이 힘을 지니게 됩니다(『마음가짐』, 36-37쪽).

그리하되 좋다, 나쁘다 등의 견해가 붙지 않아야 한다. 다만 알아차리기만 하면 된다. "좋은 것도 나쁜 것도 모두 법이다. 다만 알아차려라"(2017년 1월 인터뷰 법문 중에서)고 사야도는 가르친다. 대상을 어찌 하려고 하는 것은 수행이 아니다. 알아차림만이 수행이다.

수행은 무슨 일이 진행되고 있는지 아는 것이며, 사띠하고 있는 것이다. 진행되고 있는 것을 멈추도록 하는 것, 혹은 없는 것을 경험하려고 하는 것이 아니다(『마음관찰』, 49쪽).

039 '분명하고 확실한 것'을 찾지 말라

'들어오는 대로 알아지는 대로', 이대로 실천하면 싸띠 두기가 쉽고, 싸띠 잇기도 자연스러워진다. 그런데 이 단순한 슬로건의 실천을 가로막는 것은 무엇일까? 수행자들이 '분명한 것'을 찾기 때문이다. 많은 수행자가 수행 중 답답증을 호소한다. 수행이 '되는 것도 안 되는 것도 없고', '술에 술 탄 듯 물에 물 탄 듯' 하다고 말한다. 가고 있는 길이 '맞는 것도 같고 아닌 것도 같아서 도무지 확신이 없다'고도 말한다. 이들이 원하는 것은 '확실한 체험'이다. 이는 확실한 체험에 대한 일종의 강박증이다.

이런 수행자들은 마음에 작은 체험이라도 얻으면 그것을 유지하려고 안간힘을 쓴다. 바람이라도 불면 꺼질세라 전전긍긍한다. 그야말로 전형적인 '집착'이다. 그들은 '체험 사냥꾼들'이다. 작은 체험을 하면 큰 체험을 원하고, 해탈이나 열반을 궁극적이고 가장 커다란 체험으로 여긴다. 그러다가 세월은 다 가고 생이 끝난다. 그를 일러 '허송세월'이라고 한다.

그런데 확실한 것이란 무엇인가? 지금 내가 체험하고 있는 것, 그 체험을 알아차리는 것, 이것만이 분명하고 확실하지 않은가? 내 능력으로 체험할 수 없는 것, 내가 상상으로 그리는 것을 찾는 것은 수행의 로드맵에 없는 난 센스다. 멀리 보고 싶다면 먼저 시력을 키워야 하고, 멀리 듣고 싶다면 청력을 키워야 한다. 능력을 갖추는 것이 먼저다. 사띠빳따나가 그 능력이다. 사띠가 확립되어야 안 보이던 것이 보이고, 안 들리던 것이 들린다. 그러니 분명하고 확실한 것을 찾는 건 수행이 아니다. 수행이란 다만 사띠하는 그것이다.

자신의 마음을 보는 것이 어렵습니까? 아직 미세한 마음들을 볼 필요는 없습니다. 조금 거친 마음들을 알아도 됩니다. 예를 들어, 마음이 편안한가, 괴로운가, 힘든가 하는 것을 알 수 없습니까? 알 수 있습니다. 마음을 살펴보아야 합니다. 어떤 마음이 어떻게 일어나고 있는가? 어떤 마음으로 알아차리고 있는가? 이것을 알고 있을 때, 마음 상태는 어떠한가? 이 대상을 알아차릴 때, 마음이 어떻게 느끼는가(『마음가짐』, 31쪽).

꼬살라 사야도는 이런 문제와 관련해서 수행자들을 이렇게 달랜다.

좌선할 때 대상이 아주 분명한지 아닌지에 대해서 걱정하지 말라. 마음을 지켜보면 앎이 따라온다. 물론 대상들이 분명하다면 더 좋지만 그것도 나중에 따라온다(『마음관찰』, 96쪽).

040 끊임없이 다시 시작하라

골프를 싫어하시는 분들에게는 죄송하지만, 다시 골프 이야기 하나. 수행을 설명하는 데 골프에 비유하는 것만큼 딱 떨어지는 게 없기 때문이다. 나에게는 수십 년 친구가 하나 있는데, 외국에 나가 산 지 오래됐다. 십대 시절부터 공으로 하는 건 못하는 게 없는 친구인데, 골프만큼은 무척 어렵다고 말한다. 한국에 살지 않으니 골프 하기 비교적 쉬운 탓인지 일주일에 서너 차례 필드에 나가는데, 핸디는 당연히 싱글이고 한참 때는 클럽 챔피언을 지낼 만큼 실력이 출중하다. 싱글 핸디를 유지하는 건 무척 어렵다. 이 친구도 별일 없으면 연습장에서 산다. 골프광들의 행태가 대략 이러하다. 골프로 먹고사는 프로들은 하루 몇 시간씩을 연습장에서 보낸다.

수행도 마찬가지다. 핸디를 줄이려면 30분이든 1시간이든 매일 빠뜨리지 않고 좌선하고 경행해야 한다. 싱글이 되려면 틈 날 때마다 방석에 앉거나 사띠를 들고 걸어야 한다. 프로 수행자는 싸띠 두기와 싸띠 잇기가 일상이 되어야 한다. 그래서 그것이 점점 더 자연스러워지도록.

수행자: 사띠의 습관화를 위해 연습 중입니다.
사야도: 그래야 합니다. 자연스럽게 사띠가 되도록 해야 합니다.
수행자: 경행할 때 자연스럽게 하려고 노력합니다.
사야도: 잘하려고 하는 마음 때문에 피곤해집니다. 그 마음이 탐심입니다. 잘 해야 하는 것이 아니라 꾸준히 해야 합니다(2017년 1월 떼자니아 사야도 인터뷰 법문 중에서).

억지로 하려고 하면 결코 자연스러워질 수 없다. 골프의 스윙에 힘이 들어가면 정확하고 적절하게 공을 맞출 수 없듯이. 자연스러운 스윙은 마치 춤추는 듯하다. 리듬체조의 동작처럼. 골프스윙에서 힘을 빼는 일은 수행하는 마음에서 잘하려는 욕심을 빼는 것과 비유할 수 있겠다. 바른 수행은 바른 사띠가 전제조건이다. 바른 사띠란 탐심 없는 마음이 주체가 되어 대상

362

을 알아차리는 것이다.

다시 시작하고, '작게' 시작하고, 인내하고, 바라지 말라. 오직 할 뿐(『마음 관찰』, 117쪽).

041 마음이 사띠의 대상이다

이제 쉐우민 수행법의 핵심으로 한 발 더 다가서 보자. 쉐우민이 여느 수행처와 차별화되는 수행법의 핵심은 무엇일까? 쉐우민 수행법은 심념처다. 심념처는 마음을 사띠의 대상으로 한다. '들어오는 대로 알아지는 대로' 대상을 다루지만, 그 대상을 다루는 마음을 다룰 수는 없을까? 그렇다. 마음을 대상으로 사띠를 둘 수 있다. 설명이 좀 길어지겠지만, 여기에 심념처의 정수가 있다.

소리를 듣기보다는 들림이 일어나고 있음을 알아차려야만 합니다. 들림에는 소리가 있다는 앎이 있는데, 그래서 '들린다'고 하는 것입니다. 그러므로 모든 것이 거기 있습니다. 나는 지금 말하고 있고, 당신은 듣고 있습니다. 당신은 나로부터 나오는 소리를 듣고 있습니까, 아니면 이미 당신의 체험이 된 소리, '저기 밖에' 있는 것이 아니라 이미 당신에게 있는 소리를 듣고 있습니까? 그러므로 자기 자신과 함께 있기만 하면 모든 것을 알 수 있습니다(『알아차림』, 121쪽).

대상과 마음이 만나는 사건, 그 사건은 하나의 대상이 될 수 있다. 이 사건은 대상이 무엇이든 '알아차림'이라는 사건이다. 그 알아차림이 대상이 된다. 대상을 아는 마음이 대상이 된다. 그렇다면 마음은 이 대상 저 대상 쫓아 다닐 필요가 없다. 대상들은 이미 마음에 있다. 사사나 스님의 표현을 빌리면 '더블 클릭'이라고 했던가? 마음만 지켜보면 이제 그만이다. 그러므로 '모든 것이 거기에 있다.' 이로써 싸띠 두기는 매우 단순하고 쉬워진다. 싸띠 잇기 역시 마찬가지로 쉽다. 이런 방식으로 지속적으로 수행하면 사띠빳따나, 사띠의 확립은 멀지 않다. 꼬살라 사야도는 이런 노하우를 이렇게 요약한다.

　　사띠를 놓쳤다가 다시 수행하기 시작할 때 대상을 찾지 말고 앎을 찾으라. 앎이 어디 있는가? 거기서 데리고 오라. 앎은 무엇을 알고 있는가? 그것은 어떤 느낌인가(『마음관찰』, 111쪽).

헷갈리시는가? 다음 법문은 친절하다. 한 구절 한 구절 따라가 보자. 그리고 마지막 구절에 주목하자. '아는 것을 스스로 아는 것'에 대한 설명이 이 법문의 핵심이다.

　　(자신에게 마음이 있다는 것을) 어떻게 해서 압니까? 생각하는 것, 느끼는 것, 먹고 싶어 하는 것, 대상에 집중하는 것 등을 통해 마음이 있다는 것을 알 수 있습니다. 그럼 지금 합장해 보십시오. 두 손이 닿아 있다는 것을 알 수 있지요? 어찌 알 수 있습니까? 마음이 뭘 하고 있으므로 압니까? '사띠가 있으므로 알고, 사띠를 두었기 때문에 압니다. (마음을 손에 두었기 때문에 압니다.) 두 손은 닿아 있지만 마음이 다른 생각을 하고 있다면 손이 닿아 있다는 것을 알 수 있겠습니까? (알 수 없습니다.) 그렇다면 닿아 있어서 아는 것이 아닙니다. 마음을 그곳에 두고 있기 때문에 아는 것입니다. 자신이 사띠를 다리 쪽으로 옮길 수 있습니까? 할 수 있지요? 이렇게 옮기는 것도 마음입니다. 이 마음으

로써만 대상을 볼 수 있습니다. 자신이 대상을 보고 있다는 것을 스스로 안다면 마음을 아는 것입니다(『마음가짐』, 12-13쪽).

아무튼 원리는 이렇다. 그러나 원리를 이해했다고 하더라도 실제로는 금방 하루아침에 그렇게 되지는 않는다. 하지만 연습, 연습하면 그리된다.

아는 성질, 대상에 주의를 기울일 줄 아는 성질, 생각하고 숙고할 줄 아는 성질 등을 마음이라고 합니다. 마음을 보는 것은 그리 어렵지 않습니다. 사람마다 알기는 압니다. 그러나 마음을 대상으로 알지 못하는 것은 아직 연습이 부족하기 때문입니다(『마음가짐』, 13쪽).

042 모든 것은 마음에서 일어난다

분명한 이해를 위해 확실히 해 둬야 할 것이 있다. 앞에서 '알아차림을 알아차려라'는 가르침에서 알아차림이 대상이 되려면 그 알아차림이라는 대상의 성질이 무엇인지에 대한 논의가 필요하겠다.

감촉, 맛, 냄새, 형상, 소리 등은 몸과 밀접한 관계를 갖는다. 몸 없이 그것들은 성립하지 않는다. 그것은 몸에서 일어나는 사건이다. 아비담마에서 바로 이 사건들을 '대상'이라고 부른다. 하지만 상식의 세계에서는 이 대상을 일으키는 '무엇'이 있다고 믿는다. 그리고 그 '무엇'이 진짜로 존재한다고 생각한다. 그 무엇을 우리는 외부 세계라고 부른다. 외부 세계가 있다는 철학적 입장을 '실재론', 그것이 마음의 산물이거나 마음에 의존하고 있다는 철학적 주장을 '관념론'이라고 부른다.

철학사(적어도 서양 철학사)에서 외부 세계에 대한 실재론과 관념론의 대립은 수천 년의 역사를 갖고 있다. 이에 대한 논의는 제2부에서 대략 다루었다. 그렇다면 아비담마와 위빠사나의 견해는 무엇일까? 물론 외부 세계는 실재가 아니라는 입장이다. 외부 세계를 있는 것으로 여기는 것은 알지 못하기 때문이다. 알지 못하는 것은 무명이고, 무명은 지혜의 상대 개념이다. 그렇다고 이 입장을 관념론으로 해석하기에는 무리가 있다. 수천 년 실천적 종교를 서양 철학의 틀로 이해하려는 시도는 난센스하기 때문이다.

모든 사람이 이런 문제를 가지고 있습니다. 냄새, 맛과 감촉은 몸 안에서 일어나는 것으로 인식되지만, 형상과 소리는 밖에서 일어나는 것으로 인식되어집니다. 이것은 우리가 '저기 바깥'이라든지, '방향' 등의 개념들을 믿기 때문입니다. 사실상 들리고 보이는 것도 안에서 일어납니다. 어떤 의미에서는 바깥 세계란 없습니다. 우리가 체험하는 모든 것은 마음속에서 일어납니다. 세상은 마음이 만든 것입니다. 그러므로 밖을 볼 필요가 없습니다. 모든 것은 자신의 마음속 바로 여기에서 일어나고 있습니다(『알아차림』, 123쪽).

위빠사나 수행은 이런 이해의 전통 위에 서 있다. 하지만 상식의 세계에서는 내가 있고, 내 바깥이 있고, 그 바깥에 남도 있고, 그 남도 나와 똑같이 세계를 인식하고 살아가지 않는가? 어떻게 외부 세계와 타인의 존재를 부정할 수 있다는 말인가? 이 문제에 대해 아비담마는 그건 '그렇게 믿기 때문'이라고 답한다. 그러면서 믿어지지 않는다면, 외부 세계에 대한 이 문제를 논의의 대상으로 삼지 말자는 입장을 취한다. 현상학의 판단중지 같은 거다. 왜냐하면 수행에 하등 도움이 되지 않는 문제이기 때문이다. 외부 세계는 그래서 수행의 대상, 사띠의 대상이 아니다.

다섯 가지 육체적 감각의 문을 볼 때 닿음, 냄새 맡음과 맛봄은 몸에서 일어나는 것이 확실합니다. 그런데 우리는 왜 보이는 것과 들리는 것은 '저기 밖에서' 일어나는 것으로 인식할까요? 실제적으로 보이는 것과 들리는 것도 바로 '여기 안'에서 일어납니다. 그러나 우리는 마음이 사용하고 있는 개념들을 믿습니다. 거리를 인지하는 인식을 믿습니다(『알아차림』, 122쪽).

거리, 형상, 소리 등처럼 마치 밖에 실재하는 것처럼 보이는 것은 실재가 아니다. 그것은 마음이 만들어 내는 것일 뿐. 하지만 그것들이 그 안에서 일어나고 그것들을 알아차리는 마음은 실재와 연관이 있어 보인다.

043 '앎'만이 실재다

몸 밖에서 일어나는 것처럼 보이는 것 즉 눈에 보이는 것, 귀에 들리는 것들은 사실상 마음에서 일어나는 사건들이다. 몸에서 일어나는 것처럼 보이는 통증과 쾌감 등의 감각, 맛, 냄새 같은 것들도 마음에서 일어난다고 할 수 있다. 비교적 몸과 거리가 있어 보이는 느낌이나 생각, 기억, 의도 같은 것들도 마음이 하는 일이다. 적어도 아비담마와 위빠사나에서는 그렇다. (현대 유물론은 모든 것들이 '뇌'에서 일어난다고 주장한다. 끝없는 논쟁거리일 수 있지만 이곳에서는 논의를 피한다.)

이런 모든 것은 '대상'이다. 마음의 작용 없이 대상은 없다. 마음의 작용은 알아차림이며, 알아차림은 마음의 유일한 작용이다. 그러하니 대상은 '알아차려지는 것'으로 정의할 수 있다. 모든 대상의 속성은 '알아차려짐'이다. 대상과 마음 사이에 성립하는 '앎'은 그래서 실재가 된다. 이것만이 실재다.

진정한 실재에 도달하려면 마음에 도달해야만 한다. 실재에 도달했을 때 더 이상 개념은 보지 않는다. 오직 근본적인 빠라맛따(실재)를 봐야 하며, 마음을 통해서만 그것을 볼 수 있다(『마음관찰』, 31쪽).

우리가 실재를 보는 노하우는 오로지 하나다. '앎' 자체를 대상으로 보는 것이다. 즉 '앎'에 사띠를 두는 방법이다. 이를 달리 표현하면, '대상을 아는 마음에 사띠를 둔다', '대상과 대상을 아는 마음을 함께 알아차린다', '대상을 아는 마음을 안다' 등이 된다. (표현들 사이에 체험의 뉘앙스 차이는 있다.)

그러니 보는 것에서 어떻게 보이는 것의 실재를 알 수 있겠습니까? 보이는 것에 주의를 기울일 때 당신은 단지 모양, 색깔, 거리, 크기 등의 개념들만 봅니다. 그러나 실재는 색깔도 없고, 크기도 없고, 형태도 없다고 합니다. 어떻게 이 실재를 알아차릴 수 있을까요? 열쇠는 아는 마음을 인지하는 것입니다. 우리는 우리가 안다는 것을 인지할 수 있습니까? 앎에 색깔이나 크기나 형태가 있습니까? 우리는 이 마음을 인지할 필요가 있습니다. 그것은 무엇을 압니까? 마음은 자신의 대상을 압니다. 대상은 실재, 즉 개념 뒤에 있는 실재입니다. 아무리 열심히 노력할지라도, 이해가 없이는 실재를 알 수 없습니다. 알아차림은 개념들을 보고, 이해는 실재를 압니다(『알아차림』, 122쪽).

눈을 뜨고 사방을 둘러보라. 눈에 무엇이 보이는가? 산과 꽃과 나무들 … 이런 것들은 형태와 색깔과 크기가 있고, 보는 나에게서 떨어진 거리도 느껴진다. 보는 '나'가 있고, 내게 보여지는 '대상'이 있다. 마음이 산이다, 꽃이다, 나무다, 그렇게 판단하는 순간 나는 나고, 대상은 대상이다. 대상에 사띠를 두면 대상과 마음 사이에 '앎'이 성립한다. 하지만 마음이 하나의 대상에 집중해 사띠를 둘 때에는 실재가 드러나지 않는다. '앎' 자체에 사띠를 둬야 한다. '앎'에 사띠를 두는 이 마음이 실재다.

044 대상과 마음 중 무엇이 중한가

몸과 마음에서 일어나는 모든 것이 대상이다. 법(실재)을 보려면 대상 쪽에 관심을 기울여야 하는가, 마음 쪽에 관심을 기울여야 하는가? 대상을 알아차리는 마음에 관심을 가져야 한다. 왜냐하면 실재를 아는 방법은 그것밖에 없기 때문이다. 그리고 그것이 쉽다.

> 배의 부름과 꺼짐으로부터 시작해도 좋으며, 마음이 현상에게로 갈 때, 대상이 아닌 마음을 관찰하라. 대상과 함께 움직이지 말고 마음과 함께 움직여라(『마음관찰』, 24쪽).

사사나 스님은 늘 '마음을 지켜보면 마음에 이미 앎이 있다'고 설법한다. 대상을 소홀히 하라는 뜻이 아니라 대상을 아는 마음을 지켜보면 그 앎 속에 마음과 대상이 이미 함께 있다는 뜻이다. 수행은 마음에 방점을 찍어야 비로소 시작된다. 떼자니아 사야도의 친절한 법문을 들어보자.

> 눈을 뜨고 수행할 때에는 사물들을 보려고 하지 말고, 보고 있다는 것을 단지 알기만 하십시오. 어떠한 것도 보려고 하지 마십시오. 우리의 마음은 집중하는 데 익숙합니다. 우리는 항상 집중하기 때문에 집중에 아주 능숙합니다. 문제는 집중하고 있다는 것을 우리가 알지 못하고 있다는 것입니다. 수행하려고 하고 있지만 우리는 수행이 무엇인지 진정으로 이해하지 못합니다. 마음이 어떻게 일하고, 어떻게 주의를 기울이는지 이해하려고 하기보다는, 우리는 그 바깥 대상들에게로 주의를 기울입니다. 대상을 보면서 이것이 수행이라고 생각합니다. 마음은 관념을 대상으로 잡는 데 전문가이기 때문에, 그 관념에 집중합니다. 그리고 우리는 무엇을 수행 대상으로 잡아야 하는지

를 잊어버립니다. 그러니 아무것도 보려고 하지 마십시오. 보는 줄을 알아차리고 자신이 알아차리고 있음을 알아차리십시오(『알아차림』, 172-173쪽).

심념처 수행은 이런 것이다. 그래서 심념처다. 마음을 사띠의 대상으로 삼아야 비로소 심념처다. 꼬살라 사야도는 수행뿐만 아니라 모든 일상에서 마음을 지켜보라고 가르친다.

　무슨 수행을 하든지, 걷고, 서고, 앉고, 눕고, 먹는 등의 모든 자세에서 마음을 지켜보라. … 몸에 대해서는 그다지 신경 쓰지 말고 마음을 살펴보라. … 일상생활을 하면서 대상들에 대한 마음의 반응을 지켜보라. … 어떤 마음이 생겨서, 아는 마음을 관찰하는 마음을, 지켜보는 마음이라고 한다. … 일단 이 수행에 익숙해지면 모든 것이 명백해질 것이다. 아는 마음은 주시하는 마음이라고도 하며 지켜보는 마음은 관찰하는 마음이라고도 한다. 이 두 가지 마음은 의식 즉 찌따Citta이다(『마음관찰』, 24쪽).

045 마음은 몸 안에도 몸 밖에도 없다

수행자들 대부분이 (나를 포함해서) 수행의 시작 단계에서 '마음을 보라'는 가르침의 뜻을 잘 이해하지 못한다. 마음을 보라고 하면 마음을 찾는다. 이때 마음가짐은 마치 보물찾기 하는 소년과 같다.

선종사의 한 대목. 혜가가 달마를 찾아가 도를 구했다. 달마가 대꾸하지 않았다. 혜가가 문 밖에서 밤을 새웠다. 밤새 눈이 내려 쌓였다. 혜가가 구도의 마음을 보이려고 칼로 팔을 끊었다. 눈 속에서 연꽃이 피어 올라 잘린 팔을 받았다. 혜가가 말했다. "아픕니다. 마음이 불편합니다. 마음을 편안히 해 주십시오." 비로소 달마가 대꾸했다. "불편한 그 마음을 가져오너라." 한 참 후 혜가가 말했다. "찾아도 찾을 수 없습니다." 달마가 말했다. "이미 마음을 편안케 했느니라."

팔을 끊는 아픔은 혜가의 몸에서 일어난다. 그 아픔을 느끼는 건 마음이다. 상식적 견해는 그렇다. 그 마음은 어디에 있는가? 몸 안에 있는가? 몸밖에 있는가? 혜가는 몸 안에서도 밖에서도 찾을 수 없었다. 그런데 그것이답이었다. 왜 그랬을까?

마음은 몸속에 있는 것도 아니고 몸 바깥에 있는 것도 아니지만, 항상 몸과 연결되어 있습니다. 항상 몸과 상호작용하고 있습니다. 그래서 우리는 어떤 특정한 감정이 우리 몸의 특정 부위에 영향을 주는 것을 체험합니다. 감정이 몸속에 오래 머무르는 것처럼 인식될 수도 있지만, 사실은 단지 이러한 상호작용이 진행되고 있는 것입니다(『알아차림』, 113쪽).

찾으려 해도 찾을 수 없는 까닭은 마음이 실체가 아니기 때문이다. '무엇'이 알아차리고, '무엇'이 생각하는 게 아니다. 마음은 일어나고 사라지는 시간 속 이벤트 같은 것이다. 알아차림이 곧 마음이고, 생각함이 곧 마음이다.

마음은 어디에서도 발견되어질 수 없습니다. 그것을 찾으려고 하는 것은 헛수고입니다. 그것은 안경을 쓰고 안경을 찾으려고 하는 것과 같습니다. 마음은 당신이 움켜쥘 수 있거나 눈으로 볼 수 있는 것이 아닙니다. 마음이 마음의 일을 스스로 하고 있기 때문에 마음을 인지할 수 있습니다. 알아차림이 이미 존재하고 있기 때문에 당신이 사물을 알아차리는 것입니다. 거기 있는 것 외에 다른 무언가를 찾고 있고, 그 외에 틀림없이 무언가가 있다고 생각하기 때문에 혼란스럽게 됩니다(『알아차림』, 76쪽).

046 마음을 찾으려 하지 말라

수행은 마음을 찾는 일이 아니다. 한국 불교에서 이 문제는 한동안 논쟁 거리였다. 최고의 존경을 받는 한 고승의 법문이 발단이었다. '참마음, 참나를 찾으라'는 요지의 법문이었다. 비판이 억수처럼 쏟아졌다. '참마음'·'참나'란 도대체 무엇인가? 마음을 찾을 수 있단 말인가? 붓다의 '무아'가 불교의 정체성 자체일 텐데 그렇다면 이는 더 이상 불교라고 할 수 없지 않은가? 주로 이런 비판들이었다. 아무튼 위빠사나 수행에서 마음 찾기란 금기사항이다.

마음이 어디 있는지 찾으려 하지 말라. 마음은 대상인 '아는 것'과 함께 거기 있으니, 많은 대상들을 알도록 하라(『마음관찰』, 82쪽).

위빠사나 수행은 대상에 사띠를 두는 것이다. 사띠를 두면 마음이 있게 된다. 사띠의 힘을 키우는 것이 마음의 힘을 키우는 것이다.

아는 성질을 마음이라고 부릅니다. 사람마다 알아차림의 성품은 이미 있습니다. 이미 있는 알아차림을 힘이 좋아지도록 키우는 것만이 필요합니다. 자기 자신을 알 때와 알지 못할 때는 마음의 질이 서로 많이 다릅니다(『마음가짐』, 97쪽).

마음을 알아차리는 일은 몸을 알아차리는 것과는 다르다. 마음을 알아차리기 위해서는 집중할 필요가 없다. 다만 지켜보기만 하면 된다. 지켜보기는 연습만 많이 하면 할 수 있다. 연습, 또 연습! 그러면 일상에서도 지켜보기는 가능해진다.

372

몸을 아는 것은 마음을 아는 것과 다릅니다. 몸을 알아차릴 때에는 좀 집중할 필요가 있지만, 마음을 알아차릴 때에는 그럴 필요가 없습니다. 알아차림은 정신적 활동이며, 그것은 이미 거기에 있기 때문에, 당신은 아무것도 할 필요가 없습니다. 알아차림에 집중하려고 하면 역효과가 날 뿐입니다. 마음을 알려면 수행을 많이 하기만 하면 됩니다. 생각이나 계획이나 글쓰기 등의 정신적인 일을 하고 있는 마음을 알기 위해서는, 마음을 관찰하는 데 능숙해져야 합니다. 마음을 관찰할 만큼 수행이 충분해질 때까지는, 이런 종류의 일을 할 때마다 당신은 알아차림을 자주 놓치게 될 것입니다(『알아차림』, 73쪽).

047 마음은 새록새록 일어난다

마음은 일어났다 사라진다. 찰나간에 무수히. 수행자들은 그렇게 알아야 한다. 그것이 마음에 대한 바른 견해다. 바른 견해가 전제돼야 수행이 쉽다.

사람들이 흔히 '마음이 밖으로 나갔다' 혹은 '집에 가 있다'는 등으로 말하곤 합니다. 실제로 마음의 자연적인 성품은 밖으로 나가는 법이 없습니다. 밖으로 나가는 것이 아닙니다. 마음이라고 하는 것은 일어나는 성질만 있습니다. '생각하는 마음들이 일어난다'라고 이해해야만 바른 견해가 됩니다. '생각하는 마음이 일어났다', '기억하는 마음이 일어났다', 이렇게 생각해야만 옳습니다. 마음이 나갔다고 생각하면 이 마음을 다시 안으로 끌어들여야 합니다. 그렇게 되면 힘을 많이 쓰게 됩니다. '이 마음이 나갔다가 이 마음이 다시 돌아왔다'고 생각하게 되므로 견해가 잘못되게 됩니다. 견해가 잘못되면 이 마음이 항상한 성질이 되어 버립니다. '마음은 새록새록 일어난다'고 하는 바른 견해가 되어야만 항상하지 않은 무상의 성질을 이해할 수 있습니다(『마음가짐』, 82-83쪽).

'새록새록'은 마음의 특성을 잘 표현하고 있는 의태어다. 일어났던 마음이 다시 반복해서 일어나지 않는다는 의미를 담은 말이다. 마음을 대상으로 사띠를 둘 때 이 마음의 이 특성을 이해하는 것은 많은 도움이 된다. 마음이 대상을 만날 때 앎이 성립하는데 앎은 새록새록 일어난다. 새록새록, 이 말은 마음의 일어남과 사라짐이 끊임없이 이어진다는 뜻이다. 끊임없이 일어나는 마음은 그래서 늘 새롭게 일어나는 마음이다. 앎 자체를 대상으로 사띠를 두면 대상도 새롭고 사띠하는 마음도 새롭다.

수행자들은 새로운 체험을 원한다. (원하는 마음이 있어서는 안 되지만.) 그래서 새로운 체험이 어떻게 가능한지를 늘 묻곤 한다. 하지만 사띠 할 때 대상과 마음이 일어났던 것을 반복하는 것은 아니잖은가?

수행자: 사띠가 이어져야 하는데, 늘 새로운 것이 알아져야 하는가요?

사야도: 새록새록 일어나는 것이 새로 일어나는 것인데 뭐 새로운 것이 따로 있을까요? 몰랐던 것은 저절로 알아지는 것입니다. 사띠가 이어지는 것은 중요합니다. 사띠가 이어지지 않으면 수행이 진전되지 않습니다. 사띠, 사마디, 위리야가 균형이 맞아야 합니다. 마음은 똑같은 것이 반복해서 일어나지 않습니다. 늘 새롭게 일어납니다. 새록새록. 아는 것도 대상도 모두 새로운 것입니다(2017년 2월 떼자니아 사야도 인터뷰 법문 중에서).

048 마음이 긴장하는지 점검하라

인간의 행위와 관련된 최고의 동작을 만났을 때 '춤추는 듯하다'는 표현을 사용한다. 축구 같은 구기나 유도 같은 격투기까지 최고의 경지는 춤추듯 유연하고 자연스럽다. 춤은 풀어내는 행위다. 경직과 긴장을 풀어내는 행위가 춤이다.

수행은 '마음의 춤'이어야 한다. 자유롭고 부드러워야 한다. 마음은 왜 긴장하는가? 대상을 자기 방식대로 다루고자 할 때 마음은 긴장한다. 마음에 긴장이 있다면 주체인 마음이 대상을 바로 볼 수 없다.

마음이 언제 긴장합니까? 지금 일어나고 있는 것을 거부하거나, 다른 무엇인가를 원할 때 마음은 긴장하게 됩니다. 번뇌는 늘 사실을 있는 그대로 내버려 두지 않습니다. 번뇌는 무엇인가가 일어나길 원하고, 결과를 바라며, 일어나는 것들을 통제하려고 합니다. 원하는 것을 얻기 위해서 힘을 쓰고 집중하고 만들어 내거나 제한하려고 합니다. 만들어 내고 집중하거나 제한하려고 할 것이 아니라 단지 느긋하게 지켜보아야 합니다. 일어나는 것을 그대로 일어나게 내버려 둔다면 집중해야 할 필요가 있겠습니까? 뭔가 특별한 것을 얻고자 하는 것이 아니라면 그렇게 많은 힘을 써야 할 필요가 없습니다. 필요한 것은 단지 지혜와 관심입니다(『법은 어디에나』, 91-92쪽).

자유롭고 유연한 마음은 수행의 기본 전제일 수밖에 없겠다. 떼자니아 사야도는 그래서 '마음을 편하게 해 주는 일'이 수행의 일부라고까지 강조한다.

긴장하고 굳어 있는 마음을 편안하게 해 주는 것 역시 수행의 일부라는 것을 아는 사람들은 거의 없습니다(『법은 어디에나』, 183쪽).

수행이 익어 갈수록 생활 자체가 수행이 될 수도 있겠지만 어디까지나 수행의 기본은 좌선이다. 많은 수행자들이 좌선의 시간을 늘리는 데 목표를 두지만, 마음을 점검하는 일은 소홀이 하는 경향이 있다. 하지만 좌선의 품질은 늘 점검해 봐야 한다. 좌선이 잘되는지 안 되는지는 마음에 긴장이 있는지 없는지를 살피면 된다. 긴장하는 마음으로 하는 좌선은 고역이다.

좌선할 때는 몸과 마음이 모두 편안해야 합니다. 긴장하고 있는지 아닌지를 계속 점검하십시오. 긴장하고 있으면 우선 긴장을 풀고, 그다음에 마음가짐을 살펴보십시오. 저항하는 마음이 있다면, 저항감을 느끼고 그것을 관찰하십시오. 단순해지십시오(『번뇌』, 39쪽).

수행은 긴장 없는 마음으로 시작해야 한다. 마음과 대상과 알아차림이 춤출 수 있도록.

마음을 편하게 하는 것과 바른 사고방식을 갖는 것이 가장 중요합니다. 다른 모든 것들은 그다음입니다. '바른 사고방식을 갖고 있는지 아닌지'를 아는 것이, 평화로운 상태를 체험하거나 좌선을 한 번 잘하는 것보다 중요합니다(『번뇌』, 127쪽).

049 미세한 대상들

조선 말기를 살았던 초의 선사는 차를 특별하게 사랑했던 분이다. 차를 달이는 데 정성을 강조했는데, 다동이 숯불에 찻물을 끓이다 한눈을 파는 바람에 물이 너무 졸아 버렸다. 찬물을 보충해 넣고 찻물을 다시 끓여 내왔

376

는데, 초의 선사가 찻물에서 '두 가지 맛이 난다'고 말했다는 믿기지 않는 이야기가 생각난다.

아무튼 남들이 가려 내지 못하는 대상들을 감별하는 특별히 예민한 감각을 가진 사람들이 있다. 사막에 사는 사람들의 시력이 20.0까지로 측정된다든지, 냄새를 잘 맡아 '개코'로 불린다든지, 절대미감을 가진 요리사가 세계적 명성을 누린다든지 하는 경우들이 그것이다. 미세한 것까지 분별해 내는 남다른 감각능력에 개인차가 존재한다는 건 확실한 것 같다.

천부적으로 주어진 감각능력은 그렇다 치고 마음의 기본 기능인 '알아차림'에 대해서는 어떠한가? 마음은 한 순간도 쉬지 않는다. 하지만 수행 초기에 마음은 그 가운데 극히 일부만을 알아차린다. 하지만 사띠의 힘이 강해질수록 마음에서 일어나고 있는 일들을 더 많이 알아차리게 된다.

거친 생각들이 줄고 좀 더 미세한 수준을 보게 되면, 너무나 많은 생각들이 일어나고 있는 것처럼 보일 수도 있습니다. 미세한 수준의 마음에서 얼마나 더 많은 생각들이 일어나고 있는지 알게 될 것입니다. 그리고 그런 생각들이 점점 더 많아지는 것처럼 보일 것입니다. 여러분이 잠에서 깨어나는 순간부터 밤에 잠들 때까지 마음은 말을 하고 있습니다. 가끔은 너무 시끄러울 때도 있습니다(『법은 어디에나』, 135쪽).

마음에 알려지는 대상들 가운데 어떤 것이 거칠고 어떤 것이 미세한가? 직접적으로 쉽게 알려지는 대상은 거칠다. 눈·귀·코·혀·피부의 다섯 감각기관을 통해 알려지는 형상·소리·냄새·맛·감촉이라는 대상은 가려져 있지 않고 직접적이어서 쉽사리 알아차릴 수 있는 대상들이다. 미세한 대상을 알아차리는 사람들이 특별한 사람은 아니다. 사띠의 힘이 증장될수록 미세한 대상들이 마음에 드러난다. 이는 누구에게나 마찬가지다.

사띠가 강하고 지속적일 때, 자연스럽게 미세한 대상들을 지켜보기 시작할 것입니다. 미세한 대상들에 머물 수 있게 되면, 사띠의 힘은 더욱 증가되고 더욱 미세한 대상들을 지켜볼 수 있게 됩니다. 미세한 대상들을 지켜보는 능력은 점차적으로 향상됩니다(『번뇌』, 123쪽).

사띠는 먼 곳을 보기 위한 망원경, 작은 것을 보기 위한 현미경 같은 마음의 장치다. 육안으로 볼 수 없는 것을 이런 장치들을 사용해 볼 수 있듯, 미세한 수준에서 일어나고 있는 것들이 마음에 알려진다는 건 사띠의 힘이 그만큼 강해졌음을 의미한다. 그래서 미세한 대상을 얼마만큼 볼 수 있느냐 하는 것은 수행의 진척을 재는 척도가 될 수 있다.

마음은 미세한 수준에서 대상을 분별하고 판단하고, 숫자나 표지를 읽고, 말하거나 의미를 해석하는 등 많은 일을 하고 있습니다. 하지만 사띠의 힘이 약할 때는 대상과 접촉할 때마다 마음이 그런 일들을 하고 있는 것을 볼 수가 없습니다. 사띠와 사마디의 힘이 강할 때에만 그런 미세한 생각들을 지켜볼 수 있게 됩니다. 수많은 생각들이 아주 빠르게 일어났다 사라지는 것을 볼 수 있습니다(『법은 어디에나』, 135쪽).

050 일어남과 사라짐을 보라

위빠사나 수행의 전제는 대상을 알아차리는 마음에 주목하는 것이다. 특히 심념처 수행은 알아차림의 주체인 마음의 중요성을 더욱 강조한다. 즉 대상보다는 마음에 주목해야 한다고 가르친다. 사띠·사마디·지혜의 힘을 기르는 데 '좋은 대상'과 '나쁜 대상'이란 없지만 바른 마음가짐은 반드시 필요하다. 이렇게 마음에 주목해서 수행을 이해하면, 대상이란 결국 '마음에서 일어나고 사라지는 사건'이 된다.

일단 이 수준의 이해가 확립되기 시작하면, 마음은 '이것은 단지 마음이다'라는 것을 항상 이해할 것이고, 그다음 수준의 이해가 생길 것입니다. 즉 '마음들은 단지 일어나고 있다', '마음들은 단지 생겨나고 있다'는 것을 깨닫게 될 것이고, '일어남' 혹은 '생겨남'을 이해하게 될 것입니다(『알아차림』, 69쪽).

결국 마음이 대상을 알아차리는 일은 '마음이 대상에 사띠를 둔다'는 표현보다는 '마음과 대상이 접촉하는 사건이 마음에서 일어나고 사라진다'는 표현이 더 적절해진다. 이렇게 봐야 '마음이 대상을 쫓지 말고 대상이 마음에 오게 하라'는 가르침의 뉘앙스가 분명해진다. 이런 측면을 우 꼬살라 장로는 "무슨 수행을 하든지 해야 할 일은 일어나고 사라지는 것을 보는 것이다"(『마음관찰』, 53쪽)라고 가르친다.

이제 모든 것이 마음의 일어남과 사라짐으로 환원된다. 그렇다면 수행은 마음에서 그렇게 일어나고 사라지는 것들을 보고, 그것들이 어떻게 연관돼 있는지, 그것들 사이에 어떤 인과관계가 있는지를 살피는 일과 자연스럽게 관계 맺는다. 사띠와 사마디가 생겼을 때 수행은 그래서 법의 조사가 된다.

마음을 관찰해 보십시오 무엇이 일어나고 있습니까? 아래의 것은 당신이 알아차림 수행을 할 때 알아야 할 것들입니다.

*어떤 마음으로 알아차리고 있는가?

*그 대상을 알아차릴 때 마음에서는 어떤 느낌이 일어나는가?

그렇게 마음과 대상의 연관관계를 관찰해 보십시오. 수행에서는 그런 종류의 인과관계와 연관관계를 인식하는 것이 매우 중요합니다(『법은 어디에나』,

22-23쪽).

수행은 탐구가 된다. '알아차림만으로 충분하지 않다'는 가르침은 이렇게 이해할 수 있게 된다. 탐구를 통해 시야가 넓어지고 지혜가 개발된다. 되도록 많이많이 알아야 한다. 일어남과 사라짐을 많이많이 봐야 한다. 일어나는 모든 것을 알 수 있는 만큼 알아야 한다.

이해하기 위해서 수행하는 것이라면, 가능한 한 많은 대상들의 자연적인 성질에 대해 알아야 하고, 또한 몸과 마음의 작용이 진행되는 과정과 그 연관관계(인과관계)를 알아야 합니다. 일어나는 모든 것을 탐구하고 모든 대상들을 알 수 있는 것이 중요합니다. 따라서 우리는 일어나는 것이라면 그 어떤 대상이든 모두 다룰 것입니다. 어떤 경험을 만들어 낼 필요도 없고 하나의 특정한 대상에만 주의를 기울일 필요도 없습니다. 매 순간 일어나는 것에 대해 배우기 위해서는 알아차림에 지혜가 함께 있어야 합니다. 그래야 견해가 바르게 되고 시야가 더 넓어지며 지혜가 개발됩니다(『법은 어디에나』, 3쪽).

051 마음속 번뇌를 볼 줄 알아야 한다

어느 수행자가 사야도에게 물었다. 음악을 즐기는 것도 수행에 방해되느냐고. 그는 음악 애호가였다. 음악의 가치를 수행 때문에 포기하고 싶지 않은 심리가 그에게서 읽혔다. 사야도는 대답했다. "즐기면 즐기는 줄 알아야 한다"고. 음악을 좋아하고 들으면서 좋아하는 줄 알게 되면 음악이 즐거울까? 나는 잘 모르겠다. 그렇지만 즐길 때 사띠가 없는 건 분명한 것 같다. 즐기는 행위는 분명 탐욕에서 비롯된 것이리라.

무엇인가를 좋아한다는 것은, 그것을 원한다는 뜻이며, 무엇인가를 싫어한다는 것은, 그것을 거부한다는 뜻입니다. 욕망과 혐오는 무지로부터 생겨나는 번뇌이며, 무지나 어리석음 또한 번뇌입니다. 그러므로 어떤 것도 만들어내려고 하지 마십시오. 무엇인가를 만들어 내려는 것은 탐심입니다. 일어나는 것을 거부하지도 마십시오. 무엇인가를 거부하는 것은 진심입니다. 일어나도 일어나는 줄 모르고, 사라져도 사라지는 줄 모르는 것은 어리석음입니다. 모든 것을 자신이 원하는 대로 되게 하려고 해서는 안 됩니다. 일어나고 있는 그대로 알려고 노력해야 합니다. 이런 저런 방식으로 되어야 한다고 생각하거나, 이렇게 저렇게 일어나거나 혹은 일어나지 않기를 바라는 것은 기대입니다. 기대는 마음에 불안과 동요를 일으키고 진심으로까지 발전할 수 있습니다. 그러므로 자신의 마음가짐을 알아차리는 것이 중요합니다(『번뇌』, 25쪽).

쉐우민 심념처가 그토록 강조하는 바른 마음가짐은 관찰하는 마음이 바르게 작동할 수 있도록 마음에 번뇌가 없어야 한다는 가르침이다. 그러하니 수행에 사띠 두기와 사띠 잇기가 중요하긴 하지만 마음속에 번뇌가 있는지를 점검하는 건 수행하기 위한 필수의 절차일 수밖에 없다.

관찰하는 마음에서 일어나는 번뇌를 주의하십시오. 관찰하는 마음에서 일어나는 번뇌는 마음에 스쳐지나가는 것으로, 경험되는 번뇌보다 더 심각하게 영향을 끼칩니다. 후자는 그다지 문제가 되지 않지만, 관찰하는 마음에 스며드는 번뇌를 경계하는 것은 매우 중요합니다(『알아차림』, 71쪽).

번뇌가 남아 있는 마음으로 수행하면 어떻게 될까? 수행하면 할수록 그만큼 번뇌를 키우는 일이 되고야 말 것이다. 끔찍하지 않은가?

단지 알아차리려고만 해서는 안 됩니다. 그것만으로는 충분하지 않습니다. 번뇌는 마음속에서 아주 능숙하고 노련하며 지배적이기 때문에, 우리가 마음속에 번뇌가 있다는 것을 알아차리지 못한다면, 그것들은 언제나 제멋대로 할 것입니다. 만약 번뇌를 충분하게 인식하지 못하고 지혜를 적용하지 못한다면, 번뇌는 우리의 마음을 장악할 것입니다(『알아차림』, 20쪽).

마음속 번뇌를 체크하는 작업을 그래서 결코 소홀히 해서는 안 된다. 번뇌의 힘은 지혜의 힘과 견줄 필요조차 없을 정도로 강력하기 때문에 아주 작은 씨앗조차 용납할 수 없다.

대상이 일어났을 때 번뇌와 지혜 중 어느 마음이 더 강합니까? 무의식적으로 작용하고 있는 번뇌들은 아주 강력하고 마음속 깊이 자리 잡고 있기 때문에 잘 보이지 않습니다. 그렇게 강한 번뇌들이 오랫동안 마음속에 있었다면 그 힘이 얼마나 더 강해졌겠습니까(『법은 어디에나』, 168쪽).

얼마나 철저해야 할까? 마음에 번뇌가 없다는 것까지 알아야 할 정도로 철저해야 한다.

마음속에 번뇌가 있을 때, 번뇌가 있는 줄 알고 인정해야 합니다. 그러나 마음속에 번뇌가 없을 때, '없다는 것'을 알아차리는 것, 또한 중요합니다(『번뇌』, 115쪽).

052 의도 뒤에 숨은 번뇌를 보라

몸의 움직임을 한 순간 한 순간 지켜보라. 몸이 움직이기 전에 마음에는 어떤 일이 일어나는가? 몸을 움직이려고 하는 마음의 의도가 있다. 몸의 움직임뿐만 아니라 마음에서 일어나는 하나하나의 사건에도 의도가 있다. 떼자니아 사야도는 이런 사실을 '몸에 의도가 꽉 차 있다'라고 표현한다. 그러나 의도는 주의해 보지 않으면 잘 드러나지 않는다. 미세하기 때문이다.

의도 역시 대상이다. 수행의 좋은 대상이다. 쉐우민은 수행자들에게 '의도를 되도록 많이많이 보라'고 가르친다. 미세한 대상을 알아차린다는 건 사띠를 키우는 데 크게 도움이 된다.

> 모든 움직임이나 행동의 시작에만 의도가 일어나는 것은 아닙니다. 각 움직임이나 행위의 전 과정마다 의도가 있습니다. 심지어 앉아 있는 매 순간에도 의도가 있습니다. 이것을 인지하는 것이 중요합니다(『번뇌』, 135쪽).

그러나 의도를 알아차리는 데서 멈춰선 안 된다. 한 발자국 더 들어가야 한다. 의도의 뒤에 무엇이 있는가? 즉 의도의 원인은 무엇인가? 무엇이 의도를 일으키는가?

> 마음속에서 일어나는 미세한 충동을 알아차린다면 그것의 미세한 동기 역시 알게 되고 그 동기의 대부분이 번뇌임을 깨닫게 될 것입니다(『번뇌』, 134쪽).

의도 뒤에 숨은 번뇌를 철저히 인식하고 이해했을 때 비로소 지혜가 생긴다. 그러므로 마음속에 숨은 것들을 철저하게 밝혀 내는 작업이 수행의 선결조건이 된다.

수행하고 있을 때 (자신의 마음이 수행하고 있음을 알면서) 그 마음 안에 있는 자신의 마음을 못 본다면 그리고 자신의 마음가짐, 자신의 사고방식, 의견, 견해, 편견과 관념을 못 본다면, 수행하고 있다고 말할 수 없다(『마음관찰』, 44쪽).

053 번뇌가 하는 말을 듣는가

자신의 내부에 관심을 갖기 시작하면 한 가지 신기하면서도 당혹스러운 현상과 만난다. 마음이 늘 뭔가를 하고 있다는 사실이다. 마음은 한시도 가만히 있지 않는다. 그야말로 '속이 시끄럽다.' 혼자 있을 때 자신의 행동을 세밀하게 관찰해 보라. 마음이 하는 말을 밖으로 내뱉는 일도 일어난다. 무엇인가 중얼거리거나 심한 경우 욕설을 하고 때로는 휘파람을 불거나 노래까지 부른다.

사마타 수행자들은 이 마음을 재우기 위해 하나의 대상에 집중한다. 집중을 통해 얻는 선정의 고요한 그 맛은 형언할 수 없도록 황홀하다. (부다고사는 『비슈디마가』에서 선정을 세밀하게 분석·기술하고 있다.) 그러나 지금 우리의 관심은 집중이 아닌 통찰이다. 이렇게 잠시도 가만히 있지 않는 마음을 어떻게 다루어야 하는가?

마음이 말하는 것에 대해 잘 알아 두어야 합니다. 마음이 말하는 것과 생각을 억지로 멈추려는 의도 없이 아침부터 밤까지 마음 안에서 일어나고 있는 대화를 지켜볼 수 있어야 합니다. 마음을 있는 그대로 이해하기 위해 지켜보는 것이지, 있는 것을 없애기 위해 보는 것이 아닙니다(『법은 어디에나』, 161쪽).

번뇌는 그렇게 지독한 놈들이다. 그러나 보통 우리는 마음속 번뇌의 존재를 잊고 산다. 그것이 있다는 사실조차도 모르는 경우가 많다. 우리를 중얼거리게 하고 갑자기 일어난 기억에 욕설까지 내뱉는 그 놈을. 그러니 그런 마음을 내버려 둬서 되겠는가?

당신이 이해하고 기억해야 할 것 중 하나는 마음을 홀로 내버려 둬서는 안 된다는 것입니다. 마음을 끊임없이 지켜봐야 합니다. 마치 정원을 돌보지 않으면 잡초로 뒤덮이는 것처럼 자신의 마음을 지켜보지 않는다면 번뇌들이 자라고 늘어날 것입니다. 마음은 당신의 소유가 아니지만, 당신은 마음의 책임자입니다(『번뇌』, 159쪽).

번뇌에 직면하지 않고는 번뇌를 이해할 수 없다. 번뇌를 이해해야 번뇌에서 벗어날 수 있다. 이 길은 사마타 수행이 번뇌를 억제함으로써 얻는 선정과는 다른 길이다. 선정은 깨지는 순간 번뇌가 다시 활동하겠지만, 지혜를 통한 이해의 길은 번뇌에서 초연하게 되는 길이다.

수행의 목적은 지혜가 성장하도록 하는 것입니다. 일단 번뇌를 인식하고, 이해하며, 초연할 수 있어야 지혜는 성장할 수 있습니다. 자신의 한계를 시험하고 성장하기 위하여, 스스로에게 번뇌와 직면할 기회를 주십시오. 삶의 도전에 직면하지 않고는, 당신의 마음은 영원히 나약한 모습으로 남아 있게 될 것입니다(『번뇌』, 119쪽).

길은 하나뿐이다. 번뇌의 일어남과 사라짐을 끊임없이 반복해서 지켜보는 것. 그러나 그 길은 수행에서 얻는 경험과는 아무런 연관이 없다. 수행 중 멋진 경험을 했다고 하더라도 그것에 집착하는 순간, 번뇌는 다시 활동할 것이기 때문이다. '놓치지 말고 보라. 반복해서 보라.' 이 슬로건을 기억해야 한다.

단지 좋은 경험을 기대하는 것만으로는 아무것도 얻을 수 없습니다. 번뇌를 이해하기 위해서는 몇 번이고 반복해서 지켜봐야 합니다. 만약 번뇌의 자연적인 성품을 알게 되면, 번뇌는 사라질 것입니다. 일단 번뇌를 다룰 수 있게 되면, 좋은 경험들은 자연스럽게 따라오게 됩니다. 대부분의 수행자들은 번뇌를 수행의 대상으로 삼지 않고, 좋은 경험만 하기를 바라는 잘못을 범하고 있습니다(『번뇌』, 145쪽).

054 번뇌도 법이다

산책 중 꽃 한 송이를 만난다. 마음이 만나는 대상이다. 꽃이라는 대상을 만나 마음은 어떻게 반응하는가? 대상을 일차적으로 알아차리는 것은 마음識의 기본 작용이다. '꽃이다'라는 판단은 산야의 작용으로 마음과 함께 일어난다. 그다음 과정이 '꽃이 예쁘다', '꺾고 싶다'로 가는 경우를 생각해 보자. 그런 생각의 저변에는 생각을 일으키고 부추기는 무엇이 있다. '탐욕'·'탐심'·'욕심'이라고 불리는 번뇌다.

대개의 경우 마음은 이런 유형으로 반응한다. 대상은 번뇌를 일으킨다. 번뇌는 보통 일어나게 되어 있다. 번뇌를 어떻게 다뤄야 하는가? 일어나지 않도록 억눌러야 하는가? 그렇게 가르치는 수행법도 있다. 하지만 쉐우민은 그렇게 가르치지 않는다. 억누르는 건 수행이 아니다. 다음 구절은 번뇌에 대한 쉐우민 대처법을 한 문장으로 표현하고 있다.

'내가 번뇌에 오염되어 있다'가 아니라, 번뇌를 단지 번뇌로만 지켜보는 법을 배우십시오(『번뇌』, 146쪽).

'번뇌로만 지켜보라'는 말의 뜻은 무엇인가? 이 명제에는 번뇌가 일어났다는 사실에 대한 인정과 수용이 전제되어 있다.

중요한 것은 번뇌의 특성을 이해하는 것이지 피하는 것이 아니다. 그것이 지나가는 것을 지켜보라(『마음관찰』, 110쪽).

꼬살라 사야도는 여기에 "그대와 번뇌 사이의 관찰하는 그 거리를 유지하라"고 덧붙인다. 번뇌를 싫어하고 거부하는 마음에는 번뇌가 '나의 번뇌'라는 견해가 배태되어 있다. 번뇌는 번뇌일 뿐 '나의 번뇌'가 아니다. 번뇌는 자연스럽게 일어났다 사라지는 자연적인 과정일 뿐이다. 그것이 번뇌에 대한 바른 견해다.

번뇌도 법의 일부입니다. 그것을 거부하지 마십시오. 한 수행자는 번뇌가 빨리 사라졌을 때 실망했다고 합니다. 번뇌를 원해서가 아니라 번뇌로부터 배우고, 그것을 알고 싶어서였습니다. 번뇌와 마주쳤을 때 당신의 마음가짐도 이와 같아야 합니다(『번뇌』, 129쪽).

번뇌를 지켜볼 때 번뇌에 대한 이해가 생긴다. 번뇌를 보통 탐·진·치로 분류하는 데는 이와 같은 이해가 있다.

진심의 성품은 따로 있습니다. 거칠고, 파괴하는 성질이 그것입니다. 이와 마찬가지로 탐심의 자연적인 성품은 착 달라붙어서 놓지 않으려고 하는 것입니다. 이러한 것들을 바르게 알기 위해서 수행하는 것입니다. 그러므로 '나의 진심'이라고 한다면 바르게 알 수 없습니다. 견해가 잘못되면 대상을 원인으로 해서 탐·진·치가 일어납니다. 견해가 바르게 되면 대상을 원인으로 해서 지혜가 생깁니다. 수행을 할 때 전에는 없었던 사띠, 사마디, 지혜들이 생겨나야 합니다. 아는 것에 가치를 두어야 합니다(『마음가짐』, 70-72쪽).

쉐우민은 번뇌가 일어날 때마다 세세하게 지켜보라고 가르친다.

　　작은 번뇌들이 커집니다. 궁극적으로 우리는 아주 작은 탐욕과 성냄이 드러나는 것도 볼 수 있어야 합니다(『알아차림』, 218쪽).

그리하면 어떻게 되는가? 아무리 미세한 번뇌도 볼 수 있게 된다.

　　마음이 순수하고 평화로우며 평온할 때는 아무리 미세한 번뇌일지라도 그것으로 인해 일어나는 어떤 육체적 긴장도 즉시 알아차릴 수 있습니다(『번뇌』, 145쪽).

055 부정적 감정에 직면하라

　　옛날 어느 나라에 꿈 해몽에 신통력을 가진 점쟁이가 살았다. 누구든 꿈을 꾸고 그에게 해몽을 의뢰해 받으면 예언하는 그대로 모든 일이 일어났다. 왕이 이 사람을 불러 자신의 꿈 해몽을 명령했다. "어젯밤 꿈에 궁궐 기왓장 두 장이 새가 돼 날아가더라. 이 무슨 꿈이냐?" 점쟁이가 대답했다. "폐하 측근 두 사람이 죽을 꿈입니다." 왕이 꾸짖었다. "너를 시험할 요량으로 내가 꾸지도 않은 꿈을 해몽하랬더니 해몽은 무슨 해몽이냐!" 왕이 점쟁이를 옥에 가두었다. 그런데 그날 밤 궁녀 둘이 싸워 둘 다 죽는 일이 일어났다. 왕이 점쟁이를 불러 물었다. "꾸지도 않은 꿈이 해몽대로 되다니, 어찌된 거냐?" 점쟁이가 대답했다. "밤에 자면서 꾸는 꿈만이 꿈이 아닙니다. 밤이든 낮이든 한 생각 일어나면 그것이 바로 꿈입니다." 불교의 우화를 모아 놓은 『현우경賢愚經』에 나오는 이야기다.

그런데 한 생각 일어난 그대로가 현실이 되는 일이 내게도 일어났다. 지난겨울 쉐우민에서. 수행 한 달이 지날 즈음 느닷없는 생각이 들었다. 숙소 앞 신발장에 둔 신발이 없어지면 어떡하지 하는 생각이었다. 미국 여행에서 산 유명 브랜드 신발, 뉴욕에서 단 한 번 신었던 신발, 방에 옮겨 둘까? 괜한 생각이란 생각이 들어 그만두었다. 그런데 다음 날 신발이 보이지 않았다. 아깝기도 하고 분하기도 했다. 탐심과 분심이 동시에 일어났다. 사흘 정도를 번뇌에 시달렸다. 번뇌에서 벗어나려고 마음을 달랬다. "그래 뭐, 누구든 잘 신으면 그만이지. 원래 내께 뭐 있나? 보시한 셈 치지 뭐."

이 사건에서 배운 게 있었을까? 배웠다고 생각했지만, 자기기만이었다. 딱 이런 경우 들어맞는 사야도의 법문이 있어 소개한다.

만약 누군가가 당신의 물건을 훔쳐갔을 때, 스스로에게 '아무렇지 않다. 그것을 일종의 보시이다'라고 말하지 마십시오. 이것은 마음의 속임수입니다. 자신의 곤혹스러움을 인식하고 받아들이십시오. 자신의 곤혹스러움을 직접 지켜보고 이해할 수 있을 때, 이것을 완전히 놓아 버릴 수 있습니다(『번뇌』, 131쪽).

나는 아직도 이따금 그 신발이 생각나고, 아까운 마음도 들고, 방에 옮겨 놓지 않은 걸 후회하는 마음까지도 든다. 내가 번뇌에서 배우지 못했기 때문이다. 부정적 감정은 회피하지 말고 직면하라는 가르침의 뜻이 이제야 가슴에 와 닿는다. 받아들인다는 건 부정적 감정, 번뇌에 직면하고 용기 있게 맞서라는 뜻도 포함되어 있다.

진리를 알기 위해서는 용기가 있어야 하며, 또한 진리를 알고자 한다면 수행을 시작해야 합니다. 즉 자기 자신에게 사띠를 두어야 합니다. 가장 먼저 인정해야 할 사항은 자신의 '마음속에 번뇌가 있다'는 것입니다. 이것이 기본입니다. 우리는 모두 자신이 좋은 사람이기를 원하기 때문에 자신의 긍정적인 면만 보고, 또한 남에게 보여 주려는 경향이 있습니다. 번뇌와 직면하지 않는다면, 우리는 결국 자신과 다른 사람들에게 거짓말을 하게 됩니다. 보다 좋은 방향으로 변화하기를 원한다면, 자신의 부정적인 측면을 알아야 합니다. 자신을 있는 그대로 보기 시작하고 장점과 단점을 모두 인정할 때, 당신은 제대로 수행해 나가는 것입니다(『번뇌』, 131-133쪽).

056 수행의 가속도

한 알의 도토리가 땅에 떨어져 싹이 터서 참나무로 자란다. 작은 도토리가 결국에는 거대한 나무가 된다. 도토리 한 알 속에 이미 참나무는 잠재적으로 존재한다. 사띠빳타나 수행의 시작은 닛빠나(열반)의 씨앗이다. 수행 속에 열반이 잠재적으로 존재한다. 그러나 수행이 싹을 틔우고 지혜의 나무로 자라기 위해서는 사띠의 이어짐이 필수다. 씨앗에 때에 맞게 내리는 비와 햇볕이 필요한 것처럼.

씨앗이 일단 싹을 틔우면 나무는 하루가 다르게 자란다. 수행 과정에도 그런 단계가 있다. 떼자니아 사야도는 그것을 '수행의 가속도'라고 부른다. 수행이 본격적이 되려면 반드시 이 단계에 이르러야 한다. 수행에 가속도가 붙으려면 사띠가 이어져야 함은 물론이다. 가속도가 나려면 어떻게 해야 하는가?

처음 수행하는 사람은 스스로에게 '알아차리고 있어야 함'을 자주 상기시켜 줘야 합니다. 처음에는 알아차림을 놓친 것을 아는 것이 다소 느려서, 알아차림이 잘 이어지고 있다고 생각할 것입니다. 그러나 일단 알아차림이 예리해지면, 실제로는 '그것을 자주 놓친다는 것'을 알기 시작할 것입니다. 그래서 당신은 아마도, '알아차림이 더 안 되고 있다고 느낄지도 모릅니다. 그러나 사실은, 알아차림을 놓치고 있음을 더 자주 알게 된 것뿐입니다. 이것은 수행을 제대로 하고 있는 것입니다. 이는 알아차림이 점점 좋아지고 있음을 보여 주는 것입니다. 그러므로 결코 자기 자신을 힘들게 하지 마십시오. 단순히, 자신의 수행상태를 받아들이고 스스로에게 알아차릴 것을 계속 일깨워 주십시오(『번뇌』, 69쪽).

아이러니하게도 '알아차림이 자주 끊긴다'는 자각은 사띠 잇기가 전보다 힘을 받았다는 뜻이다. 이전에는 사띠가 끊기는 것조차도 몰랐을 테니까. 그러하니 사띠가 끊긴다는 자각이 '나는 안 돼!', '업장이 두텁다!', '엉망으로 살다가 갑자기 수행이 가당키나 한가!' 등의 자학과 자책으로 이어져서는 안 된다. 아니 그런 자각을 오히려 기뻐할 일이다. 그리고 그저 계속해서 마음을 일깨워 주기만 하면 된다. 그러면 자각은 점점 분명해진다.

알아차림을 지켜볼 줄 알게 되면, 사띠가 있으면 있는 줄 알고 잠시 그것을 놓쳤을 때는 놓친 것을 바로 알게 됩니다(『번뇌』, 155쪽).

수행에 가속도가 붙으면 알아차림이 쉽고 자연스럽게 된다. 그리고 분명한 느낌과 마음의 자유를 지니게 된다.

일단 수행에 가속도가 붙으면 알아차림이 자연스럽게 유지될 것입니다. 이런 자연스런 알아차림은 거의 만져서 알 수 있는 것처럼 분명한 느낌을 갖고 있습니다. 그리고 당신이 전에는 체험한 적이 없는 자유로움을 느끼게 될 것입니다. 자연스런 알아차림이 있을 때 언제나 저절로 알게 되며 대부분의 시간 동안, 그것을 체험합니다. 다시 말해서 당신은 알아차림을 알아차리게 되고, 마음은 알아차림의 대상이 됩니다. 이와 같이 가속도가 붙게 되면, 마음은 한층 더 평온해집니다(『번뇌』, 73쪽).

057 수행하면 '마음'은 분명해진다

심념처 수행은 마음을 대상으로 하는 수행이다. 하지만 마음을 대상으로 사띠를 둔다는 일은 결코 간단한 일이 아니다. 그렇다고 불가능한 일도 아니다. 자꾸 반복해서 하려고 노력하면 결국 되는 일이다.

마음을 처음 지켜보기 시작할 때, 우리는 마음을 관찰하는 데 익숙하지 않기 때문에 파악하기 어려운 듯이 느껴집니다. 그러나 일단 마음을 지켜보는 수행을 조금 하면, 마음은 점점 더 분명해집니다. 마음은 점점 더 손으로 만져지는 것처럼 느껴지는데, 경우에 따라서는 마치 몸의 감각들을 관찰하고 있는 것과 같습니다(『알아차림』, 107쪽).

사띠의 힘이 커져 갈수록 마음을 대상으로 하는 수행은 자연스럽고 쉬워진다.

의식적으로 노력하지 않아도 여러 가지 다른 대상들을 항상 알아차릴 수 있습니다. 예를 들어, 손을 씻을 때는 손의 동작과 비누를 잡는 촉감, 냄새, 흐르는 물의 감각, 소리 등을 알게 됩니다. 이 모든 것들을 알고 있는 동안, 바닥에 닿아 있는 발의 감각, 들판 저편에 있는 사원에서 울려 퍼지는 확성기 소리가 들리는 것, 벽에 묻은 얼룩을 보는 것, 그것을 닦아내고 싶은 충동을 느끼는 것도 알아차리게 됩니다. 이 모든 것이 일어나는 동안, 좋아하고 싫어하는 마음 또한 알아차릴 수 있을 것입니다(『번뇌』, 73쪽).

자신의 마음속에서 일어나고 있는 일을 관찰할 수 있게 되면, 자신이 스스로의 평가보다 훨씬 질이 좋지 않은 사람임을 자각하게 될 것이다. 사실 스스로를 '나쁜 놈'이라고 생각하는 사람은 퍽 드물다. 열등감과 자학에 빠져 있지 않다면 보통은 자신에게 관대하고 스스로를 과대평가하기 마련이다.

스스로의 마음을 관찰하게 되면, 지금까지 알아차리지 못했던 고정관념, 욕망, 공포, 희망, 기대를 발견하게 되어, 당신은 놀랍고 당황스러울 뿐만 아니라 심지어 충격을 받을 수도 있습니다(『번뇌』, 105쪽).

하지만 스스로의 마음속이 번뇌로 꽉 차있다는 사실에 대한 자각과 인정은 새로운 삶의 출발점이다. 그 사실을 알게 되는 순간 수행하지 않을 수 없게 될 것이다. 자각은 수행의 출발점이며 흔들리지 않는 마음을 갖게 되는 계기가 된다. 앞서 언급한 대로 번뇌도 법의 일부이기 때문에 좋은 수행거리가 된다.

대상이 긍정적이면 마음도 긍정적인 방향으로 반응하고, 부정적일 때는 부정적인 방향으로 반응하는 경향이 있습니다. 이 과정들을 이해하려면 마음을 관찰하는 수행을 해야 합니다. 이해를 통해서, 마음이 어느 정도 안정을 얻게 되면, 더 이상 부정적이거나 긍정적인 대상 혹은 경험에 의해 그다지 영향을 받지 않게 될 것입니다(『알아차림』, 144쪽).

대상에 휘둘리지 말라는 쉐우민의 가르침은 이렇게 이해된다. 대상은 대상일 뿐이다. 사띠의 힘이 커질수록 마음은 느긋해지고 여유로워질 것이다. 결국 알고 있는 바로 그 마음까지 대상으로 삼아 관찰할 수 있게 될 것이다.

여유를 가지고 느긋하게 지켜보아야 더 많은 대상들을 알아차릴 수 있고, 그 대상들을 알고 있는 마음 역시 알아차릴 수 있게 됩니다. 그때 여러분은 알아차림이 있을 때, 있다는 것을 분명하게 알고, 알아차림이 없을 때 없다는 것을 분명하게 알게 될 것입니다(『법은 어디에나』, 132쪽).

058 자연스런 알아차림

물은 위에서 아래로 흐른다. 막히면 돌아가고, 바람을 만나면 물결로 일렁인다. 때로는 호수가 되고 폭포가 되기도 한다. 늘 낮은 곳에 처하는 물의 성품 때문이다. 성품에 거스르지 않는 것이 바로 자연이다. 거스르지 않기 때문에 편안하고 오래간다. '자연스럽다'라는 말은 그런 말이다. 수행도 자연스러워야 한다. 힘을 쓰지 않아도 편안하고 오래간다. 수행에 가속도가 붙으면 사띠가 자연스러워진다.

수행에 가속도가 붙게 되면 집중은 자연스럽게 좋아집니다. 즉, 마음이 보다 더 안정됩니다. 더 예리해지고, 만족스러워지며, 더 단순하고 정직해지며, 더욱 유연해지고, 감수성이 보다 예민해집니다. 마음은 미세한 번뇌를 아주 쉽게 찾아 낼 수 있습니다. 그럼에도 여전히 다른 대상들도 알고 있습니다. 자연스런 알아차림은 당신이 다른 많은 대상들을 알아차릴 수 있도록 할 뿐 아니라, 그들의 원인과 결과를 효과적으로 다룰 수 있도록 해 줍니다(『번뇌』, 77쪽).

마음이 안정되는 건 사마디가 생기기 때문이다. (이 사마디를 '위빠사나 사마디'라고 부르는데 이에 대해서는 향후 더 자세히 설명하려고 한다.) 하지만 대상에 집중하는 사마디는 아니다. 오히려 사띠는 더 예리해져서 감수성이 예민해진다. 더 많은 대상을 한꺼번에 알아차릴 수 있게 된다. 그렇다고 '신경이 날카로워진다'는 뜻은 아니다. 오히려 마음은 유연해지고 단순해지며 솔직해진다. 통찰에 한 발자국 더 가까워지기 때문일 것이다.

수행의 복원력도 강해진다. 사띠가 자연스러워진다고 해서 번뇌가 일어나지 않는 건 아니다. 수행 초기 수행 중 번뇌가 일어나면 한참의 시간 동안 번뇌에 이끌려 다닌다. 하지만 사띠가 자연스러워지면 번뇌의 일어남까지 알아차릴 수 있게 되므로 번뇌에 시달리는 시간이 점점 짧아지게 된다.

자연스런 알아차림이 되면 수행 초기에 한두 가지 대상을 알아차리기 위해서 애쓰던 것에 비해 지금은 수많은 서로 다른 대상들을 관찰할 수 있기 때문에 마치 사물들이 느리게 움직이는 것처럼 느껴질지도 모릅니다. 하지만 예기치 못한 강한 형태의 탐심과 성냄이 일어나면, 갑자기 당신은 마음의 균형을 잃어버릴 수도 있습니다. 그러나 이제는 예전과 다른 점은 거친 번뇌와 잘못된 마음가짐을 매우 빨리 인식할 수 있으므로 번뇌들은 즉시 없어지거나 적어도 금방 힘을 잃기 시작합니다. 아직은 여전히 알아차림을 놓칠 수도 있고, 마음이 때때로 헤매거나 알아차림이 희미해질 수도 있겠지만, 당신은 대개 이 모든 것들을 매우 빨리 알게 될 것입니다. 즉 자연스런 알아차림이 재빨리 다시 작용합니다(『번뇌』, 75쪽).

마음을 억제하고 조이는 일은 이제 그만둬야 한다. 마음을 어떻게 하려고 하지 말라. 마음이 제 성품대로 일어나고 사라지도록 그대로 두라. 심지어 번뇌까지도. 다만 그 일어남과 사라짐을 지켜보라.

059 알아차림을 알아차림 하라

'알아차림을 알아차림 하라'는 심념처의 핵심 가르침이다. 그러니 이제 심념처의 핵심으로 본격적으로 진입한 셈이다. 눈을 떠 보라. 무엇이 보이는가? 보이는 그 무엇은 대상이다. 그럼 무엇이 보는가? 마음이겠지. 마음이 대상을 보는 걸 알아차리는 건 사띠의 작용이다. 그때 우리는 '마음에 사띠가 있다'고 말한다.

심념처는 한 발자국 더 나간다. 알아차리는 그 마음을 알아차려 보라. 수행 초기에는 이해할 수 없었지만, 수행에 가속도가 붙은 단계에 이르면 알게 된다. 알아차리는 마음이 알아차려지는 일이. 쉐우민 심념처에서는 이를 '아는 마음을 안다'라고 일컫는다. '아는 마음을 안다'는 말은 그래서 본격적 심념처 수행의 시작이 된다. 다른 말로는 '알아차림을 알아차리는 일'이 되고, 또 다른 말로는 '대상과 마음을 함께 알아차리는 일'이 된다.

대상을 지켜볼 때, 알아차림을 다시 한 번 확인해야 합니다. 이렇게 함으로써 대상을 알아차리고 있는 것을 알아차리게 됩니다. 즉 지켜보는 마음을 관찰하는 것을 배우십시오(『번뇌』, 134쪽).

이 수행법은 '쉐우민 사야도'라고 불리는 꼬살라 장로에서 비롯됐다. 그리고 위빠사나 중 가장 자연스럽고 쉬운 수행법이 됐다. 이 핵심 수행법만 잘 익히면 일상에서도 수행은 이어진다. 이 강점 때문에 생업을 갖고 수행하는 많은 수행자의 등불이 됐다. 앞서 언급한 대로 세속에서 가족의 생계를 위해 시장에서 장사를 하던 떼자니아 사야도의 수행도 이런 수승한 수행법 덕택이 아니었을까? 아무튼 꼬살라 사야도는 이 수행법을 다음과 같이 요약해 놓고 있다.

명칭을 붙이지 말고, 마음을 꾸준히, 조용히 주시하라. 언제든지 몸에 대해서는 신경 쓰지 말라. 그 마음을 지켜보는 관찰자를 보려고 하라. 언제든지, 지속적으로 사띠하라. 그 무엇에도 마음을 고정시키지 말라(『마음관찰』, 24쪽).

아직도 설명이 부족할 수 있겠다. 오랫동안 다른 수행 전통을 따랐거나 '마음의 집중이 수행'이라는 수행관을 버리지 못한 수행자에게는 생소하기 이를 데 없을 테니. 그렇다면 수행자와 사야도의 다음 인터뷰 내용을 자세히 음미해 보라.

사야도: 당신은 알아차림을 알아차리고 있습니까? 항상 알아차림이 현존한다는 것을 인식합니까?

수행자: 네. 그렇지만 알아차림이 있는지 점검하려고 의식적으로 노력해야만 합니다.

사야도: 좋습니다. 우선은 알아차림이 분명한지, 당신이 항상 알아차리고 있고 또한 그 알아차림이 현존하는지 아닌지를 점검하십시오. 일단 알아차리고 있고 현존하고 있다는 것을 느끼면 그 알아차림을 인지하도록 하십시오. 그리고 나서 그 알아차림에 현존하는 마음가짐을 인

지하는지 못하는지를 알도록 노력하십시오.

수행자: 아! 알겠습니다. 저는 지금 현미경을 통해서 알아차림을 보고 있는 것처럼 느껴집니다.

사야도: 당신은 실제로 얼마만큼 알아차립니까? 몸의 감각들만 압니까, 아니면 생각과 정신적 느낌까지도 압니까?

수행자: 알아차림이 좋을 때에는 일종의 파노라마와 같습니다.

사야도: 당신이 몸의 감각, 생각, 정신적 느낌과 그 밖의 마음작용들을 알아차릴 때 그것들이 어떻게 연관되고 있고, 서로 어떤 영향을 주는지 알 수 있습니까? 마음이 무언가를 생각하고 있을 때, 그 생각이 육체적인 감각들과 느낌들에 어떻게 영향을 줍니까? 몸에 어떤 느낌이 있을 때, 그것이 느낌들과 생각들에 어떤 변화나 영향을 미칩니까? 이상의 질문들 중 어느 것이든지 스스로에게 물으면, 마음은 그 상황에 지혜를 끌어들이는 것이 됩니다. 바로 대답을 알아낼 필요는 없고, 단순히 그렇게 묻기만 해도 지혜를 불러일으키게 됩니다. 말하자면 새로운 소프트웨어를 도입하는 것입니다. 당신은 알아차리고 있을 때와 알아차리지 못하고 있을 때의 마음의 질적인 차이를 압니까?

수행자: 네.

사야도: 이러한 것들을 스스로 아는 것은 아주 중요합니다. 이런 차이를 스스로 안다는 것은 알아차림의 가치를 인지하고 소중히 여기도록 도와줍니다. 알아차림의 가치를 소중히 여기게 되면, 이해와 지혜의 가치도 차츰 소중히 여기게 될 것입니다. 알아차림의 질이 자신의 삶을 어떻게 변화시키는지 분명하게 보아야 하고, 지혜로부터 얻는 이익 또한 가치 있게 생각해야 합니다. 일단 이 모든 것을 이해하면, 당신은 온 마음을 다 해서 수행하게 될 것입니다(『알아차림』, 62-63쪽).

다소 길어졌지만 한 마디 더. 다음 법문은 심념처 수행의 과정과 근거들을 요약하고 있다. 집중하지 말라, 사띠에 가속도를 붙여라, 자연스럽게 수행하라, 이런 수행의 지침들의 결론은 그래서 이 법문의 마지막 문장이 될 것이다. '알아차림을 알아차림 하라.'

무엇을 하든, 중요한 것은 알아차림입니다. 알아차림을 지속시키기 위해서는 바른 노력이 필요합니다. 바른 노력이란? '스스로에게 알아차릴 것을 끊임없이 일깨워 주는 것이며 꾸준히 노력하는 것이며, 어떤 대상에 강하게 집중하는 것이 아닙니다.' 단순히 지속적으로 알아차리고 있도록 하는 것이며, 많은 힘을 사용하지 않는 노력이어야만 합니다. 당신이 체험하는 모든 것에 대해 자세히 알 필요는 없습니다. 단지 알아차리십시오. 그리고 자신이 알아차린 것을 다시 알아차리십시오(『번뇌』, 61쪽).

060 대상을 아는 마음과 그 앎을 아는 마음

'(대상을) 아는 마음을 안다'는 말은 매우 전문적이고 섬세한 말이다. 설명하기가 참 어렵다. 수행이 오래됐다고 해서 모두 정확하게 이해하고 남에게 설명할 수 있는 것도 아니다. 체험이 전제되어야 한다. 체험이 있어야 이해할 수 있고 설명할 수 있다. 수행이 오래되지 않았어도 체험이 있는 사람은 금방 알아듣는다. 오래된 수행자도 자신이 '아는 마음을 알고 있다'고 오해하는 경우도 있다. 다음 문답을 보자.

수행자: 들리는 것, 보이는 것, 알아차리는 마음이 늘 있습니다. 그때 느낌에 집중하면 소리가 안 들리는 느낌이 듭니다. 마음이 느낌에 집중돼도

괜찮은지 묻습니다.

사야도: 아는 마음을 소리 없이 볼 수 있습니까? 대상 없이 아는 마음이 생길 수 없습니다. 대상이 없었다면 아는 마음이 아니라 마음상태를 보는 겁니다. 마음 상태는 대상일 뿐 마음이 아닙니다. 반드시 대상이 있어야 합니다. 그래야 앎이 성립합니다. 앎을 알아차리라는 가르침은 대상이 있고, 그 대상을 알아차리는 마음이 함께 알아차림의 대상이 되어야 합니다. 위 경우 '느낌'이라는 마음 상태가 대상이 되기 때문에, 앎에 사띠를 두는 수행이라고 할 수 없습니다. 마음상태를 아는 마음이 있다면, 그 앎을 대상으로 사띠를 두어야 합니다. 그래야 심념처입니다. 조금 더 들어가 봅시다.

수행자: 알아차림을 관찰하고 있으면 그 결과 마음이 명료해지는 것 같습니다. 그리고는 그 명료함이 대상이 됩니다. 그렇기 때문에 관찰하는 마음과 명료한 마음을 구별하기가 어렵습니다.

사야도: 그렇습니다. 명료한 마음과 명료함을 수행하는 마음은 다른 것입니다.

수행자: 저는 관찰하면서 두 가지 다른 체험을 했습니다. 하나는 관찰하는 것과 대상 사이에 거리가 있는 것처럼 느껴지는 것이고, 다른 하나는 분리되어 있는 것이 아니라 거기 있는 것에 대해 단순히 관찰만 있는 듯이 느껴집니다.

사야도: 같은 체험인데 두 가지 체험이 있을 뿐입니다. 첫 번째 경우에 당신은 대상과 관찰 간의 근본적으로 다른 성품을 알아차렸습니다. 그것들은 서로 다른 방식으로 작용하기 때문에 그것의 차이를 알아차린 것입니다. 두 번째 시각에서 당신은 사실상 이 두 가지 서로 다른 작용이 함께 일어나고 있는 것을 봅니다. 두 번째 시각이 좀 더 자연스럽습니다. 첫 번째 경우에는, 즉 대상과 알아차림 사이의 분리를 볼 때는, 우리의 체험을 어느 정도 개념화하고 있는 것입니다.

수행자: 네. 이해가 됩니다. 제가 마음이 조용하고 균형 잡혀 있을 때는 두 번째 것이 일어나고 있음을 알아차렸습니다(『알아차림』, 64쪽).

위 수행자는 수행 중 나타나는 명료한 느낌을 대상으로 알아차림 하게 된다고 보고하고 있다. 보고에 대한 사야도의 답변은 명료하다. 명료한 느낌이 대상이라면 그 느낌을 아는 마음과의 관계에 앎이 성립할 것이고, 그 앎을 대상으로 해야 수행이라고 가르치고 있다. 명료한 마음과 명료함을 수행하는 마음이 다른 마음임을 일깨워 주면서.

위 인터뷰 내용 중 눈여겨볼 또 다른 사항은 수행자의 '관찰 중 두 가지 체험'과 연관된 것이다. 하나는 대상과 마음에 거리를 느끼는 체험이고, 다른 하나는 단순히 관찰만 있는 것처럼 느끼는 것이다. 사야도는 두 체험이 같지만 전자에는 개념화가 작용하고 있다고 설명하고 후자가 더 자연스럽다고 알려 준다. 수행이 진전되면 이런 것들이 문제가 되고 의문이 생긴다. 수행자들의 세세한 체험들까지 사야도는 자신의 체험을 바탕으로 분석해 준다.

061 '지켜보는' 마음

앎을 대상으로 사띠를 두는 일, '아는 마음'을 아는 일, 대상과 마음을 함께 알아차리는 일은 쉐우민 심념처 수행의 핵심이다. 또 다른 표현은 '마음이 하는 일을 지켜보는 일'이다. 마음은 알아차리는 일을 하고, 마음이 하는 그 일을 지켜보는 마음이 있어야 한다.

꼬살라 사야도는 알아차리는 마음을 '주시하는 마음', 주시하는 그 마음을 알아차리는 마음을 '지켜보는 마음'이라고 표현한다. 그러나 알아차리는 일을 하는 점에서 그 두 마음은 같다. 다만 알아차림의 대상이 다를 뿐이다.

지켜보는 마음도 주시하는 마음이다. 이는 주시하는 마음을 관찰하려고 할 때 나타난다(『마음관찰』, 74쪽).

심념처에서 이 '지켜봄'의 개념이 매우 중요하다. 한 차원 더 높여서 보는 마음, 아는 마음을 대상으로 사띠하는 마음, 더블 클릭해서 나타나는 마음이 하는 일이 바로 이 '지켜보는' 일이다.

주시하는 마음이란 대상을 아는 마음이며, 지켜보는 마음 즉 '한 단계 위의 마음'이란 두 가지를 다 아는 마음이다(『마음관찰』, 31쪽).

지켜보는 마음은 어느 때 나타나는가? 물론 수행이 익어 가면서 나타난다. 수행이 익어 가면 마음에 균형이 생긴다.

주시하는 마음과, 주시하는 마음을 관찰하는 마음을 보려면, 지나치게 열심히 하지 않으면서, 올바른 균형을 취해야 한다. 보려고 하면 할수록 더욱 어려워진다(『마음관찰』, 26쪽).

지켜보는 마음을 유지하려면 '앎'이라는 대상에 관심을 놓지 말아야 한다.

지켜보는 마음이 대상에 그다지 관심이 없을 때, 지켜보는 마음은 증발해 버리는 경향이 있다. 그러면 망상하는 마음이 나타난다(『마음관찰』, 74쪽).

떼자니아 사야도의 설명은 보다 구체적이고 친절하다.

402

지켜보는 것이 얼마나 편합니까? 이곳에서는 집중하거나 억제하거나 만들거나 통제하면서 보지 않습니다. 집중하고 억제하고 통제하는 것들은 로바가 하는 것입니다. 원하면 힘이 많이 들어갑니다. 불만족스러워도 힘을 많이 쓰게 됩니다. 어떻게 해야 할지 모를 때에도 무턱대고 합니다. 그래서 지혜로써 지켜보는 것에 대해 말하고자 합니다. 지금 앉아 있을 때 자연스럽게 알 수 있는 것은 무엇이 있습니까? 코도 보지 말고, 배도 보지 말며, 어느 한 곳에 몰입해서 보지 말고 자기 자신에게 사띠를 두고 돌아보십시오. 지금 이 순간에 자연스럽게 알 수 있는 것은 무엇이 있습니까? 자신의 몸에서 어떤 것들이 일어나고 있습니까? 앉아 있는 줄 아십니까? 배가 부풀어 오르고, 꺼지고, 움직이고, 덥고, 들리는 등 … 합장하고 있는 팔이 뻐근하지 않습니까? 손이 닿아 있는 줄은 알 수 없습니까? 보이고, 들리고, 덥고, 차갑고, 닿아 있고, 뻐근한 것, 이러한 것들을 알기 위해서 얼마나 많은 힘을 써야 합니까? 이것이 힘이 듭니까? 어렵습니까? 이대로 하루 종일 수행한다면 힘들겠습니까?(『마음가짐』, 34-35쪽)

그렇다. '지켜보기'는 그다지 힘든 일이 아니다. 다만 습관이 되지 않았을 뿐.

우리는 평생 동안 습관적으로 추구하고 집착합니다. 그러므로 뒤로 물러나서 이런 마음이 일어나는 것을 담담히 지켜보기가 어렵습니다. 그러나 이런 습관들을 알고 이해하고자 한다면 반드시 뒤로 물러나서 지켜봐야 합니다(『번뇌』, 165쪽).

수행은 단지 지켜보는 일이 된다. 뭐 그리 어려울 게 있겠는가?

마음을 일하게 하고 단지 지켜보기만 하라. 그 성냄을 지켜보고, 그 탐욕을 지켜보고, 그 성급함이나 어리석음을 지켜보라. 이 감정들과 마음 상태들을 지켜보라. 그것들을 지켜볼 때, 그것들은 무엇을 하고 있는가(『마음관찰』, 24-25쪽).

062 두 개의 마음이 있어야 수행이다

쉐우민 심념처 수행은 마음을 대상으로 삼는 시점에서 본격적으로 시작된다. 여러 대상을 한꺼번에 알아차리는 수행법은 물론 그 본격적인 수행을 위한 방편이다. 꼬살라 사야도의 법문 한 대목부터 맛보고 가는 것도 좋겠다.

신념처나 수념처, 혹은 다른 어떤 방식을 결합해서 수행하더라도, 지켜보는 마음에 도달하지 않으면 안 된다. 왜냐하면 그것이 바로 도이기 때문이다. 다른 길은 없다(『마음관찰』, 31쪽).

꼬살라 사야도는 단호하다. 이 선언적 법문의 키워드는 '지켜보는 마음'이다. 꼬살라 사야도가 말하는 지켜보는 마음은 대상을 알아차리는 마음을 대상으로 알아차리는 마음이다. 지켜보는 마음이 있을 때 수행은 '두 개의 마음'에 도달한다. 꼬살라 사야도의 아래 법문은 이 점을 다시 한 번 정리해 준다.

어느 마음이 주시하는 마음인가? 그것은 대상과 함께 있고, 대상에 대해 알고, 대상과 함께 일어나며, 대상으로 인하여 일어나는 마음이다. (그리고 대상과 함께 사라지고 대상으로 인하여 사라지는 마음이다.) 어느 마음이 지켜보는 마음인가? 그것은 주시하는 마음이 어디 있는지, 그것이 무얼 하는지 아는 마음이다(『마음관찰』, 79-80쪽).

'두 개의 마음'에 도달하면 수행은 쉽고 단순해진다. 꼬살라 사야도는 "마음을 일하게 하고 단지 지켜보기만 하라"고 가르친다. 여기서 "지켜보는 것은 어렵지 않다. '이것은 원래 그런 것이다. 이것이 그것의 느낌이다'라고 알기만 하라"(『마음관찰』, 25쪽)고 덧붙인다. 이럴 때, 대상과 그것을 아는 (알아차리는, 주시하는) 마음이 함께 일어나고 사라진다. 그리고 마음을, 그 일어남과 사라짐을 본다.

대상과 주시하는 마음이 함께 일어나고 사라지는 것을 보면 지켜보는 마음을 이해하게 된다. 왜냐하면 그것을 보는 것이 지켜보는 마음이기 때문이다(『마음관찰』, 74쪽).

꼬살라 사야도는 '두 개의 마음'을 강조하고 또 강조하고 싶어 한다. '윤회를 벗는 유일한 길'이라는 엄청난 표현까지 동원해 가면서. 이제 심념처 수행의 원리가 이해되시는가?

지켜보는 마음이 일어나고 사라지는 것을 볼 수 있는가? 윤회를 극복하고 해방되는 유일한 길은 이 마음과 몸의 과정을 지켜보는 것이다. 철두철미하게. 계를 지키고, 견해를 청정하게 하라. 이것이 유일한 길이다(『마음관찰』, 108쪽).

063 꼬살라 사야도의 '무아를 체험하는 원리'

"타인은 내게 지옥이다"라고 사르트르는 말했다. 타인이 내게 지옥이라면 나 역시 타인에게 지옥이 되겠지. '나'와 '남'은 모두 서로에게 지옥이다. 각자에게 '나'인 그놈이 바로 '자아'다. 붓다는 '자아'가 궁극적으로 없다고 했지만 현실 속 중생은 무수한 자아 속에서 살아간다. 그래서 삶은 고통이 된다.

아무튼 '자아'는 부담스럽다. 사사나 스님의 표현대로 수행자들에게 '지긋지긋한 놈'이다. 자아는 지옥이다. 법랍이 쌓일수록(반드시는 아니다) 무아를 지성적으로 이해하기란 그다지 어려운 일이 아니다. 하지만 무아를 체험하고 마음 전체로 받아들이기란 결코 쉽지 않다. 그나마 가까이 가려면 스스로의 자아가 퍽 허약해져야 한다. 적어도 수행자들은 그런 사실을 안다. 수행의 지향점은 '무아'를 향해 있다. 즉 모든 수행은 일단 무아에 도달해야 한다.

쉐우민 센터에서는 '수행은 내가 하는 일이 아니라 마음이 하는 일이다'라는 말을 무수히 듣는다. 하지만 꼬살라 사야도는 두 개의 마음이 있지 않을 때 '나'는 반드시 있다고 말한다. 꼬살라 사야도는 방법은 하나뿐이라고 가르친다. 꼬살라 사야도는 "두 개의 마음에 도달하지 않으면 안 된다"고 선언한다.

> 주시하는 마음과 지켜보는 마음, 두 개의 마음이 있어야 수행이다. 하나의 마음만 있다면, 거기에는 항상 '나'가 있다. 대상은 법이 아니다. 법은 마음이다. 그것은 알고 있는 것이다. 대상들을 따라가거나, 인지하거나, 알 필요가 없다. 앎이 해야 할 일을 스스로 할 것이다(『마음관찰』, 21쪽).

다음은 위 법문에 대한 부연 설명이 되겠다.

> 단순히 대상을 알기만 한다면 개념(빤낫띠)으로부터 완전히 자유로울 수

없다(『마음관찰』, 31쪽).

하지만 "두개의 마음이 있을 땐 '나'가 없다." 일어나고 사라지는 마음의 과정을 지켜볼 수 있다면, 일어나고 사라지는 마음이 '자아'가 아님이 분명해진다.

아비담마에 의하면 하나가 일어난 다음에 다른 하나가 일어나고 차례로 일어나는 마음의 인식 과정을 아는 이 마음들은 실질적으로 끊임없이 일어나는 것이다. 그러나 이들 중 두세 개만 알아도 그 과정을 보는 데 충분하며, 그것을 자아라고 잘못 알지 않게 된다(『마음관찰』, 31쪽).

대상을 알아차리는 마음을 지켜볼 때 대상은 어떻게 보이는가? 향후 수행에 보탬이 될 법문이 있다.

지켜보는 마음이, 주시하는 마음을 직접 볼 때, 대상들이 지나가는 것이, 직접 보이는 것이 아니라 마치 눈으로 흘낏 볼 때처럼 보인다(『마음관찰』, 23쪽).

마지막으로 이와 관련된 엄청난 법문이 있다. 죽음에 임박했을 때까지도 지켜볼 수 있다면 좋겠다는 생각이 들게 하고 수행에 대한 열의를 키우는 꼬살라 사야도의 가르침이다.

사람이 잠자고 있는 동안에도 법은 잠들지 않는다. 죽어 가고 있거나 기진맥진할 때에도, 기진맥진한 느낌은 단지 기진맥진한 느낌이며, 그것을 아는 것은, 기진맥진한 느낌과 분리되어 있다(『마음관찰』, 23쪽).

064 '내 몸', '내 마음'이 아니다

'사과가 빨갛다'고 말할 때 빨강은 사과의 속성이 된다. 빨강을 속성으로 갖는 사과는 존재하는 무엇이다. 적어도 우리의 언어 체계는 그렇게 되어 있다. 많은 사람이 마음에 대해서도 그렇게 생각한다. '무엇이 느끼고, 생각하고, 기대하고, 욕구하고, 분노한다.' 이 무엇이 무엇인가? 사과처럼 시공간 속에 있는 무엇이어야 하지 않는가? 사람들은 언어를 통해 생각한다. 언어 구조에 따라 심리적 현상이 일어나는 곳에 그 주체가 되는 무엇이 있어야 한다고 생각한다. 좀처럼 벗어나기 힘든 틀이다. 늘 그래 왔기 때문에. 그 무엇을 바로 '나'라고 생각한다. 수행자들도 이런 생각에서 좀처럼 벗어나지 못한다.

수행자: 누가, 혹은 무엇이 저의 모든 체험들을 알아차리고 있습니까? 보는 것입니까 듣는 것입니까? 저는 이 모든 것을 받아들이고 있는 무언가가 있다는 것, 일어나는 것을 알아차리고 있는 무언가가 있다는 느낌이 듭니다. 이것이 맞습니까?

사야도: 그런가요? 그것이 누구라고 생각합니까? 당신은 알아차림이 있고, 무엇이 일어나고 있는지 알아차리고 있다는 것을 압니다. 그렇지 않습니까?

수행자: 잘 모르겠습니다. 저는 사물들을 보고 있거나 느끼고 있을 때, 내가 있다고 알아차립니다. 그것은 순간순간 일어나는 저의 경험일 뿐입니다.

사야도: 네, 좋습니다.

수행자: 그러면 제가 봐야 할 곳이 있습니까? 알아차림의 장소가 있습니까?

사야도: 그것은 이미 보였으니, 일부러 무엇을 할 필요는 없습니다. 일부러

무언가를 하려고 한다면, 이 마음의 특성은 사라져 버릴 것입니다. 알아차림은 마음의 여러 가지 특성 중의 하나이거나 또는 마음의 기능들 중 하나입니다. 정신적 활동들을 계속 관찰하기만 하십시오. 그러면 이 모든 과정에 대한 당신의 이해가 성숙될 것입니다(『알아차림』, 65-66쪽).

수행자는 '나'가 있다는 생각에서 벗어나기 힘듦을 고백하고 있다. 그러면서 순간순간 일어나는 경험이 바로 '나'가 아니겠느냐고 묻는다. 알아차림의 장소를 찾아야 하지 않느냐는 물음에는 수행을 할 때 그 경험의 주체를 찾아야 하는 게 아니냐는 의미일 것이다. 사야도의 답변이 명쾌하다. '알아차렸으면 됐다. 더 이상 찾을 것이 없다. 뭔가를 찾으려 하면 알아차림이 사라질 것'이라고 사야도는 타이른다.

심리적 현상들은 다만 마음의 일어남과 사라짐일 뿐이다. 찾기는 뭘 또 찾는다는 말인가? 마음의 주체를 찾는다면 머리를 두고 머리를 찾는 격이다. 마음의 주체인 '나' 같은 건 없다. 마음은 '나'의 마음이 아니다.

'마음이 화를 내는 것이고, 마음이 원하는 것이지, 내가 원하는 것, 내가 불만족스러운 것이 아니다', 이렇게 생각하는 것이 바른 견해입니다. 마음이라는 것은 자연의 법칙이지 '내'가 아니고, '사람'도 '중생'도 아닙니다. 마음이라는 것은 '자연의 현상 중 하나'일 뿐입니다(『마음가짐』, 39쪽).

몸도 마찬가지다. '나'의 몸이 아니다. 몸에서 일어나는 현상은 내게서만 일어나는 현상이 아니다. 몸과 마음에서 일어나는 모든 일은 '나'에게서 일어나는 것이 아니다. 누구의 몸에서 감각이 일어나고 누구의 마음에서 느낌과 생각이 일어난다는 견해는 상식적이긴 하겠지만 바른 견해는 아니다.

몸에는 무엇이 있습니까? 따뜻하고, 차갑고, 딱딱하고, 부드럽고, 가려운 것 등이 있습니다. 몸에서 일어나는 모든 것이 자신에게만 있습니까? 아닙니다. 어떤 사람에게나 다 있습니다. 마음에는 무엇이 있습니까? 누구에게나 느낌, 기쁨과 슬픔, 즐거움과 괴로운 것들이 다 있습니다. 그렇다면 모든 사람과 관계된 것에 대해 어떻게 받아들이겠습니까? 법의 자연적인 성품이자 자연의 법칙이며, 알아차려지는 대상들일 뿐입니다. 자연의 이치라고 받아들이십시오. 자신에게만 해당되는 것이 아닙니다. 더운 것은 더운 것일 뿐 '내'가 덥다고 생각하지 마십시오. 누구나 다 덥습니다. 추운 것도 이와 마찬가지입니다. 마음도 또한 마찬가지입니다. 느끼는 것은 느끼는 것일 뿐입니다. 이러한 바른 견해가 매우 중요합니다. 견해가 바르게 되었을 때 볼 수 있습니다 (『마음가짐』, 37-38쪽).

065 '나'는 마음보기를 가로막는다

몸과 마음과 일어나는 현상의 주체가 '나'라고 생각하는 건 사견이다. 어떤 수행자는 주체인 '나'를 찾는 일이 바로 수행이라고 생각한다. 견해가 잘못됐다. 잘못된 견해를 '사견'이라고 한다. 이런 견해를 갖고 수행하는 수행자는 때때로 그 '나'를 찾았다고 여긴다. 하지만 그 '나'는 마음이 만들어 낸 것이다. 사견으로 수행하는 건 잘못된 수행이다. 수행은 결코 무엇을 만들어 내는 일이 아니기 때문이다. 지켜보더라도 만들어 낸 '무엇'을 지켜보는 일 역시 잘못된 수행이다. 지켜보는 주체인 마음은 바른 견해가 갖춰져야 하고 객체인 대상 역시 바른 대상이어야 하기 때문이다.

당신이 무언가를 단지 지켜보기만 한다면, 그것을 보고 있기만 한다면, 그것을 삼마 사띠라고 할 수 없습니다. '방일하지 않음'이라는 특성을 갖고 있을 때에만, 게으르지 않고 바른 대상을 잊지 않을 때에만, 즉 사띠가 지혜와 함께할 때에만 삼마 사띠일 수 있습니다. 수행에 전혀 익숙하지 않은 사람들에게 자기 자신을 지켜보라고 한다면, 그들이 어떻게 하리라고 생각합니까? 그들이 어떤 시각으로 수행하겠습니까? 나의 몸, 나의 마음이라는 시각일 것입니다. 그것은 삼마 사띠가 아닌 사견입니다(『알아차림』, 186-187쪽).

바른 견해는 지혜에 속한다. '알아차림만으로는 충분하지 않다'는 떼자니아 사야도의 가르침은 지혜인 바른 견해의 필요성을 강조하는 말이다. 올바른 견해가 전제돼야 알아차림도 올바르게 된다.

우울증 환자들이 '내 마음이 우울하다'고 생각하면 마음이 우울해집니다. 그것을 '마음의 자연적인 성품'이라고 생각하면 번뇌가 더 커질 수 없습니다. 견해가 바르게 된 것입니다. 그런 후 사띠를 두면 삼마 사띠가 됩니다. 그렇기 때문에 먼저 바른 견해를 적용해야 합니다. 읽고 들어서 아는 지식과 정보로써 수행을 시작해야 한다는 것은 이것을 말하는 것입니다(『마음가짐』, 38-39쪽).

올바른 알아차림이 있어야 올바른 수행이다. 마음은 '나'가 아니며, 그저 자연스럽게 일어났다 사라질 뿐임을 새기고 새겨야 한다. 수행은 마음이 하는 것이지 내가 하는 것이 아니다.

마음이라는 것은 자연의 법칙이지 '내'가 아니고, '사람'도 '중생'도 아닙니다. 마음이라는 것은 '자연의 현상 중 하나'일 뿐입니다. 이와 같이 마음속에 새겨 두고 난 뒤에 알아차림을 하되, 그것의 자연적인 성품을 알고자 하는 마음으로 사띠를 밀착시키십시오. 마음에 새기기만 한 것은 아직 스스로 이해한 것이 아닙니다. 다른 사람들이 말을 해서 아는 것과 생각해서 아는 것도 아직 이해한 것이 아닙니다. 이해되도록 관찰해야 합니다. 견해를 바르게 하고 나서 관찰해야 합니다(『마음가짐』, 39-40쪽).

066 쉐우민의 경행

쉐우민 센터의 수행 시간표는 아주 단순하다. 식사·수면·청소 시간을 뺀 나머지 시간을 한 시간 단위로 나눠 놨다. 한 시간 좌선, 한 시간 경행, 이렇게. 수행하면 좌선을 떠올리는 사람들에게는 이해가 잘 안 되는 대목이다. 경행은 걸으면서 하는 '걷기 명상' 쯤으로 이해하면 된다. 위빠사나에서는 경행을 중요하게 여긴다. 위빠사나 수행 센터라면 어디나 걷기 좋은 공간을 만들어 놓았다. 비올 때 걸을 수 있도록 마루에 지붕을 씌우면 '경행대'가 되고 걷기 좋게 길을 다듬으면 경행로가 된다.

이렇게 경행을 중시하니 경행하기에도 노하우가 있지 않겠는가? 마하시 전통은 한 걸음 한 걸음에 몸의 움직임과 마음의 느낌을 사띠하라고 가르친다. 쉐우민에서는 어떻게 가르칠까?

걷고 있을 때는 걷고 있음을 알아차리십시오. 빨리 걷거나 천천히 걸을 필요는 없습니다. 그저 자연스럽게 걸으십시오. 마음이 주의 기울이는 것을 지켜봐도 좋고, 단지 걸어가고 있는 온몸의 감각을 전체적으로 느껴도 좋습니다. 마음이 특정한 감각이나 몸의 동작에 고정되어 있어도 괜찮습니다. 그러나 하나의 대상에만 지속적으로 초점을 맞출 필요가 없다는 것을 잊지 마십시오. 만약 그것 때문에 긴장하게 된다면, 그렇게 하고 있는 것을 피해야 합

412

니다. 들리는 것을 알아차릴 수도 있고 또한 자신이 어디로 향하고 있는지 알기 위해, 보는 것을 알아차릴 수도 있습니다. 하지만 주의를 산만하게 하므로 여기저기 두리번거리지는 마십시오(『번뇌』, 39쪽).

쉐우민의 경행은 마하시 전통과는 짐짓 이렇게 다르다. '집중하지 말라'는 심념처의 가르침은 경행에서도 마찬가지로 적용된다. 몸동작 하나하나, 발바닥이 바닥에 닿는 느낌, 눈에 들어오는 광경들, 이런 대상들에 순차적으로 하나씩 사띠를 두지 않도록 주의시킨다. 사띠 두기의 이런 방식은 마음의 성질에 비추어 자연스럽지 않기 때문이다.

사사나 스님은 쉐우민의 이 가르침을 수행자들에게 이해시킬 때 책상 위에 볼펜이나 노트, 물컵 같은 여러 사물을 늘어놓고 그것들 중 한 가지만 볼 수 있느냐고 수행자들에게 묻는다. 볼펜만 보고, 노트만 보고, 물컵만 볼 수 있느냐는 것이다. 수행자들은 그렇게 쉐우민의 가르침을 이해한다. 뛰어난 비유 덕분이다.

한 가지만 보려면 마음은 그 한 가지에 집중해야 한다. 힘을 써야 하고 마음은 불편해진다. 마음의 자연스러운 성질에 반하는 일이기 때문이다. 그만큼 경행도 자연스러워야 한다. 한 발 더 나아가 '되도록 많은 대상을 알라'는 가르침과도 연관이 있다. 경행할 때 가능하다면 많은 것을 알아차리면 좋다.

경행할 때는 어디를 보아야 하겠습니까? 마찬가지입니다. 몸 전체를 보십시오. 자연스럽게 걸으면서 '마음이 무엇을 알고 있는가?'라고 물으면 됩니다. 발에만 집중하면 긴장하기 쉽습니다. 마음에게 물어 보십시오. '무엇을 알고 있는가?' 걷고 있는 것을 알아도 되고, 소리가 들리는 것을 알아도 되며, 팔이 흔들리는 것을 알아도 됩니다(『마음가짐』, 3쪽).

경행할 때 '법의 조사'를 할 수 있다면 더욱 바람직하다. 다음 문답이 이해에 참고가 될 수 있겠다.

수행자: 행선하는 방법과 걷는 동안 어떻게 조사하는지 가르쳐 주시기 바랍니다.

사야도: 우선 걷고 있는 줄 알도록 하십시오. 그리고는 스스로에게 이런 질문을 하면 됩니다. 마음과 몸은 어떻게 상호 작용하는가? 어떤 마음 상태로 걷고 있는가? 누가 걷고 있는가? 그런 질문들을 함으로써 당신은 천천히 조사의 수준을 높일 수 있습니다.

067 마음의 균형을 유지하라

다시 객쩍은 비유. 하지만 골프와 수행은 정말 유사하다. 골프는 원리가 단순한 운동이다. 작은 공 하나를 막대기로 두드려 홀에 넣으면 된다. 하지만 디테일은 엄청나게 복잡하다. 골프가 어려운 것은 이 복잡한 디테일 때문이다. 수행 역시 그렇다. 원리는 단순하지만 디테일이 복잡하다. 골프를 제대로 잘하려면 레슨이 필요하듯 수행에는 반드시 스승이 필요하다.

제 나름의 견해가 생긴 골프의 고수들은 골프를 한마디로 정의하면 '리듬'이라고 한다. 이 '리듬'은 '강함'과는 거리가 멀다. 그것은 오히려 '조화'의 개념에 가깝다. 나는 '리듬'을 여러 디테일의 조화라고 생각한다. 수행에도 디테일의 조화인 '리듬'이 있어야 한다. 마음의 균형과 조화가 바로 수행의 리듬이다.

위리야란 정신적 힘의 하나로 인내심과 꾸준한 노력을 의미합니다. 내가

414

이해하는 위리야는 애를 쓰거나 힘을 쓰는 것이 아니라 멈추지 않고 끈기 있게 해 나가는 것입니다. 수행할 때 너무 힘을 써서 몸과 마음을 지치게 하지 마십시오. 몸과 마음이 지친 상태에서는 이해가 발전할 수 없습니다(『법은 어디에나』, 43쪽).

김연아와 손연제의 동작이 아름다운 것은 힘이 아니라 리듬 즉 균형과 조화 때문이다. 수행 역시 마찬가지다. 꼬살라 사야도는 지속적 수행을 위해 마음의 균형을 유지하라고 가르친다.

마음을 지속적으로 관찰하기 위해서는, 마음이 균형 잡혀 있고, 느긋하고, 안정되어 있어야 한다. 항상 마음상태를 점검하라. 마음을 느긋하게 해서 지켜보고, 균형을 잡으면서 수행하라. 그렇게 마음의 균형을 잡고, 사띠하고, 행복해하면서 계속 수행하라(『마음관찰』, 100쪽).

수행과 관련된 마음의 다섯 가지 요소 또는 수행을 위한 다섯 가지 힘을 '오력'이라고 한다. 오력은 사띠·사마디·삿다·위리야·빤냐다. 삿다는 신심, 위리야는 정진 즉 노력, 빤냐는 지혜다. 마음의 균형이란 이 다섯 가지 힘의 균형을 일컫는다. 수행의 점검은 마음의 균형이 유지되고 있는지 어떤지를 점검하는 일이 된다.

신심이 있어야 노력이 있고, 노력이 있어야 알아차림이 항상하며, 알아차림이 항상해야 사마디가 생길 것입니다. 사마디가 생겨야 사실대로 알게 되고 사실대로 알게 됨으로써 신심이 더 깊어지게 됩니다(『마음가짐』, 49쪽).

수행을 위한 마음의 다섯 가지 힘은 마치 거문고 줄을 고르듯 균형을 유지해야 한다. 지혜 없는 삿다(신심)은 맹목이다. 삿다 없는 지혜는 경망스럽다. 사마디(마음의 고요함)가 약하고 위리야(노력)만 강하면 마음은 들뜨게 되고, 위리야가 약하고 사마디만 강하면 마음은 고요하기만 할 뿐 활력이 없다. 그 네 가지 요소의 균형을 이루게 도와주는 건? 그것은 물론 사띠의 역할이다.

068 소음에 대처하는 마음의 자세

쉐우민 센터에 가 보기 전 나름대로 센터의 모습을 그려 보았다. 그 모습은 열대 밀림 속 정적에 잠긴 그런 모습이었다. 도착한 날 머릿속에 그리던 것과 전혀 다른 센터의 모습에 놀랐다. 우리나라 고요한 산사와는 너무 다른, 기숙학교 같은 모양을 하고 있었다. 고요라니 …. 한 순간의 정적도 없이 소리가 끊이지 않는 곳이었다. 새소리, 매미소리, 도마뱀 우는 소리 같은 자연의 소리는 그런대로 괜찮았지만, 차 다니는 소리, 경운기 소리, 발전기 돌리는 소리, 확성기 소리, 소리, 소리, 소리 …. 주말이면 주변 유원지에서 틀어놓는 올드팝 소리는 인내심의 한계를 시험하는 듯했다.

인터뷰 시간에 정식으로 사야도에게 소음 문제를 제기하는 한국 스님도 있었다. 소음을 견디지 못하고 센터를 떠나는 수행자도 있었다. 한 수행자가 "이토록 소음이 많은 곳에서 수행이 가능한가, 적어도 센터가 소음이 줄이려고 하는 노력은 해 줘야 하는 것 아닌가"라는 불만을 사야도 인터뷰 시간에 쏟아냈다. 이에 대한 사야도 답변은 단호했다. "소음을 떠나서 어디로 가려고 하는가? 어디에도 소리 없는 곳은 없다"였다.

귀가 정상이라면 소리를 듣는 것은 자연스러운 일입니다. 마음이 생각하고 있거나 듣고 있는 것을 알아차리고 있다면 잘하고 있는 것입니다. 그러나 생각이나 소리에 의해 방해받고 있다고 느끼거나 그것들에 대해서 반응하고 판단한다면, 마음가짐에 문제가 있는 것입니다. 망상하는 마음이나 소리는 문제가 되지 않습니다. '그런 것들이 주위에 있어서는 안 된다'고 생각하는 마음가짐이 문제입니다. 오히려 마음 작용의 일부분을 알아차리게 되었다고 이해하십시오. 이것들 역시, 주의를 기울여 관찰해야 할 대상들일 뿐입니다(『번뇌』, 44-45쪽).

어떤 수행자는 자연의 소리는 들을 만하고 사람이 만드는 소리는 소음이라는 견해를 갖고 있다. 그래서 자꾸 깊은 산속으로 들어가고 싶어 한다. 하지만 소리는 소리일 뿐이다. 좋은 소리, 나쁜 소리가 어디 있는가? 모든 소리는 대상일 뿐이다.

여러분은 법문 소리만 들으려고 하지, 법당에서 들리는 새소리는 들으려고 하지 않습니다. 그러고는 '새소리 정말 시끄럽네'라고 생각할 것입니다. 하지만 내 목소리도 하나의 소리이고, 새소리도 하나의 소리일 뿐입니다. 바른 정보를 가지고 있는 사람은 어떤 대상이든 그것을 통해 사띠, 사마디, 지혜의 힘을 기를 것입니다. 하지만 바른 정보를 들어 보지 못한 사람들은 그러한 소리들로 인해 번뇌만 키우게 될 것입니다(『법은 어디에나』, 159쪽).

사사나 스님은 쉐우민의 소리가 '아깝다'고 말한다. 그 수많은 소리가 사띠의 대상이라는 거다. 소리 하나하나가 대상인데 그대로 흘려보내는 건 얼마나 아까운 일인가? 소리에서 마음을 보아 낸다면 소리는 얼마나 소중한 대상인가!

그 소리가 어디서 나고 있는지 알려고 하기보다는, 소리를 단지 대상으로 받아들이십시오. 그리고 소리를 대상이라고 알고 있을 때, 소리를 알고 있는 그 마음도 알아차리십시오. 알아차리는 마음이 무엇을 알아차리고 있습니까? 대상을 알아차리고 있습니다. 여러분은 알아차리는 마음에만 주의를 둘 수도 있고, 대상과 아는 마음을 함께 알 수도 있습니다(『법은 어디에나』, 159-160쪽).

069 묻는 사띠

수행자: 수행 시 대상의 일어남이 한꺼번에 들어옵니다. 하지만 일상에서는 그렇게 잘 안 돼서 대상을 찾아다닙니다.

사야도: 안 되는 것은 사띠를 두려고 하지 않기 때문입니다. 자꾸 일깨워 주고 자꾸 물으십시오. 어디에서든 사띠를 두어야 한다고 생각하십시오. 뭘 하든 사띠를 둔다고 생각하고 수행하십시오. 연습이 안 돼서 잘 안 되는 것입니다(2017년 2월 떼자니아 사야도 인터뷰 법문 중에서).

위 문답에서 주의해 볼 부분은 "자꾸 일깨워 주고 자꾸 물으십시오"라는 사야도 가르침이다. 수행자는 좌선이나 경행 시에는 자주 대상의 일어남이 한꺼번에 마음에 들어온다고 보고하고 있다. 하지만 일상에서는 그렇게 잘 안 되고 마음이 대상을 찾아다닌다고 말한다. 위 가르침은 이에 대한 사야도의 처방이다. 묻는 것은 일깨워 주는 방법이다. '묻는 사띠'라고 한다.

잊지 않도록 하는 방법에는 두 가지가 있습니다. 사띠를 두는 것과 자신에게 일깨워 주는 것입니다. 사띠를 두는 것은 대상에 조금 집중해야 하므로 힘이 들 수 있습니다. 사띠를 두기 위해 의식적으로 애쓰는 시간이 많아지다 보면 힘들지 않습니까? 또 한 가지는 자기 자신에게 일깨워 주는 것입니다. 무엇을 하고 있는가? 마음에서는 무엇이 일어나고 있는가? 몸에서는 무엇이 일어나고 있는가? 이렇게 묻기만 해도 이미 사띠가 있습니다. 자신에게 물어보십시오. '마음이 어떠한 상태인가?'라고 묻기만 해도 이미 마음을 보고 있는 것입니다. 사띠가 들어온 것입니다. 매 순간마다 자신에게 일깨워 준다면 사띠는 있습니다. 자신의 몸과 마음에 대해 생각하고 있다면 이미 사띠는 있습니다(『마음가짐』, 24쪽).

'묻는 사띠'는 매우 유용한 수행법이다. '지금 마음이 무엇을 하고 있는가, 지금 알아차림이 있는가'라고 묻기만 하면 사띠는 있다. 떼자니아 사야도는 묻는 것은 '답을 얻기 위해서가 아니라, 지혜의 힘이 들어가게 하기 위해서'라고 말한다. 그리고 '묻는 사띠'는 특히 일상에서 유용하다.

'사띠가 있는가?' 먼저 물어 보십시오. 사띠가 있다면 앉고, 걷고, 일을 하십시오. 마음이 스스로 알고 싶은 대상을 알 것입니다. 알 수 있는 만큼 알 것입니다. 아는 성품을 마음이라고 합니다. 좌선할 때도, 경행할 때도, 먹을 때도 이런 식으로 하십시오. 자신에게 묻기만 하십시오. 마음이 알고 싶은 것을 알 것입니다. 이것이 자연스럽게 아는 것입니다. 자연스럽게 알 수 있는 것을 취하면 훨씬 편합니다. 자신이 보고 싶은 것을 쫓아다니다 보면 힘이 다 빠집니다(『마음가짐』, 35쪽).

싸띠 두기보다 싸띠 잇기가 어려운 것은 자신을 돌아보는 데 익숙하지 않기 때문이다. 즉 바깥을 보는 것이 습관이 됐기 때문이다. 그렇기 때문에 거듭거듭 자신에게 되물어야 한다고 사야도는 가르친다. 스스로에게 묻기는 스스로를 일깨워 주기다. 일깨워 주면 알아차림은 이미 있게 된다.

나는 지금 무엇을 알아차리고 있는가? 확실하게 알아차리고 있는가? 대강 알아차리고 있는가? 이런 물음은 사띠가 이어지게 하는 데 도움이 될 것입니다. 기억하십시오. 알아차리는 것은 어렵지 않습니다. 다만 끊임없이 알아차리기가 어려울 뿐입니다. 수행을 강화시키는 데는 가속도가 붙는 것이 중요합니다. 이것은 사띠가 이어져야만 얻을 수 있습니다. 지속적으로 바르게 노력함에 따라 알아차림은 서서히 가속도를 얻게 되고 강해집니다. 사띠에 가속도가 붙게 되면 마음은 힘이 있습니다. 힘이 있는 마음에는 바른 사띠, 바른 사마디, 그리고 지혜가 포함되어 있습니다. 끊임없이 노력하십시오. 스스로에게 사띠를 두도록 계속 상기시키면 사띠는 더욱 더 이어지게 될 것입니다 (『번뇌』, 61-63쪽).

070 있는 사띠

수행자: 꿈을 꿀 때 꿈을 꾸는 줄 압니다.
사야도: 꿈에서 아는 것은 아는 것이 아니라 안다고 생각하는 것입니다. 꿈속에서 아는 것은 사띠가 아니라 사실은 자고 있는 것입니다. 잠을 잤기 때문에 꿈이 있는 것입니다(2017년 1월 떼자니아 사야도 인터뷰 법문 중에서).

수행자들은 꿈속에서도 사띠가 있기를 원한다. 위 문답의 수행자의 기대역시 그것이었다. '꿈을 꿀 때 꿈을 꾸는 줄 안다'는 수행 보고에 사야도는 '꿈에서 아는 것은 아는 것이 아니라 안다고 생각하는 것'이라고 지적한다. 수행자들은 노력하지 않아도 늘 사띠가 있는 경지 즉 '있는 사띠'를 목표로 수행한다.

수행자가 할 일은 두 가지뿐입니다. 첫째 바른 견해와 바른 생각을 가지도록 하는 것입니다. 둘째 사띠가 항상 있도록 하는 것입니다(『마음가짐』, 43쪽).

'있는 사띠'는 바로 위 법문의 사띠가 항상 있는 경지다. 사띠가 이어져서 사띠에 가속도가 생기면 언젠가는 그렇게 된다.

일단 이렇게 수행하는 것의 이로움을 알게 되고 이 모든 과정들을 능숙하게 유지하게 되면 당신은 이것들을 계속 증장시킬 것이고 지혜는 계속 커 나가게 될 것입니다. 이런 식으로 계속 수행하면 언젠가는 알아차림과 지혜가 항상 현존하게 될 것이고 그렇게 되면 통찰이 생길 수 있습니다(『알아차림』, 18쪽).

항상 있는 사띠와 지혜에서 통찰이 생긴다. 그러나 그것은 억지로 하려고 해서 되지 않는다. 그것은 강한 힘이 아니며 오히려 '단순하고 만족스러운 마음'이다.

많은 사람들이 강한 사띠는 일종의 힘이라고 생각합니다. 실제로, 강한 사띠는 불안과 기대, 원하는 것이 없는 알아차림입니다. 즉 걱정으로부터 벗어난 단순하고 만족스러운 마음입니다. 당신에게 이런 마음이 갖추어졌을 때, 실제로 사띠가 더 좋아지는 것을 느낄 수 있습니다. 강한 알아차림은 열심히 노력한다거나 의도적인 집중만으로 생기는 것이 아닙니다(『번뇌』, 163쪽).

071 사띠+지혜

스승 꼬살라 사야도의 법문이 함축적이어서 정곡을 찌르는 듯하다. 이에 비해 떼자니아 사야도의 법문은 쉽고 섬세하고 친절하다. 마치 꼬맹이가 못 보는 세상을 가르쳐 주려는 아버지처럼. 그의 가르침은 독창적이기도 하다. 그 독창성은 '알아차림만으로 충분하지 않습니다'라는 슬로건에서 잘 드러난다.

처음에는 알아차림이 이끌어 갑니다. 수행을 계속해 나가면서 이해력이 좋아지면, 알아차림과 지혜가 함께 일하게 됩니다. 그리고 나중에는 지혜가 나서서 수행을 이끌어 가게 됩니다. 하지만 그것이 결코 쉽게 이루어지는 것은 아닙니다. 여러분은 알아차림과 지혜로써 수행해 나가며 지혜가 날 수 있는 조건을 충족시키기 위해 많은 정보들을 모아야 합니다(『법은 어디에나』, 132-133쪽).

사띠에서 시작하지만 지혜의 도움이 없으면 안 된다. 앞서 언급했듯 지혜는 문사수의 지혜다. 수행이 진행되면서 지혜의 품질도 높아진다. 문혜, 들어서 아는 지혜에서 생각해서 아는 지혜로 이행한다. 사혜는 택법간지, 법의 조사를 통해 얻어지는 지혜다. 법에 대해 스스로 묻고 조사를 통해 지혜를 얻는다. 그래서 사띠와 질문하는 지혜가 함께 간다.

알아차림과 질문하는 것은 함께 가야 합니다. 그와 같이 알아차림과 함께 깊이 알고자 하는 마음이 있어야 합니다. 마음에 변화가 생기면, 지금 무엇이 일어나고 있는지에 대해 알려고 하고 이해하고자 하는 마음이 있어야 합니다. 오직 그럴 때만 마음은 매 순간 깨어 있게 됩니다(『법은 어디에나』, 72쪽).

법의 조사는 지혜의 활동이다. 사띠와 지혜가 함께해야 통찰의 지혜로 나아갈 수 있다. 그래서 떼자니아 사야도는 법문집 『법은 어디에나』에서 이런 가르침을 아예 '사띠+지혜'라는 용어로 공식화한다. 수행에 지혜가 없으면 이미 번뇌가 대상을 움켜쥐고 있을 것이기 때문이다.

알아차림과 지혜의 힘이 좋아지고 바른 마음가짐도 기본으로 갖추게 된다면, 그 수행자는 그러한 상태를 있는 그대로 알아차리면서 기쁜 느낌 (pitisomanassa)마저 들 수도 있습니다. 여기 한 가지 비유가 있습니다. 경찰이 도둑 들 때마다 잡는다면, 그 경찰은 승진할 것입니다. 반면에 계속 도둑을 놓친다면 강등될 것입니다. 지금 도둑은 늘 무언가를 훔치고 있습니다. 대상이 일어날 때마다 그것을 번뇌로써 대응하겠습니까? 아니면 지혜로써 지켜보겠습니까? 주의를 기울일 때는 알아차림과 지혜로써 하십시오. 그렇지 않으면 번뇌가 이미 대상을 움켜쥐고 있을 것입니다(『법은 어디에나』, 134쪽).

072 지혜는 힘이 세다

좀 창피한 이야기를 써 보려 한다. 화끈거리지만 솔직하게. 나이 탓인지 요즘 들어 마음에 부정적 감정들이 자주 올라온다. 우울함, 슬픔, 외로움 … 그런 감정들이 마음에 올라오면 올라오는 줄 알고 그저 지켜보려고 노력했다. 알아차림의 '대상일 뿐이다'라고 여겼다. 하지만 이런 감정들은 많은 것을 수반한다. 몸과 마음의 느낌뿐만 아니라 고통까지도 덩달아 온다. 언젠가 마하보디 선원 집중 수행에서 사사나 스님과 이 주제로 인터뷰했다.

문: 외로움이나 슬픔, 우울함 같은 부정적 감정들이 자주 올라옵니다. 이를 대상으로 알아차리려 하지만 어떤 때는 휘말려 들어갑니다. 당혹스러울 때도 있습니다.

답: 휘말려 들어가는 건, 그 감정을 내 감정이라고 여기기 때문입니다. 내가 우울하고, 내가 외롭고, 내가 슬프기 때문입니다. 느낌이나 감정은 내 것이 아닙니다. 그러니 휘말려 들어갈 필요가 없는 것이지요. '나이가 들어서 그런가', '누구와의 관계가 좋지 않아서 그런가' 등의 생각은 이미 거기에 휘말려 들어간 것입니다. 내가 나이가 들고, 내가 누구와 관계가 좋지 않다는 생각이 이미 들어간 것이지요.

감정이 내 것이 아니라는 사실을 누가 모르겠는가? 적어도 수행자라면. 하지만 사실은 모르는 거다. 머리로만 알기 때문이다. 체득하지 못했기 때문이다. 하지만 사사나 스님의 이 지적만으로 나는 마음이 많이 편해졌다. 왜 그렇게 됐을까?

사사나 스님은 설명한다. '알아차림만으로 충분하지 않다', 또는 '알아차림+지혜'라는 떼자니아 사야도의 가르침의 뜻은 지혜를 쓰라는 뜻이다. 내가 체득하지 못했어도, 들어서 알고 생각해서 아는 것들 역시 지혜다. 이들 문혜·사혜를 수행에 써 주라는 말이다. 내가 없다는 '무아'를 체득하면 도과에 든다. 하지만 우리는 무아를 들어서 알고 생각해서 알지 않는가? 그렇다면 수혜는 아니라도 문혜·사혜 차원의 무아를 써 줘야 하지 않겠는가? 나는 그렇게 들어서 알고 생각해서 아는 무아를 적용해 마음이 편안해질 수 있었다.

문혜·사혜는 결코 사소한 지혜가 아니다. 수혜의 바탕이 되기 때문이다. 그 지혜들을 사소하다고 생각하고 수혜만을 얻으려 한다면 결코 지혜롭다고 할 수 없겠다. '알아차림+지혜'라는 떼자니아 사야도의 가르침을 나는 그렇게 이해한다.

아무튼 나는 이제 덜 우울하고, 덜 슬프고, 덜 외롭다. 이 일이 있고 나서 '무아'라는 말을 함부로 입에 올려서는 안 되겠다는 반성을 뼈저리게 했다.

이치로 아는 무아는 힘이 없다. 하지만 그래도 그것은 지혜의 영역에 있고, 경우에 따라 커다란 힘을 발휘한다. 들어서 갖게 됐든 생각해서 갖게 됐든 지혜는 힘이 세다. 그러하니 체득해서 얻는 지혜의 힘은 어떨까?

사사나 스님의 또 다른 지적이 있다. 부정적 감정들이 올라오는 것은 수행의 가속도가 떨어져 사마디가 무너졌기 때문이라는 것. 결론은 결국 수행이 여일하지 못했기 때문이라는 것. 그리고 내 다짐 한 가지. 앞으로 섣불리 '무아'라는 말을 입 밖에 내지 않겠다는 것.

073 통찰의 지혜

수행과 함께 지혜도 익어 간다. 지혜가 더욱 커 가면서 지혜 자체가 수행을 이끌게 된다. 마음이 있는 그대로를 받아들일 수 있게 지혜가 이끈다. 바른 마음가짐이 있어야 대상을 있는 그대로 받아들일 수 있게 되지만, 마음을 바르게 이끄는 것도 역시 지혜의 역할이다. 지혜는 드디어 있는 그대로를 아는 지혜에 이르게 된다. 통찰의 지혜다.

지혜와 바른 마음가짐이 있을 때에만 마음은 있는 그대로를 받아들일 수 있게 됩니다. 하지만 한 가지 알아 두어야 할 것은, 지혜는 일어나는 것들이 무엇이든 대상으로 받아들이지만, 관찰하는 마음에 불선한 마음이 끼어들게 내버려 두지는 않는다는 것입니다(『법은 어디에나』, 133쪽).

통찰의 지혜로 머리로만 하는 이해가 아니라 체험으로 아는 이해를 얻게 된다. '진정한 이해'에 대한 우리말 단어를 찾다가 '체득'이라는 말이 떠올랐다. 통찰의 지혜로 법이 체득된다고 표현하면 어떨까?

많은 수행자가 궁금해 하는 것이 있다. 통찰의 지혜가 생겼을 때 스승을 찾아가 점검을 받아야 하는가 하는 것이다. 하지만 사야도는 지혜가 생기면 스스로 분명히 알게 된다고 말한다.

수행자: 지혜가 생길 때 제가 어떻게 알 수 있습니까?

사야도: 그것을 아주 분명하게 볼 수 있습니다. 당신은 '아, 이제 알았다'고 체험할 것입니다. 이것이 생각으로만 이해한 것이 아니라 진정으로 이해한 것입니다. 다른 사람에게 물을 필요도 없이 당신 스스로 알게 될 것입니다(『알아차림』, 79-80쪽).

서울 가는 촌사람은 서울에 대해 미리 알고자 한다. 하지만 서울 가는 촌사람에게 아무리 서울을 설명해도 제 나름대로 상상만 할 뿐이다. 막상 관문을 지나 서울에 가는 순간의 체험만이 서울에 대한 체험이 되리라. 통찰의 지혜를 얻기 위해 위빠사나를 수행하는 사람들 역시 통찰을 통해 보는 법의 세계를 알고 싶어 한다. 하지만 그곳에 이르지 않고서는 그저 상상만할 뿐이다. 그러나 사야도는 최선을 다해 설명해 준다. 법문에 따르면 '통찰은 마음을 압도할 만큼 놀라운 것'이다. 하지만 법문에 대한 이해는 각자의 것이 되리라.

통찰은 매우 평범한 일상에서 생깁니다. 관찰 대상은 아주 간단한 것이지만 통찰은 대단히 심오한 것, 체험의 단순성과는 전혀 다른 것입니다. 대상은 일상적으로 매일 만나는 것이지만, 통찰은 마음을 압도할 만큼 놀라운 것입니다. 예를 들면, 샤워를 하면서 비누의 향기를 맡는 순간 갑자기 냄새를 맡는 것과 아는 것만 있을 뿐 그 행위를 하고 있는 사람은 아무도 없으며, 이 과정들은 단지 그것들 스스로 일어나고 있다는 것을 깊이 이해하게 될 수도 있습니다(『알아차림』, 18쪽).

074 '능숙한 알아차림'이 관건이다

수행은 자란다. 씨앗에서 싹이 터서 결국 아름드리나무가 되듯. 수행의 성장은 사띠의 성장이다. 그러나 모든 씨앗이 나무로 크지는 않는다. 햇볕과 거름과 적당한 비가 내려 줘야 한다. 조건이 충족되지 않으면 성장은 멈춘다. 수행도 마찬가지다. 성장을 멈춘 사띠도 있다. 수행의 점검은 그래서 중요하다.

이 몸과 마음을 보아 온 지는 오래되었습니다. 얼마나 많은 앎이 생겼습니까? 처음 수행을 시작하는 사람들이 아는 앎과 오랫동안 수행한 사람들이 아는 앎이 같겠습니까? 그들도 이 세상들을 관찰하고 있고 자신도 이 대상들을 관찰하고 있습니다. 아는 앎의 정도가 같겠습니까? 예전에도 이 정도만 알고 지금도 이 정도밖에 알지 못한다면 앎이 향상되지 않았습니다. 멈추어 있습니다. 이해가 멈추어 있어서는 안 됩니다. 살아 있어야 합니다. 이해가 늘어난 만큼 수행에 대해서도 더 능숙해져야 합니다. 이것을 '살아 있다'고 말합니다 (『마음가짐』, 90쪽).

수행은 성장해야 한다. 살아 있어야 한다. 자신의 수행이 자라고 있는지 멈춰 있는지 점검해야 한다. 수행에는 자연스러운 발전 과정이 있다. 보통 알아차림은 하나의 대상에서 시작하지만 여러 대상을 알아차리게 되고, 그 다음 대상에 반응하는 마음의 느낌, 알아차리는 마음, 대상들의 상호작용을 이해하는 데까지 알아차림의 영역이 확장된다.

알아차림이 성숙하는 데는 자연스런 발전 과정이 있습니다. 처음에는 하나의 대상, 즉 호흡으로부터 시작할 수도 있습니다. 시간이 좀 흐른 뒤에는 몸에서 일어나는 여러 가지 다른 대상들을 알아차리게 될 것입니다. 그리고는 몸에서 일어나는 이 모든 대상들을 알아차리고 있는 동안 자신이 어떻게 느끼는지를 알아차릴 것입니다. 나중에는 대상들과 느낌들뿐만 아니라 알아차리고 있는 마음, 나아가서는 이 알아차림 뒤에 있는 마음가짐도 알아차릴 수 있게 될 것입니다. 일단 이 모든 상황을 볼 수 있게 되면, 이 모든 대상들이 서로 어떻게 영향을 주는지 이해하기 시작할 것입니다. 이것이 이해이며, 지혜입니다(『알아차림』, 86쪽).

심념처 수행에서 사띠의 성장은 보통 이런 발전과정을 겪는다. 수행이 발전할수록 알아차림은 능숙해진다. 그래서 마음에서 일어나는 일들을 능숙하게 알아차리는 단계에 이르게 된다. 명실공히 심념처의 관문에 들어온 셈이다. 관문을 통과했다면 '능숙한 알아차림'이 습관이 되도록 수행해야 한다.

심념처는 마음의 내용에 대한 것으로, 마음을 관찰하는 것, 마음을 느끼는 것이다. 마음에 무슨 일이 일어나든지 피하지 말고, 사라지게 하려고 하지도 말라. 느낌을 보고, 경험하도록 하고, 그것이 왜 마음에 일어났는지 이유를 보라. 수행할 때 항상 이렇게 하는 것이 습관이 되도록 하라(『마음관찰』, 59쪽).

심념처 수행은 마음을 대상으로 한다. 눈을 뜨고 있는 한 마음은 대상을 만난다. 귀는 항상 열려 있어서 마음은 대상을 만난다. 보고 듣는 행위는 마음의 일이다. 그러므로 일상에서 마음은 늘 일하고 있다. 늘 일하고 있는 마음을 대상으로 사띠를 두고 그 사띠가 이어지도록 해야 한다.

자신이 보고 있는 것을 스스로 안 적이 있습니까? 보고 있는 것은 마음이 보고 있는 것입니다. 듣고 있는 것도 마음이 듣고 있는 것입니다. 볼 때와 들을 때 마음을 기울여야 합니다. 자신이 보고 있는 것을 스스로 알면 사띠가 있는 것입니다. 마음을 알고 있는 것입니다. 매일매일, 눈으로 보는 시간이 매우 많은데, 몇 번 정도나 알아차렸습니까? 보는 문에서 번뇌들이 일어나지요? 보는 것을 사띠와 지혜로써 볼 줄 모른다면, 볼 때마다 번뇌의 불길이 타오를 것입니다. 사띠와 지혜로써 볼 줄 알도록 익혀 두어야 합니다(『마음가짐』, 102쪽).

그렇게 일상에서 사띠가 이어지도록 수행해야 한다. '능숙한 알아차림'의 목표는 그것이다.

주시하려고 하지 않아도 저절로 앎(No Noting). 이것이 진정한 위빠사나이다(『마음관찰』, 47쪽).

075 애쓰지 않는 알아차림

알아차림이 익숙해지면 그다음은? 좀 길기는 하지만 수행자와 사야도의 문답을 그대로 인용한다. 친절한 이 대목을 읽으면 더 이상의 부연설명이 필요 없을 거란 생각까지 든다.

수행자: 저는 어제 알아차림이 강해진 것을 알았을 때 놀라움을 금치 못했습니다. 알아차림이 점점 강해지고 있는 것을 실제로 볼 수 있었으며, 이는 기적처럼 느껴졌습니다. 그것과 함께 새로운 확신이 생겼습니다. 알아차림이 좀 더 많이 알아차리도록 이끄는 이 과정은 나와는 아무

상관없이 저절로 진행되는 것 같았습니다. 이 진행 과정은, 저절로 이루어지고 있었기 때문에 제가 노력할 일은 아무것도 없는 것 같았습니다.

사야도: 이것을 '애쓰지 않는' 상태라고 합니다. '애쓰지 않는 것'이라 함은, 수행자가 스스로 애쓰는 것이 아니라, 그 과정 자체가 진행되어 간다는 것, 자연의 이치가 일을 하고 있다는 것을 뜻합니다.

수행자: 때로는 그런 것 같고, 어떤 때는 전혀 그렇지 않은 것 같습니다. 왔다 갔다 합니다.

사야도: 만일 당신이 애쓰고 있었을 때와 어제 체험한 애쓰지 않은 때를 생각해 보면, 그 체험은, 전혀 기대하지도 않고 애쓰지도 않고 있을 때 오지 않았던가요?

수행자: 네 맞습니다!

사야도: 그렇습니다. 전혀 기대하지 않고 있었기 때문에 그렇게 놀랍게 느껴졌던 것입니다. 그러나 그것을 얻으려고 하는 순간, 즉 그것을 기대하고 있을 때는, 그것이 오지 않습니다. 우리는 개인적인 노력과 법이 이끌어 줄 때와의 차이를 항상 기억해야 합니다. 애쓰고 있고, 무언가를 하려고 하는 한, 결과를 만들어 내는 주체가 '우리'라고 믿습니다. 그러나 법이 이끌어 줄 때에는, 어디에도 이르려고 하는 노력이 없이, 단지 필요한 일만 할 뿐입니다. 수행하는 데 개인적인 힘을 너무 쓴다면, 자연스럽게 일어나고 있는 것을 볼 수 없습니다. 한 걸음 뒤로 물러나 있을 때만이, 실제로 자연스럽게 일어나고 있는 알아차림의 과정을 볼 수 있습니다. 그래서 나는 가끔 수행자들에게 "귀를 기울이지 않아도 들을 수 있고, 어떤 것을 보려고 애쓰지 않아도 보이며, 주의를 기울이지 않아도 마음은 이미 대상들을 알고 있다는 것을 주목해 본 적이 있습니까?"라고 묻곤 합니다. 나는 수행자들이 집중하거나

주의를 기울이지 않고도 저절로 '앎'이 일어나고 있다는 것을 깨닫는 데까지 이르기를 바랍니다. 수행자들 중 특히 수년간 계속 수행하고 있는 사람들이, 바로 이 점을 이해했으면 좋겠습니다. 그들은 자신들이 수행하고 있다는 생각으로 너무 바쁩니다. 그러나 여러 해 동안 수행한 다음에는 수행에 가속도가 생겼으므로, 앎이 자연스럽게 일어나고 있음을 보기 위해서 한 걸음 뒤로 물러날 필요가 있습니다. 그들은 하려고 하는 것으로부터 아는 것으로 전환할 필요가 있습니다.

물론 바로 전환하는 것, 즉각적으로 방법을 바꾸는 것은 가능하지 않습니다. 하지만 이런 정보를 가지는 것은 유익합니다. 이런 정보들이 때로는 새로운 방식으로 전환할 수 있도록 해 주기 때문입니다. 이런 식으로 당신은 실제로 진행되고 있는 것을 천천히 이해하게 될 것이며, 이전의 낡은 방법을 놓아 버릴 수 있을 것입니다. 무언가를 하지 않을 때만이, '함이 없는' 무아를 볼 수 있을 것입니다. 그렇기 때문에 수행의 가속도가 매우 중요하며, 대상들이 그것들 자체의 계속적인 흐름 속에 있을 때, 나라는 것이 들어 있지 않음을 실제로 볼 수 있습니다. 그러나 이것을 이해하려고 노력할 필요는 없습니다. 단지 지속적으로 수행하기만 하면 이해는 올 것입니다. 일단 이 진행 과정이 그냥 일어나고 있을 뿐이라는 이런 약간의 이해를 얻기만 한다면, 마음은 대상들을 점점 더 이런 시각으로 보기 시작할 것입니다(『알아차림』, 81-83쪽).

애쓰지 않는 알아차림. 더 이상의 설명이 필요한가? 좀 더 친절한 법문도 있다. 사야도는 주의사항 하나를 덧붙인다. '그 조차에도 집착하지 말 것!'

마침내 알아차림의 가속도가 붙으면, '우리'는 더 이상 아무것도 할 필요가 없습니다. 마음은 무엇을 해야 하는지를 압니다. 이 단계가 되면 더 이상 본인 자신의 노력은 없습니다. 당신은 이것을 애쓰지 않는 알아차림이라고 부를 수 있습니다. 당신이 '거기'에 이르렀을 때, 이 상태에 집착하지 않도록 조심 하십시오. '애쓰지 않는' 알아차림이 몇 순간, 몇 시간, 며칠, 심지어는 몇 주 동안 지속될 수 있고, 그런 다음에는 다시 사라질 수 있습니다. 대부분의 사람 들이 정말로 자연스럽게 되기까지는 수년간 수행을 하여야 할 것입니다(『알 아차림』, 83-84쪽).

076 느낌에 대한 이해

한 여성 수행자가 말했다. "25일 동안 오후불식계를 지켰는데, 옆에서 뭔 가를 먹으면 내가 먹지 않아도 만족스럽습니다. 이를테면 오렌지 향기라든 지, 과자껍질 부스럭거리는 소리 등과 반응하는 느낌이 좋습니다."

이 수행 보고를 통역하려던 청현 스님이 대중을 돌아보며 말했다. "누가 먹어요?" 질책 섞인 의미로 들었던지 여성 수행자가 손가락을 세워 뒤돌아 자신의 룸메를 가리켰다. 순간 와그르르, 대중의 웃음이 쏟아졌고 지목당 한 룸메는 얼굴이 빨개지며 어쩔 줄 몰라 했다. 룸메는 그 여성 수행자의 딸 이었다. 아직 십대 소녀여서 오후불식계를 지키기 쉽지 않았을 테다. 아직 도 회상하면 혼자 비실비실 웃게 만드는 해프닝이었다. 청현 스님은 말 그 대로 통역했고 사야도의 답변은 이랬다. "냄새를 알아차리고 지켜봐야 합 니다. 모든 것을 알아차려야 합니다. 냄새에서도 이해가 생깁니다."

여성 수행자의 보고는 느낌에 대한 것이었다는 생각이 든다. 대상에 느 낌으로 반응하는 마음, 그 마음에 대한 보고였을 것이다. 앞서 사야도의 법 문 가운데 대상들을 알아차리는 동안 마음에서 일어나는 느낌을 지켜보라는 대목이 있었다. 수행의 발전 과정에서 '느낌'은 매우 중요하다. 다음 문답을 참고해 보자.

사야도: 웨다나는 마음의 작용입니다. 이 느낌의 작용과 그것이 즐겁고, 괴롭고, 덤덤한 것은 그 느낌에 대한 우리의 해석입니다.

수행자: 그러면 이 느낌의 과정을 알아차려야 합니까, 아니면 즐겁고, 괴롭고, 덤덤한 특성을 알아차려야 합니까?

사야도: 두 가지 모두 알아야 하며, 그것들은 느낌의 모임과 인식(想)의 모임이라는 마음의 서로 다른 기능을 나타내고 있음을 이해하는 것이 중요합니다. 인식(sanna)의 기능은 느낌(vedana)을 즐겁고, 괴롭고, 덤덤한 것으로 해석하는 것입니다. 웨다나의 기능은 단지 느끼는 것입니다.

수행자: 웨다나의 작용을 즐겁고, 괴롭고, 덤덤함과 분리하고 구별해서 알아차려야 한다는 뜻입니까?

사야도: 네, 맞습니다. 나아가서 느낌들을 구분할 수도 있습니다. 마음이 어떤 특정 감각을 '몸의 즐거운 느낌(sukha)'이라고 해석하면, 그것은 보통 즉시 '소마낫사'라고 불리는 즐거운 정신적 느낌을 생기게 합니다. 괴롭다(dukkha)고 해석된 몸의 감각은 보통 '도마낫사'라고 불리는 괴로운 정신적 느낌을 생기게 할 것입니다. 몸의 덤덤한 느낌(adukkham-asukha)에 대한 반응은 평정심이 될 것입니다.

수행자: 웨다나와 산야는 항상 함께 일합니까?

사야도: 네, 웨다나는 의식과 다른 정신적 요소와 함께 모든 것과 접촉합니다. 당신은 이 웨다나의 작용을 통해서 세상을 경험합니다.

수행자: 웨다나를 알아차리게 되는 것은 어렵습니까? 아주 미세합니까?

사야도: 네, 아주 미세합니다. 덤덤한 느낌은 즐겁거나 괴로운 느낌에 비해서 근본적으로 상당히 미세합니다. 웨다나의 진행과정은 심지어 그보다

도 더 미세합니다. 그것을 알아차리게 되는 것은 쉽지 않습니다. 작용하는 마음을 알아차리게 되려면 수행을 아주 많이 해야 합니다. 그 것은 보통의 앎이 아니라, 아주 미세한 이해의 과정입니다(『알아차림』, 114-116쪽).

느낌은 수행하기에 매우 중요하고도 좋은 대상이다. 느낌을 대상으로 하는 앎은 '아주 미세한 이해의 과정'이다. 수행자들은 느낌의 특성뿐만 아니라 일어나고 사라지는 과정까지도 알아야 한다.

느낌은 사실상 정신적 작용이고 나는 수행자들이 이러한 실재를 알게 되는 것을 배우기를 바랍니다. 마음이 느낀다는 것, 마음이 이 느끼는 일을 한다는 것을 보고 배워야 합니다(『알아차림』, 119쪽).

마음이 일을 하는 한 웨다나(느낌)는 늘 있다. 그것을 아주 좋은 수행의 대상이다. 좋은 수행 대상이라는 말은 '대상을 대상으로 보기'에 좋은 대상이라는 뜻이다.

웨다나를 웨다나로 아는 것이 중요합니다. 그것을 항상하지 않은 것으로 아는 것이 중요합니다. 이 웨다나를 '사람이나 중생이 아닌 것으로 알고, 자연적인 것으로 알며, 나하고는 상관이 없다'고 알아야 합니다. 이런 앎, 이런 지혜가 생기도록 수행해야 합니다. 그러므로 보고 있는 목적 또한 알아차리도록 하십시오(『마음가짐』, 59쪽).

077 느낌을 통해 마음으로 가라

마음은 일어나고 사라진다. 일어나고 사라지는 마음을 직접 알아차릴 수 있다면 그보다 더 좋은 게 없을 터이다. 하지만 수행자들이 놓치는 것이 있다. 마음을 직접 보려는 마음이 있다면 마음은 결코 보이지 않는다는 점이다. 수행이 매우 자연스러워질 때, 사띠가 능숙해져서 애쓰지 않아도 사띠 스스로 제 할 일을 할 때, 마음은 직접 보인다. 그 마음에서 대상들이 끊임 없이 일어나고 사라진다. 아니 사실은 그것이 마음의 작용 그 자체다.

오직 마음의 작용과 느낌을 통해서만 마음을 알아차릴 수 있습니다. 생각 하고 있거나 성냄, 실망, 욕심 등이 있음을 알아차릴 때는 마음을 알아차리고 있는 것입니다. 이런 모든 마음의 작용과 느끼는 것이 '마음'임을 인식할 필 요가 있습니다(『번뇌』, 105쪽).

이럴 때 느낌은 반드시 함께 있다. 느낌이 매우 중요하고도 좋은 수행의 대상임을 잊지 말자. 떼자니아 사야도는 심지어 느낌이 '실재'라고까지 말 한다.

생각은 당신에게 거짓말 할 수 있으나 느낌(웨다나)은 그럴 수 없습니다. 느 낌은 실재입니다(『알아차림』, 217쪽).

그러하니 꼬살라 사야도의 '느낌을 통해 마음으로 가라'는 가르침을 이런 맥락에서 이해할 수 있다.

때로는 느낌, 즉 무엇이 일어나고 있는지, 그것은 어떤 느낌인지 보는 것이 더 효율적이다. 그러면 그다음에 마음의 현존을 알게 된다(『마음관찰』, 74쪽).

다시 한 번! 느낌이 중요하고도 좋은 수행의 대상임을 잊지 말자! 수행의 대상들이 느낌에 환원된다. 꼬살라 사야도는 생각까지도 느낌이라고 가르친다.

여섯 가지 느낌들, 봄, 들음, 맛봄, 냄새 맡음, 몸의 감촉과 생각을 사띠하도록 자신을 훈련하라. 마음에서 일어나는 다른 모든 것들과 마찬가지로 생각도 느낌이다(『마음관찰』, 74쪽).

느낌을 대상으로 할 때 느낌을 분류하거나 해석할 필요는 없다. 그저 알아차리고 있는 그대로 받아들이면 된다.

느낌을 자기 자신과 동일시하거나, 좋고 싫고 덤덤한 느낌으로 분류할 필요는 없습니다. 스스로에게 '느낌은 단지 느낌일 뿐'이라고 상기시키십시오. 느낌을 있는 그대로 받아들이십시오(『번뇌』, 108쪽).

그대로 받아들인다는 말은 내가 느낌에 반응하지 않는다는 뜻이다. 느낌은 '내 느낌'이 아니기 때문이다.

078 정신적 느낌을 보고 현상을 알아라

느낌은 중요하다. 좋은 수행의 대상이다. 소홀히 하지 말라. 무심하게 흘려보내지 말라. 그래서 꼬살라 사야도는 느낌을 여러 대상 중에서 우선적으로 알아야 할 것이라고 가르친다. 정신적 느낌을 보고 현상을 알라고.

정신적 느낌이 발생하면 그것을 우선적으로 알아라. 마음이 현상을 느끼는 데는 어떤 방법이 있다. 그 정신적 느낌을 보고 그것을 알도록 하라. 일상의 수행에서도 같은 식으로 하라(『마음관찰』, 100쪽).

경행 중에도 다르지 않다. 몸에서 느껴지는 것, 마음에서 느껴지는 것을 놓치지 말아야 한다.

걸을 때 느낌을 수행의 대상으로 하라. 마음속으로 발을 들어 올리는 것을 보는 것이 아니다. 근육에서 어떤 느낌이 느껴지는가? 또한 마음속에서는 어떤 느낌이 느껴지는가? 경행할 때 마음속에 무엇이 있는가? 마음이 무엇을 하고 있는가? 무엇을 알고 있는가? 주시하는 것이 중요하다. 마음이 알기만 한다면 경행 중에 어떤 대상을 잡아도 좋다(『마음관찰』, 43-44쪽).

감각기관을 통해 들어오는 대상을 알아차리기는 그다지 어렵지 않다. 하지만 강한 감정 상태에 직면했을 때는 그것에 휩쓸리기 십상이다. 그것을 알아차리기란 쉽지 않다. 느낌을 보는 수행에 능숙하다면 이런 상황에 잘 대처할 수 있다. 생각에 대해서도 마찬가지다.

수행자: 제가 소리나 감각만 관찰한다면 대체로 쉽겠지만, 걱정이나 불안이나 공포 등의 강력한 느낌에 직면했을 때는 무엇을 해야 합니까? 어떻게 그것들을 관찰해야 합니까?

사야도: 그런 감정들이 어떤 느낌을 주는지 관찰하십시오. 열이 나게 하고, 긴장되게 하고, 뻣뻣하게 합니까? 또한 자신이 가지고 있는 생각들

에 주의를 기울이고 그 생각과 느낌이 서로 어떻게 영향을 주는지도 주의를 기울이십시오. 생각의 내용에 빠지지 말고 느끼고 있는 것에 휘말리지도 마십시오. 마음이 어떻게 일하고 있는지 보십시오. 생각이 어떻게 느낌에 영향을 주고 느낌이 어떻게 생각에 영향을 주는지 배울 것입니다. 그러면 어떤 반복되는 해로운 형태들을 알아차리게 될 것이고, 그 앎이 마음으로 하여금 놓아 버릴 수 있게 합니다. 예를 들면 어떤 사고방식이 마음을 비참하게 만든다는 것을 깨닫게 될 때, 그것에 빠지는 것을 멈추게 될 것입니다(『알아차림』, 79쪽).

마음가짐 역시 간별이 쉽지 않다. 마음가짐이 올바른지 점검하라는 가르침은 매우 추상적으로 들리기 때문이다. 구체적 점검 방식 또한 느낌과 관계가 있다. 꼬살라 사야도는 이에 대한 선언적 가르침을 제공한다.

'좋은 마음가짐인지 나쁜 마음가짐인지' 묻지 말라. 좋은지 편안한지 혹은 불편한지 고통스러운지 그냥 느끼기만 하라. 그것이 아는 방법이다(『마음관찰』, 103쪽).

079 우뻬까: 느낌에서 느낌으로

느낌을 느낌으로 볼 수 있게 되면 느낌에 집착하지도 기피하지도 않는다. 덤덤해진다. 즐겁지도 괴롭지도 않은 덤덤한 느낌이 '우뻬까'다. 위빠사나 수행에서 우뻬까의 중요성은 반복해서 강조해도 뭐랄 사람이 없다.

위대한 인격들이 깨달음을 위해 실천하는 열 가지 덕목이 있다. 십바라밀이라고 부른다. 남을 위해 공덕을 베풀고, 계를 지키며, 욕됨을 참는 등등의

438

덕목이다. 이 가운데 마지막 덕목이 바로 우뻬까다.

우뻬까는 업의 주인이 자신임을 알고 좋거나 싫은 대상에 따라 마음이 이리저리 변하지 않고 언제나 중립을 지키는 것입니다. 평정은 무관심이 아닙니다. 마음이 지혜롭고 단단하기 때문에 흔들리지 않는 것입니다. 우뻬까는 성숙하고 익어 가는 마음입니다. 우뻬까빠라미(바라밀)가 나머지 아홉 가지 빠라미를 조화롭게 잘 지탱해 주고 마지막에는 나머지 아홉 가지가 모두 모여서 우뻬까빠라미를 향해서 가게 됩니다(빤딧짜 사야도, 『여래가 오신 길』, 분다담마연구소, 2018, 20쪽).

우뻬까는 그런 것이다. 하지만 우뻬까는 느낌이다. 수행의 중요 대상인 느낌을 잘 다루면 얻어지는 것이다. 우뻬까는 그래서 빠라맛따, 법이며 지혜의 영역에 속한다. 느낌을 어떻게 다루어야 잘 다루는 것인가? 좋은 느낌에 탐심을 일으켜 집착하거나, 나쁜 느낌에 진심을 일으켜 물리치지 않는다. 그저 그것을 대상으로 알아차리고 지켜볼 수 있으면 그만이다.

웨다나(느낌)를 극복한다는 것은 웨다나에 대해 탐심이나 진심으로 반응하지 않고 지혜로써 알아차림하며 지켜볼 수 있다는 것입니다. 지혜와 사띠가 있을 때 몸에서 무슨 일이 일어나든 마음에 괴로운 느낌(domanassa)이나 즐거운 느낌(somanassa)이 없습니다. 왜냐하면 마음은 지혜와 함께 평온한 상태(upekkha)를 유지하기 때문입니다. 이것을 웨다나를 극복했다고 하는 것입니다(『법은 어디에나』, 105쪽).

느낌은 느낌일 뿐 '나'와는 아무런 상관이 없다. 대상일 뿐이기 때문이다. '느낌에서 느낌으로'라는 슬로건은 이런 지침을 잘 표현하고 있다.

느낌이 나와 아무런 상관도 없다는 것을 깨닫게 되면 느낌으로 인해 더 이상 문제가 생기지 않을 것입니다. 느낌을 '나의 것'이라고 생각할 때 문제가 되는 것입니다. 그러므로 느낌이 일어날 때는 먼저 그 바탕이 되는 마음가짐에 대해 알아보십시오. 여러분은 지금, 이해하기 위해서 수행하고 있는 것입니다(『법은 어디에나』, 106쪽).

080 두 종류의 사마디

사마디는 좋은 것이다. 많은 수행자가 사마디를 얻기 위해 수행한다. 사마디를 얻으면 형언할 수 없는 기쁨과 즐거움이 따라온다. 평온함을 얻고 신통도 부릴 수 있다. 사마디는 우리가 사는 세상의 것이 아니다. 다시 말하면 사마디는 우리가 사는 욕계가 아닌 색계에 속한다. 그러니까 우리는 사마디를 닦아서 욕계를 벗어날 수 있다. 사마디를 통해 초월의 가능성이 주어진다.

얼마나 멋진 일인가? 몸은 세상 속에 있어도 마음만은 세상을 넘어설 수 있다. 거기서 그치지 않는다. 색계에 속하는 사마디가 네 종류가 있고, 사마디를 더 깊이 닦으면 색계를 넘어 무색계의 세상까지도 넘나들 수 있다. 사마디를 닦아 아주 작은 체험이라도 얻은 사람은 사마디의 매력에서 헤어나기 쉽지 않다. 사마디는 멋진 것이다.

자, 그런데 멋지고 좋은 사마디는 과연 궁극인가? 궁극이라는 말은 끝이라는 말이니, 이 질문은 사마디만 얻으면 모든 것이 완결되는가라는 의미가 되겠다. 그런 의미에서라면 사마디는 결코 끝이 아니다. 색계든 무색계든 중생이 사는 세상, 중생계에 속하는 것이기 때문이다. 시작이 있고 끝이 있다. 즉 무상하다. 궁극도 열반도 아니다.

사마디를 닦는 수행, 사마타 수행에서도 그렇게 가르친다. 사마타 수행은 위빠사나 수행을 위한 예비 단계라고. 그렇다면 위빠사나 수행을 위해 반드시 사마타 수행을 거쳐야 하는가? 이 주제는 많은 논쟁을 불러일으켜 왔다. 그러나 쉐우민 전통에서 사마디에 대한 견해는 분명하다.

하나의 대상에 계속 머물러도 괜찮지만, 억지로 하나의 현상에 앎을 고정시키려고 하지는 말라. 사마디를 깊게 하기 위해서 하나의 대상에 머물러야 한다고 생각하지 말라. 그것은 좋은 수행이 아니다. 지금 이 순간에 일어나고 있는 것을 알기만 하라(『마음관찰』, 99쪽).

꼬살라 사야도는 사마디를 얻기 위해 사마타 수행을 별도로 해야 할 필요가 없다고 가르친다.

집중을 강화하기 위하여 사마타나 입출식념 등의 도움이 필요 없다. 사띠만으로 충분하다(『마음관찰』, 109-110쪽).

떼자니아 사야도는 한 발 더 나아간다. 집중을 통해 얻는 사마디와 위빠사나 수행으로 얻어지는 사마디는 같지 않다고 말한다. 둘 사이의 차이는 질적인 차이라는 것이다. 다시 말하면 '사마디'라는 말만 같지, 전혀 달라서 비교 자체가 가능하지 않다는 것이 떼자니아 사야도의 관점이다.

수행자: 이성에 대해 좋은 감정이 느껴질 때 알아차림으로 사라질 수 있습니까?
사야도: 알아야 합니다. 아는 것이 좋습니다. 알기 위해 사띠를 두는 것입니다.
수행자: 알아차림으로 선정에 들 수 있습니까?
사야도: 선정을 얻으려면 사마타 수행을 해야 합니다. 위빠사나에도 선정이

있습니다. 알아차림에 가속도가 붙으면 선정이 있게 됩니다. 『청정
도론』에는 없지만 경전에는 그런 말이 있습니다.

(이 대화에 다른 수행자가 끼어들었다.)

또 다른 수행자: 위빠사나 사마디는 사마타에서 말하는 근접삼매가 아닐까요?

사야도: 사마타로 얻는 사마디와 위빠사나 사마디는 다릅니다. 사마타 수행
을 끝내고 위빠사나에 들어와야 비로소 위빠사나 사마디가 있게 됩
니다. 위빠사나 수행 뒤 사마타 수행을 할 수는 없습니다. 대상이 다
른데 어찌 같을 수가 있습니까? 고요한 성질은 같지만 사마타 수행으
로는 지혜가 생겨나지 않습니다. 사마타 선정은 몰입 상태일 뿐입니
다. 위빠사나 사마디는 마음이 대상을 계속 잡고 알아차리는 데서 생
깁니다(2017년 2월 떼자니아 사야도 인터뷰 법문 중에서).

대화의 중간에 끼어든 수행자는 위빠사나 수행으로 얻는 사마디가 사마
타 수행에서 얻어지는 사마디보다 깊지 않다는 견해를 가진 듯했다. 사마타
수행에서는 선정(사마디, 삼매)을 근접삼매와 본삼매로 분류한다. 근접삼매
를 거쳐 본격적인 삼매인 본삼매로 간다. 이 수행자는 위빠사나의 사마디가
그다지 깊지 않으니 사마타의 근접삼매 정도가 아닐까 추측한 것이리라.
떼자니아 사야도는 이런 생각을 단호하게 배격한다. 다시 한 번 정리하면,
둘 사이의 차이는 질적 차이라서 비교 자체가 난센스라는 입장이다. 1시간
과 1미터를 비교할 수 없듯. 두 종류의 사마디의 질적 차이는 사야도 법문
집에 잘 정리돼 있다.

사마디에는 두 종류가 있습니다. 첫째, 집중해서 생기는 사마디입니다. 둘
째, 바르게 숙고할 줄 아는 지혜가 있어서 생기는 사마디입니다. 집중해서 생
기는 사마디는 마음이 하나의 대상에 억지로 집중하기 때문에 오랫동안 집

중하다 보면 다른 것은 아무것도 알지 못합니다. 아무것도 생각할 수 없습니다. 옳지 않은 것도 생각할 수 없지만 옳은 것도 생각할 수 없습니다. 생각하는 것을 잊게 됩니다. 왜냐하면 집중하는 것만으로도 바쁘기 때문에 조사하고 관찰하는 것, 바른 생각을 적용하는 것을 잊어버립니다. 그래서 사마타 사마디에는 지혜가 생기지 않습니다. 고요하기만 합니다. 지혜가 있는 사마디는 지혜와 함께 시작합니다. 지혜가 바탕이 됩니다. 견해가 바르고, 마음가짐이 바르고, 생각이 바르기 때문에 좋아하는 마음으로도 싫어하는 마음으로도 반응하지 않습니다. 좋아하는 것도, 싫어하는 것도 아닙니다. 마음이 고요하고 차분하며 동요하지 않습니다. 이런 사마디가 위빠사나 사마디입니다. 이런 종류의 사마디에서만 지혜가 생깁니다. 예를 들어, 소리가 방해된다고 생각하는 사람과, 소리가 방해되는 것이 아니고 알아차려야 할 대상일 뿐이며 자연적인 현상이라고 생각하는 사람 중에 누구에게 사마디가 있겠습니까? 소리가 방해된다고 생각하는 사람은 화가 납니다. 들을 때마다 못마땅해서 화가 날 것입니다. 사마디는 견해가 바를 때 생깁니다. 소리가 방해되지 않는다면 좋아함도 일어나지 않고 싫어함도 일어나지 않습니다. 마음이 고요합니다(『마음가짐』, 25-26쪽).

081 바른 사마디

사마타 수행을 하는 사람들은 하나의 대상에 마음을 집중하는 데서 수행을 시작한다. 『비슈디마가』의 정품을 읽어 보면 사마타 수행의 세세하고 구체적인 지침에 놀란다. 예를 하나만 들면 대상으로 삼을 형상을 진흙을 버무려 동그란 접시 형태로 빚고('까시나'라고 부른다) 적정한 거리에 두고 주시하면서 마음을 까시나에 집중한다. 타고난 기질에 따라 까시나의 크기와 색깔을 달리한다. 눈을 감아도 몸을 움직여도 형상이 마음에 있게 되는데, 이를 '니밋따(닮은 표상)'이라고 한다. 니밋따를 대상으로 계속 마음을 집중해 선정을 얻는다.

논서에는 쉽게 기술돼 있지만 니밋따를 얻는 과정이 결코 쉽지 않다. 아무리 집중에 선천적 소질이 있다는 한국의 수행자들도 몇 달 수행해서 니밋따를 떠우기란 여간 어렵지 않다. 이렇게 어렵사리 얻어도 니밋따는 자칫하면 사라져 버린다. 이와 관련된 법문집의 구절이 있다.

사마디를 얻은 뒤 하품을 하다가, 침을 삼키다가, 자리를 바꾸다가 사마디가 깨져 버렸다고 수행자들이 말합니다. 이런 사마디는 어떤 종류의 사마디입니까? 툭 건드리면 깨지는 사마디입니다. 어떤 세상이든지 알 수 있는 '있는 사띠'는 일어나는 것들과 나타나는 것들을 모두 다 알고 있기 때문에 사마디가 깨지지 않습니다. 모든 것이 알아야 할 대상일 뿐이고, 법의 자연적인 성품들일 뿐이라고 아는 지혜로 인하여 사마디가 깨지지 않습니다. 보고 싶은 대상에만 집중해서 보고 난 뒤 사마디가 생긴 사람은 사마디가 깨집니다(『마음가짐』, 106-107쪽).

앞서 말한 것처럼 이런 점에서 위빠사나에서는 사마타의 선정과 전혀 다른 사마디를 언급하고 있는 셈이다. 다시 말하면 사마디는 집중하는 데서 생기는 것이 아니라는 주장이다. 오히려 그것은 지속적인 사띠와 바른 마음가짐, 그리고 올바른 견해가 원인이 되어 결과로서 생긴다고 가르친다.

'사마디'라는 것은 '고요하고 안정된 상태'를 말하지 '집중하는 것'을 말하지 않습니다. 집중할 때마다 사마디가 있습니까? 집중으로 인해 머리가 아픈 사람, 목덜미가 뻣뻣해지는 사람들이 많습니다. 집중하는 것은 힘듭니다. 사

444

마디는 왜 생깁니까? 집중해서가 아닙니다. 마음가짐이 바를 때 사마디가 생깁니다. 견해가 바를 때 사마디가 생깁니다. 생각해 보십시오. 삶 속에서 어려움이 있을 때 생각이 잘못되면 걱정이 생깁니다. 원인과 결과로 바르게 생각할 때 편안해집니다. 생각이 바르면 사마디가 생깁니다. 생각이 잘못되면 사마디가 깨집니다. 사마디는 집중해서 생기는 것이 아닙니다. 그렇기 때문에 견해나 마음가짐을 바르게 하는 것에 대해 미리 들어 두어야 합니다(『마음가짐』, 24-25쪽).

마음이 집중을 놓칠 때 깨지기 마련인 사마디는 올바른 사마디라고 할 수 없다. 집중의 산물로서가 아니라, 가속도가 붙어서 사띠가 지속되고 마음가짐과 견해가 바를 때 생기는 고요함이 바른 사마디다. 이 바른 사마디를 '위빠사나 사마디' 또는 '사띠 사마디'라고 부른다.

위빠사나 사마디는 지속적인 알아차림과 함께, 바른 견해와 바른 마음가짐과 바른 생각이 있을 때 생기며, 마음을 안정시킵니다. 이런 종류의 사마디를 삼마 사마디(바른 사마디, 正定)이라고 합니다(『알아차림』, 165쪽).

082 사띠 사마디

사띠 사마디 또는 위빠사나 사마디가 바른 사마디인 까닭은 무엇인가? 하나의 대상에 마음을 집중시켜서 얻는 사마디가 바르지 않은 까닭은 또 무엇인가? 전자에는 지혜가 함께하고, 후자에는 지혜가 함께하지 않기 때문이다. 사마디에 지혜가 없다면 바르다고 할 수 없다. 지혜 없는 사마디는 마음의 능력만 키울 뿐 '있는 그대로의' 법과는 아무런 상관이 없다. 혹세무민

하는 사이비 교주도 강한 카리스마와 신통과 사마디를 지니는 경우도 많다.

위빠사나 수행에서는 어떤 대상에 대해서도 집착하지 않고 거부하지 않는 법을 배우게 됩니다. 지혜가 있는 사마디는 지혜를 원인으로 생기고 지혜와 함께 일합니다. 바른 견해, 바른 마음가짐, 바른 생각이 있기 때문에 마음은 탐심이나 진심으로 반응하지 않습니다. 어떤 대상에 대해서도 좋아함이나 싫어함이 없이, 마음은 고요하고 평화롭고 잔잔합니다. 마음은 또한 밝고 가볍고 상쾌하게 깨어 있습니다. 지혜가 있는 마음에서만 생길 수 있는 그러한 사마디는 더 많은 지혜가 생길 수 있도록 이끌어 줍니다(『법은 어디에나』, 41쪽).

'사띠 사마디'는 위빠사나 수행에서 보편적으로 강조되는 개념이다. 하지만 심념처 전통의 쉐우민에서는 더욱 강조된다. 사마디의 힘으로 '두 개의 마음'이 비로소 가능해지기 때문이다. 두 개의 마음 즉 대상을 아는 마음과 그 둘을 한꺼번에 지켜보는 마음은 사마디의 힘이 미약할 때는 나타나지 않는다. 사마디가 약하면 마음은 망상한다.

사띠 사마디가 그다지 강하지 않을 때 마음을 보면, 마음은 망상한다. 수행은 길고 큰 것이 아니라, 매 순간의 앎이다(『마음관찰』, 106쪽).

사띠가 지속되고 마음가짐과 견해가 올바르면 사마디는 그 결과로 강해진다. 사마디가 강해져야 마음은 보인다.

지속적으로 수행하도록 하라. 매 순간 알도록 하라. 그러면 사띠 사마디는 점점 더 지속될 것이고, 마음의 힘은 아주 강해져서, 마음을 보다 쉽게 보게 될 것이다(『마음관찰』, 34쪽).

마음과 대상을 함께 지켜보는 일은 수행자의 의지대로 되는 일이 아니다. 마음보기는 마음의 고요함이 있어야 가능하다. 카메라 앵글을 고정시키지 않으면 안정된 피사체를 촬영할 수 없는 이치와 같다. 마음이 들뜨면 마음에 초점을 맞지 않는다.

어떤 경험에 대해서도 늘 자연스러운 알아차림이 있고 모든 것을 단지 알아차려야 할 대상으로 아는 지혜가 있는 사람에게는, 강력하고 안정적이며 지속적인 사마디가 생기게 됩니다. 알아차림이 있건 없건, 마음은 스스로의 일을 합니다. 알아차림이 없다면, 마음은 번뇌가 시키는 대로 따를 것입니다. 바른 알아차림이 있다면, 마음은 지혜가 이끌어 갈 것입니다(『법은 어디에나』, 153쪽).

083 사띠 사마디는 어떻게 증장하는가

사마디를 강하게 하고 싶다고 강해지는 것이 아니다. 그것은 결과이기 때문이다. 수행자가 할 수 있는 것은 원인이 되는 행위이지, 결과에 영향을 미칠 수 없다. 이 일은 결코 억지로 되는 일이 아니다.

사띠가 강해지면 마음은 대상에 더 가까이 다가갈 수 있게 될 것이다. 그러나 억지로 힘을 쏟아 붓지 말고, 자연스럽게 그렇게 되도록 하라. 자신이 좀 더 자세히 보기 시작한다는 것을 알게 될 것이다(『마음관찰』, 78쪽).

다시 한 번 기억해 두는 게 좋겠다. 집중으로 얻어지는 사마디는 바른 사마디가 아니다. 위빠사나 사마디, 사띠 사마디는 마음가짐이 바르고 사띠가 이어진다면, 이것이 원인이 되어 결과로서 얻어진다.

당신은 결과가 아니라 원인에만 영향을 미칠 수 있습니다. 단지 목표를 정하는 것만으로는 원하는 것을 얻을 수 없습니다. 예를 들면, 집중하려고 노력한다고 해서 사마디가 생기는 것은 아닙니다. 어떻게 하면 사마디가 생기는지를 알아야 합니다. 바른 마음가짐으로 끊임없이 사띠를 두었을 때, 사마디가 생깁니다. 당신은 항상 사띠를 둘 것을 스스로에게 일깨우면서, '자신이 바른 마음가짐으로 알아차리고 있는지 그렇지 않은지'를 점검해봐야 합니다. 즉, 바른 노력과 바른 사띠가 있으면 바른 사마디는 저절로 생겨납니다. 이와 같이 인과의 법칙을 분명히 이해하면 어떤 상황도 다룰 수 있는 방법을 알게 됩니다. 자신이 원하는 결과를 얻기 위해 '필요한 원인과 조건이 무엇인가'를 아는지 자문해 보십시오. 그다음에 원인과 조건을 갖추도록 하십시오. 당신은 이와 같은 바른 견해를 가져야 합니다(『번뇌』, 141쪽).

그러니까 사마디가 약해지고 있다면 수행하는 마음가짐에 문제가 있기 때문일지도 모른다. 수행자는 '어떤 마음으로 수행하고 있는가'를 물어야 한다. 그리고 자신의 사띠 사마디가 그다지 좋지 않다는 것을 받아들여야 한다고 꼬살라 사야도는 가르친다. 이 맥락에서 떼자니아 사야도는 '지혜를 써 줄 것'을 충고한다. 특유의 사띠+지혜의 가르침이 여기에도 적용됨은 물론이다.

위빠사나 사마디를 계발하려면 지혜가 있어야 합니다. 이 지혜는 바른 정보일 수 있고, 혹은 자신의 성찰과 체험에서 스스로 이해한 것일 수도 있으며, 이 두 가지를 합한 것일 수도 있습니다. 이 지혜로 인하여, 마음은 어떤 것도 원하지 않고 밀어내지도 않습니다. 이 지혜로 인하여 마음은 안정감을 느끼며, 마음속에 아무 반응도 일어나지 않습니다. 이것이 위빠사나 사마디이며, 이런 종류의 사마디에서만 통찰이 생길 수 있습니다(『알아차림』, 166쪽).

꼬살라 사야도는 여러 대상 중에서 보다 미세한 대상을 선택해 수행하는 것도 사띠 사마디 증장에 도움이 된다고 가르친다.

많은 느낌 중에서 선택해야 한다면, 노력해서 사띠 사마디를 증가시키기 위하여, 보다 미세한 것을 택해야 한다. 미세한 느낌을 많이 볼수록 마음은 더 강해진다(『마음관찰』, 80쪽).

084 수행도 원인과 결과다

불교에서는 이 세상을 세 가지 관점으로 설명한다. 뭇 중생의 삶과 죽음이 무한히 반복되는 세계라고 세상을 볼 때 세상은 중생계가 된다. 무수한 중생이 지옥에서 아귀·축생·아수라·인간·천상을 돌고 돌며 사는 공간이라고 보면 세상은 공간계가 된다. 중생은 왜 육도를 윤회하는가? 원인이 있으면 반드시 결과가 있게 마련이기 때문이다. 중생은 그래서 육도의 공간 속을 원인-결과 법에 따라 스스로 짓고 스스로 받으며 윤회한다. 인과법의 관점으로 세상을 보면 세상은 인과계가 된다. 붓다는 인과의 엄연함을 발견해냈고 중생에게 그 엄중함을 평생 설파했다. 붓다의 가르침을 요약하면 원인-결과 법이다. 인과법이 수행에도 적용되는 건 당연하다. 수행에 대한 가르침들은 모두 수행이란 원인을 짓는 것임을 전제로 한다.

단지 원한다고 해서 얻을 수 있는 것도 아니고 우리가 추구하는 방식대로만 얻을 수 있는 것도 아닙니다. 원하는 것이 생길 수 있는 원인과 조건들이 충분히 갖춰져야만 그 결과를 얻을 수 있습니다. 즉 얼마나 충실하게 최선을 다해 수행을 했는가에 달려 있습니다. 그것을 이해하고 나면, 특정 결과나 체험을 원하는 마음이 줄어들게 됩니다. 그 대신 마음에는 수행을 통해 원인을 만드는 조건들을 갖추는 것에 더 능숙해지려는 선한 열의가 생기게 됩니다(『법은 어디에나』, 136쪽).

원인이 아닌 결과만을 바라고 하는 수행은 수행이 아니라 탐심이다.

법을 얻고 싶습니까? 아니면 수행하는 법을 배우고 싶습니까? 탐심의 마음은 법이라는 결과만을 원합니다. 그러나 선하고 바른 수행을 하는 마음은 확신과 신심, 지혜를 키우고자 할 것입니다(『법은 어디에나』, 151쪽).

수행의 인과법을 따른다면 바른 수행이 원인이 되어 궁극적으로 얻어지는 결과가 바로 열반이다. 돈오 사상에 경도된 어떤 수행자들은 돈오를 '우연한 깨달음'으로 이해하기도 한다. 물론 잘못된 견해다.

언젠가 한 수행자가 나에게, 어느 날 갑자기, 우연히 열반에 들어갈 수 있느냐고 물었습니다. 그것은 불가능합니다. 그냥 우연히 열반에 들어갈 수는 없습니다. 대가를 치러야 합니다. 모든 조건들이 갖추어졌을 때 결과가 나타날 것입니다. 인내심을 갖고 꾸준히 수행하십시오. 열반에 대해서는 생각하지도 말고, 바라지도 말며, 그저 계속 수행하기만 하십시오. 자신의 목적지에서 아주 멀리 떨어져 있을 때는 멀리 있음을 알고, 점점 가까워졌을 때는 가까워졌음을 알 것입니다(『알아차림』, 23쪽).

수행의 원인과 결과는 법의 조사의 중요한 주제이기도 하다. 수행자는 대상의 일어남과 사라짐, 스스로의 마음 상태의 원인과 결과가 무엇인지 늘 물어야 한다. 떼자니아 사야도는 법문집에서 자신의 수행 경험을 들추며 바로 이 점을 강조한다. 다소 길지만 모두 싣는다.

원인이 있다면 결과도 있을 것입니다. 큰 사야께서는 늘 원인에 대해서 물어보셨습니다. 그분은 늘 원인이 무엇인지 알고자 하셨습니다. 나는 사야도께 가서 내가 본 일어남과 사라짐, 현상의 처음부터 중간, 그리고 끝까지 모두 말씀드리곤 했습니다. 그러면 사야도께서는 "그것이 왜 일어났지?", "왜 사라졌지?"라고 물으셨습니다. 나는 왜 그런지 몰랐습니다. 일어남과 사라짐이 있다는 것은 알았지만 그 이유는 알지 못했습니다. 무엇이 일어나고 있었는가? 그리고 내가 어떻게 그것을 믿을 수 있을까? 사야도의 질문은 아주 간단했습니다. "그것이 왜 일어났는가?" 하지만 아무도 대답하지 못했습니다. 모두들 그저 일어남과 사라짐만을 보려고 했고, 그것을 보는 것으로 만족해 했습니다. 간단히 말해서 불교는 원인과 결과를 이해하는 것입니다. 우리는 사띠가 언제 있고 언제 없는지 알아야 합니다. 마찬가지로 언제 사마디가 있고 언제 사마디가 없는지도 알아야 합니다. 또한 사마디의 힘이 좋아지도록 하는 원인들에 대해서도 알아야 합니다. 여기에 한 가지를 더 추가하자면, 왜 사마디가 사라지는지에 대해서도 알아야 합니다. 번뇌에 대해서도 마찬가지입니다. 언제 번뇌가 있고 언제 없는지, 언제 강해지고 언제 약해지는지에 대해서 알고 있어야 합니다(『법은 어디에나』, 181-182쪽).

085 인과를 아는 지혜

인과는 불교의 법 즉 붓다의 가르침의 핵심이다. 지혜를 닦는 수행, 위빠사나의 원리 역시 이 핵심에서 결코 벗어나지 않는다. 쉐우민의 수행 역시 그렇다. 쉐우민은 강조한다. '수행 역시 인과 즉 원인과 결과'라고. 대상은 마음에서 일어난다. 일어나는 대상의 좋고 나쁨에 집착하는 것은 수행이 아니다. 오히려 일어나는 대상이 왜 일어나는지를 알고 이해할 것을 쉐우민은 권고한다.

수행자가 '이러저러한 현상이 일어났다'고 말한 뒤, '이렇게 일어나는 것이 좋습니까?' 하고 묻곤 합니다. 일어나는 것에 대해 좋고 나쁜 것으로 생각하지 마십시오. 일어나는 것의 원인(원인과 결과, 좋고 나쁜 것, 이익과 허물)들을 알고 이해해야만 좋습니다(『마음가짐』, 100쪽).

수행은 마음과 대상으로 요약된다. 쉐우민 수행은 마음과 대상을 함께 보라고 가르치는 심념처다. 마음과 대상을 함께 보는 수행이어야만 원인과 결과를 이해할 수 있다. 심념처가 수행의 원인과 결과를 강조하는 까닭이다.

원인과 결과 양쪽을 다 이해할 수 있는 지혜라야만 힘이 있고 완전한 지혜가 됩니다. 대상 쪽과 일하는 마음 쪽을 동시에 볼 수 있는 지혜가 있어야만 이것을 이해하게 됩니다(『마음가짐』, 93쪽).

물론 이와 같은 가르침의 원조는 꼬살라 사야도라고 할 수 있다. 쉐우민 심념처의 핵심적 가르침들이 법문집의 다음 구절에 요약되어 있다. '원인과 결과'와 관련된 짤막한 문구뿐이지만 그 의미는 심장하다.

452

탐욕은 욕심과 필요한 것을 구별할 줄 모른다. 성냄은 옳고 그름을 구별하지 못한다. 이 마음 상태들은 어리석음에 의해 생긴 것이기 때문에, 무엇이 적절하고 무엇이 적절하지 않은지 알지 못하며, 원인과 결과를 알지 못한다.

번뇌는 성숙되지 않는다. 그러나 자신의 마음이 탐욕과 성냄을 느끼는 마음과 이러 저러한 것과 비교하는 마음을 볼 수 있다면, 이 알고 있는 마음은 보다 성숙된 것이며, 사띠가 있는 것이고, 지혜가 있는 것이며, 눈멀지 않은 것이다(『마음관찰』, 40쪽).

꼬살라 사야도의 '원인과 결과'는 떼자니아 사야도의 핵심 가르침으로 확장되고 강조된다. 대상과 마음을 함께 아는 앎, 마음에 일어나는 대상의 진행 과정까지도 지켜보는 앎은 심념처가 강조하는 '넓은 시야'가 된다. '하늘을 높이 나는 새'처럼.

하늘 높이 날고 있는 새와 같이, 일어나는 대상과 마음, 그리고 그 진행 과정까지 모두 함께 볼 수 있는 넓은 시야를 가진 지혜만이 원인과 결과의 관계를 이해할 수 있습니다. 계속해서 새로운 이해를 얻게 되고 전체 그림을 완성해 가면서, 지혜는 더욱더 성장하고 굳건해지게 될 것입니다(『법은 어디에나』, 181쪽).

O86 알 수 있는 만큼만 알아라

세상을 사는 데도 노력은 중요하다. 또 필요하다. 타고난 소질이 뛰어나든 그렇지 않든 노력은 미래를 현재보다 더 낫게 만드는 주요 변수가 된다. 사회가 건전하고 정상이라면 소질보다는 노력이 큰 변수가 된다. 수행에서도 마찬가지로 노력은 중요하다. 수행도 열심히 해야 진전이 있음은 당연하다. 그런데 어떻게 열심히 해야 하는가? 많은 수행자가 온 힘을 다해야 열심히 수행하는 것으로 안다. 그러나 결코 그렇지 않다. 수행은 몸과 마음을 힘들게 하거나 괴롭히는 것이 돼서는 안 된다.

위리야는 힘을 쓰는 노력을 의미하지 않습니다. 몸과 마음이 힘들게 수행하지 마십시오. 몸과 마음을 힘들게 하는 것으로써 법을 얻을 수 있는 것이 아닙니다. 몸도 편안하고 마음도 편안해야 합니다. 그러므로 마음이 짜증나고 의기소침해질 정도로 수행하지는 마십시오. 편안하게 관심을 가지기만 하면 됩니다. 힘을 쓰는 노력은 하지 않아도 됩니다. 다만 끈기 있게 노력해야 합니다(『마음가짐』, 27쪽).

노력이란 힘든 것이 아니다. 오히려 편안한 것이다. 적어도 쉐우민 위빠사나는 힘을 쓰기보다는 힘을 빼야 한다고 가르친다. 노력은 집중이나 용력을 의미하지 않는다. 힘을 쓰기 보다는 끈기 있게 지속해야 한다. 수행은 다섯 가지 요소가 갖춰져야 가능하다. 사띠, 사마디, 찬다(믿음), 빤야(지혜), 그리고 위리야 즉 노력이다. 수행의 노력은 노력 자체뿐만 아니라 나머지 네 가지 요소들과의 균형을 의미한다. 다시 말하면 사띠·빤야·사마디·찬다가 균형을 이루도록 하는 것이 위리야라고 이해할 수 있다.

수행자들은 수행을 열심히 해야 한다고 알고 있습니다. 그러나 '어떻게 열심히 수행해야 하는가?'에 대해서는 확실하게 아는 수행자가 드뭅니다. 대개의 수행자들은 대상 자체만을 관찰하기 위해 애써 노력하고 있습니다. 집중해서 노력하고 있습니다. 사실은 대상의 자연적인 성품을 바르게 알고 이해하기 위해 노력해야 합니다. 노력만으로 힘을 써서 주목하기보다는 지혜가 있는 알아차림으로써 관찰해야 합니다. 그래야 이해하게 됩니다. 노력이 부족하다고 말하곤 합니다. 그러나 필요한 노력은 힘을 쓰는 노력이 아닙니다. 끈기 있는 노력이 필요합니다(『마음가짐』, 98-99쪽).

그러나 뭐 그리 어렵게 생각할 필요는 없다. 알 수 있는 만큼만 알면 그만이다. 수행에 대한 탐심을 버려야 함은 물론이다. 안 되는 것을 억지로 할 필요는 없다.

수행자: 좌선 중 생각을 기다려 관찰하려고 하면 졸음이 옵니다.

사야도: 보이지 않는 대상을 일부러 찾으려하지 마십시오. 몸에서 일어나는 대상들은 많습니다. 생각은 마음에서 일어나므로 처음부터 알아차리기 힘듭니다. 사띠가 좋아지면 생각을 저절로 알아차리게 됩니다(2017년 1월 사야도 인터뷰 법문 중에서).

위 수행자는 수행 중 '생각'을 대상으로 봐야 한다는 생각에 사로잡혀 있다. 이에 대한 사야도의 답변은 '안 되는 것을 억지로 하려 하지 말라'다. 수행이 진전되면서 자연스럽게 이루어지도록 두라는 뜻이다. 안 될 땐 수행의 기본으로 돌아가서 점검하면 된다. 사띠가 이어지고 사마디가 있으면 그만이다. 이에 대한 꼬살라 사야도의 법문은 명쾌하다.

위리야란 주시하는 마음을 지속적으로 관찰하도록 하는 것이다. (좌선할 때) 마음이 피곤하든지 강하지 않을 때는 보다 쉬운 대상으로 바꾸어라. 때때로 마음과 몸을 살펴보고 긴장하고 있는지 점검하라(『마음관찰』, 47-48쪽).

087 마음에 속지 말라

한 수행자가 사야도에게 '몸에 빛이 내린다'고 수행 보고를 했다. 사야도의 답변은 이랬다.

사야도: 몸에 내리는 빛은 알기만 하고 보지 마십시오. 빛은 개념적인 것입니다. 실재하는 것만 보십시오.

수행자: 빛뿐 아니라 향기가 날 때도 있습니다.

사야도: 마음이 만들어 낸 개념적 대상입니다. 그냥 그렇게 알아차리면 됩니다(2017년 1월 사야도 인터뷰 법문 중에서).

수행자들은 수행 중에 나타나는 체험에 집착하는 경향이 많다. 사야도 인터뷰 시간에는 이런 체험을 한 뒤 이처럼 그 체험에 대해 해석을 요구하는 물음이 적잖다. 이를테면 좌선 중 갑자기 몸이 사라졌다든지, 삽시간에 수년간의 기억이 스쳐갔다든지, 공간이 멀리까지 확장됐다든지 하는 체험들이다. 그리고 많은 사람이 그런 체험들이 도와 연관 있다고 생각한다. 그렇지만 사실은 그 반대다. 그것들은 도와 아무런 연관이 없을 뿐만 아니라 오히려 장애가 되는 경우가 많다.

마음은 많은 것을 만들어 낼 수 있고 또 그렇게 할 것입니다. 만약 아주 미세한 수준에서의 마음을 보지 못했다면 그 만들어 낸 것들을 믿게 될 것입니다(『법은 어디에나』, 140쪽).

남들이 하지 않지 않는 체험, 능력, 신통 그런 것들은 대개는 마음이 제멋대로 만들어 낸 것들이다. 세상은 그래서 도인으로 넘친다. 사주·관상·손금

456

보는 도인, 전생 보는 도인, 병 고치는 도인 등이 세상을 현혹시키고 어지럽힌다. 깨달음을 이뤘다고 주장하는 자칭 도인도 의외로 많다. 한 대상에 집중하면 마음은 열반까지도 만들어 낼 수 있다.

개념에 집중하는 것만으로도 무엇이든지 만들어 낼 수 있습니다. 강한 집중의 힘은 심지어 열반마저도 만들어 낼 수 있습니다. 그렇기 때문에 그런 식으로 집중하는 것을 지극히 경계하는 것입니다. 집중은 원하는 것은 무엇이든 만들어 낼 수 있기 때문입니다(『법은 어디에나』, 139쪽).

무엇이든 만들어 내는 마음의 속임수에 속게 되면 수행은 거기에서 끝난다. 이에 대한 꼬살라 사야도의 경고는 단호하다.

만들어 내지 말라. 위빠사나 수행을 하면서 무얼 만들어 내는 것은 아주 위험하다(『마음관찰』, 109쪽).

하지만 많은 수행자가 체험을 원한다. 그러나 체험은 원한다고 얻을 수 있는 것이 아니다. 체험은 수행의 결과이기 때문이다. 그리고 체험이란 끝없는 수행의 길에 나타나는 색다른 풍경에 불과하다. 풍경에 집착해서는 안 된다. 수행자는 서둘러 길을 가야 하는 나그네가 아닌가? 체험을 원하는 것은 로바(탐심)에 불과함을 알아야 한다.

어떤 특정한 대상을 보거나 체험하길 원하고 있다면 여전히 탐심을 가지고 있는 것입니다. 관찰하는 마음, 수행하는 마음에 탐심이 있다면 바르게 수행하고 있다고 말할 수 없습니다(『법은 어디에나』, 119쪽).

수행자는 정직해야 한다. 자기 자신의 수행 정도를 인정하고 수용해야 한다. 자신의 능력을 넘어서는 뭔가를 원해서는 안 된다. 그것은 탐심이다. 마음에 원하는 바가 있으면 마음은 그것을 만들어 낼지도 모른다.

자신의 알아차림 정도를 있는 그대로 받아들여야 합니다. 알아차림이 어떠해야 한다는 선입견을 가지면 문제가 생깁니다. 자신의 알아차림 정도를 있는 그대로 받아들이지 않는다면 잘못된 마음가짐을 갖게 되며, 대부분의 경우 아마도 상상으로 만들어 낸 체험을 얻기 위해 애쓸 것입니다(『번뇌』, 146쪽).

체험을 원해서도 안 되지만 그것을 억누를 필요가 없다. 대상과 마음, 알아차림의 기본에 충실하면 된다. 마음의 균형을 유지해 자연스러운 과정을 따라가면 그만이다.

끊임없이 대상에 접촉하려고 하는 것이 마음의 본성이므로, 대상을 보기 위해 특별히 노력할 필요가 없습니다. 단지 무엇이 있는지 알기만 하면 됩니다. '바른 대상'이라 생각되는 것만을 보려 하지 마십시오. 자신의 체험을 억제하거나 억지로 만들 필요가 없습니다(『번뇌』, 139쪽).

088 자만은 위험하다

높은 산에 올라 보라. 큰 봉우리 아래에는 여러 개의 작은 봉우리들이 있다. 정상에 오르기 위한 길은 그래서 오르막으로만 뚫려 있지 않다. 오르막 다음엔 반드시 내리막으로, 내리막 다음에 더 가파른 오르막으로 길은 이어진다. 절벽이나 계곡의 물도 만날 수 있다. 산을 오르는 사람에게 이런 것들은 장애가 된다. 산에는 높이에 걸맞은 장애가 있다.

수행자들도 수행의 길에서 장애들을 만난다. 게으름과 지루함, 들뜸과 혼침 같은 것들이다. 하지만 가장 커다란 장애는 '내가 잘하고 있다'는 생각일지도 모른다. 높은 산을 오르는 사람이 잠시 만나는 내리막에서 방심한다면 남은 산을 잘 오를 수 없다. 수행의 경험이 쌓일수록 수행자는 수행에 대한 제 나름대로의 견해가 생길 게다. 그러나 그 견해는 산을 오르는 자가 만나는 잠깐의 내리막이기 십상이다.

수행의 경험이 쌓여 갈수록 당신은 '수행이 어떠한 것인지 안다'고 생각하기 시작할 것입니다. 그러나 그렇게 성급하게 결론을 내리는 것은, 당신의 지혜가 더욱 깊어지는 것을 방해할 것입니다. … 수행에 대한 경험이 넓어지고 깊어질 때 자신의 수행 체험에 대해 결론을 내리려고 할 것입니다. 심지어는 무상과 같은 근본적인 진리를 깨달았다고 생각할지도 모릅니다. 이런 식의 가정은 더 깊이 관찰하는 것을 막고, 수행의 진전을 방해할 것입니다(『번뇌』, 134쪽).

떼자니아 사야도는 그래서 여기에 혹독할 정도의 경고를 덧붙인다.

자신을 너무 과대평가하지 마십시오. 이해와 깨달음이 있는 시간과 그것이 없는 시간 중에 어느 때가 더 많습니까(『법은 어디에나』, 163쪽).

'잘하고 있다'는 생각은 자만 혹은 아만이다. 자만은 수행의 길에서 만나는 가장 커다란 장애다.

'지혜가 어떠해야 한다'라는 선입견이나 견해에 집착하는 것은 위험합다. 왜냐하면 그런 생각과 맞아떨어지는 것처럼 보이는 체험을 하게 될 때, 아만심이 생기기 때문입니다. 진리는 관념과 견해를 초월합니다. 관념과 견해는 어리석음의 작용일 뿐입니다(『번뇌』, 121-122쪽).

꼬살라 사야도 역시 여러 차례 반복해서 자만을 경계한다.

마음은 항상 비교하고, 여러분은 어떤 것은 좋아하고 어떤 것은 싫어한다. 마음을 따라가서는 안 된다(『마음관찰』, 74쪽).

수행 중 일어나는 마음 중 이런 것들을 사소하게 넘겨서는 안 된다.

자아, 사견, 비교, 경쟁을 주목하라. 자신이 알고 있는 것을 생각하거나 말로 표현하지 말라. 수행자는 이미 안다(『마음관찰』, 69쪽).

이 경계에 '위험하다'는 표현까지 서슴지 않는다.

'나는 다른 사람들보다 수행을 잘한다'는 마음을 주시하라. 그것은 대단히 위험하다(『마음관찰』, 106쪽).

다시 한 번 강조하지만, 자만은 수행 중 만나는 커다란 장애다. 그리고 수행자라면 누구나 그 장애를 만나게 된다고 먼저 길을 간 여러 선배 수행자들은 말한다. 많은 수행자가 자만·아만이라는 장애를 만나 그 자리에 주저앉는다. 더 이상 길을 가려 하지 않는다. 스스로 길의 끝에 섰다고 믿기 때문이다. 모하(어리석음)에 사로잡힌 탓이다. 이런 경우 수행의 주체는 '나'가 된다. 내가 수행해서 내가 궁극에 왔다고 믿는다. 그러나 수행은 '나'가 하는 것이 아니라 '마음'이 하는 것이다.

모든 사람이 이 마음을 '나'라고 생각하며 살아가는데, 그것이 마음보기를 아주 어렵게 만든다. 왜냐하면 그 사이에 있는 자아 때문이다. 사띠 사마디가 약하면 마음을 볼 수 없다. 사띠 사마디가 강하면 현상들은 아주 분명해진다. 실질적으로 거기에 '나'는 없다. 그것은 단지 마음일 뿐이다(『마음관찰』, 34-35쪽).

수행자 누구나 만나는 자만이라는 장애를 어떻게 넘어서야 할까? 자만을 자만으로 알아차려야 한다. 스스로의 자만을 못 보면 수행은 그 지점에서 멈춘다.

자만심을 약화시키고 더 커지지 않게 하기 위해서는 그것을 인식하는 것이 중요합니다. 지혜는 자만심이 사라졌을 때 생겨납니다(『번뇌』, 121쪽).

089 꼬살라 사야도의 '심념처'

떼자니아 사야도는 친절하고 구체적이고 섬세하다. 이에 반해 그의 스승 꼬살라 사야도의 법문은 간명하고 직설적이고 선이 굵다. 마치 성량 풍부한 베이스의 나직한 목소리처럼 들린다. 아시다시피 꼬살라 사야도는 위빠사나 전통 속에서 '심념처' 수행을 살려 낸 쉐우민의 스승이다. 그 '심념처'의 요지는 마음을 대상으로 지켜보는 수행이다.

마음을 지켜본다는 것은, 마음에서 무슨 일(감정, 생각과정, 소설쓰기, 의도)이 일어나고 있는지 아는 것이다. 그것에 도취되지 않으면서(『마음관찰』, 99쪽).

마음에서는 여러 가지 것들이 쉴 새 없이 일어난다. 느끼고 생각하고 의도하는 등 끊임없이 뭔가를 만들어 낸다. 이런 마음을 대상으로 마음이 알아차리고 지켜봐야 수행이다. 그것이 심념처 수행이다. 이 법문의 요지는 마음에서 일어나는 일을 대상으로 알아차림 하는 것이다.

사람들에게 이렇게 물어야 한다. "마음에서 무슨 일이 일어나고 있는가?" 이를 관찰하는 것이 심념처. 마음이 무슨 일을 하고 있는가? 마음의 기능은 무엇인가? 예를 들어서 분노를 알고 있다면, 이것은 마음 상태를 보고 있는 것이다. 이것도 심념처다. 심념처는 마음을 지켜보고 있는 것이다. 무엇을 하든지, 모든 행위에는 예외 없이, 하고 있는 것을 주시하는 마음과, 그것을 지켜보는 마음과, 잊지 않겠다고 다짐하는 마음이 있다. '마음으로 마음을 지켜보는 것', 마음과 관련된 모든 것은 심념처다(『마음관찰』, 35쪽).

심념처 수행이 진전될수록 마음은 강력해지고 많은 대상을 알게 되며, 평온해진다.

모든 현상에 대해서 평온을 유지하도록 하라. 마음이 순수한지, 깨끗한지, 그렇지 않은지 계속 점검하라. 마음 상태를 분명하게 보는 것은 아주 중요하고 유용하다. 만약 순수하지 않다면 순수하게 되도록 해야 한다(『마음관찰』, 106쪽).

대상이 어떤 성질을 갖는 것이든 상관하지 말라. 좋든 싫든 상관하지 말라. 대상을 좋아하지도 싫어하지도 말라. 말려들지도 싸우지도 말라. 이를테면 마음의 긴장 상태가 대상이 된다고 하더라도 지켜보는 마음이 긴장할 필요는 없다.

의식은 에너지다. 각각의 생각은 다른 마음이다. 싸우지 말고 지켜보기만 하라. 대상이 긴장이든 무엇이든 마음이 긴장할 필요는 없다. 침착하게 지켜보도록 하라(『마음관찰』, 110쪽).

대상으로 삼는다는 말은 대상과 마음의 거리를 유지하는 일이다. 심념처 수행이 진전되면 대상과 마음 사이에 거리가 생긴다. 대상에 빠져들면 그 거리는 유지되지 않는다.

지금 통제하고 있는가, 아닌가? 마음이 집중되었는가, 산란한가? 대상과 아는 마음 사이의 그 거리를 유지하라. '한 단계 위의 마음'과 함께 머물러라. 이것을 모든 수행에 적용하라(『마음관찰』, 46쪽).

그리고 꼬살라 사야도는 다음과 같이 되묻는다.

대상을 경험하고 있는 마음을 아는 것과, 그 대상으로부터 분리되어 있는 마음을 아는 것을 보라. 차이를 알겠는가(『마음관찰』, 109쪽).

언젠가 R. G. 크리슈나무르티라는 힌두교 수행자의 책을 읽은 적이 있다. 『그런 깨달음은 없다』는 책이다. 저자 자신의 깨달음 체험을 적었는데, 체험의 요지는 개념의 세계가 무너지는 것이었다. 심한 두통과 함께 사물에 대한 판단, 기억 등이 서서히 없어지는 체험이었다.

수행은 깊어지고 이런 새로운 체험이 나타날지도 모른다. 체험 속에서 개념의 세계가 사라질지도 모른다. 그래서 아무것도 체험하지 못하는 듯이 느껴질 수도 있다. 꼬살라 사야도는 이런 현상들은 결코 이상하지 않으며 오히려 정상이라고 일러 준다.

마음속에서 설명하는 자, 해석하는 자, 반응하는 자를 무시하고, 그런 생각이 떠오를 때, 여러분이 (자동차 소리, 새소리라고) 설명하고 있다는 것을 알기만 하면, 그것들은 서서히 사라질 것이다. 오랫동안 해석하거나 설명하지 않으면 어떤 이상한 현상이 다시 일어날 것이다. 그것은 마치 아무것도 잘 경험하지 못하는 것 같을 것이다. 여러분의 경험은 아주 이상한 것이 아니다. 그것은 정상이다(『마음관찰』, 71쪽).

090 일상 공부

수행자: 예전에는 경행을 재미있어 했는데 좌선 시 더 세밀하게 공부합니다.
사야도: 좌선이나 경행, 일상에서 사띠가 균일해지면 더 좋습니다(2017년 1월 사야도 인터뷰 법문 중에서).

수행은 마치 날씨와 같다. 맑다가 흐리다가 비나 눈이 오기도 한다. (인생사도 다 그렇겠지만.) 이런 과정은 수행자들 모두 겪을 것이다. 물론 개인차는 있겠지만. 위 수행자처럼 어떨 땐 경행이 잘되다가 또 어떨 땐 좌선 시 수행이 세밀하다. 하지만 진정 잘되는 수행이란, 늘 여일한 수행이다. 선불교의 선사들이 늘 강조하는 것처럼 '행주좌와어묵동정行住坐臥語默動靜(가거나 머물거나, 앉거나 눕거나, 말하든 침묵하든, 움직이든 가만히 있든)'에 수행이 여일해야 한다.

수행을 한다는 것이 앉아 있는 자세를 말하는 것입니까? 아닙니다. 앉아서 옳지 않은 생각을 하고 있다면 바르지 않은 수행을 하고 있는 것입니다. 앉아 있는 것이 수행하는 것은 아닙니다. 마음이 수행하는 것입니다. 수행할 때 가리지 말아야 할 네 가지가 있습니다. 첫째 시간을 가리지 말고, 둘째 장소를 가리지 말고, 셋째 일을 가리지 말며, 넷째 자세(행, 주, 좌, 와)를 가리지 않고 수행할 수 있어야 하고, 수행할 줄 알아야 하며, 수행해 나가야 합니다. 이것을 하루 종일 해야 합니다. 오랫동안 해야 하므로 힘을 너무 많이 쓰지 마십시오. 마음이 깨어 있어야 합니다. 마음이 편안하고 평온하며, 여유 있고 균형 잡혀 있을 때 지혜가 생깁니다(『마음가짐』, 51-52쪽).

위빠사나 전통에서는 수행을 외관상 보통 세 범주로 나눈다. 좌선, 경행, 일상이다. 좌선이나 경행은 수행 자체가 목적이지만, 일상의 목적은 생활이다. 출가자가 아닌 경우 하루 시간 대부분을 생활을 위해 보낸다. 대개는 수행할 시간은 좀처럼 나지 않는 일상을 산다.

불행하게도, 대부분의 사람들은 담마를 키우고 소중히 하기 위한 시간이 충분하지 않다고 생각합니다. 그들은 삶을 꾸려 가기에 항상 너무 바쁩니다. 하지만 수행을 위한 별도의 시간을 내려고 고민할 필요는 없습니다. 일상생활을 하면서 알아차림 할 것을 스스로에게 일깨워 주기만 하십시오. 수행에 필요한 방법은 물론, 바른 견해와 바른 이해를 얻기 위해서는 인내해야 합니다. 지속적으로 성심 성의껏 수행하면 조만간에 수행의 이익을 얻을 수 있을 것입니다(『번뇌』, 175쪽).

쉐우민 심념처는 일상 공부를 하기에 좋은 수행법이다. 수행처에서 수행법을 정확하게 익히기만 하면 일상 공부가 어렵지 않다고 떼자니아 사야도는 입버릇처럼 가르친다.

수행 센터는 단지 배움의 장소, 일종의 훈련 캠프 혹은 수행을 연습하는 장소일 뿐입니다. 일상생활에서도 수행을 계속하십시오. 어렵게 생각하지 마십시오. 그냥 반복해서 시도하십시오. 알아차림을 계발시키는 것은 평생 동안 해야 할 일입니다. 서두를 것도, 걱정할 것도 없습니다. 수행에서 배운 것을 일상생활에 효과적으로 적용하기 위해서는, 수행 방법을 정확하게 배우는 것이 중요합니다. 배운 것을 삶의 어떤 상황에서든 적용할 수 있을 때, 당신의 알아차림은 선원에서 경행하면서 얻은 알아차림보다 훨씬 뛰어난 것입니다(『번뇌』, 177쪽).

왜 수행처에서는 수행이 잘되는데, 일상에서는 잘 안 될까? 생각일 뿐이다. 고정관념이다. 수행처와 일상이 원리상 다를 수 없다. 세상 어디를 가나 여섯 감각기관과 대상이 있을 뿐이다.

수행자들은 밖으로 나가게 되면 센터 안에 있을 때보다 대상이 너무 많아져서 일상에서 수행하기가 어렵다고 말합니다. 그들이 말하는 대상이란 무엇을 말하는 것입니까? 밖에 있는 차, 사람, 빌딩 등과 같이 개념(pannatti)을 놓고 본다면 더 많은 대상이 있다고 할 수 있습니다. 그들은 아직 궁극적인 실재(paramattha)를 이해하고 있지 못하기 때문에 그러한 개념적인 것에만 주의를 기울이고 있는 것입니다. 궁극적 실재는 센터 안이나 밖이나 똑같습니다. 즉 센터 안에서도 여섯 가지 감각기관과 대상이 있을 뿐이고 일상에서도 여섯 가지 감각기관과 대상이 있을 뿐입니다(『법은 어디에나』, 124-125쪽).

쉐우민 위빠사나는 마음의 고요함을 얻기 위한 수행이 아니다. 지혜를 길러 이해를 얻기 위한 수행법이다. 일상에서 수행이 이어지지 않는 건, 수행에 대한 몰이해 때문임을 떼자니아 사야도는 지적한다.

왜 법과 수행이 수행자들의 일상으로까지 이어지지 못하는 것일까요? 왜 수행을 지속하고자 하는 마음을 계속해서 이어 나갈 수 없는 것일까요? 많은 수행자들이 이해를 얻기 위한 방법에 능숙해지기보다는 그저 편안해지려고 오기 때문입니다. 마음의 고요함을 얻고자 하는 수행자는 편안한 마음 상태에 이르고 나면 더 이상 열성적으로 수행하지 않게 됩니다. 반면에, 진리를 깨닫기 위해 온 수행자는 완전하게 이해하기 전까지는 수행을 멈추지 않을 것입니다. 만약 수행자가 이해를 얻기 위한 수행 방법에 능숙해진다면 그들은 어디에서든지 수행을 할 수 있게 될 것입니다(『법은 어디에나』, 129쪽).

위빠사나의 이상은 좌선과 경행·일상에서 알아차림과 지혜가 여일하게 이어지는 것이다. 쉐우민 심념처는 집중하는 수행이 아니기 때문에 공부법만 잘 익히면 일상 공부가 그다지 어렵지 않다. 그것이 쉐우민 위빠사나의 장점이고 강점이다.

일상생활을 하면서 알아차리기가 어렵다 할지라도 끊임없이 해 나가야 합니다. 알아차리려는 아주 작은 노력일지라도 언젠가는 자신의 삶에 현저한 차이를 가져올 것입니다(『번뇌』, 155쪽).

091 대화 시 공부

일상생활에서 혼자 일할 때 공부는 비교적 쉽다. 그러나 누군가와 함께 일하거나 대화할 때 사띠가 이어지기란 결코 쉬운 일이 아니다. 일상 공부 중 가장 어려운 공부가 대화 시 공부다. 왜냐하면 그런 환경에서 수행해 본 적이 없어서 생소하기 때문이다.

수행자들은 수행을 하려고 할 때, 눈을 감으려는 경향이 있습니다. 오랫동안 수행을 해 온 수행자들도 볼 때와 보일 때 그리고 대화할 때 수행하는 것에는 별로 능숙하지 못합니다. 그런 식의 수행은 별로 해 본 일이 없기 때문입니다(『법은 어디에나』, 131쪽).

떼자니아 사야도는 2018년도 방한해 남양주 원불교 수련원에서 열흘 동안 수행을 지도했다. 사야도는 매일 오후 한 시간을 할애해서 수행자들에게 대화 시 사띠 두는 연습을 시켰다. 두 사람이 짝이 되어 종소리를 신호로 한 사람은 말을 하고 한 사람은 듣도록 했다. 말하면서 또 들으면서 사띠를 두는 일을 실제로 해 본 수행자들은 이 일이 무척 어려웠다고 소감을 말했다. 보다 구체적인 가르침도 있다.

> 수행자: 말할 때는 사띠가 되는데 들을 때는 안 됩니다. 사띠하는 방법이 다른 것인가요?
> 사야도: 들을 때 듣는 줄 알고, 마음의 반응도 보십시오. 너무 집중해 듣지 마십시오. 마음을 보는 습관이 돼야 합니다. 마음이 그쪽에 완전히 가 있어서 사띠가 이어지지 않는 것입니다. 귀에 마음을 두고 들으십시오(2017년 2월 사야도 인터뷰 법문 중에서).

습관이 되지 않은 일은 어렵다. 유념하지 않으면 마음은 하던 대로 하기 때문이다. 대화할 때 마음은 자신보다는 상대방 쪽에 가 있기 십상이다.

대화할 때, 우리는 주의를 밖으로 기울이고 대화 주제나 상대방에게 빠져드는 버릇이 있습니다. 당신은 대부분의 시간 동안 다른 사람의 감정에 지나치게 신경을 씁니다. 끊임없이 자신의 내면을 살펴보도록 스스로를 숙련시키십시오. 이렇게 하면 자연스럽고 더욱 능숙하게 지켜볼 수 있을 것입니다. 또한 자신의 마음가짐을 알아차릴 수 있도록 자신을 훈련시키십시오. 당신이 더 이상 대화에 감정적으로 빠져들지 않을 정도에 이르러야, 지혜가 생겨날 것입니다. 자신의 한계를 인식하기 시작하고, '언제 대화를 중단해야 할지', '무슨 말을 하고, 무슨 말을 하지 말아야 할지'를 알며, 또한 감정을 개입시키지 않고 말하는 방법을 알게 될 것입니다(『번뇌』, 133쪽).

대화 시 공부 역시 익히지 않으면 안 된다. 담근 김치가 푹 익도록. 그래서 감칠맛이 나도록.

> 말하고자 하는 의도에 유념하고, 편안한 마음으로 알아차리면서 말하는 것을 익힌다면 감정에 빠지지 않고 말할 수 있게 됩니다(『번뇌』, 163쪽).

092 식사는 수행의 특별한 기회다

십 수 년 전 열반하셨지만 본인의 스승이셨던 세웅 큰스님께서는 '특별하게 밥 먹기' 늘 강조하셨다. 밥 먹을 때 '밥 먹는 놈'이 잘 보인다고 하셨다. 그 소중한 시간을 그저 흘려보내면 안 된다고 입버릇처럼 가르치셨다. 하루 점심 한 끼를 발우 공양으로 혼자 드셨는데, 공양하는 시간이 한 시간을 훌쩍 넘었다. 마치 '밥알을 세는' 듯하셨다. 살아 계실 땐 그 가르침을 귓등으로 흘려보냈는데 지금 생각하니 소중하고 또 소중한 가르침이었다. 스님은 그 '하는 놈'이 일할 땐 잘 드러난다며 평생 일만 하다 가셨다. 손에는 늘 호미와 낫 등이 번갈아 들려 있었고, 밀짚모자는 스님의 아이콘이었다.

위빠사나 수행에서도 특별히 강조하는 가르침이 있다. '번뇌로 밥 먹지 말라'가 그것이다. 이 가르침은 초보 수행자들에게 수행법을 브리핑할 때 빠지지 않는 아이템이다. 앉아서 수행하거나 경행할 때보다 밥 먹을 때 알아차릴 수 있는 대상이 대폭 증가하기 때문이다. 그러나 식사 중 사띠 잇기는 보통 어려운 일이 아니다. 음식을 대상으로 탐심이 강렬하게 일어나기 때문이다. 따라서 공양 시에는 마음 상태의 점검이 먼저다.

먹고자 하는 욕망과 함께 일어나는 강한 느낌이 있습니다. 그런 강력한 욕구를 가지고 있을 때에는 알아차림의 힘이 아주 약하거나 아예 없어져 버립니다. 먹고 있는 동안 마음은 어떻습니까? 편안합니까? 탐심으로 음식을 먹고 있는 것은 아닌지 계속해서 점검해 주십시오. 탐심은 아주 분명합니다. 먹고자 하는 욕망이 있을 때 마음이 약간 답답해지는 것을 느낄 것입니다. 마음은 음식을 그릇에 어떻게 담을 것인지를 생각하고 있습니다. 어떻게 먹을 것인가? 지금 이것을 다 먹고 그다음엔 무엇을 먹을 것인가? 마음은 이미 다음 숟가락을 뜨고 있습니다. 마음이 지금 무엇을 하고 있는지에 주의를 기울이지 않는다면 여러분은 계속해서 탐심이 생각하고 계획하는 대로 따르게 될 수밖에 없습니다. 음식이나 그릇에 너무 신경 쓰지 마십시오. 그보다는 먹는 동안 일어나는 마음을 계속해서 지켜보십시오. 먹는 동안 마음이 어떻게 작용하고 있는지 알기 위해 더욱 더 노력해야 합니다(『법은 어디에나』, 97쪽).

하루 두 차례(속가에서는 세 차례) 식사는 수행의 소중한 기회다. 숟가락질, 이로 씹고 혀로 굴리는 등의 반복되는 동작, 음식이 혀에 닿는 다양한 느낌, 음식들로부터 비롯되는 갖가지 맛. 이 모든 것이 알아차림의 대상이 될 수 있다. 이 특별한 시간을 허공으로 날려 버리게 하는 건 음식에 대한 탐욕이다. 탐욕을 제어하는 노하우는 서두르지 않는 것이다.

식사를 할 때는 서두르지 마십시오. 성급하게 먹으려고 하면 사띠를 놓치게 됩니다. 급하게 먹고 있는 줄을 알아차리면, 먹는 것을 멈추고 성급한 마음이나 그것에 동반되는 느낌을 잠시 지켜보십시오. 먹는 과정이 어떤 것인지 알기 위해서는 상당히 차분해져야 합니다. 감각, 냄새, 맛, 마음의 상태, 좋아하고 싫어하는 것 등을 알도록 하십시오. 또한 몸의 동작도 알아야 합니다. 그렇지만 너무 세밀하게 관찰하려고 할 필요는 없고, 단지 자기 자신의 체험을 알아차리면 됩니다(『번뇌』, 41쪽).

꼬살라 사야도의 식사 시 수행 지침이 있다. 외워 두면 많은 도움이 되지 않을까?

먹을 때 세 가지 것들, 느낌, 맛, 마음 상태를 항상 기억하라. 식사하면서 움직임과 의도를 포함시켜서 봐도 좋다. 마음이 아주 느긋해졌을 때에는 식사도 아주 고요하다(『마음관찰』, 75쪽).

093 통증에서 배워야 한다

아픔·통증은 대표적인 '나쁜 것'이다. 세상에 통증을 좋아하는 사람은 거의 없다. 이따금 그런 사람이 있긴 하지만 정상은 아니다. 사디스트나 메저키스트가 그런 경우인데, '변태'라고 불린다. 통증은 삶에 꼭 필요한 것이라는 철학적 해석도 있다. '유기체가 보내는 위험 신호'가 통증이라는 해석이다. 그런데 이런 철학적 입장도 위험 신호가 왜 하필 통증이라는 이토록 싫은 방식이어야만 하는지를 설명하지는 못한다.

아무튼 통증은 싫은 것이지만 통증을 완벽하게 피해 살 수 있는 삶은 없다. 몸에 통증이 있으면 도사dosa(싫음, 분노, 화)가 일어나기 마련이다. 하지만 위빠사나 수행에서는 통증도 하나의 대상일 뿐이다. 통증 역시 마음에서 일어나는 숱한 사건 가운데 하나의 사건이기 때문이다. 원리상 그렇다. 하지만 통증에 반응하는 마음이 매우 즉각적이고 강력하기 때문에 통증을 대상으로 보지 못한다.

사람들은 정신적으로나 육체적으로 고통을 겪고 있을 때, 고통에 대해 관심을 갖거나 고통으로부터 배우려고 하지 않습니다. 다만 그 고통에서 벗어나려고 할 뿐입니다(『법은 어디에나』, 160쪽).

통증을 겪는 데는 사람마다 개인차가 크다. 몸에 지병이 있는 사람은 주기적인 통증을 견뎌야 한다. 특수한 병을 앓는 사람의 경우 삶의 매 순간 통증과 함께 살아야 하는 경우도 있다. 건강한 사람의 경우도 통각이 민감한 사람은 몸의 작은 상처에도 커다란 아픔을 느낀다. 통증은 유기체의 숙명과도 같은 것이다. 하지만 몸은 아파도 마음은 괴롭지 않을 수 있다. 마음가짐이 문제인 것이다. 통증을 피하거나 없애려고 수행한다면 수행하는 마음가짐이 잘못된 것이다. 떼자니아 사야도의 좀 길지만 친절한 다음 법문을 들어 보자.

통증이나 쑤심 혹은 몸의 불편함으로 고통을 겪고 있다면, 마음이 이것들에 대해 반응하고 있기 때문입니다. 이는 당신이 아직 고통스러운 육체적 감각을 직접 관찰할 준비가 되어 있지 않다는 뜻입니다. 통증을 좋아하는 사람은 아무도 없습니다. 그것에 대해서 싫어하는 마음을 가지고 관찰한다면 통증은 점점 악화될 것입니다. 그것은 마치 못마땅한 사람을 계속 쳐다보면 더욱 화가 나는 것과 같습니다. 그러므로 스스로에게 통증에 대해 관찰할 것을 강요하지 마십시오. 수행은 싸움이 아니라 배움의 기회입니다. 통증을 줄이거나 없애기 위해서 관찰하는 것이 아닙니다. 육체적 감각의 인식과 그에 대한 정신적 반응의 연관관계를 이해하기 위해 통증, 특히 그것에 대한 정신적 반응을 관찰하는 것입니다. 먼저 마음가짐을 살펴보십시오. 통증이 감소하거나 없어지기를 바라는 것은 잘못된 마음가짐입니다. 통증이 없어지고 없어지지 않고는 문제가 되지 않습니다. 통증 그 자체가 문제가 아니라 그것에 대한 부정적인 정신적 반응이 문제입니다. 만약 그 통증이 어떤 사고나 질병 때문에 생긴 것이라면 당연히 더 이상 악화되지 않도록 주의하지 않으면 안 됩니다. 하지만 당신이 건강하고 병이 없다면, 통증은 '마음이 일하는 것을 지켜볼 수 있는 좋은 기회'입니다. 통증이 있을 때는, 정신적 느낌과 반응이 강하기 때문에 마음을 쉽게 관찰할 수 있습니다(『번뇌』, 47-49쪽).

통증은 배움의 기회다. 통증을 대상으로 알아차리고 나아가 지켜볼 수 있다면 그것은 사띠와 지혜를 증장시킬 좋은 기회가 된다. 통증을 지켜볼 수 있다면 몸은 아파도 평정심을 유지할 수 있다.

통증을 참을 수 있는 것과 평정심의 차이를 이해하는 것은 참으로 중요합니다. 사띠빳따나 수행은 몸과 마음을 구속하는 것이 아니라, 이해하는 것입니다. 진정한 평정심이란 관찰과 탐구를 통하여 좋아하고 싫어함의 성품을 진실로 이해한 결과입니다. 통증에 대해 저항하는 마음이 없을 때 통증을 직접 지켜보는 것이 가장 좋은 방법입니다. 아주 미세한 마음의 반응이 있을 수도 있다는 점을 유의하십시오. 정신적 불편함이 인식되면, 즉시 그 불편한 느낌에 주의를 기울이십시오. 만약 미세한 정신적 불편함을 볼 수 있다면, 그것이 변화되어 가는 것을 지켜보십시오. '그 불편함이 더해집니까? 덜해집니까?' 마음이 보다 평온하고 민감해짐에 따라 미세한 반응을 보다 쉽게 인식할 수 있을 것입니다. 보다 미세한 수준의 정신적 불편함을 볼 수 있을 때, 마음이 온전히 평온을 느끼는 상태에 도달할 수 있습니다. 진정한 평정심으로 통증을 직접 볼 수 있다면, 정신적 불편함은 더 이상 일어나지 않을 것입니다 (『번뇌』, 53-55쪽).

꼬살라 사야도는 '통증 다루기'에 대해 확신에 찬 어조로 다음과 같이 말한다.

통증이 있을 때 마음의 반응을 지켜보라. 통증에 대해서는 전혀 걱정하지 말라. 생기지 않은 통증에 대해서는 더욱더(『마음관찰』, 25쪽).

094 화 다루는 법

사야도 인터뷰 시에는 도사(화, 분노)에 대한 물음과 답변이 끊이지 않는다. 한 번도 거른 적이 없을 정도로. 그만큼 우리는 도사로 가득 찬 세상을 산다. 마음이 만나는 대상들 가운데 많은 대상이 마음에 도사를 일으킨다. 그러면서도 도사는 마음에서 일어나는 것들 가운데 가장 다루기 힘든 대상 중 하나다.

화가 날 때에는 어떤 생각들을 하고 있습니까? 생각이 바릅니까? 절대로 좋은 생각을 하지 않습니다. 화가 난 순간에는 나쁜 생각만 하게 됩니다. 생각과 느낌과 몸이 변화하는데 이 세 가지가 다 보인다면 좋습니다. 보인다고 하는 것은 이미 관찰하고 있는 것입니다. 생각과 느낌과 몸이 어떻게 연관되어 있는가? 마음과 몸이 어떻게 연관되어 있는가? 원인과 결과가 어떻게 연관되어 있는가? 이러한 것들을 알기 위해서 지켜만 보십시오. 사라지게 하기 위해서 보지 마십시오. '사라지려면 사라지고 말려면 말아라' 하고 생각하십시오(『마음가짐』, 41쪽).

도사를 '존재의 번뇌'라고 일컫는다. '나'라는 존재를 위협하는 대상에 대해 마음이 반응하는 번뇌가 도사라는 뜻이다. 그래서 '나'가 작아질수록 도사도 작아질 것이다. '나'가 사라지면 도사도 사라질 것이다. 마음에 도사가 남아 있다면 깨달은 사람이 아닐 것이다. 수행자가 얼마나 수행이 됐는지를 재는 척도는 아마도 도사가 되리라. 도사를 대상으로 볼 수 있다면 수행이 꽤 깊어졌다고 볼 수 있겠다.

도사가 일어났을 때 도사가 사라지도록 하지 않습니다. 이 도사를 받아들이고 봅니다. 그것에 대해 알고자 해서, 도사의 자연적인 성품을 이해하고자 해서 지켜보는 것입니다. 그렇기 때문에 일어나게도 하지 않고 일어나지 않게도 하지 않습니다. 일어나는 그대로 알고만 있습니다. 다만 지켜보는 것을 잊지 않습니다(『마음가짐』, 22-23쪽).

도사라는 대상을 다루는 수행의 원리는 위 두 법문 구절에서 모두 설명된 셈이다. 하지만 도사가 올라오는 구체적인 상황에서 이 원리만을 기억하고 원용하는 데는 한계가 있는 듯하다. 그만큼 도사는 강렬하다. 마음이 반사적으로 반응하고 쉽사리 끌려 들어간다. 도사가 일어나는 다음 몇 가지 상황에 대한 인터뷰 법문을 수행에 참고할 수 있겠다.

수행자: 도반 스님과 언쟁한 뒤 도사가 일어났습니다. 도사를 어떻게 다뤄야 할지 몰랐습니다. 오히려 망상만 일어났습니다. 어떻게 하면 도사를

지혜로 바꿀 수 있을까요?

사야도: 가슴에 느껴지는 느낌을 가만히 지켜보십시오. 내용을 생각하지 마
십시오. '도사는 자연의 이치일 뿐이다'라고 생각하십시오. '내가 화
가 났다'고 여기지 말고 탐구할 생각을 하십시오. 느껴지는 여러 가
지를 알아차려 보십시오. 알아차리면 내용을 생각지 않게 됩니다.
화가 났을 땐 가슴에 사띠를 두십시오(2017년 1월 떼자니아 사야도 인터
뷰 법문 중에서).

꼬살라 사야도도 화가 났을 땐 느낌을 보라고 가르친다.

화의 느낌을 보면 그것은 힘을 잃는다. 그 사연을 보면 그것은 더 강해진
다(『마음관찰』, 58쪽).

중요한 포인트 하나. '도사를 이길 수 없을 땐 내용을 생각지 말고 수행의
대상을 바꿔줘야 한다'고 떼자니아 사야도는 가르친다.

수행자: 분노하면 명치, 머리에 영향을 주고 온 몸이 더워집니다.

사야도: 분노가 일어나면 느낌만 지켜보십시오. 내용을 생각지 마십시오. 분
노를 나쁘게 생각지 말고 알아차려야 할 법이라고 여기십시오(2017
년 1월 떼자니아 사야도 인터뷰 법문 중에서).

다음의 예를 보면 수행이 상당히 깊은 수행자에게서도 도사는 다루기 힘
든 대상임이 틀림없다.

수행자: 도사가 엄청나게 크게 일어났습니다. 미얀마 스님의 거친 충고, 비하

476

때문입니다. 인욕했지만 그래도 자꾸 도사가 올라옵니다. 지금도 장본인만 보면 자꾸 도사가 올라옵니다.

사야도: 일어날 때마다 마음을 보십시오. 그런 일을 당하지 않으면 마음에 얼마나 도사가 있는 줄 모릅니다.

수행자: 죽을 때까지 수행해야 하는구나, 하고 느꼈습니다.

사야도: 안 좋은 일을 자꾸 만나야 진짜 마음을 볼 수 있게 됩니다(2017년 2월 떼자니아 사야도 인터뷰 법문 중에서).

다음 수행자의 인터뷰에 대한 사야도의 답변은 또 하나의 팁을 담고 있다. '의도적인 무관심도 도사'란다.

수행자: 담마홀에서 청소를 한 번도 하지 않는 서양 요기가 있습니다. 보면 도사가 일어납니다. 한 달 내내 한 번도 청소하지 않았습니다.

사야도: 청소 안 하는 건 그 사람 허물이고 도사를 일으키는 건 스님의 허물입니다.

수행자: 무관심하려고 하니 그냥 물건으로 보입니다. 무관심의 사띠는 어떤 종류인지요?

사야도: 그 무관심은 도사 때문입니다. 진정한 무관심은 대상에 대해 도사가 없어야 합니다. 좋아함도 싫어함도 없어야 합니다. 그 사람을 보지 않으려 노력하는 건 무관심이 아닙니다. 마음은 대상을 보지 않으면 일어나지 않습니다(2017년 2월 떼자니아 사야도 인터뷰 법문 중에서).

'도사가 일어나는 건 대상 탓이 아니라 마음 탓'이다.

어떤 사람이 다른 한 사람에게 불만스럽게 말했습니다. "저 사람 도대체 왜 저래?" 그렇게 묻는 사람은 자신이 왜 그렇게 말하는가를 아는 것이 중요합니다(『마음가짐』, 101쪽).

한 걸음 더 들어가 보자. 심념처 수행에서는 도사를 어떻게 다뤄야 가장 바람직할까?

수행자: 큰 소리에 싫은 마음이 올라왔습니다. 감각에 대한 알아차림, 생각들, 알아차리고 있는 나에 대한 알아차림이 있습니다. 어느 쪽을 대상으로 사띠를 둬야 합니까?

사야도: 가장 좋은 것은 아는 것을 다시 아는 것입니다. 아는 마음은 오근에서 일어나는 것을 다 알기 때문에 아는 마음을 보게 되면 나머지 대상이 다 들어오게 됩니다. 대상을 아는 마음을 알면 됩니다. 소리를 듣고 도사가 일어났다면 도사가 일어난 마음을 먼저 알고, 그다음 소리를 보십시오. 소리 때문에 도사가 일어나는 건 아닙니다. 소리에 도사가 일어나는 것처럼 보이는 것은 자신의 생각 때문입니다. 내가 정해 놓은 고정관념 때문입니다. 나쁘다는 생각에 도사가 일어납니다. 싸우게 되면 그 소리를 어떻게 들을 수 있겠습니까? 지혜가 낮을 때 그 소리에 대해 어떻게 생각하는지 보십시오. 로바(탐욕)가 있을 때는 좋다고 생각하고, 도사가 있을 때는 나쁘다고 생각합니다. 수행해서 지혜가 낮을 때 한 번 살펴보십시오(2017년 1월 떼자니아 사야도 인터뷰 법문 중에서).

095 탐욕 다루는 법

아무 생각 없이 사는 삶, 반성 없는 삶은 인간적인 삶이 아니다. 인간적 가치를 지향하지 않기 때문에 동물적 삶이라고도 한다. 도덕적 가치, 예술적 가치, 학문적 가치, 종교적 가치를 알지 못하거나 무시하는 삶이다. 그 같은 삶은 본능만을 따르는 삶이다. 하지만 인간적 삶을 사는 사람은 얼마나 될까? 사람들의 삶은 탐욕으로 가득 차 있다. 탐욕은 끝이 없다.

우리가 원하는 것은 끝이 없지만, 행복하기 위해 필요한 것은 아주 적다 (『마음관찰』, 108쪽).

반성하는 삶이 아니라면 마음속에 탐욕은 늘 있다. 탐욕을 따라가는 행동이 반복되면 그것은 습관이 된다.

습관 속에 얼마나 많은 탐욕이 숨어 있는가? 습관이 생기는 것은 탐욕 때문이다. 탐욕에 의해 형성된 습관에서 나오기 때문에, 자동적인 반응은 항상 불선하다(『마음관찰』, 99쪽).

위 법문 구절은 순간순간 스스로를 비춰 보지 않는다면 행동 하나하나의 근거는 탐욕에 있다고 봐야 한다는 꼬살라 사야도의 경고인 셈이다. 그러하니 사띠 없는 삶은 가히 탐욕의 삶이 된다. 사띠 없이 하는 행동 즉 습관적 행동 속에는 탐욕(로바)뿐만 아니라 어리석음(모하)도 있다. 다음 문답을 보자.

수행자: 경행 시 의도하지 않았는데도 빨리 걷습니다. 빨리 걷고 싶어 하는 마음의 원인은 무엇인지요?

사야도: 로바(탐욕)가 있고, 습관이 됐다면 모하(어리석음)가 같이 들어 있습니다. 저절로 하는 것은 모두 모하입니다(2017년 2월 떼자니아 사야도 인터뷰 법문 중에서).

도사(분노)는 쉽게 밖으로 드러난다. 그래서 알아차리기 쉽다. 하지만 로바(탐욕)는 잘 드러나지 않는다. 훨씬 넓게 퍼져 있고 깊이 뿌리박혀 있으면서도 의도적으로 감출 수도 있다. 그만큼 다루기도 쉽지 않다.

바라는 마음이 생길 때, 그것의 자연적인 성품을 관찰하는 것을 배우십시오. 누군가에게 기분이 상하거나 실망했을 때나, 혹은 대상에 대한 저항감이 생겼을 때는 무언가를 바라는 마음이 있기 때문입니다(『번뇌』, 161쪽).

탐심에 이끌려 습관적으로 하는 행동은 선하지 않지만, 사띠가 있고 마음에 일어나는 탐심이 사띠의 대상이 된다면 탐심은 담마(법)이 된다. 즉 수행의 좋은 대상이 된다.

탐심에 끌려 다니지 마십시오. 시간을 가지고 탐심을 관찰해 보십시오. 그리고 탐심의 특성에 대해 주시해 보십시오. 탐심에 계속 빠져 있으면 그것의 자연적인 성품을 이해할 수 없습니다(『번뇌』, 161쪽).

그렇다. 마음에서 일어나는 탐욕까지도 수행의 대상이라는 사실이 놀랍지 않은가? 그 대상을 놓치지 않고 세밀하게 지켜봐야 한다.

탐욕이 생기면 특히 여러분이 그다지도 원하는 그 특성(형상, 맛)을 보라. 그것을 주의 깊게 보라. 진정으로 그것을 원하는가? 얼마나 오랫동안 원하는

480

가(『마음관찰』, 47쪽).

‘바르게 수행하면 재미있다’는 쉐우민의 경구는 일어나는 모든 것이 대상이고, 그 대상 하나하나의 특성을 이해하는 수행법과 연관이 있다. 많은 수행자가 좌선과 경행을 지루해 한다. 꼬살라 사야도는 그 지루함까지도 대상임을 상기시킨다. 정말 그렇다. 지루함을 관찰하면 그 끝에서 우리는 뭔가를 발견한다.

지루한가? 뒤에 무엇이 있는지 알 수 있을 때까지 지루함을 보라. 대부분 그것은 불행한 것들이다. 그것들 뒤에 무엇이 있는지 알 수 있을 때까지 그것을 보라. 거기서 번뇌를 발견할 것이다(『마음관찰』, 50쪽).

번뇌 가운데 도사(분노)는 로바(탐욕)의 적수가 되지 못한다. 표면적으로 퍽 잘 드러나고 뒷심도 무른 도사는 그만큼 다루기 편할지도 모른다. 그러나 로바는 겉으로 잘 드러나지 않는다. 감춰져 있는 부분이 드러난 부분보다 훨씬 많다. 심지어 당사자도 모르는 경우도 많다. 로바는 의뭉하다.

평생 동안을 함께해 온 그런 종류의 탐심은 매우 강력하면서도 무의식 속에 숨겨져 있어 더 이상 표면적으로 드러나지 않습니다. 아누사야anusaya(잠재된 번뇌)라고 하는 그러한 번뇌들은 다양한 조건이 갖춰졌을 때에만 나타나며, 위빠사나 지혜만으로는 이런 깊은 수준까지 접근할 수 없습니다. 오직 아주 강력한 도의 지혜(magga-nana)만이 그러한 번뇌를 다룰 수 있습니다(『법은 어디에나』, 169쪽).

096 지금 여기에 있어라

명상의 여러 전통은 '지금 여기'를 구호로 사용한다. 일리 있는 구호다. 과거나 미래는 어떤 의미에서 존재하지 않는다는 점에서 그렇다. 사띠를 강조하는 위빠사나 수행에서도 마찬가지다. 사띠는 과거나 미래를 대상으로 하지 않기 때문이다.

알아차린다는 것은 이미 바로 여기에 있는 것을 알아차리고 있는 것입니다(『알아차림』, 210쪽).

사띠가 '지금 여기'에서 일어나는 것들을 대상으로 하는 속성을 가진 만큼 대상을 찾아 마음이 과거나 미래를 헤매는 건 헛된 일이다.

기억이 자기 자신이나 지금 이 순간에 영향을 미치게 하지 말라(『마음관찰』, 70쪽).

'어디론가 가려고' 하지 말고, 지금 여기에서 일어나고 사라지는 것을 면밀하게 지켜보라는 꼬살라 사야도의 법문만큼 구체적인 지침이 또 있을까?

수행하고 있을 때 지금 현재 일어나고 있는 것은 무엇이든지 수행 대상이다. 준비하고 있고, 현재에 있어라. 대상은 항상 있다. 다음에 일어날 것을 기대하지 말고 경험을 만들려고 하지 말고, 수행 경험을 더 좋게 하려고 하지도 말고, 완전히 현재 무엇이 일어나든지 그냥 함께 있어라. 이것이 가장 중요한 수행의 관건이다. 무엇이든 있는 것과 함께 있어라(『마음관찰』, 71-72쪽).

그러하니 수행은 지금 이 순간에 관심을 갖는 데서 시작된다.

　마음이 세상을 여기저기 둘러보는 것은 지금 이 순간에 대한 관심이 부족하다는 것을 나타낸다. 이 순간에 머무는 데 더 많은 노력을 기울여라(『마음관찰』, 98쪽).

수행의 경험을 개선하려는 태도는 로바가 되겠다.

　수행 경험을 더 좋게 하려고 하지 말고 무엇이든지 현재 일어나고 있는 것과 완벽하게 함께 머물러라. 그것이 수행의 가장 중요한 관점이다. 지금 이 순간을 사는 것이 아주 중요하다. 모든 순간은 수행의 순간이다(『마음관찰』, 41쪽).

동일한 취지의 다음 법문들도 있다. 꼬살라 사야도는 이 점을 강조하고 또 강조한다. 더 이상 설명이 필요 없을 것 같지만 다음 법문 구절들은 수행에 큰 도움이 되지 않을까 싶어 반복한다.

　가장 중요한 것은 마음이 지금 이 순간에 있어야만 한다는 것이다. 그럴 때에만 마음은 빠라맛따(진리, 궁극적 실재)를 볼 수 있다(『마음관찰』, 52-53쪽).

떼자니아 사야도의 법문은 스승 꼬살라 사야도의 법문의 취지를 이어받고 있지만, 좀 더 친절하고 구체적이다. 법문 구절을 열거함만으로 도움이 되지 않을까 한다.

　당신은 지금 이 순간에 경험하고 있는 것만을 관찰할 수 있을 뿐입니다. 이미 지난 일이나, 아직 일어나지 않은 것은 관찰할 수 없습니다(『번뇌』, 153쪽).

지금 일어나고 있는 것에 대해 간섭하지 마십시오. 단지 그것을 알아차리기만 하십시오(『번뇌』, 153쪽).

자주 사띠를 놓칠지라도 상관하지 말고, 항상 부드럽고 끈기 있게 자기 자신을 현재의 순간으로 되돌리십시오. 스스로에게 끊임없이 알아차리도록 상기시키되 수행의 진전에 대해 결코 안달해서는 안 됩니다. 다른 사람들의 수행이 자신보다 매우 빠르게 향상되는 것 같을지라도 신경 쓰지 마십시오. 당신은 당신 자신의 속도로 자신의 길을 걷고 있습니다. 당신이 해야 할 일을 끈기 있게 해 나가는 것입니다. 그러면 언젠가는 자연스럽게 사띠에 가속도가 붙게 될 것입니다(『번뇌』, 83-85쪽).

사띠를 두기 위해서 강한 노력은 필요하지 않습니다. 마음이 현재에 있다면 무엇이 일어나고 있는지 알아차리게 됩니다. 단지 자신을 지금 현재에 머물도록 일깨우는 것, 이것이 사띠를 두기 위해 필요한 노력의 전부일 뿐입니다(『번뇌』, 146쪽).

097 생각은 뭔가를 만들어 낸다

생각에는 '지금 여기'가 없다. 지금 여기가 없다는 말은 생각의 내용이 '있는 그대로' 즉 실재가 아니라는 말이 된다.

생각하고 있다면, 그것은 '있는 그대로'가 아니다. 무언가 만들어 내고 있는 것이다(『마음관찰』, 106쪽).

알아차림은 마음 혼자 하는 일이고, 생각하기는 협업이다. 산야가 개입한다. 판단은 산야의 작용이다.

> 수행하려고 눈을 감는 순간, 갑자기 많은 생각이 일어나는 것 같은 느낌이 들지도 모릅니다. 그러나 실제로 마음은 언제나 생각하고 있습니다. 단지 눈을 뜨고 있을 때는, 생각보다 외부의 대상에 더 주의를 기울이기 때문에 알아차리지 못했을 뿐입니다(『번뇌』, 129쪽).

알아차림은 현재에 일어나는 것을 대상으로 하고, 생각하기는 주로 과거나 미래를 대상으로 한다. 마음이 생각하는 줄 아는 것은 생각하기가 아니라 알아차림이다. 생각하지 말고 알아차려라. 쉐우민의 스승들은 '판단하지 말고 그냥 보라'고 누누이 강조한다.

> 대상을 선택하지 말고, 그냥 거기 있으면서 알아라. 과거의 경험을 다시 경험하려고 하지 말라. 어디론가 가려고 하지 말라. 생각하려 하지 말고, 보려고 하라. 사라지는 것을 면밀하게 지켜본다면 앎이 날카로워질 것이다(『마음관찰』, 69쪽).

생각은 관념을 대상으로 하지만, 마음에서 일어나는 생각 자체는 실재이다. 따라서 생각은 알아차림의 대상이 될 수 있다. 다만 생각에 빠져 생각을 따라가기 때문이 마음이 그 사실을 놓치고 있을 뿐이다.

> 처음 생각하는 것을 지켜보기 시작할 때 당신은 그것이 마음인 줄 알 수 없습니다. 단지 생각하는 것과 생각의 내용을 알아차릴 수 있을 뿐입니다. 수행을 통해 생각을 되풀이하여 봄으로써 생각하고 있는 것이 마음인 줄 알게

됩니다. 이것을 말로 표현하기 어렵습니다. 그러나 일단 이 사실을 알게 되면 객관적으로 마음을 관찰할 수 있습니다. 당신은 이것을 단지 마음에 나타난 생각으로 인식하게 됩니다. 생각들이 일어날 때마다 그것을 인정하십시오. 알아차림을 몸에만 붙잡아둠으로써 생각을 관찰하는 것을 피하려고 하지 마십시오. 마음이 어떻게 일하는지에 대한 본성을 놓칠 가능성이 있습니다(『번뇌』, 122-123쪽).

마음을 직시한다면 마음이 어떻게 생각으로 이동해 가는지를 알 수 있다. 생각을 따라가지 말고 생각하는 마음을 바로 봐야 한다.

마음이 적정寂靜으로부터 '생각함'으로 이동할 때 수행자가 관찰할 수 있는 움직임이 생각이다. 그러므로 생각하는 마음이 지속된다면 그것을 주시하고 직시하라(『마음관찰』, 84쪽).

마음이 생각한다. 생각은 마음이 하는 일이다. 생각의 일어남은 마음의 일어남이다. 하지만 판단이나 생각의 내용은 모두 관념(빤낫띠)이다. 실재(빠라맛따)는 현재를 떠나 존재하지 않는다. 변화하는 것, 무상한 것이 실재의 모습이다. 생각의 내용에 관심을 갖지 말고 생각의 일어나고 사라짐에 관심을 가져야 한다.

무엇이든 마음이 원하는 대로 생각하도록 내버려 두십시오. 무슨 생각이 떠오르든 당신이 인식하고 있는 한, 당신은 어떤 마음이 일어나든지 보고 이해하려고 진심으로 관심을 가질 것입니다. 당신은 빈틈없이 활짝 깨어 있어야 합니다(『알아차림』, 61-62쪽).

098 사띠가 없으면 마음은 생각을 한다

마음이 하는 일은 두 가지다. 알아차리는 일과 생각하는 일. 마음은 그러나 그 두 가지 일을 한꺼번에 하지 않는다. 알아차리거나 생각하거나이다. 꼬살라 사야도는 그래서 이렇게 묻는다.

마음이 무엇을 하고 있는가? 생각하고 있는가? 알고 있는가? 마음은 지금 어디 있는가? 안에 있는가? 밖에 있는가?(『마음관찰』, 66쪽)

당연히 알고 있어야 수행이다. 마음이 안을 향해 있어야 수행이다. 생각하고 있다면 마음에 생각이 일어남을 알아야 수행이다.

생각하면 사띠가 끊어진다(『마음관찰』, 69쪽).

떼자니아 사야도는 법문집 『번뇌를 가볍게 여기지 마십시오』 첫머리에서 '마음에게 일을 시켜라'고 가르친다. 수행은 마음이 하는 것이고, 마음이 하는 일은 알아차림이다.

마음이 게으를 때 마음은 생각할 것입니다(『알아차림』, 217쪽).

앞서 언급한 것처럼 생각은 늘 과거나 미래를 향해 있다. 생각의 내용은 과거나 미래에 대한 것이다. 하지만 마음은 지금 이 순간 일어나는 것이고, 마음의 일어남 자체는 그래서 법이고 실재이며, 사띠의 대상이다. 마음이 무엇을 하든 마음에 사띠가 있어야 수행이다.

생각의 내용은 과거나 미래에 대한 것이겠지만 마음은 지금 이 순간에만 일어납니다. 우리는 마음이 어딘가로 가 버렸음을 암시하는 듯한 '방황하는 마음'이라는 표현을 가끔 사용합니다. 그러나 사실, 마음은 어느 곳으로도 가지 않습니다. 마음은 여기 그리고 지금 일어나고 있을 뿐입니다. 마음이 하는 일은 일어나고 사라지는 것이 전부입니다. 먼 곳에 있는 누군가에 대한 생각이나 과거나 미래의 사건에 대한 생각은 단순히 지금 여기에서 일어난 것입니다. 알아차림만이 생각이 일어나고 있음을 알 수 있습니다. 그러나 생각의 자연스러운 이치를 알게 될 때에 즉 약간의 이해가 있을 때, 지혜는 이것이 마음일 뿐이라고 볼 수 있습니다. 생각을 여러 가지 다른 시각으로 바라볼 수 있습니다. 이 생각은 단지 마음이라고, 번뇌라고, 중요하거나 중요하지 않다고, 혹은 선하거나 선하지 않다고 이해할 수 있습니다(『알아차림』, 126-127쪽).

생각의 내용을 따라갈 때 사띠는 없다. 생각이 일어나면 일어나는 줄 알아야 한다. 사띠가 없을 때 마음은 생각을 하고, 생각의 내용을 따라가며, 생각에 빠져 헤어나지 못하게 된다.

생각에 집중하는 대신에, 마음이 생각하고 있음을 인지하는 것을 배워야 합니다. 일단 이것이 습관이 되면 알아차림은 강해지고 더 지속적이 되며, 생각의 과정을 지켜보고 조사할 수 있게 될 것입니다(『알아차림』, 127쪽).

099 생각을 없애려 하지 말라

수년 전 어느 사찰의 마당에서 만나 한동안 대화했던 나이 지긋한 수행자가 불현 생각난다. 그는 마음에 한 생각 일으키지 않아야 수행이라고 철석같이 믿었다. 내가 그에게 물었다. 그런 일이 어떻게 가능하겠느냐고. 그는 대답했다. 가능하지 않은 것처럼 보이는 일을 가능하게 하는 것이 도의 길이이라고. 대화는 그곳에서 멈췄다.

수행자들, 특히 중국 선에서 수행을 시작한 수행자들 가운데는 '한 생각 일으키지 말라'는 경구를 마음에 새기고 있는 경우가 많다. 이들은 생각은 분별이고 생각 이전의 마음자리를 찾아야 한다고 되뇐다. 그러나 그런 작업이 정말 가능하기나 한가? 돌이나 나무가 아닌 담에야.

생각을 없애려고 하는 것은, 그것에 대해 이해하려고 하기보다는 오히려 생각을 억제하려고 하는 것입니다(『번뇌』, 163쪽).

수행은 무엇을 어떻게 만드는 것이 아니다. 마음이 하는 자연스러운 작용을 억제한다고 무엇이 달라지는 건 아니다. 산야는 자연스럽게 일어나는 마음의 작용이다.

대상과 접촉이 일어나는 순간에 산야는 기억하는 일을 합니다. 대상과 접촉할 때, 이미 대상에 대한 인식도 있습니다. 대상을 분별하는 것이 마음의 자연스러운 한 작용인데 어떻게 그것을 없애 버릴 수 있겠습니까? 어떤 수행자들은 소리를 단지 소리, 소리, 소리라고 반복해서 주시하려고만 하는데 그것은 집중을 할 때 가능한 것입니다. '새' 또는 '귀뚜라미'라는 개념이 생기는 과정을 완전히 놓쳐 버려 놓고서는 그런 방식으로 자신들은 현재 그 순간에 머물고 있다고 생각합니다. 하지만 대상이 무엇인지 인식되는 과정을 놓치고 그래서 그 순간에 지혜가 날 수 있는 가능성도 놓치고 있으면서 현재를 안다고 말할 수는 없습니다(『법은 어디에나』, 141쪽).

자연스러운 것은 자연스러운 것으로 그대로 두어야 한다. 없애려 하는 건 자연스럽지 못하다. 다만 사띠가 있고, 자연스럽게 일어나는 것을 대상으로 삼으면 그만이다. 그래서 수행은 자연스러운 것이다.

생각은 자연스런 마음의 작용입니다. 그것을 계속해서 떨쳐 버리려 한다면, 자연스러운 것을 받아들이지 않는 것입니다. 바른 마음가짐을 가지고 이를 받아들인다면 생각하는 마음을 지켜보는 것이 쉬워집니다. 수행 초기에는 자주 자신의 생각에 빠져 버릴지도 모르지만, 상관없습니다. 시간이 지나고 수행을 계속하다 보면, 생각을 '단지 생각들'이라고 관찰하기 시작할 것이고, 생각 속에 빠지는 횟수가 점점 줄어들게 될 것입니다(『번뇌』, 113쪽).

수행자들은 왜 마음의 작용인 생각(산야)을 없애야 한다고, 혹은 없앨 수 있다고 생각하는가? '마음의 작용'을 관념적으로 생각하기 때문이다. 그러나 마음은 실재이지 관념이 아니다. 마음을 하나하나 뜯어보는 건 사실상 가능한 일이 아니다.

색·수·상·행·식의 오온을 하나씩 따로따로 떨어뜨려 관찰하려고 하지 마십시오. 그 대신에, 각각의 요소들이 어떻게 스스로의 일을 하고 있는지 전체 과정에서 보십시오. 예를 들어, 어느 식당의 지붕을 뜯어내고 위에서 그 안을 들여다보고 있다고 칩시다. 주인은 계산대에 앉아 있고, 웨이터는 돌아다니며 서빙을 하고, 손님들은 음식을 먹고 있으며, 요리사는 주방에서 요리를 하고 있는 것을 다 볼 수 있을 것입니다. 지금 그 다섯 사람 중 어떤 한 사람이 일을 끝내야 다른 한 사람이 자신의 일을 시작합니까? 아닙니다. 모두 동시에 각자의 할 일을 하고 있습니다. 오온의 요소들도 그와 같습니다(『법은 어디에나』, 142-143쪽).

마음이 하는 작용의 동시성에 대해 떼자니아 사야도의 설명을 들어보자.

산야(想)와 지혜의 작용에 대해 이야기해 보겠습니다. 여러분은 소리를 듣습니다. 마음은 이미 그 소리를 대상으로 인지하게 됩니다. 여러분이 소리를 들을 때, 마음은 그 소리를 새소리나 종소리, 또는 귀뚜라미 소리라고 분별하지 않습니까? 지혜는 소리를 단지 소리로 아는 반면, 산야는 소리를 분별하고 그 의미를 만들어 냅니다. 여러분은 그러한 마음의 기능들이 하나하나 순서대로 일어난다고 생각합니까? 아닙니다. 동시에 모든 작용들이 함께 일어나고 있습니다. 그와 같이 마음의 서로 다른 기능들이 함께 작용하고 있는 것을 볼 수 있을 때, 여러분은 동시에 많은 것들을 알 수 있게 됩니다. 소리와 그소리가 가진 개념에 대해서 따로 알려고 할 필요는 없습니다. 그것들은 함께 일어나고 있고, 마음은 이미 알고 있습니다(『법은 어디에나』, 140쪽).

생각이 일어나는 대로 부수고 갈고 폭파시키는 수행법도 있다. 우리 사회에 상당히 널리 퍼져 있는 이 수행법의 수행자들은 그런 과정을 거치면 실재로 생각이 없어진다고 믿는다. 그러나 사실은 관념이고 믿음이고 추상이다. 그러하니 마음은 모하(어리석음)에 빠지게 된다. 그렇게 모하에 빠져서 생각할 수 없게 된다면 지혜의 종자까지 없애 버리는 셈이 된다.

생각을 할 수 없다는 것은 지혜 또한 생길 수 없다는 것입니다. 분별하지 않는 것은 단지 상의 작용이 억제됐기 때문입니다. 하지만 그것으로 인해 대상과 마음이 매 순간 만들어 내는 인과관계들에 대한 어떠한 이해도 더 이상 생기지 않을 것입니다. 물론 탐심이나 진심은 일어나지 않겠지만, 어리석음은 어떨까요? 어리석음은 여전히 가득 차 있습니다(『법은 어디에나』, 142쪽).

모하의 마음에는 사띠가 없다. 자연스럽게 일어나는 마음의 작용들은 그대로 두라. 없애거나 억제하려고 하지 말라. 다만 알아차리고 지켜보라. 지혜는 그렇게 생겨난다. 이것은 쉐우민 수행법의 요체 중 하나다.

알아차림 수행은 일어나고 있는 과정을 멈추기 위한 것이 아니라, 그 과정에서 무슨 일이 일어나는지를 이해하기 위한 것입니다. 사람들은 많은 개념들을 알아차리면 그 과정들을 멈추고 끊어 버리려고 애를 씁니다. 하지만 지혜는 그런 방법으로는 생기지 않습니다. 마음의 기능들이 각자 자신의 일을 하고 있는 것을 분명히 보고 있고, 탐심과 진심이 뒤따라 일어나지 않을 때에만 지혜가 생길 수 있습니다(『법은 어디에나』, 143쪽).

'생각하지 말라'는 수행이 있다면 아마도 그것은 붓다의 가르침에 대한 오해이거나 왜곡일 것이다.

부처님께서는 이렇게 말씀하시지 않았습니다. '생각해서도 안 되고, 말해서도 안 되고, 행동해서도 안 된다.' 부처님께서 말씀하신 진정한 의미는 '생각하고, 말하고, 행동할 때 번뇌에 끌려 다니지 말고, 지혜로써 하라'는 것입니다(『번뇌』, 133쪽).

다시 한 번 강조하거니와 '생각해서는 안 된다'는 견해는 잘못된 견해다.

생각은 문제가 되지 않습니다. '생각해서는 안 된다'는 잘못된 견해가 문제입니다. 대상은 사실상 중요하지 않습니다. '어떻게 관찰하고 보느냐'가 중요합니다(『번뇌』, 113쪽).

100 생각 다루는 법

생각을 없애려 하지도 않고, 따라가지도 않는 수행은 어떻게 가능한가? 생각하는 마음 자체의 일어남을 알아차림의 대상으로 삼으면 된다. 하지만 실제 수행에서는 결코 말처럼 간단한 일이 아니다. 십대의 어린 여성 수행 자가 사야도 인터뷰에서 이런 어려움을 토로했다.

수행자: 생각을 대상으로 보기 힘듭니다.
사야도: 생각을 보려고 하지 말고 생각의 일어남을 보십시오. 그리고 다른 대 상을 보십시오(2017년 1월 떼자니아 사야도 인터뷰 법문 중에서).

'생각의 일어남을 보라'는 가르침을 이 어린 수행자가 이해하기란 쉽지 않았을 게다. 사야도는 그래서 생각을 사띠 대상으로 삼기보다는 다른 대상을 보라고 덧붙인다. 생각의 일어남을 보려면 수행이 상당히 진척되어 사띠에 가속도가 붙어야 가능하다. 생각의 내용에 빠지지 않도록 하는 건 사띠의 힘이다. 그러니 생각을 대상으로 사띠를 두려면 사띠의 힘이 자랄 때까지 기다리는 것이 좋다. 그때까지는 되도록 생각을 대상으로 사띠를 두지 말라는 가르침이다. 마음이 자칫 생각의 내용에 함몰되기 십상이기 때문이겠다.

생각하는 마음을 알아차릴 때는 내용을 우선시 하지 마십시오. 생각하고 있다는 것을 알아차려 주는 정도면 됩니다. 처음 수행을 시작하는 사람들은 생각을 오랫동안 보지 마십시오. 아직 생각을 대상으로 볼 수 없으므로 내용에 빠져들게 됩니다. 생각하고 있다는 것을 인식하고 나서 몸을 보고, 또 생각이 일어나면 일어난 줄 알고 다시 몸을 보면 됩니다. 하루 종일 마음을 제멋대로 내버려 둬서는 안 됩니다. 일을 시켜야 합니다. 알아차리는 것과 알아차림이 있도록 일깨워 주는 것, 이 일만을 계속해야 합니다(『마음가짐』, 43쪽).

내용을 계속 따라간다면 개념만을 움켜쥘 것입니다. 과거와 미래는 단지 그 내용 안에서만 존재하는 것입니다. 현재 실재하는 것은 마음입니다. 마음이 지금 이 순간 일어나고 있는 것입니다. 따라서 만약 여러분이 생각이 일어날 때 생각이 일어난다고 안다면 알아차림이 이미 일하고 있는 것입니다(『법은 어디에나』, 139쪽).

생각은 단지 알아차림, 노력, 고요함을 향상시키도록 도울 수 있는 하나의 대상일 뿐임을 기억하십시오. 생각을 하나의 대상으로 보지 않는다면, 계속 이어지는 생각 속에 휩말려서, 생각의 내용에 빠져들 것입니다(『알아차림』, 128쪽).

생각을 잘 다스리지 못하면 마음은 대상과 만나면 생각을 일으킨다. 마음에 생각이 일어나면 일어나는 줄 알아야 한다. 그럼으로써 사띠를 이어 가야 한다.

수행자: 편안한 마음으로 사띠하고 있습니다. 무엇을 보는가를 보고 있습니다.
사야도: 보고 있는 줄 알고 보이는 줄 알면 됩니다. 봤을 때 어떤 마음이 일어나는가를 보십시오. 바른 생각은 생각의 성질을 아는 것입니다. 외부 대상을 보고 생각하는 것은 바른 생각이 아닙니다(2017년 1월 떼자니아 사야도 인터뷰 법문 중에서).

그러나 앞서 말한 것처럼 일어나는 생각을 회피하거나 억누르려고 해서는 안 된다. 생각은 마음의 일어남이고, 그 일어남은 사띠의 대상이기 때문이다. 꼬살라 사야도의 다음과 같은 생각 다루기 지침들을 수행 시 상기하면 도움이 되겠다.

생각이나 망상을 장애라고 생각하지 말라. 그것은 또 하나의 대상일 뿐이다(『마음관찰』, 70쪽).

(좌선할 때만이 아니라) 일상생활과 경행할 때 생각하는 마음을 항상 주시하라. 그것이 지속되면 그것을 직시하라. 그것은 또 하나의 마음일 뿐이다(『마음관찰』, 84).

뭔가 새로운 것을 경험하고 있을 때 마음은 생각하기 시작한다. 그것은 자연스러운 것이어서 걱정할 일이 아니다. 그러나 마음이 생각하고 있다는 것을 알았을 때에는 마음을 보살펴 줘야 한다(『마음관찰』, 98쪽).

알면서 생각하고 있다면 수행하고 있는 것이며, 그것이 사띠다. 그러나 더 나은 것은, 개념보다 실재를 지켜보는 데 마음을 가져다 사용하는 것이다(『마음관찰』, 111쪽).

생각의 내용이 아니라 생각의 과정을 보라. 과정일 뿐이고 느낌일 뿐이다. 자신이 경험하고 있는 것을 인지하지 말고, 분석하지 말고, 거부하지 말도록 하라. 그 무엇에도 공감하지 말라. 훌륭한 생각조차도(『마음관찰』, 101-102쪽).

또 한 가지 지침이 있다. 특히 좌선 시 앉기만 하면 동일한 생각이 떠올라 수행의 장애가 된다고 토로하는 수행자들이 많다. 같은 생각이 자꾸 반복해서 떠오르는 것은 수행자가 그 생각을 즐기고 있기 때문이다. 꼬살라 사야도의 지적은 날카롭다.

생각하고 있을 때는 좋아하고 즐기는 마음이 있음을 알아라(『마음관찰』, 109쪽).

떼자니아 사야도의 생각 다루기 법문은 보다 구체적이고 세밀하다. 취지는 스승 꼬살라 사야도와 다르지 않다.

생각하는 것은 마음의 활동입니다. 당신이 만약 초보 수행자라면 생각을 계속 지켜보려고 해서는 안 됩니다. 또한 즉시 주 대상으로 돌아감으로써 생각에 대해 관찰하는 것을 피하려 해서도 안 됩니다. 자신이 생각하고 있음을 알게 되면 먼저 생각에 주의를 기울이고, 그리고 '생각'은 단지 '생각'일 뿐이라고 자신을 일깨워 주십시오. 그것을 '나의 생각'이라고 여기지 마십시오. 그다음에서는 주 대상으로 돌아가도 좋습니다. 생각하는 마음 때문에 방해가 된다고 느낀다면 스스로에게 일깨워 주십시오. 수행한다는 것은 생각이나 망상이 일어나지 않도록 하는 것이 아니라, 생각이나 망상이 일어날 때마다 알아차리고 인정한다면 수행하고 있는 것이라고 스스로에게 일깨워 주십시오. 자신이 '생각하는 줄 안다'는 사실은 '알아차림 하고 있다'는 뜻이며 수행하고 있는 것입니다. 알아차리지 못한다면, 생각하거나 망상하고 있는지조차도 알 수 없습니다(『번뇌』, 45쪽).

생각을 대상으로 삼을 수 있다면, 생각의 내용이 동일하게 반복되든, 망상이든, 부정적 내용이든 아무런 상관이 없다.

496

얼마나 자주 생각이 일어나든, 망상을 하든, 어떤 대상 때문에 불쾌한 기분이 들든, 자신이 알아차리고만 있다면 아무런 상관이 없다는 것을 기억하십시오. 생각이 멈추든 계속되든 그것은 상관이 없습니다. 이 생각들이 유익한지 유익하지 않은지, 적절한지 적절하지 않은지, 필요한지 필요하지 않은지를 지켜보는 것이 매우 중요합니다. 생각을 지켜보기만 하려고 아무리 애를 써도 같은 생각이 계속될 때는, 아마도 어느 정도 그 생각 속에 빠져 있기 때문입니다. 이렇게 생각이 끊임없이 이어져서 더 이상 관찰할 수 없을 때에는, 생각에 대해 보는 것을 멈추고, 그 대신 생각으로 인한 느낌이나 몸의 감각을 지켜보도록 하십시오(『번뇌』, 46-47쪽).

수행이 진척되면서 생각이 마음의 작용임을 알고, 생각의 성질을 조사해 이해하게 되면, 자연스럽게 생각을 대상으로 다루게 될 것이다.

마음의 독백 뒤에는 번뇌가 작용하고 있습니다. 탐심이 이야기하는 방식이 있고 진심이 이야기하는 또 다른 방식이 있다는 것도 알게 될 것입니다. 처음 수행할 때는 생각의 내용을 대상으로 보게 됩니다. 나중에는 점차 생각 자체를 대상으로 보게 되면서 그 생각의 내용에는 더 이상 많은 주의를 기울이지 않게 됩니다. 생각의 자연적 성질을 알게 되고, 단지 알아차려지는 대상으로 보게 됩니다(『법은 어디에나』, 135-136쪽).

101 부정적 감정 다루기

인간이 모여 사는 사회 속에서 인간은 서로 돕고 위로하며 살기보다는 서로를 괴롭히며 사는 게 보통이다. 무리를 짓고, 계급을 나누고, 서열을 정한다. 때로는 가해자가 되고 때로는 피해자가 된다. 오죽하면 '왕따'라는 말이 생기고 최근 들어서는 '갑질'이라는 새 단어가 생겨났을까? 경쟁을 통해 줄을 세우는 사회라면 그 정도가 더하다.

하지만 괴롭힘이라는 인간의 행위는 타인에 국한되지 않는다. 자기 자신도 스스로 괴롭힘의 대상이 된다. 스스로를 괴롭히는 행위는 마음에 일어나는 부정적 감정에서 비롯된다. 사람이 갖는 감정 가운데는 긍정적인 것보다는 부정적인 것이 더 많은 것처럼 보인다. 기쁨, 즐거움, 평온함 등은 수행이 익어 갈수록 자주 그리고 강하게 나타난다. 하지만 사회적 스트레스가 일상인 삶 속에는 불쾌하고 슬프고 실망스럽고 절망하는 등의 부정적 감정의 빈도가 훨씬 크다. 부정적 감정 가운데 까닭 모를 분노, 주기적으로 나타나는 우울함, 사람에 둘러싸여서도 느끼는 외로움 등이 일어나면 대략 중증에 속한다고 보겠다.

수행자들은 이런 부정적 감정들도 대상으로 볼 줄 알아야 한다. 알아차리고 지켜볼 줄 알아야 한다.

감정을 사라지게 할 필요가 전혀 없다는 것을 기억하십시오. 수행의 목적은 '감정이 무엇인지', '감정이 있을 때 무엇을 생각하는지'를 알고, 그것들의 성품과 마음의 작용을 이해하는 것입니다(『번뇌』, 59쪽).

부정적인 감정의 강도가 지나칠 때는 자칫 그 감정에 휘말리기 십상이다. 부정적 감정과 함께 일어나는 생각을 지켜보지 못하기 때문이다. 그럴 때는 감정 자체를 대상으로 삼기 이전에 감정과 동반되는 느낌이나 몸의 변화를 먼저 알아차릴 것, 그러나 그마저도 너무 강렬할 때는 다른 편안한 대상으로 주의를 돌릴 것을 사야도는 권장한다. 그러나 부정적 감정과 함께 일어나는 느낌이나 감각을 완전히 외면해서는 안 된다.

498

당신이 경험하는 감정이 너무 강할 때에는, 더 감정적으로 되지 않으면서, 감정과 동반되는 생각을 지켜볼 수 없을지도 모릅니다. 이러한 경우, 우선 감정과 동반되어 일어나는 즐겁고 괴로운 (정신적) 느낌과, (육체적) 감각을 분명하게 알고 바라보는 것이 최선입니다. 그러나 이러한 느낌이나 감각이 너무 강해서 도저히 볼 수 없을 때, 호흡이나 소리 같은 중립적이거나 편안한 대상에 주의를 돌리십시오. 이렇게 마음을 전환시킴으로써 생각하지 않게 되거나, 최소한 생각하는 것이 줄어들게 될 것입니다. 당신은 더 이상 '생각의 내용'에 빠져들지 않게 되고, 감정은 가라앉을 것입니다. 그러나 그런 느낌과 감각을 완전히 외면하지는 마십시오. 가끔 그것을 바라보십시오. 강한 감정이 가라앉았을 때나 약한 감정을 볼 때는, 느낌이나 생각과 함께 몸의 감각을 바라볼 수 있을 것입니다. 그것들이 모두 어떻게 연관되어 있는지 알면 알수록, 어떤 종류의 감정이라도 더욱 능숙하고 효과적으로 다룰 수 있게 될 것입니다(『번뇌』, 57-59쪽).

부정적 감정을 다루는 방식은 통증을 다루는 방식과 유사하다. 통증을 '나의 통증'으로 여길 때 몸도 아프고 마음도 괴롭다. 마찬가지로 부정적 감정이 '나의 감정'이 될 때 그 '나' 때문에 그 감정 상태를 대상으로 지켜보지 못하고 그것에 휘말리게 된다.

번뇌와 관련된 모든 것도 통증과 유사한 방법으로 다루어져야 합니다. 집착과 혐오, 두 가지 모두를 이해하고 놓아 버려야 함을 배울 필요가 있습니다. 그러한 감정을 관찰할 때, 그것들이 '자연스러운 현상'이라는 것을 스스로에게 상기시켜 주는 것이 중요합니다. 그것들은 '당신의 감정'이 아닙니다. 누구나 그러한 것들을 경험합니다. 감정을 동반하는 생각과 마음의 영상을 살펴볼 때, 이를 항상 염두에 두어야 합니다. 당신이 동일시하는, '나' 또는 '나의 것'이라는 모든 생각은 실제로 감정을 부추기게 합니다(『번뇌』, 55-57쪽).

102 어리석음의 정체

십이연기는 존재의 비밀을 설명한 불교의 이론이다. 살아 있는 것들이 왜 이렇게 살아야 하는지 그 근원적 이유를 십이연기는 무명無明에서 찾는다. 무명은 어리석음이다. 무명은 깜깜함이다. 깜깜함은 빛이 없음이다. 빛은 지혜의 빛이다. 어리석음은 따라서 지혜 없음이다.

> 사야도: 지혜는 어리석음의 반대이기 때문에, 지혜가 생길 때에만 어리석음
> 이 이해될 수 있습니다. 지혜는 대상의 자연적인 성품을 이해합니다.
> 어리석음은 대상의 이러한 자연적인 성품을 감추는 것이지 대상을
> 감추는 것이 아닙니다. 인식은 대상을 인지하고, 어리석음은 인식을
> 왜곡합니다.
> 수행자: 말하자면 저와 실재 사이에 있는 이 베일, 이것이 저의 어리석음일지
> 도 모르겠습니다.
> 사야도: 네, 그렇기 때문에 당신이 모든 것에 퍼져 있다고 말하는 것입니다.
> 지혜가 나타나는 순간, 이 베일은 아주 짧은 시간 동안 갑자기 사라
> 집니다. 그러므로 우리가 가능한 한 최대로 이해하려고 노력하지 않
> 는 한, 어리석음이 항상 현상들을 가릴 것입니다.
> 수행자: 어리석음을 정의해 주시겠습니까?
> 사야도: 어리석음은 완전히 모르는 것이 아닙니다. 어리석음은 무엇이 진리
> 인지 모르는 것입니다. 그것은 지혜가 결핍된 것입니다.
> 수행자: 왜 어리석음은 그렇게 강하고, 왜 지혜는 거의 없습니까?

사야도: 어리석음이 어리석음에 머물고자 하기 때문이며, 우리가 여러 겁 동
　　　안 어리석음을 실천하고 있기 때문입니다(『알아차림』, 160-161쪽).

널리 퍼져 있는 어둠, 그 어둠은 대상을 있는 그대로 볼 수 없게 만든다.
이를테면 사람과 사람 사이에서도 그렇다. 사람을 있는 그대로 볼 수 있다
면, 사람 사이에 오해나 갈등은 없을 것이다. 어느 영화의 명대사가 불현 떠
오른다. "사람은 그냥은 잘 안 보이는 거야. 자세히 보아야 보이는 거야."

　누군가를 싫어하기 시작하는 순간, 마음속에 그에 대한 선입견이 만들어
집니다. 그러한 선입견은 그 사람을 고정된 시각으로 보는 원인이 되어서, 그
가 실제로 어떤 사람인지 알지 못하게 됩니다. 이것은 어리석음이 작용하고
있는 것입니다(『번뇌』, 107쪽).

이렇듯 살아 있는 것들의 마음은 색깔이 검다. 어둠으로 가득 찬 칠통이
다. 탐욕·분노·어리석음을 '번뇌'라고 부르지만 어리석음이 그 가운데 짱이
다. 몸도 마음도 그 근원은 어리석음이다. 어리석음은 어둠이고 지혜는 빛
이다. 하지만 어둠은 깊고 빛은 가냘프다.

　보이지 않더라도 마음 깊은 곳에는 미세한 번뇌가 늘 있습니다. 어리석음
은 '언제나' 거기에 있습니다. 지혜가 없을 때는 언제나 어리석음이 있습니다.
오직 지혜가 생기는 그 짧은 순간에만 어리석음은 마음에서 사라지게 됩니
다. 마음에 '나'라는 생각이 없는 순간이 얼마나 있습니까? 그런 마음 상태를
아주 짧은 순간 동안 경험할 수는 있지만 곧바로 어리석음이 마음을 완전히
덮어 버립니다(『법은 어디에나』, 69쪽).

우리는 어리석어서 욕심을 부리고 어리석어서 화를 낸다. 어리석음은 탐욕과 분노의 토양이다.

어리석음이 문을 열어 놓으면 나머지 모든 번뇌들은 모두 그 문을 통해 들어옵니다(『법은 어디에나』, 163쪽).

103 지혜가 안내하는 수행

수행을 한마디로 표현하면 '길 찾기'다. 삶에 숙명적으로 던져진 괴로움으로부터 벗어나는 길 찾기다. 길은 여러 갈래일 수 있다. 험한 길과 평탄한 길, 먼 길과 가까운 길 등이 있을 수도 있다. 그러나 한번 정한 길은 끝까지 가야 한다. 더 평탄하고 더 가까운 길을 찾아 가던 길을 가다 마는 건 어리석은 일이다. 길에 대한 정보와 길을 가는 사람의 준비된 체력이 길에 대한 확신을 준다. 가르침에 따라 길을 가다 보면 지혜가 생기고, 지혜가 그 길을 안내해 줄 것이다. '사띠+지혜'를 강조하는 쉐우민 심념처의 독특한 수행관이다.

만약에 당신이 작은 지혜라도 생기는 것을 알 수 있다면 그 지혜가 길을 안내할 것입니다. 당신은 자신이 아직 모르는 것이 많다는 것을 깨닫지 못하고 있습니다. 지금 이해할 수 있는 것은 아주 작은 부분일 뿐입니다. 여기서 만족하고 멈춰 버리면 안 됩니다(『법은 어디에나』, 71쪽).

수행이 익어 갈수록 지혜의 역할은 커진다. 수행 중 생기는 의문은 지혜가 해결해 줄 것이다. 꼬살라 사야도는 그렇게 가르친다.

단지 계속 수행하기만 하면 자신의 모든 의문에 대한 답을 얻을 것이다. 수행에 의해 지금 막 생긴 지혜가 모든 질문에 답할 것이다(『마음관찰』, 25쪽).

'수행을 안내하는 지혜'를 다른 말로 하면 '수행할 줄 아는 지혜'가 된다. 수행이 잘되지 않거나 더딜 때, 그 이유를 알고 길을 고쳐 갈 줄 아는 지혜가 되겠다.

원하는 것은 법인데, 원해서 얻는 것은 법이 아닌 것이 될 수도 있습니다. 그것은 무엇 때문입니까? 하는 것이 바르지 않았기 때문입니다. 부족하고, 완전하지 못하고, 할 줄 모르고, 수행할 줄 아는 지혜가 약하기 때문입니다. 수행할 줄 아는 지혜가 완전해져야 깨달음의 지혜들이 생기게 됩니다. 수행자들이 '일은 힘들게 하고서 품삯도 못 받는 격'이 되곤 합니다. 수행을 할 줄 알도록 묻고 조사하고 관찰해야 합니다. 지혜가 있는 스승들과 의논해야 합니다(『마음가짐』, 100-101쪽).

수행의 주체는 대상이 아니라 마음이다. 대상은 그저 대상일 뿐이다. 대상에만 관심을 두고 마음을 점검하지 않으면 '번뇌로 하는 수행'의 위험이 늘 있다. 수행할 줄 아는 지혜는 그래서 마음가짐과 연관되어 있다. '마음가짐을 점검하라'고 입버릇처럼 가르치는 쉐우민 스승들의 뜻이 여기에 있다.

수행하고 있는 동안 일어나는 부분인 '대상'과 수행하는 부분인 '마음'의 두 종류가 있습니다. 일어나는 쪽 즉 대상에만 관심을 가지고 유의하고 있다면 일어나게 하고 싶은 탐심과 일어나지 않게 하고 싶은 진심이 일어날 수 있습니다. 수행을 하는 쪽 즉 마음 부분에 관심을 가지고 유의하여 살핀다면 수행하는 것을 이해하게 될 것입니다. 수행할 줄 아는 것 또한 지혜입니다. 법을 얻는 것보다 수행할 줄 아는 것이 더 중요합니다(『마음가짐』, 86쪽).

마음을 점검하며 길을 가는 심념처 수행자들은 마음에 일어나는 집착을 없애려고 하기보다는 깊은 이해를 통해 집착으로부터 벗어나야 한다. 이것은 꼬살라 사야도의 애정 어린 팁이다.

집착에 대한 깊은 이해만이 마음을 집착으로부터 해방시킬 수 있다. 집착의 본성을 진정으로 보지 않고 억지로 마음으로부터 떼어 낸다면, 집착은 금방 다시 나타날 것이다(『마음관찰』, 90쪽).

수행은 마음에 일을 시키는 것이고, 마음이 하는 일은 '아는' 일이다. 그러하니, 마음에 사띠가 있어야 수행이지만 사띠만으로는 충분하지 않다. 마음에 사띠를 두면 대상들은 마음에 일어났다 사라진다. 그러나 대상을 사라지게 하는 것은 수행의 목적이 아니다. 대상이 일어났다 사라진 다음, 마음에는 대상에 대한 이해가 있어야 한다. 이해는 지혜의 영역에 속한다.

'수행한다'는 것은 일어나는 대상들을 단지 보기 위해서 노력하는 것입니다. 본 후에는 보는 마음에 깨달음의 지혜가 있어야 합니다. 보여지는 대상들이 사라지는 것은 중요하지 않습니다. 사라지도록 수행하고 있는 것도 아닙니다. 분명하게 파악하고 이해하기 위해서 수행하는 것입니다(『마음가짐』, 86쪽).

수행할 줄 아는 지혜는 길을 가는 지혜다. 길을 순조롭게 가다 보면 언젠가는 목적지에도 이를 것이다. 따라서 수행할 줄 아는 지혜는 법을 얻는 일보다 더 먼저여야 한다.

법을 얻도록 해야 하겠습니까? 수행을 할 줄 알도록 해야 하겠습니까? 얻을 것에 대해서는 생각하지 마십시오. 자신이 하고 있는 일을 믿어야 합니다. 이것을 함으로써 어떤 이익이 있습니까? 일하고 있는 마음 쪽에 관심을 갖게 하기 위해서 말하는 것입니다. 얻는 것에 대해서는 그다지 기대하지 마십시오. 일하는 마음 쪽이 능숙해져야 합니다. 자기 자신을 믿어야 합니다. 또 한 가지는 지혜가 필요합니다. 위빠사나 지혜, 도와 과의 지혜는 잠시 접어 두십시오. '수행할 줄 아는 지혜'가 먼저 생겨야 합니다. 수행할 줄 아는 지혜도 생기지 않는데 '이해하는 지혜'가 생기겠습니까? 먼저 수행을 할 줄 알도록 익혀야 합니다(『마음가짐』, 30쪽).

수행할 줄 아는 지혜가 익어지면 '능숙하게 수행할 줄 아는 지혜'가 된다. 이때가 되면 '통찰의 지혜'는 자연스럽게 따라오게 될 것이다.

수행을 능숙하게 할 줄 알게 되었을 때에야 비로소 법을 이해할 수 있는 통찰지가 자연스럽게 따라올 것입니다. 만약 지금 여러분이 수행에서 하고 있는 노력에 합당한 성과를 얻지 못하고 있다면 그것에 대해 질문하고 조사해 보십시오. 무엇이 잘못되었는지 탐구해 보고, 경험이 많은 스승들과 의논해 볼 수도 있을 것입니다. 그것이 수행에 능숙해지는 길입니다(『법은 어디에나』, 151쪽).

104 지혜가 자라나면

모든 길에는 끝이 있다. 모든 여행에는 목적지가 있다. 정처 없이 헤매는 방랑이 아닌 한, 길을 가는 나그네는 더디더라도 발걸음을 딛고 앞으로 나아가야 한다. 적응과 익숙함이 주는 길에 대한 확신과 적당한 휴식은 더딘 발걸음을 극복케 하리라. 그리고 언젠간 길의 끝, 여행의 목적지에 도달하리라. 수행의 길도 그러하다. 수행으로 쌓이는 작은 이해와 통찰의 지혜가 거름이 되어 보다 높은 수준의 이해와 통찰지를 얻게 되면 가는 길은 쉬워지고 목적지는 더욱 가까워지리라.

계속해서 부지런히 수행한다면, 이러한 작은 이해와 통찰지는 계속 생길 것입니다. 우리가 그것들을 오랜 기간 동안 새롭게 하고 유지한다면, 그것들은 알아차림과 함께 지속적으로 작용할 것입니다. 일단 지혜가 알아차림과 함께 작용하기 시작하면, 그것들은 보다 높은 수준의 이해로 나아갈 것입니다. 그러면 우리는 보다 높은 통찰지들을 갖게 될 것입니다(『알아차림』, 29쪽).

수행이 보다 쉬워질 때, 바로 그 길을 가는 노하우에 대한 떼자니아 사야도의 팁 하나. '마음과 대상의 차이를 분명히 알아라. 그리고 그런 뒤에는 마음이 자신이 일을 하도록 맡겨 두어라'가 그것이다.

하나의 마음 상태에서 관찰하는 것과 관찰당하는 것의 차이점을 분명하게 볼 수 있으면, 당신은 점차적으로 다른 마음 상태에서도 그것을 볼 수 있게 될 것입니다. 관찰하는 것과 관찰당하는 것의 차이, 마음과 대상의 차이에 대한 분명한 앎은 일종의 통찰지입니다. "어느 것이 대상이고, 어느 것이 마음인가?"라고 스스로에게 물을 수 있습니다. 그렇게 한 후에는 마음이 마음 자체의 일을 하도록 내버려 두어야 합니다. 대답을 기대하지 마십시오. 기대나 다른 종류의 로바가 있으면 마음은 혼란스럽게 됩니다(『알아차림』, 110쪽).

'사띠+지혜'의 수행법, 쉐우민 심념처가 가는 길은 마치 식물의 성장 과정 같다. 손톱만한 도토리가 싹이 터서 작은 참나무가 되고, 그 작은 나무가 성장의 가속도를 붙여 가며 거목이 되는 과정과 흡사하다. 사띠가 가속도를 더하면 지혜는 크게 자라고, 크게 자란 지혜가 수행을 이끌게 될 것이다.

이러한 보다 높은 이해는 그것 자체의 생명력을 갖게 되고 더 많은 힘을 갖게 됩니다. 그리고 이제 더 이상 알아차림에 그다지 의존하지 않습니다. 일단 그러한 통찰지들이 생겨나게 되면, 우리는 항상 그것을 사용할 수 있습니다. 지혜는 항상 거기에 있을 것입니다. 이 단계에서, 알아차림은 한 걸음 뒤로 물러나서, 말하자면, 하위의 역할을 할 것입니다. 지혜는 알아차림 없이는 존재할 수 없기 때문에 알아차림은 항상 있는 것이지만, 이 수준의 이해에서는, 지혜가 그 자체의 생명력을 갖기 시작합니다. 알아차림이 계속 지혜를 유지시키면 이해의 힘은 더욱 커져 갑니다. 이 단계에서, 마음은 항상 무엇을 해야 하는지 알고 있으며, 수행하려고 아무런 노력을 하지 않음에도 불구하고 저절로 진행될 정도로 수행이 아주 쉬워집니다(『알아차림』, 29-30쪽).

심념처 수행은 그렇게 길을 간다. 그리고 결국 길의 끝에 서게 될 것이다. 그곳에서 바라보는 풍경은 길을 가면서 품었던 그곳의 풍경에 대한 상상과는 사뭇 다를 것이다. '지혜를 통해 얻은 이해의 깊이는 표현할 수 없다'는 떼자니아 사야도의 법문이 인상적이다.

지혜가 커져 감에 따라 마음은 더욱 순수해지고 평온해집니다. 결국 당신은 완전히 새로운 시각으로 모든 현상을 사실대로 보게 되는 평정심과 명료함의 순간들을 체험하기 시작할 것입니다. 즉, 지혜를 갖기 시작한 것입니다. 지혜를 갖는다는 것은 전에는 단지 피상적이고 지식적으로 알던 것을 깊이 있게 이해하는 것을 의미합니다. 지혜는 자연스럽게 저절로 생겨나는 것이므로 당신은 그것을 생겨나게 할 수 없습니다. 다른 사람으로부터 들은 체험담 (지혜를 얻은 것에 관한)과 실제의 지혜, 그 자체는 근본적으로 다릅니다. 그러므로 자신이 그런 유사한 경험을 했다는 것은 결코 '지혜를 가진 것'도 아니고, 또한 '지혜를 갖게 될 것'을 의미하는 것도 아닙니다. 시간이 지나 당신이 준비가 되어 있으면, 뚜렷한 체험을 하게 되고 당신만의 분명한 지혜를 갖게 됩니다. 그러면 당신은 지혜에 대해서 듣고 읽었던 것과 실제의 지혜 사이에는 커다란 차이가 있음을 알게 될 것입니다. 당신은 '지혜가 자신에게 미친 영향'과 '그 주변의 체험'을 표현할 수 있겠지만, 지혜를 통해서 얻은 이해의 깊이는 표현할 수 없습니다(『번뇌』, 91쪽).

105 '지혜'는 어떻게 자라는가

쉐우민 심념처 수행은 결국 '지혜가 하는 수행'이 된다. 사띠가 이어지고 마음가짐이 바르며 문혜든 사혜든 지혜가 함께 있어야 한다. 그리하여 수행에는 가속도가 붙고 통찰의 지혜는 싹을 틔우게 된다. 싹을 틔워 나무로 자라는 통찰의 지혜는 수행에 커다란 힘을 주고 마음을 강하고 빠르게 변화시킨다.

통찰지가 있으면 언제나 마음에 많은 힘을 주어서, 마음의 모든 좋은 특성들을 고양시킵니다. 마음의 변화가 얼마나 빠르고 강하게 바뀌는지 놀랍지 않습니까? 진실한 이해만이 마음에 그러한 엄청난 효과를 미칠 수 있습니다. 그와 같이 무언가를 분명하게 깨닫는 것이 통찰지입니다(『알아차림』, 26쪽).

이렇게 수행에 가속도가 붙을 때 지혜는 자라나고 자라난 지혜가 수행을

508

이끌게 된다. 그러나 이 과정들은 이루고 싶다고 이루어지지 않는다. 이루고 싶다는 그 마음은 오히려 수행의 독소가 된다.

다른 사람의 수행 경험에 대해서 듣거나 읽은 후, 의식적이든 무의식적이든 그것을 얻으려 할지도 모릅니다. 그리하여 자신이 무언가 그와 유사한 경험을 하게 되면, 그것을 '지혜'라고 성급히 결론 내릴지도 모릅니다. 그러나 당신은 유사한 경험을 했을 뿐이지, 지혜를 얻은 것은 아닙니다. 지혜는 실재에 대한 진정한 깨달음입니다(『번뇌』, 113쪽).

수행도 원인과 결과이기 때문이다. 이 모두 자연스럽게 이루어지는 과정이다. 지혜를 원하는 마음이 커지면 마음은 엉뚱한 것을 만들어 낼지도 모른다.

마음이 지혜를 얻을 수 있는 조건이 갖추어지면, 지혜는 자연스럽게 저절로 생겨납니다. 지혜가 생겨나기를 바라거나 찾지 마십시오. 찾으려 한다면 마음이 허상을 만들어 낼 것입니다(『번뇌』, 107쪽).

생각하고 기대하고 계획하는 복잡한 마음으로 지혜는 자라지 않는다. 단순한 마음의 토양에서 지혜는 자라난다.

마음이 단순해야 지혜가 향상될 수 있습니다. 복잡한 마음, 즉 생각하고 기대하고 계획하는 마음은 지혜를 차단합니다. 마음이 현재에 있기 위해서, 그리고 현상들을 있는 그대로 보기 위해서 마음은 단순해야 합니다. 알아차림이 진정으로 지금 여기에 있을 때, 마음은 결코 싫증내지 않습니다(『알아차림』, 97쪽).

단순한 마음만이 모든 것을 받아들일 수 있다. 받아들일 수 있다면 초연해질 수 있다. 집착하지 않고 따지지 않으며 분별하지 않는 태도는 도와 가까운 사람의 특성이지 않은가?

진정한 받아들임과 초연함은 지혜로부터 생깁니다. 즉 지혜가 있을 때, 진정으로 받아들일 수 있으며 어떤 일에도 초연해질 수 있습니다(『번뇌』, 157쪽).

초연함과 받아들임, 그것은 수행을 통해 얻어지는 특성이다. 그렇게 살지 않는 사람을 수행자라고 부를 수 없다.

좋은 것을 만났을 때는 그것으로부터 초연해지는 법을 배우고, 좋지 않은 것을 만났을 때는 그것에 대해 받아들이는 법을 배우십시오(『번뇌』, 157쪽).

통찰의 지혜, 수행에서 얻어지는 지혜가 무엇인지 알고 싶은가? 하지만 설명할 수 없다. 얻은 사람만이 알지만 표현할 수는 없다. 그것은 사색과 분석을 용납하지 않는다.

수행에서 얻는 지혜는 너무나 직접적이고 단순하므로, 알려고 철학적으로 사색하거나 분석할 필요가 없다. 그것은 존재할 뿐이고, 수행자는 알 뿐이다 (『마음관찰』, 51쪽).

통찰의 지혜를 말로 하지는 못하지만, 실재는 통찰지를 통해서만 알려진다. 지혜가 자라나도록 수행하라. 수행에서 자라나는 지혜는 수행자를 늘 새로운 세계로 이끌어 가리니.

510

지혜로써 아는 것, 실재를 아는 것에는 관심이 사라지거나 지루해지는 성질이 없습니다. 그것은 늘 새롭고 생생합니다. 아는 것은 결코 끝이 없기 때문에 지겹거나 지루해지지도 않습니다. 지금 하고 있는 일에 행복을 느끼고, 더 관심을 갖도록 하십시오. 이 일은 평생 해야 하는 일입니다. 마음이 이미 알고 있는 것을 반복해서 다시 본다고 해도 지루해지지 않고 오히려 앎이 더 분명해질 뿐입니다. 그럼으로써 지혜가 더욱 깊어지고 마음은 더 활력이 생길 것입니다. 앎과 이해의 범위도 더 넓어질 것입니다. 앎이란 끝이 없으며 결코 완벽할 수 없습니다. '다 알고 있다'와 같은 말은 할 수가 없습니다. 아는 것이란 절대 충분할 수 없기 때문입니다. 다양한 각도에서 대상을 보도록 하십시오. 세속적 세계와 궁극적 실재, 대상과 마음, 원인과 결과의 양쪽 면 모두를 봐야 합니다(『법은 어디에나』, 201-202쪽).

106 빤냣띠와 빠라마타: 개념과 실재

실재란 무엇인가? '있는 그대로의 것'이다. 무엇이 '있는 그대로의 것'인가? 플라톤은 시간과 공간 속에서 변화하지 않는, 시간과 공간을 초월해 있는 것이 실재라고 생각했다. 서양 사상의 물줄기는 이곳에서 시작한다. 이데아론이다. 변하지 않는 것은 개념이고, 그런 개념이 모여 있는 세계가 시간과 공간을 초월해서 존재한다고 생각했다. 사람은 시간과 공간 속에 있고 사람의 이데아는 초월의 세계에 존재한다.

불교는 이와는 상반되는 관점을 갖고 있다. 변하지 않는 것은 아무것도 없다. 변화만이 실재다. 변하지 않는 것은 개념일 뿐이다. 개념의 세계 따위는 어디에도 없으며 그것은 마음이 삶의 편의를 위해 만들어 낸 것에 불과하다. 팔리어로는 '빤냣띠'라고 한다.

대상을 직접 본다면 마음은 대상을 알고자 형상화해야만 하고, 형상화하게 되면 모양은 언제나 나타난다. 그러므로 개념은 없어지지 않는다. 마음을 볼 때 마음이 만든 아무런 형상이 없다는 것을 안다면, 수행자는 자신이 진정한 실재와 함께하는 것을 안다(『마음관찰』, 68쪽).

'빠라맛따'는 마음이 만들어 낸 '빤냣띠'와 상대되는 개념이다. '실재'라는 뜻이다. 이를테면 마음이 만들어 낸 것은 빤냣띠지만 마음 자체는 빠라맛따다.

마음은 개념이 아니지만 마음속에서 들리는 목소리는 개념이다. 단어에서 느껴지는 이미지, 마음속의 생각은 개념이다. 마음은 실재다(『마음관찰』, 84쪽).

수행은 빠라맛따를 대상으로 한다. 사띠는 현재 일어나는 일, 몸의 움직임과 감각, 느낌, 마음의 작용과 상태 등을 대상으로 한다. 그래서 사띠의 대상은 '지금 여기'에서 일어나는 빠라맛따다. 사띠는 과거의 기억, 미래의 계획, 생각의 내용을 대상으로 하지 않는다.

그러나 더 나은 것은, 개념보다 실재를 지켜보는 데 마음을 가져와 사용하는 것이다(『마음관찰』, 111쪽).

사띠가 없을 때 마음은 생각을 한다. 생각은 내용을 담는다. 그 내용은 '현재 여기'에 일어나지 않는다. 마음은 한순간도 쉬지 않는다. 생각이 일어날 때 마음은 과거나 미래로 치닫는다. 그것들은 빤냣띠의 세계다. 그곳의 제왕은 플라톤일까?

수행하고 있을 때 마음은 개념에서 벗어나 쉬고 있다(『마음관찰』, 50쪽).

무상·고·무아는 빠라맛따, 실재, 법의 특성이다. 법을 안다는 것은 그래서 존재하는 모든 것이 무상·고·무아임을 아는 것이 된다. 하지만 그 앎은 생각을 통해 알게 되는 것이 아니다. 그것은 통찰의 지혜를 통해 정체를 드러낸다.

큰 사야도께서는 경험이나 대상을 보고 생각으로 삼법인의 특성을 하나로 분별하여 알아차릴 것이 아니라, 그 특성이 마음에 명확히 드러나도록 해야 한다고 말씀하시곤 했습니다. 만약 우리가 삼법인에 관해 생각을 하게 된다면 대상을 볼 때마다 '이것이 아닛짜(무상)이다, 이것이 아낫따(무아)이다'라고 생각만 하게 될 것입니다. 사람들은 자신들의 아주 사소한 경험마저도 무상, 고, 무아와 연관시키고 싶어 합니다. 무상, 고, 무아라고 하는 모든 존재의 일반적인 특성들은 때가 되어 모든 조건이 완전히 갖추어졌을 때, 아주 명백하게 드러날 것입니다. 그런 경험은 의심의 여지가 없이 분명합니다. 그러한 지혜들은 생각을 통해 얻을 수 있는 것이 아닙니다(『법은 어디에나』, 144-145쪽).

무아가 실재의 속성이라고는 하는데, 그것을 알고 체험하기란 쉽지 않다. 머리로, 지성적으로는 이해하기 그다지 어렵지 않지만, 통찰의 지혜로 꿰뚫어 알기란 결코 간단치 않다. '나'란 개념에 불과하고 실재가 아니라지만 중생의 삶은 모조리 '나'를 향해 있지 않은가?

'나'라는 것은 단지 개념이고 고정관념일 뿐 사실과 무관합니다. 여러분은 먼저 그렇게 들어 둘 필요가 있지만, 결국은 그것을 스스로 깨달아야 합니다. 직접 경험해야 지혜의 문이 열립니다. 미리 그 깨달음에 대해 많은 것을 이야기해 줄 수는 없습니다. 여러분이 직접 깨닫게 되었을 때, 그때 점검해 줄 수는 있습니다. 그때가 되면 명확하게 이해하게 되겠지만 그전에는 그저 지적인 수준의 이해에 불과할 뿐입니다(『법은 어디에나』, 145쪽).

107 어려울 때 수행하라

위리야(노력, 정진)는 힘을 써서 열심히 하는 노력이 아니다. 그것은 오히려 조화이며 끈기다. 수행에 순발력보다는 끈기가 필요한 까닭은 우리의 마음이 어리석음으로 가득 차 있기 때문이다.

부처님께서 우리에게 아무 이유도 없이 매 순간마다 늘 수행해야 한다고 말씀하신 것이 아닙니다. 어리석음이 얼마나 강한지 알고 계셨기 때문에 그러한 가르침을 남기신 것입니다. 한번 멈춰 보십시오. 수행을 잠시 멈춰 본다면 번뇌의 힘이 얼마나 강한지 알게 될 것입니다. 만약 지혜가 일을 하지 않는다면 번뇌가 바로 그곳으로 몰려들어 모든 것을 다 장악해 버릴 것입니다. 그렇기 때문에 수행을 멈춰서도 포기해서도 안 된다고 강조하는 것입니다. 지혜에 가속도가 생기지 않는다면 번뇌에 가속도가 생기게 될 것입니다. 아주 잠시 동안이라도 지혜의 가속도를 한번 놓쳐 버리고 나면, 다시 힘을 얻게 되는 데 많은 시간이 걸릴 것입니다. 다시 시작하는 것은 결코 쉽지 않습니다. 그러므로 멈춰서는 안 됩니다. 새로 시작해서 왔던 길을 다시 또 가야 한다고 생각해 보십시오(『법은 어디에나』, 156-157쪽).

지혜는 좋은 것이다. 수행을 통해 지혜의 눈을 갖추면 세상은 달리 보이리라. 하지만 지혜의 빛은 미미하고 지혜의 세력은 허약하다. 매 순간 관심을 가져 주지 않으면 흔적도 없이 사라져 버린다. 그러므로 수행은 한순간도 멈춰선 안 된다.

실재에 대한 이런 직접적인 체험은 당신의 수행과 세상을 바라보는 방식, 그리고 살아가는 삶의 방식에 대해 깊은 영향을 줄 것입니다. 즉, 이렇게 얻은 지혜는 당신이 사물에 대해 보는 방식을 즉시 바꾸어 줄 것입니다. 그러나 '지혜의 마음'은 영원하지 않아서 단지 한순간만 지속됩니다. 지속되는 것, 남아서 '살아 있는 것'은 그것의 본성이요, 지혜의 잠재력입니다. 이 본성을 계속 키우지 않는다면 그것은 사라져 버릴지도 모릅니다. 지속적인 수행만이 그것을 살아 있게 하고, 당신이 얻은 지혜가 스스로 그 역할을 하도록 하며, 지혜 안에서 계속 성장할 수 있도록 보장합니다. 하루에 몇 시간 또는, 일주일에 얼마 동안의 좌선 수행이 어느 정도 도움이 되기는 하지만, 그것이 지속적인 수행을 뜻하는 것은 아닙니다(『번뇌』, 93쪽).

보통 수행은 어려움을 만났을 때 중단된다. 수행이 만나는 장애를 만나 중단하면 수행은 보통은 중단 직전보다 훨씬 이전으로 물러선다. 수행 중 장애 넘기는 그래서 중요하다. 장애를 한 고비 한 고비 넘으면서 수행은 견고해진다. 비 온 뒤 땅이 굳어지듯.

지혜롭고 능숙한 사람들은 독을 약으로 쓸 수 있습니다. 숙련된 수행자 역시 장애를 지혜로 바꿀 수 있습니다(『번뇌』, 165쪽).

가장 먼저 염두에 둘 말은 '어려울 때 수행하라'다. 꼬살라 사야도는 이 경구를 여러 차례 반복 강조한다.

(모든 자세에서) 불편함, 통증, 들뜸을 느낀다면, 그때가 자신의 마음을 살펴볼 순간이다(『마음관찰』, 47쪽).

수행하기 어렵거나 심지어 불가능하다고 생각된다면, 그때가 수행해야 할 가장 중요한 때다(절대 잊어서는 안 된다). (『마음관찰』, 61쪽).

때로는 어렵더라도 사띠하라. 사띠하는 것이 불가능하다고 생각될 때 그때가 사띠해야 할 가장 중요한 순간이다(『마음관찰』, 80쪽).

들떴을 때, 마음이 광분하기 때문에 수행하기가 불가능하다고 생각할 때에도 수행하라. 그때가 수행할 가장 중요한 때다(『마음관찰』, 88쪽).

장애를 다룰 때에는 그냥 단순히 계속 사띠하면 된다. 그냥 초강력 사띠라는 빛으로 태워 버려라(『마음관찰』, 110쪽).

세속을 사는 사람도 어려움을 겪으면 사회적으로 성숙해진다. 남을 배려하고 적당할 때 침묵할 줄 알게 된다. 어려움은 좌절을 부르지만, 그것을 넘어서는 사람은 강해진다. 수행도 그러하다.

수행이 성숙해지면 어려운 상황을 쉽게 다룰 수 있습니다. 왜냐하면 어려운 상황 이면의 조건들을 이해하기 때문입니다. 조건들을 알면 원인에 영향을 미칠 수 있습니다. 어려운 상황을 배움의 기회로 삼으십시오(『번뇌』, 147쪽).

어려움은 배움의 기회다. 어려움은 이해를 부르고 지혜를 성장시킨다. 그리고 성장하는 지혜는 수행을 이끌어 줄 것이다.

516

마음이 어려운 상황을 어떻게 다루는지, 가능한 여러 각도에서 자주 관찰하려고 노력하십시오. 일단 이런 상황에서 마음이 어떻게 일하는지에 관한 이해를 계발하기만 하면, 지혜는 자연스럽게 해야 할 일을 하기 시작합니다. 다음에 비슷한 어려운 상황을 만나게 되면, 미숙하게 반응하는 것을 지혜가 막아 줄 것입니다. 지혜는 무엇을 해야 하는지 압니다(『번뇌』, 122쪽).

어려움을 피하려 하지 말고 직면하고 수용하고 통찰하라. 그것이 장애를 넘는 노하우다.

많은 사람들이 수행 중에 나타나는 나쁜 경험에 대해 다루기를 주저합니다. 일반적으로 좋은 경험보다 나쁜 경험으로부터 더 많이 배울 수 있습니다. 사실상 깊은 이해는 나쁜 경험을 다루는 데서 생겨납니다. 좋은 경험과 나쁜 경험, 모두를 받아들이십시오(『번뇌』, 153쪽).

그리고 계속 수행하라. 끈질기게 수행하라. 쉐우민의 스승들은 그렇게 외친다.

지극히 작은 일부만을 보고 나서 일어남과 사라짐을 이해했다고 속단하지 마십시오. 이제 다 이해했다고 확신하는 마음은 더 많은 것을 볼 기회를 막아 버립니다. 진정한 이해는 수많은 경험을 겪고 난 후 마음이 충분히 준비되었을 때 생겨날 것입니다. 여러분이 할 일은 알아차림과 바른 견해를 더욱 발전시켜 가는 것입니다(『법은 어디에나』, 148쪽).

보이는 풍경에 만족하지 말라. 길은 멀다. 쉐우민의 스승들은 그렇게 외친다.

획득한 어떤 기술을 유지하기 위해서는 계속 연습할 필요가 있습니다. 이와 같이 수행 역시 계속해서 해 나가야 합니다. 어디에 있든지 할 수 있는 만큼 수행하려고 하십시오. 계속 수행함으로써 익힌 것을 헛되지 않도록 하십시오(『번뇌』, 129쪽).

사띠빳따나, 사띠를 확립하는 수행은 늘 새로운 세상으로 이끄는 수행이다. 당신의 삶과 경험을 새 세상을 향해 활짝 열어 놓으라. 쉐우민의 스승들은 그렇게 외친다.

사띠빳따나 수행은 이제 당신의 삶에서 가장 중요한 일이며 당신의 삶은 결코 예전과 같지 않습니다. 어떤 체험을 했든지, 다른 사람들보다 더 많은 지식을 가지고 있을지라도 당신이 얻은 지혜나 깨달은 지혜의 깊이에 결코 만족하지 마십시오. 자신에게 한계를 두지 마십시오. 새롭고, 보다 더 깊은 이해를 위해서 언제나 마음의 문을 활짝 열어 놓으십시오(『번뇌』, 95쪽).

108 법은 어디에나

수행자들은 빠라맛타 즉 실재에 대해 늘 알고 싶어 한다. 궁금증을 견디다 못해 한 수행자가 단도직입적으로 사야도에게 "도대체 빠라맛타가 뭔가?"를 물었다. 사야도의 답변은 이랬다.

알고 싶으면 물어야 하는 것이 아니라 알도록 노력해야 합니다(2017년 2월 떼자니아 사야도 인터뷰 법문 중에서).

518

실재를 물어서 설명을 듣고 알 수 있다면, 세상은 도인들로 가득 차 있을 것이다. 부뚜막에는 소금이 있지만 솥에 소금을 넣는 수고를 아끼지 않는 사람이 많지 않기 때문에 모두들 그렇고 그렇게 산다. 세상은 대상으로 꽉 차 있다. 사띠만 두면 일어나는 모든 것이 수행의 대상이다.

보이는 것마다, 들리는 것마다, 부딪히는 것마다 알아차림과 지혜로써 보면 모든 것이 다 법의 성품들일 뿐입니다. 중요한 것은 알아차림과 지혜가 준비되도록 수행해 두는 것입니다. 법의 성품들은 장소와 시간을 막론하고 어디에나 있습니다. 볼 수 있고, 알 수 있는 지혜가 있게 하는 것은 자신의 책임입니다(『마음가짐』, 100쪽).

알아차림 수행, 사띠를 확립하는 수행은 그래서 어렵지 않다. 뭔가를 찾아다닐 필요가 없기 때문이다. 이미 모든 것이 갖춰져 있기 때문이다. 떼자니아 사야도의 최근 법문집은 그래서 『법은 어디에나』다.

모든 것은 이미 있는 그대로 여기에 다 있습니다. 단지 지혜의 눈을 뜨기만 하면 됩니다. 단지 일어나고 있는 것을 알기만 하면 됩니다. 뭔가 특별한 것을 찾으려 하지 않고 가만히 눈을 뜨고 앉아만 있으면 보이는 현상이 일어나고 있음을 알 수 있습니다. 무엇인가를 보거나 듣기 위해서 노력이 필요합니까? 무엇인가에 집중하지 않아도 그냥 자연스럽게 알아차려지지 않습니까? 알아차림 수행은 그렇게 편안하고 부드러운 것입니다(『법은 어디에나』 44쪽).

수행은 점점 더 차원 높게 진전될 것이다. 그리고 사띠는 마음을 대상으로 하게 될 것이다. 꼬살라 사야도는 이렇게 말한다.

마음에 있는 이미지를 보는 것, 생각함, 기억함, 상상함, 계획함은 실재가 아니다. 마음에서 일어나는 이 여러 가지 현상들은 실재가 아니다. 그것을 아는 것이 실재다(『마음관찰』, 82쪽).

그리고 이렇게 묻는다.

마음속에 어떤 지혜가 있는지, 어떤 정진(위리야)이 있는지, 마음속에 집중이나 사띠가 있을 때는 어떤지 알 수 있는가(『마음관찰』, 25쪽).

백척간두에 진일보라고 했던가? 비록 수행이 오래됐더라도 수행의 차원이 달라지지 않으면 안 된다. 섬세하게 수행해야 한다. 미세한 대상이 사라지지 않도록.

망상하는 마음을 아는 것은 심념처지만 초보 수준이다. 무슨 소리를 듣고 있는지 아는 것은 심념처가 아니라 그냥 들음이다. 상당한 기간 동안 수행을 해 왔다면 미세한 대상 보기를 멈추지 말도록 하고 미세한 대상이 사라지지 않도록 하라(『마음관찰』, 73쪽).

마음을 대상으로 사띠할 수 있다면 몸과 느낌을 마음으로 보라고 가르친다. 법념처로 가는 길이다.

자신의 마음을 안다면 자신의 몸과 느낌을 보는 데 마음을 사용하라. 자신의 마음으로 몸을 알고, 자신의 마음으로 느낌도 알도록 하라. 심념처에 능숙해지면 법념처를 할 수 있다(『마음관찰』, 30쪽).

법념처? 법·실재를 대상으로 사띠를 두는 수행법? 법은 어디에나 있으니, 이를 대상으로 알 수 있다면 법념처겠다.

> 마음을 볼 때 마음이 만든 아무런 형상도 없다는 것을 안다면, 수행자는 자신이 진정한 실재와 함께하는 것을 안다. 그러면 법념처에 도착한 것이다 (『마음관찰』, 68쪽).

마음이 일어나면 산야想(지각)는 덩달아 일어난다. 산야는 분별한다. 분별하여 기억하고 분별하여 판단한다. 법에는 분별이 없다. 진정한 실재로 대상을 보면 대상의 특성만 보인다. 그 특성은 당연히 무상·고·무아다. 그때 대상은 단지 마음이나 마음의 상태일 뿐이다.

> 진정한 실재라면 법념처다. 진정한 실재란 무엇인가? 진정한 실재는 자체의 특성만 가지고 있으며, 대상을 볼 때 그 특성만 보며, 그 특성은 변하고 있고, 무상하다. 진정한 실재에 다가갔을 때에는 그것이 뜨거운지, 차가운지, 들뜸인지, 긴장인지 모른다. 그것은 대상의 변하고 있는 본성이라고만 안다. 대상은 대상일 뿐인데 이는 다른 모든 대상들도 마찬가지다. 왜냐하면 뜨겁다고 인지하는 것도 여전히 인지이기 때문이다. 인지는 단지 그것이 무엇이라는 것, 그리고 그것이 변하고 있다는 것에 대한 감지이기 때문이다. 대상이 마음속으로 들어왔기 때문에 여러분은 더 이상 대상을 확인할 필요가 없다. 왜냐하면 여러분은 이 대상 그 자체로 알기 때문이다. 대상! 대상은 단 하나의 본성인 대상일 뿐이다. 그러므로 대상을 안다고 생각하지 않는다고 해도, 자신의 마음이나 마음 상태를 아는 것이다(『마음관찰』, 68쪽).

빠라맛따는 그렇게 이해된다. 통찰의 지혜에 의해. 비로소 지혜는 대상을 꿰뚫어 안다. 가치관이 변하고 삶은 달라진다. 법은 어디에나 있고, 수행은 삶의 중심에 놓인다.

사물의 진정한 본성에 대한 이해가 깊어질 때, 삶에 있어서 당신의 가치관도 달라질 것입니다. 당신의 가치 기준이 변할 때, 삶의 우선순위 역시 변합니다. 이러한 이해를 통해 당신은 자연스럽게 더욱 열심히 수행할 것이고 보다 나은 삶을 영위하게 될 것입니다(『번뇌』, 163쪽).